《上海博物館藏戰國楚竹書（一）》讀本

季旭昇　主編

陳霖慶　鄭玉姍　鄒濬智　合撰

萬卷樓圖書股份有限公司

自　序

1994 年春，香港古玩市場陸陸續續的出現了一些竹簡，五月起，便陸續運到上海博物館。經科學測定與文字識讀，斷代定域為戰國時代的楚國竹簡，因而定名為「楚竹書」。「楚竹書」簡數共約 1,200 餘支，簡上文字總數高達 35,000 餘字，內容涵括哲學、文學、歷史、宗教、軍事、教育、政論、音樂、文字學等。其中以儒家類為主，兼及道家、兵家、陰陽家。其中書篇近百種，對照現今傳世者不到十種。這對先秦文化、思想、書法藝術的研究都有著極為重大的意義。

2001 年 11 月，《上海博物館藏戰國楚竹書》第一冊出版，首先發表的是該批文獻中字數與竹簡保存質量皆高的〈孔子詩論〉、〈性情論〉及〈緇衣〉三篇。〈孔子詩論〉內容有不少是今本《詩經》舊說所未見的；而〈性情論〉及〈緇衣〉兩篇，與郭店楚簡的〈性自命出〉、〈緇衣〉記載相仿，但某些文字又有不同，造成學界不小的轟動。2002 年 12 月出版《上海博物館藏戰國楚竹書》第二冊，內容包括〈民之父母〉、〈子羔〉、〈魯邦大旱〉、〈從政（甲篇、乙篇）〉、〈昔者君老〉、〈容成氏〉。旭昇即集合對戰國文字有興趣、有研究之門生，合撰《上海博物館藏戰國楚竹書（二）讀本》，經過分撰、討論、審訂，於 2003 年 7 月出版。其後出版社屢屢詢問《上博二讀本》既已完成，《上博一讀本》是否援例撰寫，以方便讀者。

其實《上博一》出版以來，旭昇已指導陳霖慶君以〈性情論〉為碩士論文題目，並已撰寫完成，鄭玉姍君正在撰寫〈孔子詩論研究〉、鄒濬智君則在撰寫〈緇衣研究〉。於是由三君分頭撰寫《上博一讀本》初稿，其後逐字討論，最後由旭昇改訂。書中出自旭昇之意見者，註明「旭昇案」，其餘則為原撰稿人之意見。

《上博一》之〈孔子詩論〉雖非《詩經》全貌，然出自戰國人親筆書寫，其時代早於《毛詩》、《魯詩》、《韓詩》、《齊詩》、《阜陽詩》，可以考見先秦《詩經》

學之真實面貌，價值不言可喻，本書經過重新排序，全文理路更為清晰。〈緇衣〉與《郭店・緇衣》及今本《禮記・緇衣》，〈性情論〉與《郭店・性自命出》內容大部分相同，但文句、文字又有部分不同，其不同處，恰好可以做為探討文字、文義之重要參考，且有可以糾正舊說者，其價值亦不言可喻。本書除全面探討文字訓詁外，對文義內容之詮釋，亦與時賢不盡相同。

《上博二讀本》出版後，蒙各界不棄，惠賜諸多寶貴意見，同事陳麗桂教授賜教尤多，《上博一讀本》書末所附圖版及摹字改由書末起，從右向左讀，以與傳統直行書寫文本之方向一致，而與本書由左向右讀之西式排版方式不同，此即為陳教授所提議，特此致謝。又本書〈性情論〉一篇討論哲學議題，旭昇於校訂之際，鄙見或有與時賢不同者，不敢自以為是（如學界多釋為「勢」之「埶」字，鄙意應改釋為「藝」），特請同事莊耀郎教授審閱。蒙莊教授不棄，細細審閱，並賜予寶貴意見，謹此申謝。又本書撰寫期間，連德榮、陳惠玲、鄭靖暄、李志慶、朱賜麟、呂婉甄等同學參與討論，提供意見，陳美蘭博士完稿前校閱一過，均極感謝。

書末所附圖版，均經特別處理，其旁之摹字為旭昇親筆所摹，以利讀者認識戰國文字。寫此序時，《上博三》恰好問世，其中有〈周易〉、〈仲弓〉、〈恆先〉、〈彭祖〉四篇，文字、內容均大有可觀，學界一波新研究又將展開，令人既興奮又期待。《上博四》據聞亦已完成，《上博五》、《上博六》等，亦將接踵而至，戰國文字之研究可謂方興未艾，新材料帶來新方法、新觀念、新成果，旭昇不敢不自勉，以期預流。唯本書雖已盡力參考學界之說，然疏漏錯誤，在所難免，敬祈方家不吝指正。

甲申孟夏季旭昇序於台灣師大國文系

目　錄

凡　　例

一. 本書以《上海博物館藏戰國楚竹書（一）》爲釋讀範圍，內容包括〈孔子詩論〉、〈緇衣〉、〈性情論〉三篇。〈孔子詩論〉由鄭玉姍撰寫初稿；〈緇衣〉由鄒濬智撰寫初稿；〈性情論〉由陳霖慶撰寫初稿；然後由季旭昇訂改。

二. 撰寫方式包括題解、原文、語譯、注釋四部分。題解簡要敘述本篇內容及學術價值等相關事項。隸定、編連、分段爲本書作者斟酌考訂的結果，與《上博》考釋不盡相同。原文採窄式隸定，難字後括號注明今字、通假字等，不能隸定者則直接用原簡圖形植入。語譯力求明白通暢，如有殘缺太甚、或語義不明、無法語譯的，則逕用原文，不勉強語譯。注釋力求簡明扼要，凡是括號中已注出今字、通假字的，詞義淺白易解的，儘量不注。

三. 簡與簡的排列，依文義爲主。文義相連的，簡簡相連，視需要分段。文義不能相連的，則另段書寫。同一簡文字而分屬兩段，則於前段簡末加「～」號，表示本簡下半還有文字。

四. 有關竹簡出土、形制、編連、字數等外圍說明，除有更正者外，一律依照《上博一》原書，不另加注。其餘參考各家之說，則必注明出處。

五. 本書採用新式標點，其餘符號大體依照古文字界習慣。□表示缺一字，▨表示缺若干字。若□中有字，則表示是根據其它條件補的。……表示本簡前後文義未完，應該還有字。（ ）標示今字、通假字，（？）表示括號前一字的隸定有疑問，〔 〕標示依文義應該有的字。

六. 簡號用【】來注明，標在每簡的最末。

七. 參考著作常用者用簡稱，見書末所附參考書目。

八. 爲方便讀者閱讀，本書最後附《上博一》原簡字形，原簡採自《上博一》，但經過重新處理、排版、剪裁。戰國竹簡爲中華民族之共同財產，與甲骨、金文拓片相同，學術、文化傳播只要不是原圖照登，依相關法律規定，均屬合法。每字之旁均附摹本，由季旭昇摹寫原形，以利讀者對照觀覽。字形不清楚的，由摹者根據相關條件摹出，不能肯定的則加注？號。圖版及摹字係直行書寫，故依傳統方式左行，自全書最後往回編排，圖版頁次右向左依次用「一、二、三」由排列；同時也依全書體例由左向右用「1、2、3」編總頁碼，二式並行，以利讀者，兼顧傳統。

九. 本書由多人合著，各篇文責由撰寫人自負。

〈孔子詩論〉譯釋

鄭玉姍 撰寫
季旭昇 訂改

【題解】

本篇是《上博一》的第一篇，共 29 簡，其中完整者僅 1 簡，長 55.5 釐米；長度在 50 釐米以上者 5 簡，40 釐米以上者 8 簡，餘簡殘存較多。各簡字數各有差異，滿簡者約 54 字到 57 字，總共約一千零六字。

這 29 支簡大多殘斷，有的文意不連貫，因爲沒有今本可資對照，加上有些簡斷損過多，又沒有發現篇題，因此簡序的排列相當困難。原整理者馬承源先生名之爲〈孔子詩論〉；並將簡文內容分爲四大類：

一．是屬於序言性質者。簡的第一道編繩之上和第三道編繩之下都留白，文字書寫於第一道編繩以下，第三道編繩以上者。每簡大約三十八至四十三字。這類簡，與其他完整之簡上下端都寫滿的現象明顯不同；且簡辭中不見評論《詩》的具體內容，只是概論《頌》、《大雅》、《小雅》、《國風》。

二．具體論述《頌》、《雅》詩篇內容者。在論各篇詩的具體內容，由於述及《頌》的內容可單獨區分，不與《大雅》、《小雅》內容相交叉，所以論《頌》數簡單獨列出。

三．單支簡上篇名只論及《國風》之詩篇者。

四· 單支簡上《國風》、《大雅》，《國風》、《小雅》之篇名並存者。

馬先生的排序大體是依照序論、《頌》、《雅》、《風》爲次。《上博一》公佈之後，濮茅左、李學勤、李零、廖名春、范毓周、曹峰、李銳諸位先生皆重新排列過簡序，不少學者主張依照《風》、《雅》、《頌》、總序的次序來編排,但都還存在著一些問題。業師季旭昇先生〈新詮〉經過檢視簡文內在輯後，重新排序，主張依序論、《頌》、《雅》、《風》爲次，似較合理。茲列諸家排序表如下：

作者／簡序	馬承源	濮茅左	李學勤	李零	廖名春	姜廣輝	范毓周	曹峰	李銳	季師
1	1	1	10	1	1	4	4	1	10	1
2	2	2	14	19	8	5	5	2	14	2
3	3	3	12	20	9	1	6	3	12	3
4	4	4	13	18	10	10	1	4	13	4
5	5	5	15	11	14	14	10	5	15	5
6	6	6	11	16	12	12	11	6	11	7
7	7	7	16	10	13	13	19	7	16	8
8	8	8	24	12	15	15	15	10	24	9
9	9	9	20	13	11	11	16	14	20	10
10	10	10	27	14	16	16	12	12	19	14
11	11	14	19	15	24	24	14	13	18	12
12	12	15	18	24	20	20	13	15	9	13
13	13	11	8	27	19	27	24	11	21	15
14	14	12	9	29	18	23	20	16	22	11
15	15	13	17	28	27	19	18	24	23	16
16	16	16	25	25	29	18	27	20	27	24
17	17	20	26	26	26	17	29	19	25	20
18	18	24	23	17	28	25	28	18	8	18
19	19	19	28	8	17	26	26	8	28	19
20	20	17	29	9	25	28	17	9	29	27
21	21	18	21	23	23	29	25	21	26	17
22	22	21	22	21	21	8	23	22	17	23
23	23	22	6	22	22	9	9	23	4	25
24	24	23	7	6	6*	21	8	27	5	26
25	25	25	2	4	4	22	21	26	6	28
26	26	26	3	5	5	6	22	25	7	29
27	27	27	4	7	6*	7	7	28	2	21
28	28	28	5	2	7	2	2	29	3	22
29	29	29	1	3	2	3	23	17	1	6
30					3					

據季師〈新詮〉主張，〈孔子詩論〉簡 1 首句可能為同一抄手所抄錄的別篇文章之末句，由「孔子曰」三字以下，方為〈孔子詩論〉內容。〈孔子詩論〉可分為三部八章：

第一部分為總論之部：第一章總論詩樂文，第二章總論《頌》、《雅》、《風》。

第二部分為分論之部：第三章分論《周頌》各篇，第四章分論《大雅》各篇，第五章分論《小雅》各篇，第六章分論《國風》各篇，其中〈關雎〉、〈樛木〉、〈漢廣〉、〈鵲巢〉、〈甘棠〉、〈綠衣〉、〈燕燕〉等七首詩合成一組，季師稱之為「關雎組」，這一組詩反覆討論了三次；〈葛覃〉、〈甘棠〉、〈柏舟〉、〈木瓜〉、〈杕杜〉等五首詩合成一組，季師稱之為「葛覃組」，本組也是反覆討論了三次，季師並根據這個體例適度補字。

第三部分為合論之部：第七章為合論《風》、《雅》各篇，第八章為合論《風》、《雅》、《頌》各篇，其中〈宛丘〉、〈猗嗟〉、〈鳲鳩〉、〈文王〉、〈清廟〉、〈烈文〉、〈昊天有成命〉等七首詩合成一組，季師稱之為「宛丘組〉，本組只反覆討論了兩次。

全篇共出現詩篇 58 篇，均可與今本《毛詩》對照，僅有〈湯（揚）之水〉1 篇不知屬何風：（簡本篇名在前，今本篇名在後，中間用「／」間隔）

一·　《國風》二十九篇

（一）〈周南〉:〈闡疋〉／〈關雎〉、〈梂木〉／〈樛木〉、〈中氏〉／〈螽斯〉、〈灘𡉚〉／〈漢廣〉、〈蘈䵩〉／〈葛覃〉、〈兔虘〉／〈兔罝〉

（二）〈召南〉:〈鵲櫟〉／〈鵲巢〉、〈甘棠〉／〈甘棠〉

（三）〈邶風〉:〈綠衣〉／〈綠衣〉、〈鬓鬓〉／〈燕燕〉、〈柏舟〉（推擬）／〈柏舟〉、〈北風〉／〈北風〉

（四）〈鄘風〉:〈牆有薺〉／〈牆有茨〉、〈北白舟〉／〈柏舟〉

（五）〈衛風〉:〈木苽〉／〈木瓜〉

（六）〈王風〉:〈菜藟〉／〈采葛〉、〈□□腸腸〉／〈君子陽陽〉、〈又兔〉／〈兔爰〉

（七）〈鄭風〉:〈涉秦〉／〈褰裳〉、〈牆中〉／〈將仲子〉、〈子立〉／〈子衿〉

（八）〈齊風〉:〈東方未明〉／〈東方未明〉、〈於差〉／〈猗嗟〉

（九）〈唐風〉:〈七衛〉／〈蟋蟀〉、〈折杜〉／〈有杕之杜〉、〈角幡〉／〈角枕〉

（十）〈陳風〉:〈隰有長楚〉／〈隰有萇楚〉、〈备丘〉／〈宛丘〉

（十一）〈曹風〉:〈巳鳩〉／〈鳲鳩〉

（十二）不知所屬一篇：〈湯之水〉／〈揚之水〉

二·《小雅》二十二篇

（一）〈鹿鳴之什〉:〈鹿鳴〉／〈鹿鳴〉、〈伐木〉／〈伐木〉、〈天保〉／〈天保〉

（二）〈南有嘉魚之什〉:〈審露〉／〈湛露〉、〈蜻蜻者莪〉／〈菁菁者莪〉、〈河水〉／〈沔水〉

（三）〈鴻雁之什〉:〈誶父〉／〈祈父〉、〈黃鳥〉／〈黃鳥〉

（四）〈節南山之什〉:〈十月〉／〈十月之交〉、〈雨亡政〉／〈雨無正〉、〈即南山〉／〈節南山〉、〈少旻〉／〈小旻〉、〈少㝌〉／〈小宛〉、〈少㝸〉／〈小弁〉、〈考言〉／〈巧言〉

（五）〈谷風之什〉:〈浴風〉／〈谷風〉（也可能屬〈國風〉）、〈贒大車〉／〈無將大車〉、〈少明〉／〈小明〉、〈翏莪〉／〈蓼莪〉

（六）〈甫田之什〉:〈棠棠者芋〉／〈裳裳者華〉、〈青蠅〉／〈青蠅〉、〈大田〉／〈大田〉

三·《大雅》三篇

（一）〈文王之什〉:〈皇矣〉（有辭無題）／〈皇矣〉、〈大明〉（有辭無題）／〈大明〉、〈文王〉／〈文王〉

四· 《頌》三篇

（一）〈周頌〉:〈清宙〉／〈清廟〉、〈剌文〉／〈烈文〉、〈昊天有城命〉／〈昊天有成命〉

至於簡 2 至簡 7 所謂的留白簡，對分章編聯補缺字的影響很大。季師贊成學者所論，留白簡是本來有字，後來因爲尚不明瞭的原因被削除。因此認爲所有的留白簡都可以比照滿寫簡的長度補字。本文的補字均依季師〈新詮〉之說。

壹·總論之部

【第一章原文】總論詩樂文

〔□□□□□□□□□□□□□□〕，行此者丌（其）又（有）不王虖（乎）▬①？

孔 =（孔子）②曰：「訔（詩）亡（無）隱（隱）志，樂亡（無）隱（隱）情，旻（文）亡（無）隱（隱）意③。」……【一】

【缺簡】

□□□□□□□□□□寺也，文王受命矣④ ▬ 。【二上】

【語譯】

如果能依此而行，豈有不能王天下的呢？

孔子說：「《詩》沒有隱而不發的心志，樂沒有隱而不發的情感，文沒有隱而不發的意念。」

【注釋】

① 行此者丌又不王虖：即「行此者其有不王乎？」

「虖（乎）」字後有一較粗的墨節，爲文章分篇的隔離記號，或大段落的隔離記號。原考釋者馬承源先生以爲〈孔子詩論〉與〈子羔〉、〈魯邦大旱〉兩篇之字形、簡長、兩端形狀皆相當一致，應爲同一書手所作。但〈子羔〉篇爲子羔問孔子三王者之作；〈魯邦大旱〉爲孔子評論魯國大旱乃是當政者刑與德失當，以及孔子與子貢對旱災是否要祭禱的答問。而「行此者其有不王乎」似非對子羔、子貢或魯哀公之語氣，是以馬承源先生揣測本句之前另有內容，然與〈孔子詩論〉書於同簡；此八字不應視爲〈孔子詩論〉之內容。（見《上博一》121頁）。李零先生以爲「現在題名爲〈孔子詩論〉的簡文，其實是〈子羔〉篇的一部分。它的篇題是寫在卷首第三簡的背面。此篇既包括這裡稱爲〈孔子詩論〉的部分，也包括與此抄在同一卷上的其他兩部分（尙未發表）。（玉姍案：指〈子羔〉、〈魯邦大旱〉兩篇。今已發表）」（見〈《上海博物館藏戰國楚竹書（一）》釋文校訂〉）。

玉姍案：由於「行此者其有不王乎」似非孔子對子羔、子貢或魯哀公之語氣，故從馬說。「行此者其有不王乎」當視爲上一篇之末句。若是與詩論不同的一篇，似乎沒什麼理由放在同一簡上，下「孔子曰：詩無隱志，樂無隱情，文無隱言」則爲〈孔子詩論〉之首句。

② 孔＝：「孔子」合文。馬承源先生以爲：「『孔子』二字均寫成合文，作『』（下注省）。釋定這合文是『孔子』，還可以在《子羔》、《魯邦大旱》等篇中得到證明。……」（《上博一》頁123-125）。裘錫圭、李學勤二位先生於2000年8月19日北京達園新出簡帛國際學術研討會中，原本提出「簡文『孔子』合文或許應釋爲『卜子』合文，（卜子就是卜商，即孔子弟子中以文學著稱的子夏）」的說法。黃錫全先生以爲「這兩個字……即『子上』，……，子上是孔子的曾孫，是著名學者子思的兒子。」（裘、李、黃三者之說並見黃錫全先生〈『孔子』乎？『卜子』乎？『子上』乎？〉）。《上博一》出版後，裘、李皆接受馬說更正爲「孔子」合文。（見裘錫圭先生《關於〈孔子詩論〉》、李學勤先生〈詩論與詩〉）

玉姍案：馬說可從。從字形上看，楚系文字孔字除本簡外，又見《上博一》作（〈孔〉16）、（〈孔〉21）、（〈孔〉27），《上博二》作（〈子羔〉2）、（〈魯邦〉2）「孔」字之「L」旁，或寫如「人」形，或寫如「卜」形，此爲楚系「孔」字之特色。於「孔」字下加上合文符號「 =」，則爲「孔子」合文，讀爲「孔子」。

旭昇案：除以上所引外，據《上博一》125 頁馬承源先生注文，上博簡〈顏淵篇〉孔字作，〈仲弓篇〉作。《古璽彙編》0627 號璽作，《馬王堆・老子甲後》315 作，均可說明戰國「孔」字寫法之多變。

③ 訔亡隱志樂亡隱情旻亡隱意：即「詩無隱志，樂無隱情，文無隱意」。

訔，「詩」的異體字。馬承源先生隸作訔，以爲從言從止。其實當作「從言之聲」。隱，馬承源先生以爲：「『隱』，從陻從心，以𠦪爲聲符。……按辭義應可讀爲《離騷》之『離』，離、𠦪、鄰都爲雙聲，韻部爲同類旁對轉，『離志』一詞，見於《史記・燕召公世家》：『因搆難數月，死者數萬，眾人恫恐，百姓離志。』……，志、性情、心（包括騷）等狀態的稱述，皆可謂離或不離。詩亡隱志，樂亡隱情，文亡隱言，可以讀爲『詩不離志、樂不離情、文不離言』。」（《上博一》頁 125-126）。李學勤先生〈隱字說〉讀「隱」。裘錫圭先生以爲「結合簡文意義和『𠦪』的讀音來考慮，『陻』和『隱』似可釋讀爲『隱』。『隱』是影母文部字，韻部與『𠦪』相合，但聲母的距離似稍大。但在形聲字裡，卻有影母與來母明母相諧的例子。例如，以來母字『䜌』爲聲旁的，既有很多來母字，也有明母字的『蠻』，和影母字的『彎』。」（〈關於孔子詩論〉頁 2）其餘各家尚有「吝」、「鄰」、「泯」、「凌」、「憐」、「忞」等讀法。《上博一・孔子詩論》簡 20：「幣帛之不可去也，民眚古然，其陻志必有以俞也。」談論的是〈木瓜〉所引伸出的幣帛餽贈之禮，這裡的「陻」字，應視爲「隱」的異文，「陻志」一詞，若釋爲「隱志」，翻譯爲「隱含在禮品背後的心意」，則極爲恰當；若依其他各家解釋，則較難通讀。故「隱」字應從李、裘二先生之說，釋爲「隱」。

旻，「文」的異體字。馬承源先生以爲：「旻，從口從文，在簡文中，『旻』與『文』不完全相同。如文王之『文』不從口，文章之『文』從口字的形體有點像戰國文字『吳』字的寫法。……『文』在此是指文采。」（《上博

一》頁 126）

玉姍案：「文」字於〈孔子詩論〉中共出現十二次，「文王」之「文」不從「口」者居多，但簡 2 有二例從「口」;「文章」之「文」則皆從「口」。足見二形看似有區別，其實未必。

旭昇案：意，簡文殘，原考釋作「言」，但「文無隱言」意思不好講。李學勤先生〈分章釋文〉隸定作「意」，「文無隱意」語義明暢。「意」字考古字形目前最早見《馬王堆．老子甲》96 作「」，上從音，用爲音；漢印徵作「」，上從「言」。第二形上部與〈孔子詩論〉同形。

④ 寺也文王受命矣：前有缺簡，文意不詳。學者或把「寺」讀爲「時」，但〈孔子詩論〉簡 10「樛木之時」之「時」字作「峕」不作「寺」，本簡之「寺」似乎不能那麼肯定讀「時」。

【第二章原文】總論頌雅風之德，及風雅頌之用心

《訟》（頌）坪（平）悳（德）也①。多言遂（後）②。丌（其）樂安而屖（遲），丌（其）訶（歌）紳而萏（惕）③▬，丌（其）思深而遠，至矣▬！《大顕》（夏；雅）盛悳（德）也，多言□□□□□□□□□④【二下】□□□□□□。《小夏》（雅）□□也。多言難而悥（悁）退（懟）者也，衰矣少矣⑤。《邦風》丌（其）內（納）勿（物）也専（溥），雚（觀）人谷（俗）安（焉），大會（斂）材安（焉）⑥。丌（其）言旻（文），丌（其）聖（聲）善。孔＝（孔子）曰：隹（誰）能夫〔□□□□□□□□□〕⑦【三】

□□□□□□□□□□曰：《詩》丌（其）猶坪（平）門⑧▬。與㦰（賤）民而豫之，丌（其）甬（用）心也（將）可（何）女（如）？曰：《邦風》氏（是）已⑨▬。民之又（有）慼惓（患）也，卡＝（上下）之不和者，丌（其）甬（用）心也牐（將）可（何）女（如）？曰《小夏》氏（是）已。⑩□□□【四】□□□者何如？〔曰《大夏》氏（是）已。又（有）城（成）工（功）者可（何）女（如）？曰《訟》（《頌》）氏（是）已。⑪▬【五上～】

【語譯】

《頌》的內容都屬於平正的德性，常常講到「後」（後裔、後世）。它的音樂安祥而遲緩，它的歌聲平易而舒和，它的思慮深邃而幽遠，真是達到極致了。《大雅》的內容都屬於盛德，常常講到……。《小雅》的內容……，常常講到艱難及怨懟，顯示出在位者的德行衰敗、格局小了。《國風》能夠普徧地接受所有的人物，廣博地觀看民俗，廣泛地彙聚人才。它的用語很有文彩，它的內容充滿了美善。孔子說：「誰能啊……」

……說：「《詩》就像是一扇平正的大門啊！要能夠和低賤的平民一起抒發苦悶，寬舒心胸，《詩》要怎麼樣用心處理？《國風》表述的就是了。人民有悲戚憂患，統治者和人民上下不和，《詩》要怎麼樣用心處理？《小雅》表述的就是了。……要怎麼處理？《大雅》表述的就是了。國家有成就有功業，要怎麼處理？《頌》表述的就是了。

【注釋】

① 訟坪悳也：即「《頌》，平德也」。馬承源先生：「訟，及今本《毛詩·頌》的編名，……徐鍇繫傳云：『今世間詩本周頌亦或做訟』。東周時可能已有稱《訟》稱《頌》不同本。……坪悳，『坪德』一辭，古籍中未見，金文《平安君鼎》之『平』作從土從平，坪、平古通用。『坪悳』讀爲『平德』。《訟》之平德，必是指文王武王之德。……平德則可以理解爲平成天下之德。」（《上博一》頁 127）

玉姍案：「坪」字於本簡作「[illegible]」，學者或釋「塝」、釋「塄」，裘錫圭先生則疑爲「聖」字的誤摹（〈錯別字〉）。季師曰：「同字又見〈容成氏〉簡 18：『禹乃因山陵坪（平）隰之可封邑……。』〈孔子詩論〉此字一向有『平』、『旁』二說，於義理皆可通。但是〈子羔〉、〈容成氏〉此字依文例只能釋爲『坪（平）』，因此我們可以用這種明確的文例回推〈孔子詩論〉簡 2 應讀爲『頌坪（平）德也』、簡 4 應讀爲『詩其猶坪（平）門』」。（〈讀《上博二》小議〉）簡文「頌，坪（平）德也」，平德，當爲正德。《詩·商頌·那》：「既和且平。」《毛傳》：「平，正平也。」即正大平和，有肅穆王者氣象也。

② 多言逡˙即「多言後」。李零先生：「『後』，今《頌》凡四見，計《周頌·雍》一，《周頌·載見》一，《周頌·小毖》一；《商頌·殷武》一。」（《上校一》頁 42）季師〈新詮〉指出《周頌》「後」僅三見，指深思遠慮，惠及後世，與本簡下文所說的「其思深而遠」相應。

③ 丌樂安而屖丌訶紳而葛丌思深而遠至矣：即「其樂安而遲，其歌紳而惕，其思深而遠，至矣」。馬承源先生：「丌樂安而屖，丌訶紳而茤，樂指《訟》各篇有與之相應的樂曲或樂章。安，……意爲《訟》之樂音調安和。屖，……棲遲緩慢之義。辭文是說《訟》樂曲節奏安和而緩慢。……『紳』與『茤』當指合樂歌吹之物。以此，紳宜讀爲『壎』，茤則讀作『𪛉』，『紳』與『壎』爲韻部旁轉，聲紐相近，音之轉變。『茤』，從艸從多，以多爲聲符，《說文》所無。但『茤』與『篪』爲雙聲疊韻，同音通假，『𪛉』亦作『篪』。《說文》云：『𪛉，管樂也，從龠，虒聲。』《詩·小雅·何人斯》：『伯氏吹壎，仲氏吹篪。』壎、篪一爲陶製，一爲竹製，皆管樂。如這個解釋可取，則《訟》之樂曲乃以壎、篪相合。以上說明，《訟》不僅是西周王室宗廟祭祀的樂曲，而且也有歌與樂相和。今本《頌》各篇皆一章，凡章十句以下者今本計十八篇，多數詩句比較短，而祭祀須有一定時間，不能遽然結束，因此音樂節奏尤其緩慢，即所謂『安而屖』。」（《上博一》頁 127-128）

季師：「所謂『茤』字，簡文做，疑從艸從『易』，不從『多』。『易』的楚系標準寫法如下表形，但是我們也看到包山 157『惕』字作，所從的『易』字形與上博簡極爲接近。『葛』字從艸從易，可讀爲『惕』；……。『其歌深而易』的意思是：『頌的歌聲約束而警惕』。依這個解釋，本句與簡文前句『（頌）其樂安而遲』，後句『其思深而遠』的意義才能互相配合。否則在講風格德行的兩句中，突然插進一句講樂器配樂的話，實在有點唐突。當然，『易』也有『平易』的意思；『紳』也可以讀爲『申』，有舒和的意思。這樣一來，『其歌紳而易』，就可以解成『頌的歌聲平易而舒和』。也可通。」（〈五題〉）

玉姍案：「葛」字，各家或釋「茤」、或釋「葛」、或讀「尋」、或讀「易」。

今考楚系文字「尋」見「簟」（郭.成之.34），與「軸」（上.孔.16）之偏旁，均作雙手展開測量長短之形。「豸」旁，楚系文字未見，然秦系從豸之字寫如（貉）（《睡・日甲》77 反）。楚系文字從「昜」之字，如「湯」作（包 2.173），其上從「日」部極爲明顯，均與簡文「蕩」所從不類。故「」字當依季師之說，從艸從昜，隸作「蕩」，讀爲「昜」。

④ 大頙盛悳也多言□□□□□□□□□：即「《大雅》盛德也，多言□□□□□□□□」。馬承源先生：「大頙，即『大夏』，今本《毛詩・大雅》篇名。古字頙、雅通用。上博簡《紂衣》中，孔子引詩所稱的《大頙》，即今本《大雅》。而《少虽》即今本《小雅》。……《荀子・榮辱》：『君子安雅』，按與《儒效》篇『居夏而夏』之『夏』同，楊倞注『正而有美德者爲之雅』。『頙』、『夏』古同。《鄂君啓節》『夏』字亦從頁從昆。」（《上博一》頁 128）

季師：「第三簡和第二簡都是上下留白簡，各家編聯大都依二三簡順接，可從。第二簡談到『頌，平德也』，『大夏，盛德也』，第三章談到『邦風其納物也』，那麼中間顯然缺的是『小雅□□也』。各家都沒有補這句，大概是看到頌大雅都是『□德也』，而國風不是，因此不敢作這樣的判斷。但是我們看大雅的句法是『〈大雅〉盛德也，多言……』，而第三簡是『……也。多言難而怨懟者也，衰矣，小矣。』句法完全相同，而殘缺處也剛好互補。因此我們可以把大雅補足成『〈大雅〉盛德也，多言……者，□矣□矣。』而小雅部分則可以補成：『小雅□□也。多言難而怨懟者也，衰矣，小矣。』如果我們相信留白簡是原來有字而被削去了，據其他非留白簡推估，簡 2-5 的上半都應補九字，後半都應補八字。如果我們相信留白簡本來就是留白無字，那麼二、三簡之間應該還有一簡，大約容字 38-43，所以大雅的論述可能較多，多言之後還要補上一大段文字。不過前一說的可能性比較大。」（〈補缺〉註 3）

玉姍案：季師依《上博一》頁 3、4 全簡圖，由契口位置所排列之高低位置判斷所缺及應補之字數，可從。此簡當與簡 3 參看互補，於「多言」下應當可補八字。

簡文，「頙」字，甲骨文從日從頁，季師以爲：「甲骨文的『夏』字都當人名用，但它的本意可能就是指熱天氣，所以從日下頁會意。〈伯夏父簋〉頁形下部的人形加『止』。叔尸鐘『止』形移到左旁『日』下，這就變成戰國『夏』字的標準結構，至其變化則省日、或省止、或加虫，止形或加繁爲『正』、或訛爲『又』、訛爲『寸』罷了。」（《說文新證（上）》，頁 468）據此，〈孔子詩論〉簡 2 中的「頣」字爲楚系「夏」字的標準寫法。《上博一 · 緇衣》的「少虽」省「止」加「虫」，爲省變的寫法。

⑤ 少夏□□也多言難而⿱宀悁退者也衰矣少矣：即「〈小雅〉□□也，多言難而怨懟者也，衰矣少矣」。馬承源先生：「難而⿳宀冐心退，讀爲『難而悁懟』。『⿳宀冐心』從⿱宀冐從心。或省作『⿱宀悁』，從⿱宀肙從心，見第十八簡。⿳宀冐心、⿱宀悁同爲一字。以肙爲聲符。有學者釋爲『怨』。據此字形，或可讀爲『悁』。悁、怨一聲之轉，也可讀爲『惌』。《廣韻》有此字，曰『枉也』。《集韻》『讎也，恚也。本作怨，或作惌』。『退』字在此不用本義，讀爲『懟』。懟、退同部，一聲之轉。《說文》『懟，怨也。從心對聲』。《孟子》『以懟父母』，趙岐注『以怨懟父母』。『難』者係指《小雅》中《四牡》、《常棣》、《采薇》、《杕杜》、《沔水》、《節南山》、《正月》、《十月之交》等等許多篇皆爲嘆憂難之詩。衰矣少矣，指《少夏》，可能是就《小雅》中許多反映社會衰敗、爲政者少德的作品而言。後文在《少夏》篇的《十月》、《雨亡政》、《節南山》等篇評述云：『皆言上之衰也，王公恥之』。衰矣少矣，即爲此類詩作。又備用的殘簡中也有一簡是有關詩的，其文曰：『者。《少夏》亦惪之少也。……』所謂『惪之少者』，可以作爲『衰矣少矣』的進一步解釋。但此簡與《詩論》並非爲同一人手筆，今附之以供參考。』（《上博一》頁 129）

玉姍案：簡文⿱宀悁，季師以爲：「這個字的字形寫成『⿱宀悁』，《上博》考釋爲『悁』，其實不算錯，但又說，『也可讀爲惌』，這就沒有必要了。『惌』是『宛』的異體，在這裡讀成『惌』，對文義並不合適。其實以楚簡的用字習慣來看，其上的『宀』應該只是裝飾性的部件。本字可以直接讀成『怨』。」（〈從肙的字〉）可從。怨退，馬讀「怨懟」，可從。《說文》：「懟，怨也。」學者或讀爲「怨悱」、「怨湛（深）」，意義無甚不多，但通讀較爲麻煩。

《小雅》由〈鹿鳴〉、〈魚麗〉等君臣饗宴、氣象恢弘之詩，到〈十月之交〉、〈雨無正〉、〈小旻〉、〈小宛〉等末世君主昏昧、小人弄政之刺詩，呈現了一個大邦由盛而衰的完整紀錄，這就是簡三所說的：「（《小雅》）多言難而怨懟者也，衰矣少矣。」〈孔子詩論〉不提《正小雅》的盛世雅麗，只提《變小雅》的衰頹怨懟，應是有特指。

⑥ 邦風丌內勿也尃雚人谷安大嬒材安：即「《邦風》其納物也溥，觀人俗焉，大斂材焉」。馬承源先生讀爲「邦風其納物也，溥觀人俗焉，大斂材焉」：「邦風，就是《毛詩》的《國風》，《邦風》是初名，漢因避劉邦諱而改爲《國風》。內勿，讀爲『納物』，即包容各種事物。尃雚人谷，『尃』讀作『溥』……。『溥』古籍中亦通作『普』。『雚』是『觀』的別體，『谷』讀爲『俗』。此句讀爲『普觀人俗』。《禮記．王制》：『天子五年一巡守……，至於岱宗。柴而望祀山川，覲諸侯。問百年者，就見之，命大師陳詩，以觀民風。』《孔叢子．巡守》：古者天子『命使采民詩謠，以觀其風。』又《漢書．藝文志》：『古有采詩之官，王者所以觀風俗，知得失，自考正也。』這是采詩觀風俗。普觀人俗即普觀民風民俗。這裡孔子所言《邦風》具有教化作用的論述，在各種史料中是較早的。」又「大嬒材，『嬒』字《說文》所無，從日從僉，疑讀爲『斂』。『嬒（斂）材』見於《周禮．地官司徒．大司徒》：『頒職事十有二於邦國都鄙。使以登萬民：一曰稼穡，……八曰斂材……』此『斂材』爲收集物資，簡文『嬒（斂）材』指《邦風》佳作，實爲采風。」（《上博一》頁 129-130）

李零先生讀爲「《邦風》其納物也，博觀人欲焉，大斂材焉」，釋云：「簡文是說《邦風》可以博覽風物，采觀民情，彙聚人材。『孔子曰』下還有另一段話，惜已脫佚。」（《上校》頁 43）龐樸先生：「此節句讀似宜作：『邦風，其納物也尃：觀人俗焉，大斂材焉。……『其納物也尃』，尃，遍也（《玉篇》），不煩轉讀爲溥。」（〈零箋（二）〉）范毓周先生：「『谷』在楚簡中多通假爲『欲』。……所謂『尃雚人谷』應讀爲『溥觀人欲』，其意與上引楚簡《緇衣》『故君民者章好以視民欲』的『以視民欲』大體相同。」（〈第三枚簡〉）

玉姍案：「尃」，可從馬先生之說讀作「溥」，《說文》：「溥，大也。」「觀」，簡文作，從人目、雚聲。《上博一．性情論》簡 9 作不加「人」旁、簡 15 作上加飾符「宀」。「人谷」，學者或讀爲「人俗」或讀爲「人欲」，二說皆可通。《毛詩．周南序》：「詩者，志之所之也；在心爲志，發言爲詩。……上以風化下，下以風刺上，主文而譎諫，言之者無罪，聞之者足以戒，故曰

〈風〉。至于王道衰，禮義廢，政教失，國異政，家殊『俗』，而〈變風〉〈變雅〉作矣。國史明乎得失之跡，傷人倫之廢，哀刑政之苛，吟詠情性，以風其上，達於事變而懷其舊『俗』者也。」筆者以爲由這段文字所述，〈風〉之化正在於反應時事以移風易『俗』，是以「人谷」讀作「人俗」，比較適當。

僉，即「僉」之繁形，下加飾符「甘」，本簡假借爲「斂」，爲「收集」之義。「大斂材」，馬承源先生謂廣泛地蒐集詩篇佳作，發而爲《風》，亦即《詩序》所說「上以風化下，下以風刺上，主文而譎諫，言之者無罪，聞之者足以戒，故曰《風》。至于王道衰，禮義廢，政教失，國異政，家殊俗，而《變風》、《變雅》作矣。國史明乎得失之跡，傷人倫之廢，哀刑政之苛，吟詠情性，以風其上，達於事變而懷其舊俗者也」。李零先生《上校》以爲廣泛地「彙聚人材」。旭昇案：馬說從《詩經》採集的過程立論，似不如李說從《詩經》的功能立論，與「觀人俗焉」較爲一致。今從李說。

⑦ 丌言旻丌聖善孔 =曰佳能夫□□□□□□□□□□：即「其言文，其聲善。孔子曰：誰佳能夫□□□□□□□□□□」。馬承源先生：「丌言旻，旻，讀爲『文』，指《邦風》諸詩的辭言有文采。丌聖善，『聖』借爲聲，古詩皆有曲可以歌唱，此言《邦風》樂聲的和美。佳能夫，『能夫』之後辭文殘失。與上下留白第四簡不能連讀。從以上論辭的例子，『孔子曰』以下是一整段論述，可能更具體的述及《訟》、《大夏》、《少夏》和《邦風》，大約至少缺二枚。」（《上博一》頁 130）

⑧ □□□□□□□□□□□□曰詩丌猶坪門：即「□□□□□□□□□□□□曰：詩其猶平門」。馬承源先生：「坪門，讀爲『平門』。春秋吳國城門名。吳王闔閭始築城，四面八門，北面稱爲平門、齊門。……在簡文中可能是泛指城門。『詩其猶平門？』其義或爲詩義理猶如城門之寬達。」（《上博一》頁 130）李零先生《上校一》把下句句首的「與」字屬上，讀爲「詩其猶坪門歟？」

玉姍案：本句的問題有兩個，一是「坪門」，學者或釋爲「旁門」。有關此字的討論，已見簡 2「頌平德也」條下，字當釋「平」，此不贅述。「平門」，指平正之門，與吳國城門名無關。

第二個問題是下一句首的「與」字，馬承源先生屬下讀，李零先生屬上讀。其實本簡在「平門」下有一個墨釘，是很明顯的標點符號，書寫者怕人誤讀，特地標示了這個符號，馬讀是對的。

季師〈新詮〉指出：「『《詩》其猶平門』爲一全稱敘述，其涵蓋範圍應包括其下所敘述的《風》、《雅》、《頌》。」平門不能專指《邦風》。

⑨ 與戔民而豫之丌甬心也牆可女曰邦風氏已：即「與賤民而豫之，其用心也將何如？曰：〈邦風〉是已」。馬承源先生：「戔民而谿之，『戔民』讀爲『賤民』，地位低下的人。『谿』從谷從兔，《說文》所無，其他字書也未見。」又「氏，簡文多讀作『是』」。（《上博一》頁 131）

玉姍案：簡文（戔），馬承源先生以爲當讀作賤，可從。戰國時期楚文字有借「戔」爲「賤」的情形，且「戔」字所從二戈寫作左右並列的，如（信陽 1.02）），或（郭.成 34））。「賤民」爲社會階級低下者，與貴族相對。

簡文字，何琳儀〈滬簡〉釋爲「豫」，可從。曹錦炎〈楚簡文字中的"兔"及相關諸字〉指出此字左旁下部所從「口」不作封閉形，故左偏旁不應釋爲「谷」。「豫」字本從象、予聲，春秋蔡侯䵼鐘作「」（下加「土」形）、楚系文字《包》11 作「」，左旁省一「○」形，即與〈孔子詩論〉此字相同，釋「豫」可從。季師〈新詮〉以爲「豫」從象、予聲，上古音在喻紐魚部，可以讀爲「抒」（神與切，神紐魚部）、「舒」（傷魚切，審紐魚部），《國風》所述「賤民」之事，愁苦者多，藉著詩歌抒發愁苦，寬舒心胸，是即爲「豫」。

「已」，馬承源先生原釋「也」，張桂光先生云：「，分見於第四、五、七、二十七簡。原釋文……釋爲『也』……，仍當以釋『巳』爲妥。」（〈《戰國楚竹書·孔子詩論》文字考釋〉）其說可從。後文從張說直接校改者，不另出注。

⑩ 民之又感惓也卡＝之不和者丌甬心也牆可女曰小夏氏已：即「民之有慼患也，上下之不和者，其用心也將何如？〔曰《小夏》是已〕」。馬承源先生：「民之又羆惓，讀爲『民之有罷惓』。」（《上博一》頁 131）李零先生：「『慼惓』，原書讀爲『罷倦』，但上字見郭店楚簡《性自命出》簡 34，實爲『慼』

字，『慼』是憂愁的意思；『惓』，有倦怠之義。後面疑脫一簡，作『曰《小雅》是也。……其用心將何如？《大雅》』。」（《上校》頁 40）劉樂賢先生：「『惓』字又見於〈性情論〉簡 31、簡 35，《郭店簡》相應之字作『患』(『惓』、『患』二字古音相近，可以通假)。據此，則簡文此詞應讀爲『慼患』，是『憂患』的意思。」（〈劄記〉）

玉姍案：「惓」簡文作「[illegible]」，此字又見於《上博一·性情論》簡 31「凡憂[illegible]之事谷（欲）任」，《郭店·性自命出》62 簡同句作「凡憂患之事欲任」，可知「惓」當讀爲「患」。「惓」從「关」聲，同從「关」聲之「卷」，古音見紐元部；「患」，古音匣紐元部。聲近韻同，故「惓」可以讀爲「患」。

簡文「民之有慼患也，上下之不和者，其用心也將何如？」，季師以爲，「其用心也將何如」後當補「〔曰〈小夏〉氏（是）已□□□〕」八字（〈補缺〉注 4），可從。〈孔子詩論〉中所提到的今本〈小雅〉篇名，雖然有帝王氣象的〈鹿鳴〉、〈伐木〉、〈天保〉等篇，然也多提及〈十月〉、〈雨無正〉、〈節南山〉、〈小旻〉、〈小宛〉、〈小弁〉、〈巧言〉等幽厲時代政衰道微的詩篇。筆者以爲簡文所述之「民之有慼患也，上下之不和者」，應即孔疏之《變小雅》，也就是〈十月〉、〈雨無正〉、〈節南山〉、〈小旻〉、〈小宛〉、〈小弁〉、〈巧言〉等描述幽厲時代政衰道微的詩篇。

⑪ 又城工者可女曰訟氏已：即「有成功者何如？曰：《頌》是已。」李零先生：「『又成功者何如』，是以《頌》爲歌功頌德之作。《詩序》說『頌者，美盛德之形容，以成其功，告於神明者也』，正與簡文所述相合。」（《上校》頁 41）

玉姍案：《毛詩序》「《頌》者，美盛德之形容。以其成功告於神明者也」下孔《疏》云：「此解《頌》者唯《周頌》耳，其商魯之《頌》則異於是矣。」簡文所提及之《頌》詩，爲今本〈清廟〉、〈烈文〉、〈昊天有成命〉三詩，皆出於《周頌》，故孔疏「此解《頌》者唯《周頌》耳」之說應可從。

貳·分論之部

【第三章原文】分論周頌

〈清寍（廟）〉王悳（德）也▬，至矣。敬宗寍（廟）之豊（禮），㠯（以）爲丌（其）沯（本）；「秉旻（文）之悳（德）」，㠯（以）爲丌（其）𦦛（質）▬①；「肅售（雝）〔顯相」，㠯（以）爲丌（其）□②；□□〕【五下】*（以上爲「清廟組」，屬周頌）*

【語譯】：

〈清廟〉寫的是周文王的盛德，真是至高無上啊。祭祀文王時，恭敬慎重地舉行宗廟之祭禮。以文王所建立之功業，爲國家之基本；今日助祭之濟濟眾士，皆當承秉文王之德，以爲立身行世之根本；助祭的公卿肅敬雝和，作爲周王室……

【注釋】：

① 清寍王悳也至矣敬宗庿之豊㠯爲丌沯秉旻之悳㠯爲丌𦦛：即「〈清廟〉，王德也，至矣。敬宗廟之禮，以爲其本；秉文之德，以爲其質。」

馬承源先生：「寍即『廟』，西周金文多做『廟』或『𢈪』，戰國《中山王方壺》作庿。……沯，《說文》所無。字與《行氣銘》本作『𣎵』相同……疑是『本』的異體。……𦦛，從並業。業字構形與《中山王方壺》銘『內𢀜邵公之業』的『業』字作『𢀜』非常相近，不過壺銘從口，此不從口。字爲《說文》所無。」（《上博一》頁 132）

簡文「𦦛」字，李零先生以爲字與郭店楚簡用爲「察」、「竊」等字者所從相同，應讀爲「質」。（《上校》頁 41）馮勝君先生讀爲「櫱」（〈讀上博簡《孔子詩論》劄記〉）

玉姍案：今本《毛詩．周頌．清廟之什．清廟》：「於穆清廟，肅雝顯相，濟濟多士，秉文之德。對越在天，駿奔走在廟，不顯不承，無射於人斯。」《詩序》：「〈清廟〉，祀文王也。周公既成洛邑，朝諸侯，率以祀文王焉。」《序》說可從。上引「𦦛」字三說中，「櫱」義爲枝條斬而後生之新芽，文王後人承文王繼續發展，並無「斷而後生」之義，意義稍隔；其餘二說皆可通。旭昇案：楚簡此形所從，又見《上博（三）·恆先》簡 1、4，此一偏旁字與「質」、「察」、「竊」、「淺」、「帶」、「業」、「美」都有關係。此處似以讀「質」較妥，茲從李零說，質，本質、根本也。

② 肅雝顯相已爲丌□：即「肅雝顯相，以爲其□」。馬承源先生：「肅雝：爲《清廟》『肅雝顯相』引句的殘文。……『秉文之德』，爲《清廟》第四句。『肅雝顯相』爲第二句。孔子論詩乃摘句盡意論述，並不是按詩句上下排列而講授。以上是論《清廟》辭文的第一次出現。」（《上博一》頁 132））。

玉姍案：馬說謂本簡是〈清廟〉辭文的第一次出現，容易讓人誤會〈孔子詩論〉中還有相關的第二次、第三次。〈孔子詩論〉中，〈清廟〉出現三次，即本簡及簡 6、簡 21（殘存「清」字），季師以爲本簡爲分論《周頌》之論述；簡 6 與簡 21 則同屬一個論組，與本簡沒有同組的關係。

【第四章原文】分論大雅

□□□□□□□□□「帝胃（謂）文王，褱（懷）尒（爾）㬎（明）悳（德）」，害（曷）？城（誠）胃（謂）之也。①「又（有）命自天，命此文王」，城（誠）命之也▬，信矣∟。②孔＝（孔子）曰：「此命也夫∟。文王隹（雖）谷（欲）巳（已），㝵（得）虐（乎）？此命也。③□□□□□□□□□□。」【七】*（以上爲「皇矣組」，屬大雅）*

【語譯】：

……《大雅·皇矣》：「上帝告訴文王：『我給你光明之德。』」爲什麼？那是真的告訴文王啊！《大雅·大明》：「上天有命，要命文王。」那是真的要命文王啊！真是可信啊！孔子說：「這是天命啊！文王雖然想要得到天命，（但是天命還沒有到的時候，）他能得到嗎？這是天命啊！……

【注釋】

① 帝胃文王褱尒䀌悳害城胃之也：即「帝謂文王，懷爾明德。曷？誠謂之也」。馬承源先生云：「褱尒䀌悳，此當爲《毛詩·大雅·皇矣》引句，今本云：『帝謂文王，予懷明德』，毛亨傳云：『懷，歸也。』鄭玄箋：『我歸人君有光明之德。』爾、予一字之差，文義有異。第十一章後半章『帝謂文王』詩句，均稱之爲『爾』：『詢爾仇方，同爾兄弟，以肅鉤援，與爾臨街』（玉姍案：當作『以爾鉤援，與爾臨衝』）。此『懷爾明德』正可與之對應。」（《上博一》頁 135）

馬先生說指出本簡「懷爾明德」，《毛詩》作「予懷明德」，「爾、予一字之差，文義有異」，可能是受到這個影響，李零先生《上校》、李學勤先生〈分章釋文〉都在本簡上端補了「帝謂文王，予」五個字，大概是爲了調和爾予之異；龐樸先生則以爲「一字之差，大有文章」。

李銳先生〈「懷爾明德」探析〉以《墨子·天志（中）》引先王之書《大夏》之道作「帝謂文王：予懷而明德」，贊成二李所補。

玉姍案：《詩序》：「〈皇矣〉，美周也。天監代殷，莫若周；周世世脩德，莫若文王。」「予懷明德」，《毛傳》：「懷，歸也。」鄭《箋》：「我歸人君有光明之德。」《三家詩》無異說。季師〈新詮〉謂：懷，歸也，歸，餽也，「帝謂文王，懷爾明德」即「帝謂文王，予懷明德」，白話語譯爲：「上帝告訴文王，我給你光明的德行。」句意完全相同，簡本補「帝謂文王」四字即可。

② 又命自天命此文王城命之也信矣：即「有命自天，命此文王，誠命之也，信矣」。玉姍案：「有命自天，命此文王」見今本《大雅·文王之什·大明》，《詩序》：「〈大明〉，文王有明德，故天復命武王也。」謂「文王有明德」，與〈孔子詩論〉本節謂「帝謂文王，懷爾明德」互相呼應。上天賜文王以明德，文王修身積德，上天乃賜天命予文王，以滅商興周，除暴安民。

③ 孔 =曰此命也夫文王隹谷巳𢔶虐此命也：即「孔子曰：此命也夫。文王雖欲已，得乎？此命也」。本句各家讀法差異較大。馬承源先生原考釋隸定讀爲「文王唯裕也，得乎？此命也」，「得乎？」爲疑問句，但注解又說：「得乎，即得到天命。」又變成了肯定句（《上博一》頁 134-135）李學勤先生讀作「文

王雖欲也，得乎？此命也。」（〈分章釋文〉）李零先生讀作「文王雖欲已，得乎？此命也。」龐樸先生：「帝謂文王乃誠謂之，天命文王是誠命之。文王所以能得此寵遇，是由於他具有大德，……天帝看到這種情況，便將治理天下的使命授給了他，所謂的『天監在下，有命既集』。所以孔子曰：『此命也夫！文王隹（雖）谷（欲）已，得乎？此命也。』這是天命。文王雖想不幹，行嗎？不行的！『欲』是主觀願望，『命』是客觀授與。無論你欲已欲不已，只要天帝授了命，欲望便不起作用。」（〈上博藏簡零箋〉）

玉姍案：本簡先引《大雅・皇矣》：「帝謂文王，懷爾明德。」又引《大雅・大明》：「有命自天，命此文王」，皆言文王承天命。故筆者以爲簡文「孔子曰：此命也夫」之「命」，當即「天命」也，即「上天所賜給文王之天命」。「文王隹谷已，得乎？此命也。」當從李零先生讀爲「文王雖欲已，得乎？此命也。」意謂：孔子以爲，文王武王能代商興周，這是因爲上承天命之故。如果上天從未賜天命於文王，那即使文王想要代商興周，能辦得到嗎？（當然是辦不到）因此能成就的關鍵就在於天命啊！

旭昇案：文王「受命」的情形如何，在上古史上是一個長期備受關注的問題。文王並未及身滅商，但是先秦典籍卻屢屢說到文王「受命」，因此文王受命，似乎應該指一個較大的過程，從賜明德到修身安民，最後是滅商興周。文王僅完成了前兩個過程，最後一步是由武王來承續完成的。〈孔子詩論〉一方面強調自身德行修養的重要，一方面也強調天命的重要，如果天命未到，「文王雖欲已，得乎？此命也夫」，和《上博二・魯邦大旱》子貢評孔子說：「緊吾子乃重命，其歟！」所表現孔子「重天命」的形象是一致的。

【第五章原文】分論小雅

〈十月〉善諀言▃。①〈雨亡政〉▃、〈即（節）南山〉，皆言上之衰也，王公恥之。②〈少（小）旻（旻）〉多惷＝（疑矣），言不中志者也。③〈少（小）鳧（宛）〉丌（其）言不亞（惡），少又𢘓（仁）安（焉）▃。④〈少（小）㝵（弁）〉、〈考（巧）言〉，則言讒（讒）人之害也▃⑤。〈伐木〉□□【八】實咎於其（己）

也▬。⑥〈天保〉亓（其）旻（得）彔（祿）蔑畺（疆）矣，巽（順）募（寡）悳（德）古（故）也 ∟。⑦〈誶（祈）父〉之賗（責／刺）亦又（有）目（以）也 ∟。⑧〈黃鳥（鳥）〉則困而谷（欲）反亓（其）古（故）也，多恥者亓（其）忞（病）之睿（乎）？⑨〈䔳＝（菁菁）者莪〉則目（以）人嗌（益）也。⑩〈棠＝（裳裳）者芋（華）〉則□□⑪【九】*（以上爲「十月組」，屬小雅）*

【語譯】：

〈十月之交〉善於批評。〈雨無正〉、〈節南山〉，都說的是在上位者的德行衰壞，王公引以爲恥。〈小旻〉寫在上位者多疑，覺得別人的建言都不合他的心意。〈小宛〉的話不壞，可以算稍爲接近「仁」了。〈小弁〉、〈巧言〉，說的是讒人的爲害。〈伐木〉……實際是歸咎於自己。〈天保〉得祿無疆，因爲能順服君王之德的緣故啊！〈祈父〉詩的刺責，是有原因的啊！〈黃鳥〉是在外地受困而想要返回故國的詩，詩中充滿了恥辱之感，那是知恥知病啊！〈菁菁者莪〉則是因爲注重人才培育而得到好處。

【注釋】

① 十月善諀言：《小雅．十月之交》表現出詩人憂國憂民的情感，是以孔子稱許此詩善於批評。馬承源先生考釋：「十月，《詩．小雅．節南山之什》第三篇，篇名作《十月之交》，簡本爲《十月》。……『諀』字《說文》所無，從言卑聲，當讀爲『諞』。《尙書．秦誓》：『惟截截善諞言，俾君子易辭』。『善諀言』，即《秦誓》之『善諞言』。毛亨傳（旭昇案：當作僞孔傳）云：『惟察察便巧善爲辯佞之言，使君子迴心易辭』。孔子認爲《十月》詩中內容反映了西周官場中慣有的諞言，這種現象王公們以爲恥辱。」（《上博一》頁 136）李零先生：『諀言』是訾議之言，於文可通，不必讀爲『諞言』。（《上校》頁 36））

玉姍案：今本〈小雅．節南山之什．十月之交〉：「十月之交，朔月辛卯。日有食之，亦孔之醜。彼月而微，此日而微，今此下民，亦孔之哀。　日月告凶，不用其行。四國無政，不用其良。彼月而食，則維其常。此日而食，于何不臧。　爗爗震電，不寧不令。百川沸騰，山冢崒崩。高岸爲谷，深谷爲陵。哀今之人，胡憯莫懲。　皇父卿士，番維司徒。家伯維宰，仲允膳夫，棸子內史，蹶維趣馬，楀維師氏，豔妻煽方處。　抑此皇父，豈曰不時。胡爲我作，不即我謀。徹我牆屋，田卒汙萊。曰：『予不戕，禮則然矣。』　皇父孔聖，作都于向。擇三有事，亶侯多藏。不憖遺一老，俾守我王。擇有車馬，以居徂向。　黽勉從事，不敢告勞。無罪無辜，讒口囂囂。下民之孽，匪降自天。噂沓背憎，職競由人。　悠悠我里，亦孔之痗。四方有羨，我獨居憂。民莫不逸，我獨不敢休。天命不徹，我不敢傚我友自逸。」《詩序》：「〈十月之交〉，大夫刺幽王也。」鄭玄箋：「當是刺厲王。」屈萬里先生：「以曆法推之，厲王二十五年十月朔辛卯，及幽王六年十月朔辛卯，皆有日蝕，而幽王二年，西周三川皆震，與此詩所詠者合。以此證之，則此詩當作於幽王之世。阮元《揅經室集》有『詩〈十月之交〉四篇屬幽王說』一文，論證甚詳。」（《詩經詮釋》頁 358-359）是本詩當爲大夫刺幽王之詩，全篇以「日月告凶」暗喻天子施政不當，但本文卻深責亂臣，不敢明斥天子，因此〈孔子詩論〉以爲善諫言，《爾雅·釋言》：「諫，呰也。」「呰」有斥責、非議之義。

② 雨亡政即南山皆言上之衰也王公恥之：即「〈雨無正〉、〈節南山〉，皆言上之衰也，王公恥之」。今本《毛詩·小雅·節南山之什·雨無正·序》：「〈雨無正〉，大夫刺幽王也。雨自上下者也，眾多如雨，而非所以爲政也。」朱熹《詩集傳》：「歐陽公曰：『古之人於詩多不命題，而篇名往往無義例，其或有命名者，則必述詩之義。如〈巷伯〉、〈常武〉之類是也。』今〈雨無正〉之名據序所言與詩絕異，當闕其所疑。元城劉氏曰：『嘗讀《韓詩》有〈雨無極〉篇，序云：『雨無極，正大夫刺幽王也。』至其詩文則比《毛詩》篇首多『雨無其極，傷我稼穡』八字。愚按劉說似有理，然第一、二章本皆十句，今遽增之，則長短不齊，非詩之例。又此詩實正大夫離居之後暬御之臣所作，其曰正大夫刺幽王者亦非是，且其爲幽王詩亦未有所考也。」屈萬里先生：「此當是東遷之際，詩人傷時之作。朱傳引元城劉氏（劉安世）曰：『嘗讀《韓詩》有〈雨無極〉篇，至其詩文則比《毛詩》篇首多『雨無其極，傷我稼穡』八字。』按：本篇既名『雨無正』，是毛詩祖本，亦當有此二句，不知何時逸之。又按：『雨無正』三字標題殊費解，疑毛詩標題但作『雨無』，

毛序『正』字應下讀。續序云:『雨自上下者也，眾多如雨，而非所以爲政也。』以『正』釋『政』，知續序已以『雨無正』爲題。鄭箋是序既以『正字』連『雨無』爲文，篇末言若干章句云云，亦以『雨無正』爲題，蓋其誤自漢後始也。」(《詩經詮釋》，頁 362-363)

季師〈〈雨無正〉解題〉:「甲骨文有『正雨』一詞，……『正雨』應該是適切的雨，即適時、適量的雨。……甲骨文有『正雨』、『雨不正辰』、『雨正年』，『正』表示正當、貼切，這個用法在《詩經·小雅·雨無正》中被保存下來。〈雨無正〉詩中雖沒有『雨無正』的字眼，但在《韓詩》中卻有『雨無其極，傷我稼穡』兩句，據此，《毛詩》本來應該有『雨無其正，傷我稼穡』二句，意思是:『老天爺下雨下得不適切，傷害了我們的農作物。』表面上是罵老天爺雨下的不適當，實際上是暗諷君王施政不當，傷害了我們老百姓的生活，這就是何楷《詩經世本古義》引馮時可所說的，『〈雨無正〉之篇不敢刺王而言天，不敢言天而言雨，其稱名也隱，其慮患也深。』」

玉姍案:細考今本《詩經·小雅·雨無正》經文，當爲幽王時代，詩人感傷國事日非，外患不已，內有讒佞當道，發爲沉痛的詩篇。而篇名「雨無正」，由於甲骨文中已有「正雨」、「雨不正辰」、「雨正年」等用法，是以當依季師之說，以「雨無正」爲最早及最標準之用法;「雨無正」即雨下得不適時適量，造成農業社會時百姓的煩憂;暗喻國事日非，內憂外患，造成百姓痛苦。《上博一·孔子詩論》之「雨亡政」之「政」應爲同音假借，而《韓詩》「雨無極」,「極」與「正」爲同義詞，而又與「傷我稼穡」之「穡」押韻。

今本《詩·小雅·節南山之什·節南山·序》:「〈節南山〉，家父刺幽王也。」全篇寫師尹專權尊顯卻不監國事，詩人自傷志不得申，並希望師尹及時悔悟。〈雨無正〉、〈節南山〉二詩，都是指責國家重臣誤國，使國是日非;忠貞之士憤而發之爲詩。這二詩之作者，《毛詩序》以爲都是大夫，〈孔子詩論〉謂「王公恥之」,「王公」應該是一種泛稱。

③ 少旻多悆 =言不中志者也:即「〈小旻〉多疑矣，言不中志者也」。馬承源先生:「悆讀爲『疑』，有重文符，增語辭『矣』。《詩·小雅·節南山之

什》第五篇《小旻》，內容也是怨憤國家亂象的。『謀夫孔多，是用不集，發言盈庭，誰敢執其咎？』孔子評之爲『言不中志』」。（《上博一》頁 136）

今本《小雅・節南山之什・小旻・序》：「〈小旻〉，大夫刺幽王也。」朱熹《詩集傳》：「大夫以王惑於邪謀，不能斷以從善，而作此詩。」

玉姍案：今本〈小旻〉一詩，爲詩人刺王親小人，遠賢臣，小人結黨營私，詆毀忠良，詩人憤而爲詩，言小人禍國之害甚於暴虎馮河，而王不知也。詩中說：「謀之其臧，則具是違；謀之不臧，則具是依。」（謀慮對的都不用，謀慮錯的全部用），這就是天子不信忠良，忠良之言「不中志」。

④ 少𩲡丌言不亞少又𢘓安：即「〈小宛〉其言不惡，小又仁焉」。馬承源先生考釋：「少𩲡丌言不亞，『𩲡』字《說文》所無，從兔下有二肉。據以上所排序之詩，此『少𩲡』或當作『小宛』。但另簡篇有『𠀭丘』，詩文引句與『小宛』相同。不可能『宛』字作『𩲡』，又再作『𠀭』。簡本今本兩字並待考。……少又𢘓安，『𢘓』從心從年，待考。」（《上博一》頁 136）

李零先生：「《小宛》，『宛』字原從肉從三兔，寫法與下《宛丘》之『宛』不同，原書不敢肯定即今《小宛》。但這裡應該指出的是，此字也見於負責整理的上博楚簡《容城氏》，該篇講夏桀娶琬、琰，其中與『琬』字相當的字就是這樣寫，可見定爲《小宛》並沒錯。『佞』，原從心從年，疑以音近讀爲『佞』（『佞』是泥母耕部字，『年』是泥母真部字，讀音相近）。『佞』是巧於言辭的意思。『其言不惡，少有佞焉』是說批評比較委婉。《小弁》、《巧言》都是批評幽王聽信讒言。」（《上校》頁 36）李學勤先生：「『𩲡』字上半從兔，應理解爲從冤省聲。『冤』與『宛』古音均在影母元部，以之爲聲的字常可通用。」（〈《詩論》與《詩》〉）周鳳五先生：「簡八『《小宛》，其言不惡，少有危焉』：……按，《小宛》本字作『惌』，小孔貌；……『危』，簡文從心，禾聲，原缺釋，蓋誤以從年聲而不得其解也。《禮記・緇衣》：『則民言不危行，行不危言矣。』《郭店・緇衣》簡三一『危』字從阜、從心、禾聲與此可以互證。」（〈新釋文及注釋〉）何琳儀先生：「《詩論》該字似可讀『肙』。至於該字下部所從二肉，可能屬繁化現象。『宛』、『肙』均屬元部，故『少肙』可讀『小宛』，見《詩・小雅・小宛》。『𢘓』，曾誤釋『委』，今仍從考釋隸定，讀『仁』，即『忎』之異文，屬疊韻聲符互換現象。《詩論》意謂《小宛》並非惡言，且有仁人之心，似與《小宛》『哀我塡寡，宜岸宜獄』詩意相當。」(〈滬簡〉)

玉姍案：〈少𦊆〉即今本《毛詩·小宛》，季師〈從肙的字〉對此字的字形演變已有很詳細的討論，其字從三「肙」，下二「肙」省「口」形。「肙」與「宛」音近可通。此與〈小宛〉簡本作〈少㕘〉二者並不衝突。

「忈」，各家隸定釋字差別很大，筆者以爲此字下半部爲心，上半所從與郭店〈緇衣〉簡 12（𡕘）及〈唐虞之道〉簡 18（𡕘）「年」字寫法相同，即「年」字；是以此字當從馬承源先生之隸定爲「忈」。從〈小宛〉中用語溫厚，如「各敬爾儀，天命不又」、「夙興夜寐，毋忝爾所生」、「戰戰兢兢，如履薄冰」等方面來看，此字從李學勤先生〈分章釋文〉讀爲「仁」比讀爲「佞」、「危」、「悸」、「禍」都要切題。「仁」是日母真部字，「年」是泥母真部字，「日」爲「泥」之變聲，是以「忈」「仁」讀音相近，當可假借。少，小也；有輕微之意。簡文「〈小宛〉其言不惡，小有仁焉」是說〈小宛〉一詩爲詩人規勸幽王勿溺酒敗德，文中諄諄告誡，並自勉戰戰兢兢，盡忠職守。面對國政日非的亂象，並無惡言指責，希望能感悟幽王，忠言逆耳，其言雖極可能不被幽王重視，然頗有君子敬慎之仁德表現。

⑤ 少㝵考言則言讒人之害也：即「〈小弁〉、〈巧言〉，則言讒人之害也」。馬承源先生：「少㝵，即《詩·小雅·節南山之什·小弁》，《毛詩》中篇名之《小雅》、《小旻》、《小弁》，簡文中皆作《少夏》、《少旻》、《少㝵》，『少』、『小』、通用。『弁』通『㝵』字，《曾侯乙編鐘》音變之字作『𩐋』，從音㝵聲，通作『變』。『弁』、『變』音同。……言讒之害，讒，《說文》所無，從言，以蚀爲聲符。據《小弁》詩意，前四章詩人表達『我心憂矣、我心憂傷』。後四句表達『君子信讒，如或醻之。君子不惠，不舒究之』，『君子無易由言，耳屬于垣』。巧言後半，詩句有『巧舌如簧，言之厚矣』。詩的重點在於描述『讒人』和『巧舌如簧』之人，則從言蚀聲音近字當讀如『誆』，以謊言騙人，與『誑』義近。《史記·鄭世家》：『乃求壯士得霍人解揚，字子虎，誆楚，令宋毋降』。」(《上博一》頁 136-137)

李零先生：「『䛇』人上字從言從雙虫，與楚『流』字與『融』字所從相同，讓人聯想，也許是讀爲『流人』指傳播留言的人或『中人』古稱『奄人』爲『中人』，但更大的可能是，此即古書所說的『讒人』，青蠅有『讒人』，字從雙虫，乃是雙兔的訛寫。」(《上校》頁 36) 李學勤先生讀爲「讒」，無釋。(〈分章釋文〉) 黃德寬、徐在國先生：「案：䛇字簡文作『』。……此字應分析爲從『言』『㐬』聲，隸作『詠』，疑爲『流言』之『流』的專字。」(〈補正〉) 魏宜輝先生：「這裡的『䛇人』，應該講的就是『讒人』，……我們也同意『䛇人』應作『讒人』解，……我們認爲『䛇』當從言，從蟲省聲。」(《讀上博簡文字劄記》) 陳美蘭學姊：「《郭店》有幾個從水從䖵的『湗』字，見於〈緇衣〉30、〈成之聞之〉11、14、〈尊德義〉28、〈性自命出〉31、46、〈語叢四〉7，裘錫圭先生釋文作『流』，從前後文觀之，自無疑義。『湗』字的形成，從《蛮壺》及〈唐虞之道〉7、17 的寫法可以得到合理的解釋，《蛮壺》的流字作『』，〈唐虞之道〉流字作『』，壺銘流字省去中間倒子形的頭部及『八』形，就是䖵形的寫法，〈唐虞之道〉流字省去中間的頭部，上半再受到下半類化，也會寫成䖵形；這兩種是䖵形從二虫的可能形成來源。再看《上博一》的資料。〈性情論〉19、38 二簡可與《郭店·性自命出》對讀，《郭店》的湗形，〈性情論〉書作『』(下文以 E 代之)，上下二虫之間多一個『○』形，乍看與〈唐虞之道〉的寫法相似，但是〈性情論〉的上半已經訛爲虫形了。比對兩批材料，可以證明湗、E 是一字之異體。從以上資料，可以啓發釋讀䛇字的一些思考方向。一是據楚帛書，䛇字所從的䖵形可能是蟲字之省；一是據《郭店》、《上博一》，䛇字所從的䖵形與湗形可能來源相同。然而從兩批資料的密切關係看來，拙文以爲，後者的可能性更大。結合《郭店》及《上博一》幾個從䖵得形的字，拙文以爲〈孔子詩論〉的䛇字或可隸定爲從言的『詠』字，會『流言』之意。今日所見的古文字資料中，除了《說文》收錄的讒篆之外，尚不見『讒』字的寫法，其形構有待日後更多的材料才能說明。目前從《上博一》字形及文意看來，䛇形可能是讒字的會意字。」〈上海簡「讒」字芻議〉

玉姍案：䛇字始見於《上博一·孔子詩論》簡 8，從言從䖵，李零釋爲「讒」，可從。

旭昇案：此字字形的解釋可以有三個方向，一是陳美蘭君提出的從㐬言會意；其二是黃德寬、徐在國先生提出的從言㐬聲，「㐬」（力求切，來母幽部）與「讒」（士咸切，牀母談部），聲母舌齒鄰近，韻爲旁對轉（幽談旁對轉，見陳師新雄先生《古音學發微》1086 頁）；也有學者以爲當釋爲從言蟲聲，「蟲」（定母冬部），與「崇」（崇母冬部）二字音近，而「崇」「讒」聲相近，《廣韻》冬侵二部古音相通，故崇、讒、岑可轉寫。（〈上海簡孔子詩論「讒」字解〉）。案：「讒」字上古音在談部，沒有學者把它歸到侵部。以上三種可能，一般學者往往會輕率地受到「冬侵通用」的影響，而贊成第三說。劉寶俊先生在〈冬部歸向的時代和地域特點與上古楚方音〉中指出：

> 1．上古冬部因時期和地域的不同，而有不同的歸向：先秦時期在西北方言中近于侵部，在東南楚方言中近于東部；2．戰國以後東、冬、陽三部互通成爲楚方言的一大特色；3．幽部兼通、東、冬、陽三部，是上古楚方言的又一特點。

〈孔子詩論〉應該屬於楚方言系統，能否用西北地區周秦音系的冬（幽）談或冬侵通用來解釋，是應該要慎重考慮的。據此，我們認爲陳美蘭君提出的從㐬言會意之說應列爲第一可能。

今本《詩．小雅．節南山之什．小弁》：「君子信讒，如或醻之。……君子無易由言，耳屬于垣。」《詩．小雅．節南山之什．巧言》：「亂之初生，僭始既涵。亂之又生，君子信讒。……君子信盜，亂是用暴。盜言孔甘，亂是用餤。……蛇蛇碩言，出自口矣。巧言如簧，顏之厚矣。」據此，〈小弁〉、〈巧言〉二詩皆述君王受小人讒言所矇蔽，而遠賢臣，動搖國本之害。

⑥ 伐木□□實咎於其也：即「〈伐木〉……實咎於己也」。馬承源先生考釋：「實咎於其也，『實』讀爲『貴』。此句爲評上篇末辭，估計爲〈伐木〉之評言。《詩．小雅．鹿鳴之什．伐木》云：『既有肥牡，以速諸舅，寧適不來，微我有咎』。《伐木》爲朋友歡宴，孔子獨重責己之句。如此，與第八簡可以連讀。」（《上博一》頁 138）

李零先生指出「實」當釋爲「實」字（《上校》頁 36）其，胡平生先生以爲當讀「己」：「此句中之“其”，不寫做楚文字通常的“丌”形，或當讀如“己”。己，上古音是見母之部字，其是群母之部字，聲音相近。」（〈讀上博藏戰國楚竹書《詩論》札記〉）可從。

玉姍案：第八簡「伐木」二字下殘，馬承源先生以爲第九簡「實咎於其也」爲〈木瓜〉之論述，李零先生《上校一》以簡8與簡9連讀，可從。今本《毛詩·小雅·鹿鳴之什·伐木》：「既有肥羜，以速諸父。寧適不來，微我弗顧。……既有肥牡，以速諸舅。寧適不來，微我有咎。」《詩序》：「〈伐木〉，燕朋友故舊也。自天子至于庶人，未有不須友以成者。親親以睦，友賢不棄，不遺故舊，則民德歸厚矣。」〈孔子詩論〉強調「咎己」，與《毛詩》可以吻合。

⑦ 天保丌旻彔蔑畺矣巽寡悳古也：即「〈天保〉丌其得祿蔑疆矣，巽寡德故也」。馬承源考釋：「『巽寡（寡），悳古也』，讀爲『饌寡，德故也』。……饌寡是說孝享的酒食不多，但守德如舊。」（《上博一》頁138）李零先生讀爲「選寡德故也」（《上校一》頁36）周鳳五先生讀爲「贊寡德」，「謂臣下能助成寡君之德也，故君臣上下，『得祿無疆』。」（〈新釋文及注解〉）廖名春先生：「『巽』，疑讀『選』是。而選有善意。……寡德，即君德。……《小序》：『天保，下報上也。君能下下，以成其政，臣能歸美，報其上焉。歸美即善，即選。』」（〈校釋劄記〉）

玉姍案：「巽寡德故也」，說者多家。今本《毛詩·小雅·鹿鳴之什·天保》：「天保定爾，亦孔之固。俾爾單厚，何福不除。俾爾多益，以莫不庶。天保定爾，俾爾戩穀。罄無不宜，受天百祿。降爾遐福，維日不足。」即是得福祿無疆。季師〈新詮〉謂：「《老子》三十章：『貴以賤爲本，高以下爲基。是以侯王自謂孤、寡、不穀。』《毛詩·邶·燕燕》：『先君之思，以勗寡人。』鄭箋：『寡人，莊姜自謂也。』」全句謂「能順從君王應有的德行的緣故啊」。

⑧ 誶父之賕亦又㠯也：即「誶父之責亦有以也」。馬承源先生考釋：「誶父，當爲《詩·小雅·鴻雁之什·祈父》篇名。『誶』與『祈』同爲『微』部，也有可能是傳抄之誤。評詩意爲『責』，與《祈父》責『王之爪牙』三章四句內容

相同。」（《上博一》頁 138）李零先生：「刺，原從貝從朿，原書讀爲『責』，字形不誤，但從文義看，似應讀爲『刺』。」（《上校》頁 37）劉樂賢先生：「按，『誶』、『祈』聲紐不近，似不能通假。從甲骨金文乃至秦漢簡帛文字，『衣』、『卒』二字常相混，此字可能是從衣得聲。『衣』字古音微部影紐，『祈』字微部群紐，讀音相近。」（〈讀上博簡劄記〉）

玉姍案：賗，「責」的異體字，簡文作。甲文作（商・乙 124）、金文作（旂作父戊鼎）、《包山簡》則作「貝」左「朿」右排列如（包 98）。讀「刺」亦可，「責」、「刺」同從「朿」得聲，二字似有同源關係。今本《毛詩・小雅・鴻鴈之什・祈父》首章：「**祈父，予王之爪牙。胡轉予于恤？**」傳：「祈父，司馬也。職掌封圻之兵甲。」《詩序》：「祈父，刺宣王也。」朱熹《詩集傳》：「軍士怨於久役，故呼祈父而告知曰：『余乃王之爪牙，汝何轉我於憂恤之地，使我無所止居乎？』」簡文「〈誶父〉之責，亦有以也」是指〈祈父〉一詩之作者責備祈父是有原因的，因爪牙之士不當行役卻派遣去征役，使其有母不得奉養。

⑨ 黃鳥則困而谷反亓古也多恥者亓忞之虖：即「〈黃鳥〉則困而欲返其故也，多恥者其忞之乎」。馬承源先生考釋：「黃鳥，篇名，即『黃鳴』。簡本從鳥之字，鳥皆在字之左旁。篇名疑即今本《毛詩》之《黃鳥》。《小雅・黃鳥》詩句云：『此邦之人，不可與明』、『不可與處』，『言旋言歸，復我諸兄』、『諸父』。似與本篇有關。」（《上博一》頁 138）姚小鷗先生：「簡文從心方聲之字……釋『怲』更爲恰當。……《說文・心部》：『怲，憂也。從心丙聲。』」（〈《孔子詩論》第九簡黃鳥句的釋文與考釋〉）劉信芳先生：「簡文從心方聲之字，訓『憂』是也。讀『病』讀『怲』均可資參考。……若依古文字從心之字或從疒作，……則讀『病』字爲義長。」（《述學》頁 167-168）

玉姍案：由第九簡中〈天保〉、〈誶父〉（〈祈父〉）、〈䴖䴖者莪〉（〈菁菁者莪〉）、〈裳裳者芋〉（〈裳裳者華〉）皆爲今本〈小雅〉之篇章，是以此〈黃鳥〉當爲《小雅・鴻鴈之什・黃鳥》。今本《毛詩》首章爲：「**黃鳥黃鳥，無集于穀，無啄我粟。此邦之人，不我肯穀。言旋言歸，復我邦族。**」《序》：「黃鳥，刺宣王也。」屈萬里先生：「此流寓者思歸之詩。」（《詩經詮釋》，頁 338）簡文「〈黃鳥〉則困，而欲反其故也，多恥者其忞之乎？」當讀爲「〈黃鳥〉

則困，而欲返其故也，多恥者其病之乎？」。意思是說《小雅・黃鳥》之作者可能爲流亡在外之貴公子，因外邦不予善意結盟，受困而欲復歸其邦族。這是因爲他遭受冷落輕視而感到非常羞恥。

⑩ 篟 =者莪則㠯人嗌也：即「〈菁菁者莪〉則以人益也」。馬承源先生考釋：「篟=者莪，詩篇名。……今本《詩・小雅・南有嘉魚之什》有《菁菁者莪》，簡文係原篇名。」（《上博一》頁 138）

玉姍案：今本《小雅・南有嘉魚之什・菁菁者莪》次章：「**菁菁者莪，在彼中陵。既見君子，錫我百朋。**」《詩序》：「〈菁菁者莪〉，樂育才也。君子能長育人才，則天下喜樂之矣。」季師云：「人才培育的層級很多，學校只是培育年輕學子，授以最基本的知識技能、陶冶最基本的道德品行；至於像王佐大才、國之楨榦，則需要更高層次的栽培，《序》所說的似乎應該是這種樂育才。……商周數百年，銅器賞賜銘文中賜貝百朋以上的才五件，〈菁菁者莪〉的主人翁能得到百朋的賞賜，他是否就是這五件銅器的主人之一呢？此外，從賜貝表的賞賜原因看，除了不明（這多半是皇親國戚）一項外，其餘多半是有大勳勞才能獲得賜貝，〈菁菁者莪〉一賜就是百朋，應該是有大勳勞的，只是詩文沒有寫出來罷了。」（《詩經古義新證》頁 257、321）[illegible]即「嗌」，本義爲「咽也。㫚鼎作[illegible]形，從冄（髯的本字），以小圈指示咽喉的部位」（見季師《說文新證》頁 83）。本簡借爲「益處」之「益」；謂〈菁菁者莪〉一詩，則是描述有大勳勞的大臣見天子，天子賜以百朋，此即對人才的尊重、重視培育人才，才能得到人才之益。

⑪ 㝬 =者�則……：即「〈裳裳者華〉則……」。馬承源先生考釋：「『㝬㝬者芋』即今本《詩・小雅・甫田之什・裳裳者華》原篇名。『裳』、『㝬』通假。……毛亨傳『裳裳，猶堂堂也』。『堂堂』是盛張之辭。《說文》云：『芋，大葉實根駭人，故爲之芋也。從艸于聲』。段玉裁注云：『凡于聲字，多訓大，芋之爲物，葉大根實，二者皆駭人』。而『華』無駭人之理，則芋或爲詩句之本意字。」（《上博一》頁 138）胡平生先生：「按：『芋』當爲『華』之假借字……。『芋』從『于』得聲，上古音爲匣母魚部字。『華』，朱駿聲《說文通訓定聲》、段玉裁注皆說：『𠌶亦聲』，是『華』從『𠌶』得聲。『𠌶』，《說文》：『艸木華也。從𠂹，亏聲』。『華』，上古音亦爲匣母魚部字。是簡文作『芋』者，

乃『華』(今通作『花』)字之同音假借。……詩句用花葉比喻上下相互印襯、共同繁榮茂盛，與考釋文所引『芋』之意義『大葉實根駭人』並無關係。」(〈詩論劄記〉)

玉姍案：胡平生先生說可從。惟簡文下殘，缺何字不可知，〈孔子詩論〉如何評此詩，亦惟有從闕。

【第六章原文】分論國風

一·關雎組

〈闡(關)疋(雎)〉之改①▬，〈梂(樛)木〉之峕(時)②▬，〈灘(漢)生(往/廣)〉之智(智)③ ∟，〈鵲樔(巢)〉之逯(歸)④ ∟，〈甘棠〉之保(報)⑤ ∟，〈綠衣〉之思⑥，〈鷃 =(燕燕)〉之情⑦ ∟，害(曷)?曰:童(動)而皆臤(賢)於丌(其)初者也⑧ ∟。【十上~】(以上爲「關雎組」初論，屬國風)

〈闡(關)疋(雎)〉㠯(以)色俞(喻)於豊(禮)⑨□□□□□□□□□□□【十下】

兩矣▬，丌(其)四章則俞(喻)矣⑩ ∟。以琴(琴)䏍(瑟)之敓(悅)，㤅(擬)好色之忈(願)⑪;㠯(以)鐘鼓之樂，□□□□【十四】□□□好，反內(納)于豊(禮)，不亦能改慮(乎)⑫▬?〈梂(樛)木〉福斯(斯)才(在)君 =(君子)，不亦□時乎!⑬〈漢廣〉不求【十二】

不可旻(得)，不𢼄(攻)不可能，不亦智(智/知)亙(恆)䖒(乎)⑭▬?〈鵲樔(巢)〉出㠯(以)百兩，不亦又適(離)慮(乎)⑮ ∟?〈甘棠〉□【十三】及丌(其)人，敬蟋(愛)丌(其)查(樹)，丌(其)保(報)厚矣▬。甘棠之蟋(愛)，㠯(以)卲公也⑯。〈綠衣〉□□□□□□□【十五】

□□，不亦□思乎!〈燕燕〉□□□□□□□□□□青(情)蟋(愛)也⑰▬。

(以上爲「關雎組」再論，屬國風)

〈鬨（關）疋（雎）〉之改，則丌（其）思賹（益）矣⑱ ▃。〈梂（樛）木〉之岩（時），則㠯（以）丌（其）彔（祿）也⑲▃。〈灘（漢）坣（往／廣）〉之智（智），則智（知）不可旻（得）也。〈鵲樔（巢）〉之逯（歸），則遊（離）者【十一】

〔也。〈甘棠〉之保（報），則□□□〕卲公也▃。〈綠衣〉之憂，思古人也▃。〈鷃＝（燕燕）〉之情，㠯（以）丌（其）蜀（獨）也⑳▃。【十六上～】*（以上爲「關雎組」結論，屬國風）*

【語譯】：

〈關雎〉的「改」，〈樛木〉的「時」、〈漢廣〉的「智」、〈鵲巢〉的「歸」、〈甘棠〉的「報」、〈綠衣〉的「思」、〈燕燕〉的「情」，它們的可貴之處是什麼呢？那就是：在心意發動之後，都能比心意初起時更好。

〈關雎〉能夠以對美色的喜好來說明對禮的重視。……兩矣。〈關雎〉詩的第四（含第五）章說得很明白了，能夠把對琴瑟（鐘鼓）的喜愛比擬成喜好美色的願望；能夠把對鐘鼓的愛好……好，能夠由對美色的喜愛回歸到對禮的重視，這不就是能「改」嗎！〈樛木〉篇福祿在君子，不就是……嗎！〈漢廣〉篇不去強求不可能得到的，這不就是懂得守常之道嗎！〈鵲巢〉知道迎以百兩、出以百兩，不但家世要相當，德行修養也要相當，這不就是儷偶之道嗎！〈甘棠〉……及於其人，因而敬愛卲公所憩息過的樹，這樣的報恩之心是很溫厚的。對甘棠樹的愛護，是因爲卲公的緣故啊！〈綠衣〉……。〈燕燕〉……情愛啊！

〈關雎〉所呈顯的「改」，這樣的思想是很有益的。我們怎樣知道〈樛木〉的「時」呢？那是以君子的「福履（祿）綏之」而知道的啊！〈漢廣〉的「智」，是知道什麼是他不可能得到的。〈鵲巢〉的「歸」，是懂得儷偶對等之道。〈甘棠〉的「報」，是……卲公啊！〈綠衣〉的憂，是「思」古人啊！〈燕燕〉的「情」，是因爲主角從此要孤獨了。

【注釋】

① 閘疋之改：即「〈關雎〉之改」。馬承源先生：「閘疋，今本《詩·國風·周南》作《關雎》。閘字從門從串，以串爲聲符。關字《陳猶釜》作閞，《鄂君啓舟節》作閘，與簡本形體相同，大約是楚國較流行的寫法。『雎』與『疋』音近通用，同部雙聲。……今本作『雎』。」(見《上博一》頁139)

「改」字異說甚多，馬承源先生以爲「與『改』非爲一字。《關雎》是賀新婚之詩，當讀爲「怡」。(《上博一》頁139) 李零先生讀爲『妃』，謂是『匹配』之義。(《上校一》) 李學勤先生以爲「『改』訓爲更易。作者以爲〈關雎〉之詩由字面看係描述男女愛情，即『色』，而實際上要表現的是『禮』，故云『以色喻於禮』。」(〈七篇釋義〉) 周鳳五先生釋爲「嬰」。(〈新釋文及注解〉)

玉姍案：字當釋「改」無疑，從甲骨文到戰國文字，「改」字均從攴、從巳。今本《毛詩·周南·關雎》：「關關雎鳩，在河之洲，窈窕淑女，君子好逑。參差荇菜，左右流之，窈窕淑女，寤寐求之。　求之不得，寤寐思服，悠哉悠哉，輾轉反側。參差荇菜，左右流之，窈窕淑女，琴瑟友之。　參差荇菜，左右芼之，窈窕淑女，鐘鼓樂之。」從詩文看不出有「改」的意思，歷代學者對〈關雎〉的意見很多，也都沒有談到「改」。但是，《毛詩序》：「是以〈關雎〉樂得淑女以配君子，愛在進賢，不淫其色。哀窈窕，思賢才，而無傷善之心焉。是〈關雎〉之義也」。意即：〈關雎〉詩義中所謂，人皆有追求『窈窕淑女』之心，但是必須將此心轉化成合禮之規範以求之，已經明顯地有「轉化」的意思；〈孔子詩論〉簡10「關雎以色喻於禮」、簡14「(〈關雎〉) 其四章則喻矣，以琴瑟之悅，擬好色之願；以鐘鼓之樂，……」，所述與《毛詩·序》「愛在進賢，不淫其色。哀窈窕，思賢才」相合，這就是「改」。

② 梂木之旹：即「〈樛木〉之時」。馬承源先生：「梂木，今本《詩·國風·周南》篇名作《樛木》。……『梂』、『樛』爲同部音近字。」(《上博一》頁140)

玉姍案：《毛傳》：「木下曲爲樛。」《三家詩》韓詩作「朻」。王先謙：「《說文》『朻』下云：『高木也。』『樛』下云：『下句曰樛。』桂馥云：『此與『朻』字訓互誤。《說文》『ㄐ，相糾繚也。』與下句意合。翏，高飛也。與『木高』意合……』愚案：桂說是。蓋古書以二字音同，轉寫互誤，宜據以訂正。《文選·高唐賦》李注引《爾雅》作『下句曰糾』。『朻』與『糾』音義同，糾繚相結，正枝曲下垂之狀。……韓作『朻』，正字。毛作『樛』，借字。後人據各書改并《說文》二字之義，則遷就而失其真矣。」（《詩三家義集疏》，頁 32-33）

以上二說，一主高木，一主下句。同學鄒濬智自小鄉居，接近山林，謂樹木高大者宜於藤蔓附生，則以釋「高木」爲是。〈孔子詩論〉「梂」當爲借字。「朻」、「樛」古音見紐幽部，「梂」群紐幽部，韻同聲近可通。

「旹」，從日、之聲，與《說文》古文『時』同。馬承源先生讀爲「持」（《上博一》頁 140）李學勤先生釋爲『時會』。」（〈七篇釋義〉）

玉姍案：「時」當訓「善」。今本《毛詩 · 周南 · 樛木》：「南有樛木，葛藟纍之。樂只君子，福履綏之。南有樛木，葛藟荒之。樂只君子，福履將之。南有樛木，葛藟縈之。樂只君子，福履成之。」《詩序》：「后妃逮下也。言能逮下而無嫉妒之心焉。」鄭箋：「后妃能和諧眾妾，不嫉妒。其容貌恒以善，言逮下而安之。」此詩當爲稱頌君子多福祿之詩。而「〈樛木〉之時」的「時」字其實可訓爲「善」，合宜美善也。《毛詩 · 小雅 · 甫田之什 · 頍弁》：「爾酒既旨，爾殽既時。」《傳》：「時，善也。」；《毛詩 · 大雅 · 文王》：「帝命不時。」鄭箋：「不時，時也」馬瑞辰《毛詩傳箋通釋》：「時，……當訓美也。」可證〈樛木〉之「時」可訓「善」。

③ 灘生之智：即「漢廣之智」。馬承源先生：「灘生，今本《詩 · 國風 · 周南》有篇名作《漢廣》。灘，從隹從漢（玉姍案：當作從水，難聲）。『生』爲『往』字的聲符，『廣』、『生』一聲之轉。」（見《上博一》頁 140）。李學勤先生：「簡文認爲不做非分之想，不去強求不可得的對象，硬作不能成的事情，可謂知足守常，是智慧的表現。」（〈七篇釋義〉）

玉姍案：今本《毛詩 · 周南 · 漢廣》首章云：「南有喬木，不可休息。漢有游女，不可求思。漢之廣矣，不可泳思。江之永矣，不可方思。」《詩序》：「漢廣，德廣所及也。文王之道，被于南國，美化行乎江漢之域，無思犯禮，求而不可得也。」傳統學者多從《詩序》之說。季師以爲「之子于歸，言秣其馬」當指游女即將出嫁，家中準備婚事的情形。此詩言男子見漢水旁女子出遊，心生愛悅之意，然女子已許配他人，即將成婚，家中亦積極準備婚禮；名份已定的情況下，男子只能放棄追求之心。〈孔子詩論〉簡 10：「〈漢廣〉之智」，簡 11「〈漢廣〉之智，則知不可得也」所言之「智」，即能認清事實，是以悅慕雖深，亦只能發情止禮。

④ 鵲樔之逯：即「〈鵲巢〉之歸」。馬承源先生：「鵲樔，今本《詩·國風·周南》篇名作《鵲巢》，樔字《說文》所無，所以『桌』可能是『卓』的繁筆，是爲聲符。」（《上博一》頁 140）胡平生先生：「按：『卓』與『巢』雖古音相近，可以通假，然就字形而言，此處簡文之 並非『卓』，更與《善夫山鼎》《蔡姞簋》所從者相去甚遠。『鵲巢』之『巢』實不從卓聲。《說文》：『鳥在木上曰巢，在穴曰窠。從木，象形。』今楚簡『巢』字作『樔』者，右旁並非作『桌』，而是 的省寫。何琳儀先生《戰國古文字典》319 頁收天星觀簡 3904『 』從歹巢聲，謂是『勦』之異文。阜陽漢簡詩經《鵲巢》之『巢』寫作 ，又《釆蘋》『于以釆藻』，『藻』寫作 。可知『巢』字頭部筆劃正體作 ，或省作 ，又省作 ，此處即省寫。」（〈詩論劄記〉）

玉姍案：《毛詩·召南·鵲巢》首章：「**維鵲有巢，維鳩居之；之子于歸，百兩御之。**」《詩序》：「〈鵲巢〉，夫人之德也。國君積行累功以致爵位，夫人起家而居有之。德如鳲鳩乃可以配焉。」此詩當爲詠貴族嫁女之詩，「逯」即「歸」之異體，義爲「女子出嫁」。

⑤ 甘棠之保：即「〈甘棠〉之報」。馬承源先生：「保，指《甘棠》的詩意。今本《詩·國風·召南·甘棠》鄭玄箋云：『召伯聽男女之訟，不重煩勞百姓，止舍小棠之下而聽斷焉。國人被其德，說其化，思其人，敬其樹』。而詩句則言『勿翦勿伐』，『勿翦勿拜（拔）』，皆因召伯之德而爲。「保」是美召伯，讀爲『褒』」。（《上博一》頁 140）」廖名春先生：「保，簡 10、12 兩見，當讀作『報』。」〈上博簡《關雎》七篇詩論研究〉

玉姍案：今本《毛詩·召南·甘棠》首章：「**蔽芾甘棠，勿翦勿伐，召伯所茇。**」《詩序》：「〈甘棠〉，美召伯也。召伯之教，明於南國。」鄭箋：「召伯姬姓，名奭。食采於召，作上公，爲二伯，後封于燕，此美其爲伯之功，故言伯。」朱熹《詩集傳》：「召伯巡行南國，以布文王之政。或舍於甘棠之下，其後人思其德，故愛其樹而不忍傷也。」傅斯年先生：「周公稱王滅殷，在武王成王間，其時召公奭只是一個大臣，雖君奭篇中亦不見他和南國有何相干。開闢南國是後起事，那時召伯虎爲南國之伯，去召公不知有幾世了。」（《詩經講義稿》頁 225）屈萬里先生承傅先生之說：「〈甘棠〉，南國之人，愛召穆公虎而及其所曾憩息之樹，因作是詩。……召伯，召穆公虎也。早期經籍，於召伯虎或稱公，而絕無稱召公奭爲伯者。召伯之稱，又見於《小雅·黍苗》及《大雅·崧高》，皆謂召虎；而《大雅·江漢》之篇，於虎則曰召虎，於奭則曰召公，區別甚明。舊以此詩爲美召公奭者，非是。」（《詩經詮釋》頁 28）季師指出：「清末同時出土的梁山七器中，《大保方鼎》……四器上有大保之稱，《大史友甗》上有召公之稱，《白害盉》、《害鼎》上有召白父辛之稱，……據以上銅器材料，我們可以知道在周代早期燕君作銅器稱自己的祖先召公也稱召伯，這是證據確鑿，無可懷疑的。……周初公伯之稱並不如後世想像的那樣嚴整。而銅器中所顯示的召公也可稱召伯，更可證明〈甘棠〉詩中的召伯傳統解釋爲召公奭，並非完全不可能。周代對南國的開發本是極漫長的一個過程，而其起始，當自召公時已經開展。……綜合以上所述，召公奭在周初因爲功勞很大，所以被封爲二伯，因此召公又稱召伯。而周初已經展開對南國的開拓，召公奭也參與了這個行動，在召南留下了恩澤，因此召南之人悅其化、思其人、敬其樹，傳統的說法和古文獻、古文字的資料完全密合，應當可信。」（《詩經古義新證》頁 23-35）

玉姍案：除季師所提證據外，〈孔子詩論〉簡 15「甘棠之愛，以卲公」、簡 16「卲公也」，都可證明〈甘棠〉當爲美召公奭之詩。「保」當從廖名春先生讀爲「報」。「〈甘棠〉之報」意謂：「〈甘棠〉這首詩，描述人民移情保護召公奭生前曾休憩過的甘棠樹，是爲了報答感念召公奭的德澤。」

⑥ 綠衣之思：《毛詩·邶風·綠衣》經文：「綠兮衣兮，綠衣黃裏，心之憂矣，曷維其已。　綠兮衣兮，綠衣黃裳，心之憂矣，曷維其亡。　綠兮絲兮，女所治兮，我思古人，俾無訧兮。　絺兮綌兮，淒其以風，我思古人，實獲我心。」《詩序》：「〈綠衣〉，莊姜傷己也。妾上僭，夫人失位而作是詩也。」朱熹《詩集傳》：「莊公惑於嬖妾，夫人莊姜賢而失位，故作此詩。言綠衣黃裡以比賤妾尊顯而正嫡幽微，使我憂之不能自已也。」鄭箋：「『綠』當爲『褖』。故作『褖』，轉作『綠』，字之誤也。」

玉姍案：簡文作〈綠衣〉與今本《詩·國風·邶風》篇名〈綠衣〉完全符合；是以鄭《箋》改「綠衣」爲「褖衣」，非是也。〈綠衣〉詩旨當從《詩序》、《詩集傳》之說。黃爲正色，綠非正色，然裁衣竟爲「綠衣黃裡」，表示正者失其位也，故《詩序》：「夫人失位而作是詩。」季師以爲「綠衣黃裡」包含兩層意義，一爲賢者被棄，小人得志；二爲嫡妾失衡，傳統宗法社會所重視的階級地位秩序產生動搖；這些都令君子憂心。簡文〈綠衣〉之思，意謂：〈綠衣〉一詩，由莊姜傷妾上僭，引發「我思古人」，此之謂「思」。

⑦ 鷃 =之情：即「〈燕燕〉之情」。馬承源先生：「鷃 =，鷃字下有重文符，爲鷃鷃二字。今本《詩·國風·邶風》有篇名作《燕燕》。鷃從鳥從晏，晏爲聲符。《說文》所無。」（《上博一》頁 140）

玉姍案：「鷃」字首見於戰國楚系《包山》簡 （包 2.85），作人名。《上博一·孔子詩論》「鷃」字作（簡 10）、（簡 16），右上「日」訛作「口」形，下有重文號「 =」，故讀爲「鷃鷃」。「鷃」爲形聲字，今本《毛詩》作「燕」則爲象形字。

今本《毛詩·邶風·燕燕》經文：「燕燕于飛，差池其羽，之子于歸，遠送于野。瞻望弗及，泣涕如雨。　燕燕于飛，頡之頏之，之子于歸，　遠于將之。瞻望弗及，佇立以泣。　燕燕于飛，下上其音，之子于歸，遠送于南。瞻望弗及，實勞我心。仲氏任只，其心塞淵，終溫且惠，淑慎其身，先君之思，以勗寡人。」《詩序》：「〈燕燕〉，莊姜送歸妾也。」鄭《箋》：「莊姜無子，陳女戴嬀生子，名完。莊姜以爲其子。莊公薨，完立而州吁殺之。戴嬀於是大歸，莊姜遠送之于野，作詩見己志。」王質《詩總聞》：「當是國君送女弟適他國之詩。」崔述《讀風偶識》：「余按，此篇之文當有惜別之意，絕無感時遇悲之情。而《詩》稱『之子于歸』者，皆指女子之嫁者言之，未聞有稱大歸爲于歸者，恐係衛女嫁於南國，而其兄送之之詩。絕不類莊姜戴嬀事也。」

目前各家說〈燕燕〉大抵分「衛莊姜送戴嬀大歸」或「衛君送妹遠嫁」兩種說法。季師〈新詮〉云：

> 後世學者或據《史記·衛康叔世家》，以為戴嬀生子「完」，其後

過世，莊公令莊姜以「完」為己子，因而認為莊公薨時，戴嬀早已去世，莊姜怎能送戴嬀？因而懷疑鄭箋之說不可信。其實，這個質疑，孔穎達在《毛詩 · 邶風 · 燕燕 · 正義》中已經解釋過了：「〈衛世家〉云：『莊公孌齊女為夫人，而無子。又娶陳女為夫人，生子，早死。陳女女娣亦幸於莊公，而生子完。完母死，莊公命夫人齊女子之，立為太子。』禮：『諸侯不再娶。』且莊姜仍在，《左傳》唯言又娶於陳，不言為夫人。〈世家〉云『又娶陳女為夫人』，非也。《左傳》唯言戴嬀生桓公，莊姜養之以為己子，不言其死。云『完母死』，亦非也。」（《十三經注疏 · 詩經》，頁 77。）旭昇案：《左傳 · 隱公三年》：「衛莊公娶于齊東宮得臣之妹，曰莊姜，美而無子，衛人所為賦碩人也。又娶于陳，曰厲嬀，生孝伯，早死。其娣戴嬀，生桓公，莊姜以為己子。公子州吁，嬖人之子也，有寵而好兵，公弗禁，莊姜惡之。」（《十三經注疏 · 左傳》頁 53。）而《史記 · 衛世家》則云：「莊公五年，取齊女為夫人，好而無子。又取陳女為夫人，生子，蚤死。陳女女弟亦幸於莊公，而生子完。完母死，莊公命夫人齊女子之，立為太子。」（藝文版《史記 · 衛康叔世家》，頁 629。）二說確有不同。《左傳》比《史記》早，我們沒有理由一定相信較晚的《史記》，而不信較早的《左傳》。而且在邏輯上來說，《毛詩 · 序》如果跟《史記》一樣是西漢早期的作品，我們也沒有理由相信《史記》（《史記》中因為種種原因，有不少錯誤，這是大家所熟知的），不相信《毛詩 · 序》；如果《毛詩 · 序》不是西漢早期的作品，那麼《毛詩 · 序》的作者應該見過《史記》，沒有理由和《史記》相矛盾。現在〈孔子詩論〉出來了，我們看到孔子把〈燕燕〉和其它六篇詩放在一起，作為「動而皆賢於其初」的詩篇來闡發詩教，顯見孔子對本詩的重視。因此，筆者傾向依《毛詩 · 序》解此詩，意味比較深長。

據此，簡文「〈燕燕〉之情」，意謂：〈燕燕〉一詩，描述衛莊姜送戴嬀大歸，依依不捨之情，這就是「情」。

⑧ 害曰童而皆臤於亓初者也：即「曷？曰：動而皆賢於其初者也」。本句馬承源先生隸作「害曰童而皆臤於亓（其）初者也」而無釋。李零先生《上校》

讀「童」爲「動」，周鳳五先生〈新釋文及注釋〉讀爲「重覆」之「重」，李學勤先生〈七篇釋義〉讀爲「誦」、許全勝先生〈宛與智〉讀爲「終」。

玉姍案：季師以爲本句當讀作：「曷？曰：動而皆賢於其初者也。」「動」，指情意之發動，即「人之生也靜，感於物而動」之「動」也。「賢」爲「勝」。此句當爲總括前述七詩，反詰詩教之益爲何（曷）？曰：「詩教之益，正在於情意發動後，經過反省，都能勝於其初發之時。」

⑨ 闗疋㠯色俞於豊：即「關雎以色喻於禮」。馬承源先生：「讀作『關疋以色喻於禮』。『色』謂『窈窕淑女』，在此不用作貶義。《史記·屈原列傳》云『國風好色而不淫』，提法得體。此云『以色喻於禮』，則更爲準確而具體。『俞』讀爲『喻』，即《論語·里仁》所謂『君子喻於義，小人喻於利』之『喻』。孔子直言『關疋以色』，然而『喻於禮』。若『俞』讀爲『逾』，則與詩意相違。小序的著眼點與此不同，可見小序並非是孔子所論的真傳。」（《上博一》頁 140）

玉姍案：各家對「俞」的解釋還有「譬喻」義、爲「逾越」義，都不妥。「以色俞於禮」與《論語·里仁》「君子喻於義，小人喻於利」句法相似；《正義》曰：「喻，曉也。」「俞」可讀作「喻」，作「明白、曉諭」。此處「關雎以色喻於禮」應可與簡 14「其四章則喻矣。以琴瑟之悅，擬好色之願；以鐘鼓之樂……」互相參看。李學勤先生：「作者以爲〈關雎〉之詩由字面上看係描寫男女愛情，即『色』。而實際上要體現的是『禮』。故云：『以色喻於禮』。簡文與鄭玄《箋》同，分〈關雎〉爲五章，『其四章則喻矣』，兼指四、五兩章。第四章『窈窕淑女，琴瑟友之』第五章『窈窕淑女，鐘鼓樂之』，即作者所言之『喻』。琴瑟鐘鼓都屬於『禮』，『把好色之願』、『某某之好』變成琴瑟、鐘鼓的配合和諧。」（〈《詩論》說《關雎》等七篇釋義〉）李說可從。筆者以爲「喻」當作「曉諭、明白」，是由〈關雎〉詩中明白好色與好賢之別；進而實踐的過程。此句意謂「由〈關雎〉一詩，明白好色與好賢之別；進而實踐，將好色之心提昇爲禮樂教化的體現」。

⑩ 兩矣丌四章則俞矣：即「兩矣，其四章則喻矣」。馬承源先生釋「兩矣」爲「百兩矣」的殘文，又說：「此文先論〈鵲棜〉，次論〈闗疋〉，與此前所論篇

名的次序不同，文意可和前簡相連接，雖與上文相似而體例不一致，當是與前七篇不相連續的另一次論述。（《上博一》頁 143）

旭昇案：此簡上端完整，「兩」爲首字，今存二十九枝簡無法找出簡文末字爲「百」者以綴合，故馬承源先生在「兩」字之前補一「百」字，並且以爲這是〈鵲巢〉篇的論述，但是「（百）兩矣」底下接的明明又是〈關雎〉篇的論述，篇名次序與前不同，因此認爲這是前七篇不相連續的另一次論述。現在我們依照新的簡次，「兩矣」二字上下文都是與〈關雎〉有關的字句，因此「兩矣」應該也是孔子論〈關雎〉篇的文字，不必讀爲「（百）兩矣」，也不必要認爲是〈鵲巢〉篇的文字，如此一來，上下篇名的次序也就取得一致了。

「其四章則喻矣」：馬承源先生：「俞讀爲『愉』。《關雎》今本共五章，第三章言『求之不得，寤寐思服』，第四章『窈窕淑女，琴瑟友之』，是說成就琴瑟之好。意思是從『求之不得』到四章『琴瑟友之、鐘鼓樂之』的境地，則情懷愉悅。」（《上博一》頁 143）李學勤先生：「簡文與鄭玄《箋》同，分〈關雎〉爲五章，『其四章則喻矣』，兼指四、五兩章。第四章『窈窕淑女，琴瑟友之』第五章『窈窕淑女，鐘鼓樂之』，即作者所言之『喻』。琴瑟鐘鼓都屬於『禮』，『把好色之願』、『某某之好』變成琴瑟、鐘鼓的配合和諧。」（〈《詩論》說《關雎》等七篇釋義〉）

玉姍案：簡 10「〈關雎〉以色喻於禮」與簡 14「其四章則喻矣，以琴瑟之悅，擬好色之願，以鐘鼓之樂……」皆論及〈關雎〉一詩之教化功能。「喻」，可視爲是從明白到實踐、轉化這一整個過程。

⑪ 以𨥊𤦪之敓惓好色之忨：即「以琴瑟之悅，擬好色之願」。馬承源先生：「𨥊，即『琴』。簡文從𤦪從金……。『𤦪』字未見於字書，簡文上句言『𨥊𤦪之悅』，下句云『鐘鼓之樂』，則『𨥊𤦪』當讀『琴瑟』。《郭店楚墓竹簡》作『𨥊𤦪』。」（《上博一》頁 143-144）

玉姍案：「𨥊𤦪」字僅見於戰國楚系《郭店》、《上博》二簡中，「𤦪」即「瑟」之初文，字從三（或二）「丌」，學者或謂「丌」象瑟柱之形，〈孔子詩論〉簡 14「瑟」字作「 」，即其標準寫法；曾侯乙墓漆書作「 」；《郭店．性自命出》1 作「」；《郭店．六德》30 作「」；或加「必」聲，如《信陽》2.3 作「」；《上博．性情論》15 作「」；《包山》260 作「」等均是。「琴」字則從「𠬪」、「金」聲，〈孔子詩論〉簡 14 作「」，爲標準寫法；《上博．性情論》15 作「」，從卝金聲；《郭店．性自命出》24 作「」，從丌金聲。

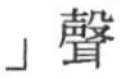

「㚔（擬）好色之願」：「㚔」，馬承源先生考釋讀爲『嬉』。（《上博一》頁 144）李學勤先生讀爲「擬好色之願」。（〈分章釋文〉）

玉姍案：此句當從李學勤先生之說，讀爲「以琴瑟之悅，擬好色之願」。季師謂其義爲：琴瑟和鳴，鐘鼓齊奏，其聲和諧和彼此相成也。正如同《詩序》：『〈關雎〉樂得淑女以配君子』賢后妃配於君王，爲其後宮之賢內助也。以琴瑟之音配合和諧悅耳，比擬君子以禮求得淑女之配，遂其好色之願。

「以鐘鼓之樂」：馬承源先生考釋：「鐘鼓之樂，今本《詩．周南．關雎》：『參差荇菜，左右芼之，窈窕淑女，鐘鼓樂之』。簡文辭意指此。」（《上博一》頁 144）馬說可從。然「樂」字下端殘，故不知下文爲何。

⑫ 反內于豊不亦能改虖：即「反納于禮，不亦能改乎」。李學勤先生：「把『好色之願』、『某某之好』變爲琴瑟鐘鼓的配合和諧，反內（入、納）於禮是重要的更改。」（〈七篇釋義〉）其說可從。

旭昇案：虖，從示、虍聲，馬承源先生隸作「虖」，有誤。

⑬ 梂木福斨才孠 =不……不亦□時乎：即「〈樛木〉福斯在君子，不……，不亦□時乎」。玉姍案：「斨」字目前只見於戰國楚系文字，即「斯」字，《郭店．性自命出》25 作「」，〈性自命出〉34 作「」省「斤」旁。「斯」字在此應當作關係詞。《論語．公冶長》：「再，斯可矣。」《論語．述而》：「我欲仁，斯仁至矣。」「福斯在君子」即福在君子。君子之德美善，故上天賜福（祿）於君子，福（祿）集於君子一身。

旭昇案：這一小節論述〈樛木〉，比照本章其它小節的體例，最後應該以「不亦□時乎」收尾，下一小節則至少可以補篇名「漢廣」二字。十二簡上下皆殘，依《上博一》頁 3 的《孔子詩論》全簡圖，十二簡的下部大約缺

二十七個字，十三簡也是上下皆殘，所以「不亦□時乎」、「漢廣」等字是可以補得進的，但是應該補在十二簡還是十三簡，則難以確定。

⑭ 灘𡉉不求不可旻不𢍰不可能不亦智亙虐：即「〈漢廣〉不求不可得，不攻不可能，不亦知恆乎」。「不求不」三字據李零《上校》補。「不𢍰不可能」，何琳儀先生：「攻，原篆上從工，下從又。戰國文字『又』旁與『攴』旁往往可以互作，故疑該字爲『攻』之異文。簡文『攻』訓『作』，參《詩·大雅·靈台》：『庶民攻之。』傳：『攻，作也。』考釋認爲該句係就漢廣而下的評語，十分正確。……簡文『不攻不可能』，意謂不作不可能的事。」（〈滬簡〉）

玉姍案：「〈漢廣〉不求不可得、不𢍰不可能」，李零先生所補可從。「不亦智亙虐」當從李學勤先生讀作「不亦知恆乎」，可從。「亙」字爲「恆」字之初文（請參季師《說文新證（上）》頁491）

⑮ 鵲樔出𠃊百兩不亦又適虐：即「〈鵲巢〉出以百兩，不亦有離乎」。適：馬承源先生：「從辵從[illegible]。[illegible]似『叀』而非是，……，與金文『疐』的主體相近，……疑讀爲『疐』。……簡文可能是『匹配』之意，配者即指新人。」（《上博一》頁141-142）周鳳五先生〈新釋文及注釋〉：「當讀爲『儷』，匹也，偶也。其詩首章言『百兩禦之』，迎親也；次章言『百兩將之』，送親也；迎送皆以百兩，則夫與婦身分相當，故謂之『儷』以美之也。」

玉姍案：「[illegible]」字《上博·孔子詩論》三見，簡11、13、27，釋爲「適」，即「離」之異體，均可通讀。本簡應從周說讀爲「儷」，有「偶；配」之義，意謂：「〈鵲巢〉一詩描述貴族之女出嫁，送迎之車皆百輛，禮制對等」，如此不僅與《詩序》相合，更能顯現詩教。

⑯ 甘棠□及丌人敬蟋丌查丌保厚矣甘棠之蟋𠃊卲公也：即「甘棠□及其人，敬愛其樹，其報厚矣。甘棠之愛，以卲公也」。甘棠□及其人，據濮茅左先生〈簡序解析〉補，比李學勤先生只補成「甘棠及其人」，似乎要合理些。

蟋：馬承源先生：「蟋從虫從悉，《說文》所無。當假爲『㤅』，即『愛』。」（《上博一》頁141）查，「讀爲『樹』，即甘棠。」（《上博一》頁144）

玉姍案：「尌」字始見於甲文[illegible]（商·前2.7.6）[illegible]（商·前2.8.2），從力、

從木（或來）、豆聲，爲樹藝、種植木麥等作物之意。金文「尌」字之「力」或作「又」形，「木」或訛爲「屮」形（如[illegible]〈尌仲簋〉）（請參季師《說文新證（上）》頁 394）。戰國文字承襲金文字形，從又、從木，豆聲；「又」或作「寸」〈孔子詩論〉簡 15「查」字省略「又」旁；此爲目前所見戰國文字中，唯一省略「又」旁之「樹（尌）」字。

⑰ 綠衣□□□□□□□□□不亦□思乎燕燕□□□□□□□□□□□青蟋也：即「〈綠衣〉□□□□□□□□□，不亦□思乎！〈燕燕〉□□□□□□□□□□情愛也」。依本章的體例，此處應補一小節論述〈綠衣〉的文字，最後以「不亦□思乎」作結。下一小節之首則至少可以補篇名「燕燕」。

⑱ 闡疋之改則丌思賹矣：即「〈關雎〉之改，則其思益矣」。賹，從貝、嗌聲，讀爲「益」。《論語．憲問》：「非求益者也，欲速成者也。」疏：「此童子非求進益者也。」「益」有「進」義。筆者以爲「益」字可由「進」義引申爲「提昇，昇華」之義，是一種天性經由教化而提昇的過程。

⑲ 甘棠之保則□□□邵公也：旭昇案：李學勤先生簡 11 後接簡 16，可從。依照〈孔子詩論〉「關雎組」論述的體例，這兒應該可以補上「甘棠之保則□□□」這八個字。

⑳ 鰓 =之情已丌蜀也：即「〈燕燕〉之情，以其獨也」。馬承源先生：「『蜀』在此不能解釋爲字的本義，當讀爲『獨』，若假借爲『篤』也可。『蜀』、『篤』聲韻皆通轉，『篤』乃言情之厚。」周鳳五先生：「按：馬王堆帛書，郭店竹簡〈五行〉引述〈燕燕〉詩，皆以『君子愼其獨也』作結，知當讀爲『獨』。『獨』，一也。」（〈新釋文及注解〉）李學勤先生：「《詩》云『之子于歸，遠送於野，瞻望弗及，泣涕如雨。』是贈別的詩。簡文強調其中體現之情，對離去者的愛，送行者的孤獨，均與詩意切合。」（〈七篇釋義〉）

玉姍案：送行者的孤獨，是詩之本義；〈五行〉引本詩歸結於「君子愼獨」，爲引伸義。本詩當用本義，謂戴嬀一去，莊姜從此就要孤獨了。

二·葛覃組

【原文】：

孔＝（孔子）曰：「虗（吾）㠯（以）〈蘽（葛）䡔（覃）〉旻（得）氏（祗）初之詩，民眚（性）古（固）然▃①。見丌（其）㒸（美）必谷（欲）反丌（其）本②。夫蘽（葛）之見訶（歌）也，則【十六下】㠯（以）菣（絺）萿（綌）之古（故）也▃③。句（后）稷之見貴也ㄴ，則㠯（以）文武之悳（德）也ㄴ④。虗（吾）㠯（以）〈甘棠〉旻（得）宗宙（廟）之敬ㄴ，民眚（性）古（固）然。甚貴丌（其）人，必敬丌（其）立（位）⑤。敓（悅）丌（其）人，必好丌（其）所爲。亞（惡）丌（其）人者亦然。〔□【二十四】……吾以〈柏舟〉得……，民眚（性）古（固）然⑥，……虗（吾）㠯（以）【缺簡】〈木瓜〉旻（得）〕㡀（幣）帛之不可迲（去）也▃，民眚（性）古（固）然。丌（其）𨸏（隱）志必又（有）㠯（以）俞（喻）也▃⑦，丌（其）言又（有）所載而句（后／後）內（納），或前之而句（后／後）交，人不可䍐（捍）也⑧。虗（吾）㠯（以）〈折（杕）杜〉旻（得）雀（爵）□□□□□□□□民性古（固）然□□□□【二十】⑨*（以上爲「葛覃組」初論，屬國風）*

〈葛覃〉……。〈甘棠〉……。〈柏舟〉……【缺簡】⑩□□□□□□□□□□因〈木苽（瓜）〉之保（報）㠯（以）俞（喻）丌（其）悥（婉）者也⑪。〈折（杕）杜〉則情憙（喜）丌（其）至也▃。【十八上～】*（以上爲「葛覃組」再論，屬國風）*

〈葛覃〉□□□□□□□□□□□□□。〈甘棠〉□□□□□□□□□□□□【十八下】□□。〈柏舟〉□□□溺志，既曰天也，猶又（有）悥（怨）言▃⑫。〈木苽（瓜）〉又（有）㾾（藏）忎（願）而未旻（得）達也▃，交⑬……〈杕杜〉……【十九】□□□□女（如）此可（何）？斯雀（爵）之矣▃，離（離）丌（其）所㤅（愛），必曰虗（吾）奚舍之？賓贈氏（是）巳（已）▃⑭。【二十七上～】*（以上爲「葛覃組」結論，屬國風）*

【語譯】：

孔子說：「我由〈葛覃〉見到敬重初始的詩篇，『敬重初始』是人類本來就具有的天性。見到美好的事物，一定會想要反求本始。葛所以能被歌頌，是因爲它織成了細布、粗布，供人穿著；就像后稷所以受到尊崇，是因爲他的後嗣文王、武王能繼承他的德業而發揚光大啊！我由〈甘棠〉了解宗廟之敬是怎麼來的，這是人類本來就具有的天性。非常推崇這個人，一定會敬重他的位置；喜歡一個人，一定也會喜歡他的所做所爲；討厭一個人，也一定會討厭他的所做所爲。……我由〈柏舟〉得到……，這是人類本來就具有的天性。……。我由〈木瓜〉見到幣帛禮物不可廢除，這是人類本來就具有的天性。人們隱藏在心中的意念一定要藉著禮物來說明，人們要說的話一定要藉著禮物的承托才好講，如果要互相往來之前也要以禮物先示意啊，這樣對方就不會拒絕了。我從〈有杕之杜〉見到……，這是人類本來就具有的天性。……如此，就可以讓他接受爵位了。

〈葛覃〉……。〈甘棠〉……。〈柏舟〉……〈木瓜〉篇說的是藉著禮物的回報來委婉地表明他心中的意思。〈有杕之杜〉篇說的是賢人來到時歡喜之至的心情。

〈葛覃〉……。〈甘棠〉……。〈柏舟〉……陷溺於情感之中，既然喊了「天」，還是忍不住有怨言。〈木瓜〉篇寫的是心中有隱藏的願望而無法表達，交……。〈有杕之杜〉篇寫的是……這要怎麼樣呢？就能讓他接受爵位了，遇到所愛的人，一定會說：「我怎能捨棄他呢？」這就是賓贈的意義啊！

【注釋】

① 虗㠯⿱艹禼⿰尋由㝵氏初之訔民眚固然：即「吾以〈葛覃〉得祗初之詩，民性固然」。虗，即楚簡「吾」的特殊寫法。⿱艹禼⿰尋由，李零先生隸爲「萬䩞」，以爲即「葛覃」(《上校一》頁 27)。黃德寬、徐在國先生：「此字應爲從『艸』『禼』聲的字，……裘先生指出甲骨文『蚩』字是『傷害』的『害』本字，是『禼』的初文。『禼』跟『舝』字應該是一字的異體。……如上所述，字當隸定作『⿱艹禼』，即『䔊』字，在簡文中當讀爲『葛』。……關於『』字，左邊所從的『』乃『尋』，右邊所從疑是『由』，郭店簡『由』作可證。字當隸作『⿰尋由』，從尋聲，在簡文中當讀作『覃』。……疑『⿰尋由』所從之『由』乃是

贅加之聲符。總之，簡文『萬蓈』當讀爲『葛覃』，爲《詩經》篇名。見於今本《詩・國風・周南・葛覃》。簡文對《葛覃》的評說是：『吾以《葛覃》得氏初之詩，民性故然』，與簡二十四對《甘棠》的評說『吾以《甘棠》得宗廟之敬，民性故然』句例相同。」（〈釋文補正〉）

「氏初之峕（詩）」：馬承源先生：「『得氏初之詩』，不易解釋。」（《上博一》頁 145）陳劍先生：「『氏』字疑讀爲『祗』，『祗』字古書常訓爲『敬』。『祗初』猶言『敬始』、『敬本』，跟『反本』一樣，都是儒家典籍中常見的觀念。」（〈《孔子詩論》補釋一則〉）

玉姍案：葛覃從黃、徐之說，「氏初」從陳說。今本《毛詩・周南・葛覃》：「葛之覃兮，施于中谷，維葉萋萋，黃鳥于飛，集于灌木，其鳴喈喈。葛之覃兮，施于中谷，維葉莫莫，是刈是濩；為絺為綌，服之無斁。　言告師氏，言告言歸，薄汙我私，薄澣我衣。害澣害否？歸寧父母。」《詩序》：「后妃之本也。后妃在父母家，則志在於女功之事。躬儉節用，服澣濯之衣，尊敬師傅，則可以歸安父母，化天下以婦道也。」〈孔子詩論〉本章所述，與〈葛覃〉篇關係不大，只是就「葛覃」可以爲「絺綌」一點，發揮「重始」的思想。

② 見丌㒸必谷反丌本：即「見其美必欲反其本」。馬承源先生考釋原隸爲「見其美必欲反一本」（《上博一》頁 145），龐樸先生：「『反其本』的『其』字微蝕，放大來看，仍依稀可辨。」（〈上博藏簡零箋〉）

玉姍案：，即「㒸」簡文中假借爲「美」，「美」古音明紐脂部，「㒸」爲明紐微部，音近可通。《郭店・老子甲》簡 15 假借「敚」作；〈老子丙〉簡 7 作㜳（）；《上博（一）・緇衣〉簡 1 作。寫法雖有小異，然其原則皆從「㒸」得聲。今《周禮》「美」之古字作「媺」。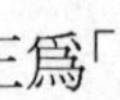，丌，「其」之異體字。原考釋誤以爲「一」。此處寫法應依龐樸先生說訂正爲「丌」，讀爲「其」。

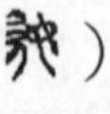

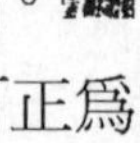

③ 夫藚之見訶也則㠯蔖萂之古也：即「夫葛之見歌也，則以絺綌之故也」。

「夫藚之見訶也，則」，馬承源先生屬簡 16，隸作「夫蒿之見訶也，則」而未作解釋（《上博一》頁 145）；「㠯蔖萂之古也」則屬簡 24，隸作「㠯□

蕺之古也」，以爲「辭意未明」（《上博一》頁 153）。李學勤先生〈分章釋文〉將簡 16 與簡 24 連讀爲「夫葛之見歌也，則以葉萋之故也」。其編聯可從。

陳劍先生：「[illegible]字左半已殘，其上所從當爲『艸』，右下所從沒有問題是從『氏』，……。[illegible]字……隸定作『[illegible]』……當讀爲『絺綌』。……從讀音上看，[illegible]的聲符『氏』與『絺』，[illegible]的聲符『丯』跟『綌』上古音都很接近。『氏』及大部分從『氏』得聲的字都是端母脂部字。『絺』是透母字，其韻部一般根據聲符『希』歸爲微部。端透鄰紐，脂微二部關係密切。……『丯』在戰國文字中常作爲『戟』的聲符，『戟』有寫作從『各』聲的。裘錫圭先生曾指出似『丯』聲在古代有與『各』相近的一種讀法。……從文意上來講，今本《毛詩·周南·葛覃》第二章云：『葛之覃兮，施于中谷，維葉莫莫，是刈是濩；爲絺爲綌，服之無斁。』葛因可以提取纖維製成葛布『絺綌』供人使用，所以受到歌詠；后稷因爲有文王、武王這樣有德的後代，因而受到周人的尊崇，兩事相類。反過來講，人們由於絺綌之美與文武之有德，從而想到生出絺綌的的葛和生出文武的后稷，正即簡文上文所說的：『（民）見其美，必欲反其本。』」（〈補釋一則〉）其釋字、釋義均可從。

④ 句稷之見貴也則㠯文武之悳也：即「后稷之見貴也，則以文武之德也」。「句」讀爲「后」，楚文字常見，如〈鑄客鼎〉「王后」即作「王句」。「句」上古音爲見紐侯部，「后」匣紐侯部，聲近韻同，可以通用。〈孔子詩論〉簡 6「二句受之」，即以「句」假借爲「后」。本簡「句稷」讀爲「后稷」。陳劍先生：「后稷囙爲有文王、武王這樣有德的後代，因而受到周人的尊崇。」（〈補釋一則〉）

⑤ 虛㠯甘棠旻宗富之敬民眚古然甚貴丌人必敬丌立：即「吾以〈甘棠〉得宗廟之敬，民性古然。甚貴其人，必敬其位」。

王志平先生指出同樣的句子見《說苑·貴德》：「孔子曰：『吾於〈甘棠〉見宗廟之敬。甚尊其人，必敬其位。』《孔子家語·好生》：「孔子曰：『吾於〈甘棠〉見宗廟之敬也，甚矣。思其人必愛其樹；尊其人，必敬其位，道也。』」（〈《詩論》箋疏〉。

玉姍案：王文所引《孔子家語》與簡文文字相合，可以互證。又，《孔子家語・廟制》:「子羔問曰:『《祭典》云:『昔有虞氏祖顓頊而宗堯，夏后氏亦祖顓頊而宗禹，殷人祖契而宗湯，周人祖文王而宗武王。此四祖四宗，或乃異代，或其考祖之有功德，其廟可也。』若有虞宗堯，夏祖顓頊，皆異代之有功德者也，亦可以存其廟乎？』孔子曰:『善，如汝所聞也。如殷周之祖宗，其廟可以不毀，其他祖宗者，功德不殊，雖在殊代， 亦可以無疑矣。《詩》云:『蔽芾甘棠，勿翦勿伐，邵伯所憩。』周人之於邵公也，愛其人猶敬其所舍之樹，況祖宗其功德而可以不尊奉其廟焉。』」更爲簡文下了極佳的註腳。古代王者立先祖之宗廟，乃因追念先祖之功德。這是一種落實對祖先的懷念和追思之情的表現。這種追念先人之德的情懷，與〈甘棠〉一詩中所承顯出百姓因緬懷召公之德，而移情保護其生前所曾憩息之甘棠樹的舉動，是相當一致的。然召伯與百姓無血緣關係，因此能受到百姓的愛戴與追思，更見其難能可貴。

「必敬其位」之「位」當釋作「人所坐立之處」。《左傳・成公十七年》:「殺駒伯，苦成叔於其位。」注:「位，所坐處也。」《周禮・夏官・太僕》:「掌正王之服位。」注:「位，立處也。」亦即召公所休憩之甘棠樹下。

⑥ 吾以柏舟得……民性固然：旭昇案：這是根據下面第 19 簡「（溺）志，既曰天也，猶又（有）㥳（怨）言」而補的。

⑦ 吾以木瓜得……羍帛之不可迲也民眚古然丌㥯志必又㠯俞也：即「吾以木瓜得……幣帛之不可去也，民性古然，其隱志必有以俞（喻）也」。馬承源先生:「羍帛讀爲『幣帛』，……經籍或解釋爲錢貨、圭幣。帛爲繒、縑素之類。《周禮・天官・大宰》:『幣帛之式』，鄭玄注:『幣帛所以贈勞賓客』者，則是禮品的泛稱。此處是由《木瓜》詩中的『瓊琚』、『瓊玖』等所報贈玉器所引申出來的禮品的稱謂。」(《上博一》頁 149)

玉姍案:「㥯」同「㥯」，當讀作「隱」(見第一章注釋③),「㥯志」即隱含在（幣帛、禮品）背後的心意，要藉著餽贈禮物來表達、說明，這就是「喻」。

今本《衛風・木瓜》:「投我以木瓜，報之以瓊琚，匪報也，永以為好也。投我以木桃，報之以瓊瑤，匪報也，永以為好也。 投我以木李，報之以瓊玖，匪報也，永以為好也。」《詩序》:「〈木瓜〉，美齊桓公也。衛國有狄人之敗，出處于漕，齊桓公救而封之，遺之車馬器服焉。衛人思之，欲厚報之，而作是詩也。」宋明以後學者對本詩好作懷疑，如朱熹《詩集傳》:「疑亦男女相贈答之辭，如靜女之類。」其實，瓊琚、瓊瑤、瓊玖，豈是尋常男女所能餽贈？古史散佚者，沒有堅強證據，不宜輕言懷疑。〈孔子詩論〉本簡所論，與《毛詩·木瓜》基調相同，都是說明幣帛禮物的意義在於背後的「隱志」、「藏願」。

⑧ 丌言又所載而后內或前之而后交人不可𠦝也：即「其言有所載而後納，或前之而後交，人不可捍也」。「[illegible]」，學者或釋「干」、「玕」、「觸」，今從李零先生隸作「𠦝」，讀爲「捍」，釋爲「抗拒」(《上校》頁 24)，此句當承上「幣帛之不可去也……以隱志必有以喻也」而言，都是談「禮物」的重要。

葉國良等先生〈劄記六則〉謂:「古代相見禮儀，必先準備幣帛等贄禮，但在獻上幣帛之前，要先派人攜帶較小的禮物前往致意，謂之『先』；待獲得對方應允之後，再正式見面並獻上正式的禮品，然後才能向對方有所請求，這相對的便是『後』了。……據此，所謂有所載而後納，或前之而後交，載指載幣帛等贄禮，納謂獻上贄禮，前即先，後交指正式見面交往。」

⑨ 虗㠯折杜旻雀□……民性固然……：即「吾以〈杕杜〉得雀□……民性固然，……」。馬承源先生以爲「折杜」，可能屬於《小雅》中的《杕杜》，今本有可能是傳抄之誤。(《上博一》頁 148) 何琳儀先生指出「折」乃「杕」之音變，二字均屬舌音月部，故可相通。」(〈滬簡〉)

本簡下端殘斷，季師〈新詮〉據「葛覃組」的體例，以爲此處的〈杕杜〉是「葛覃組」的第一次論述，其後應有「民性固然」句。「雀」，楚簡多讀爲「爵」，李學勤先生〈分章釋文〉於「爵」後補「服」字，則以「爵」爲名詞。其餘學者或釋「醻」、或釋「誚」、或釋「爵位」，按〈新詮〉，以釋爲動詞較妥。

今本《毛詩》有一篇〈杕杜〉、兩篇〈有杕之杜〉。《唐風·杕杜》:「有杕之杜，其葉湑湑， 獨行踽踽，豈無他人？不如我同父。嗟行之人，胡不比焉。人無兄弟，胡不佽焉。 有杕之杜，其葉菁菁，獨行睘睘，豈無他人？不如我同姓。嗟行之人，胡不比焉。人無兄弟，胡不佽焉。」《序》:「〈杕杜〉，刺時也。君不能親其宗族，骨肉離散，獨居而無兄弟，將爲沃併爾。」《小雅·鹿鳴之什·杕杜》：「有杕之杜，有睆其實。王事靡盬，繼嗣我日。日月陽止，女心傷止，征夫遑止。　有杕之杜，其葉萋萋。王事靡盬，我心傷悲。卉木萋止，女心悲止，征夫歸止。　陟彼北山，言采其杞。王事靡盬，憂我父母。檀車幝幝，四牡痯痯。征夫不遠。　匪載匪來，憂心孔疚。期逝不至，而多為恤。卜筮偕止，會言近止，征夫邇止。」《序》：「〈杕杜〉，勞還役也。」這兩篇都跟「爵」沒有什麼關係。

《唐風·有杕之杜》：「有杕之杜，生于道左。彼君子兮，噬肯適我？中心好之，曷飲食之。　有杕之杜，生于道周。彼君子兮，噬肯來遊？中心好之，曷飲食之。」《序》：「〈有杕之杜〉，刺晉武公也。武公寡特，兼其宗族，而不求賢以自輔焉。」與〈孔子詩論〉簡 18「〈杕杜〉則情喜其至也」、簡 20「吾以〈杕杜〉得雀□……」論述較爲符合。《唐風·有杕之杜》詩義爲「好賢而恐不足以致之」，主角應爲國君，內容表達其好賢之思。「〈杕杜〉則情喜其至也」描寫國君得賢，情喜其至的心情。簡 20「吾以〈杕杜〉得雀（爵）□……」，「爵」後應爲受詞——賢者。本簡可能是談君子來遊，國君應當給予適當的爵位俸祿，使君子可以安其位，行其道；那麼君子才能久留。

⑩ 葛覃……甘棠……柏舟……【缺簡】：季師〈新詮〉據「葛覃組」的結構及簡長，認爲此處應補一支簡，以容納〈葛覃〉、〈甘棠〉、〈柏舟〉三篇的論述。

⑪ 因木苽之保㠯俞亓悥者也：即「因〈木瓜〉之報以喻其婉者也」。旭昇案：悥，在〈孔子詩論〉中一般讀爲「怨」，但是本簡應讀爲「婉」，指委婉的心願，即簡 19 所說的「木瓜有藏願」。（請參拙作〈《孔子詩論》“木瓜之報以喻其婉”說〉）

⑫ 柏舟□□□溺志既曰天也猶又悥言：即「〈柏舟〉□□□溺志，既曰天也，猶有怨言」。溺，簡文作「」，原考釋不作隸定，李零先生釋「溺」（《上校》頁 22-23）楊澤生先生以爲「既曰天也，猶有怨言」，所評的詩應該是《鄘風·柏舟》」（〈「既曰天也，猶有怨言」評的是《柏舟》〉）。

玉姍案：溺志，謂陷溺之志，即自我堅持的心志。今本《毛詩·鄘風·

柏舟》:「汎彼柏舟，在彼中河。髧彼兩髦，實維我儀。之死矢靡它，母也天只，不諒人只。　汎彼柏舟，在彼河側。髧彼兩髦，實維我特。之死矢靡慝，母也天只，不諒人只。」《詩序》:「〈柏舟〉，共姜自誓也。衛世子共伯蚤死，其妻守義，父母欲奪而嫁之，誓而弗許，故作是詩以絕之。」可從。簡文「既曰天也，猶有怨言」意謂《鄘風·柏舟》為貞婦守節，然其家人迫其改嫁之詩；是以貞婦誓死以明志。「母也天只」為貞婦被家人迫其改嫁之時，情急之下呼喊之詞。經文「不諒人只」即是指簡文中「猶有怨言」之「怨言」，表示心中守節之志卻無人能體諒的無奈。

⑬ 木苽又臧忈而未旻達也交……：即「〈木瓜〉有藏願而未得達也，交……」。玉姍案：臧，應為「臧」之異體字，楚系文字往往加「宀」為飾，假作「藏」。藏願，是指隱而未發的心意，即簡 20 的「隱志」。因為簡 18 的「〈木瓜〉之報，以喻其婉者也」的文意各家未能理清，所以對本句也說不清楚。依季師〈新詮〉,〈木瓜〉篇為心中有「隱志」、「藏願」未能表示，於是藉著禮物委婉地表達。

⑭ ……杕杜……女此可斯雀之矣離丌所悉必曰虗奚舍之賓贈氏巳:即「……〈杕杜〉……如此何？斯爵之矣。離其所愛，必曰吾奚捨之？賓贈是已」。馬承源先生斷讀為「如此。可斯雀之矣」，並以為「可斯」是詩篇名，即《何人斯》(《上博一》頁 157)。受到這個解釋的影響，各家對本句的解釋都很不好理解。季師以為，簡 20「吾以〈杕杜〉得爵」是「葛覃組杕杜篇」的初論、簡 18 的「〈杕杜〉則情喜其至也」是「葛覃組杕杜篇」的再論。簡 27 的「如此何？斯爵之矣，離其所愛，必曰吾奚舍之？賓贈是已」，句中的「爵」與簡 20 的「爵」呼應，其為「葛覃組杕杜篇」的結論，應無可疑。「離其所愛」的「離」字應釋為「遇到」(參〈新詮〉)。

玉姍案：賢者至各國，國君必有餽贈，以表尊賢之意；然去留之決定則在君子也。此句簡文與上句「吾以〈杕杜〉得爵」當一同理解……〈唐風·有杕之杜〉談君子賢士來遊，國君應當先款以飲食，待以禮儀，盼其久留。然後此句又說：這樣做是為了什麼呢？若君子願意留下，則給予適當的爵位俸祿以延攬之。能夠親近君子賢人，一定要說:「我怎能疏忽捨棄對君子賢士的餽贈與禮儀呢？」以上皆在說明招賢之禮。

三 · 雜篇

【原文】：

孔 =（孔子）曰：「〈七（蟋）衒（蟀）〉智（知）難▬①。〈中（螽）氏（斯）〉君子▬②。〈北風〉不𢇁（絕）人之怨。〈子立（衿）〉不〔□□□□□□□□□□□□□③〕【二十七下】*（以上爲「蟋蟀組」，屬國風）*

〔□□□□□□□□□□□□□□□□□□□□□□□□〕〈東方未明〉又（有）利訂（詞）▬④。〈牐（將）中（仲）〉之言不可不韋（畏）也▬⑤。〈湯（揚）之水〉丌（其）炁（愛）婦悡（烈）▬⑥。〈菜（采）葛〉之炁（愛）婦〔□□□□□□□□□□□〕⑦【十七】*（以上爲「東方未明組」，屬國風）*

【語譯】：

孔子說：「〈蟋蟀〉知難。〈螽斯〉有君子之德。〈北風〉不斷絕，像人的怨憤不斷絕。〈子衿〉不……

……〈東方未明〉直言不隱。〈將仲子〉寫人們說的話不可不畏懼。〈揚之水〉寫愛婦之心強烈。〈采葛〉寫愛婦……。

【注釋】

① 七衒智難：即「蟋蟀知難」。胡平生先生：「『知難』，應指知世事之艱難。……所謂『難』即『終歲勞苦，不敢少休』，所謂『知難』即『憂深而知遠』。」（〈詩論劄記〉）

玉姗案：今本《唐風．蟋蟀》：「蟋蟀在堂，歲聿其莫。今我不樂，日月其除，無已大康，職思其居。好樂無荒，良士瞿瞿。　蟋蟀在堂，歲聿其逝，今我不樂，日月其邁。無已大康，職思其外，好樂無荒，良士蹶蹶　。　蟋蟀在堂，役車其休，今我不樂，日月其慆，無已大康，職思其憂，好樂無荒，良士休休。」《詩序》：「刺晉僖公也。儉不中禮，故作是詩以閔之，以其及時以禮自虞樂也。此晉也而謂之唐，本其風俗，憂深思遠，儉而用禮，乃有堯之遺風焉。」原詩是指寫良士無事不憂，欲宴樂卻又深自警惕。季師〈新詮〉以為〈孔子詩論〉側重「職思其憂」，強調「知難」，有「斷章取詩」的味道。

② 中氏君子：即「仲氏君子」。中氏，原考釋不能確定是那一首詩，學者說法歧異很大，其中李零先生認為是指〈螽斯〉篇較合理，「中」是端母冬部字，「螽」是章母冬部字，古音相近；「氏」是禪母支部字，「斯」是心母支部字，古音也相近（《上校》頁30）

玉姍案：今本《毛詩・周南・螽斯》：「螽斯羽，詵詵兮。宜爾子孫振振兮。　螽斯羽，薨薨兮。宜爾子孫繩繩兮。　螽斯羽，揖揖兮。宜爾子孫蟄蟄兮。」《詩序》：「后妃子孫眾多也。言若螽斯不妬忌，則子孫眾多也。」「不忌妒」本為「后妃之德」，但后妃所以不忌妬，最根源仍需要君子修身齊家做得好，因此〈孔子詩論〉推其本原，說「〈螽斯〉君子」。

③ 北風不幽人之悁子立不：即「〈北風〉不絕人之怨，〈子衿〉不……」。李零先生斷句為「北風不絕人之怨，子立不」，以為「子立」應是篇名（《上校》頁30）馮勝君先生：「『子立』可能是指今本《鄭風・子衿》。『立』字上古音屬來紐緝部，『衿』字上古屬見紐侵部字。『緝』『侵』二部為對轉關係，來紐與見紐……有著很密切的聯係。」〈讀上博簡《孔子詩論》劄記〉

玉姍案：今本《邶風・北風》：「北風其涼，雨雪其雱，惠而好我，攜手同行，其虛其邪，既亟只且。　北風其喈，雨雪其霏，惠而好我，攜手同歸，其虛其邪，既亟只且。　莫赤匪狐，莫黑匪烏，惠而好我，攜手同車，其虛其邪，既亟只且。」《詩序》：「〈北風〉刺虐也。衛國並為威虐，百姓不親，莫不相攜持而去也。」本詩乃詩人傷國政不綱，而萌生歸隱之意之詩。是以〈孔子詩論〉曰：〈北風〉不絕人之怨，意謂：〈北風〉一詩中描述國政不綱、政治暴虐，因此人民對當政者的不滿與抱怨不斷，君子亦萌生去意。

李零先生以為「子立」為今本不存之篇名，馮勝君先生以為「子立」即今本〈鄭風・子衿〉，季師〈從員的字〉也採同一主張。

④ 東方未明又利詞：即「〈東方未明〉有利詞」。今本《毛詩・齊風・東方未明》：「東方未明，顛倒衣裳。顛之倒之，自公召之。　東方未晞，顛倒裳衣。倒

之顛之，自公令之。　折柳樊圃，狂夫瞿瞿。不能辰夜，不夙則莫。」《詩序》:「〈東方未明〉，刺無節也。朝廷興居無節，號令不時。挈壺氏不能掌其職焉。」簡文「〈東方未明〉有利詞」是指〈東方未明〉一詩，是刺君令不時的怨辭，然婉轉咎及司夜者，既不失其溫柔敦厚，聞之者又足以戒之。這樣的表達方式，可稱爲「利詞」。

⑤ 牆中之言不可不韋也：即「〈將仲〉之言不可不畏也」。今本《詩經·鄭風·將仲子》:「將仲子兮，無踰我里，無折我樹杞。　豈敢愛之？畏我父母。仲可懷也，父母之言，亦可畏也。將仲子兮，無踰我牆，無折我樹桑。豈敢愛之？畏我諸兄。仲可懷也，諸兄之言，亦可畏也。　將仲子兮，無踰我園，無折我樹檀。豈敢愛之？畏人之多言。仲可懷也，人之多言，亦可畏也。」《詩序》:「將仲子，刺莊公也。不勝其母以害其弟，弟叔失道而公弗制。祭仲諫而公弗聽，小不忍以致大亂焉。」簡文「不可不韋（畏）也」與今本經文「父母（諸兄）之言，亦可畏也」相近。

⑥ 湯之水丌悉婦悡：即「〈揚之水〉其愛婦烈」。馬承源先生考釋：「湯之水，篇名。今本《詩·國風》之《王風》、《鄭風》、《唐風》各有一篇《揚之水》，本篇《湯之水》當爲其中的一篇。……『悡』，《集韻》以爲『愸』的省文，在此可以看做是楚國的簡體字。《說文》云：『愸，恨心。從心黎聲。一曰怠也』。簡文是說詩篇所言的愛，也是婦人之恨。那麼從這個理解去看《國風》的三篇《揚之水》，……《王風·揚之水》篇的內容是戍守申地甫地許地的男子，想念家鄉，而有『懷者懷者，曷月予還歸哉』之三嘆而終於未歸。『丌悉（愛）婦悡』的辭意當合于《王風》的《揚之水》，是說《湯之水》中所代表的愛懷，也是婦人的離恨。」(《上博一》頁 147）其餘學者或主《鄭風》、或主《唐風》，說法不一。

玉姍案：今本《鄭風·揚之水》:「揚之水，不流束楚。終鮮兄弟，維予與女。無信人之言，人實迋女。　揚之水，不流束薪，終鮮兄弟，維予二人。無信人之言，人實不信。」《詩序》:「〈揚之水〉，閔無臣也。君子閔忽之無忠臣良士，終以死亡而作是詩也」《唐風·揚之水》:「揚之水，白石鑿鑿，素衣朱襮，從子于沃。既見君子，云何不樂。　揚之水，白石皓皓，素衣朱繡，從子于鵠。既見君子，云何其憂。　揚之水，白石粼粼 ·我聞有命，不敢以告人。」　《詩序》:「〈揚之水〉,刺晉昭公也。昭公分國以封沃,沃盛強,昭公微弱,國人將叛而歸沃焉。」詩義皆無涉於「愛婦」。《王風·揚之水》:「揚之水,不流束薪。彼其之子,不與我戍申。懷哉懷哉,曷月予還歸哉。　揚之水,不流束楚,彼其之子,不與我戍甫。懷哉懷哉,曷月予還歸哉。　揚之水,不流束蒲,彼其之子,不與我戍許。懷哉懷哉,曷月予還歸哉。」《詩序》:「〈揚之水〉,刺平王也,不撫其民,而遠屯戍于母家,周人怨思焉。」實亦與「愛婦」無關。學者從「曷月予還歸哉」推到「愛婦」,頗爲勉強。故筆者以爲簡文「湯之水丌悉婦悡」可能是指這三篇之外的詩。當然,也不排除〈孔子詩論〉對〈揚之水〉的解釋與《毛詩》不同,也與我們的理解有異。

⑦ 菜葛之悉婦……:即「〈采葛〉之愛婦……」,文殘,義不詳。

李零先生:「《采葛》,見今《王風》,其『葛』字,寫法同上文簡 16『葛覃』之『葛』,原書沒有對出。此篇亦屬『愛婦』之辭,但『愛婦』下面的字缺去。」(《上校》頁 34)何琳儀先生:「簡文『菜萬』應讀『采葛』,即《詩·王風·采葛》。詩云:『彼采葛兮,一日不見,如三月兮。　彼采蕭兮,一日不見,如三秋兮。　彼采艾兮,一日不見,如三歲兮。』其詩義與簡文『愛婦』可謂密合無間。《詩序》:『采葛,畏讒也。』《詩集傳》以爲『淫奔』,均不如簡文更爲接近詩的本義。」(〈滬簡〉)

旭昇案:拙作〈王風采葛新探〉指出,〈采葛〉詩旨,先秦從無異說,一體說爲「懼讒」,這是對的,因爲從《詩經》用語來看,春秋以前,「彼」字幾乎沒有當名詞性的主詞來使用的。「彼」在《詩經》中共出現 303 次,共有 291 次作遠指指稱詞用,屬狀詞,佔 96%;作稱代性主語用的只佔 4%,稱代前面已經出現過的主語,因此它不可能在篇首出現。據此,「彼采葛」應釋爲「那茂盛的葛草」,而不能釋爲「他去採葛草」。但是春秋晚期以後,「彼」字直接作名詞性的主語使用的情況開始普遍,因此《詩經》的詮釋者開始有人把「彼采葛兮」直接釋爲「他去採葛草」,這就使得〈采葛〉詩有「愛婦」的說法出來了。但是,我們仍要再次指出,先秦傳世文獻中,已往從來沒有這樣說的。

參 · 合論之部 合論頌雅風之詩篇

【第七章】合論風雅

【原文】：

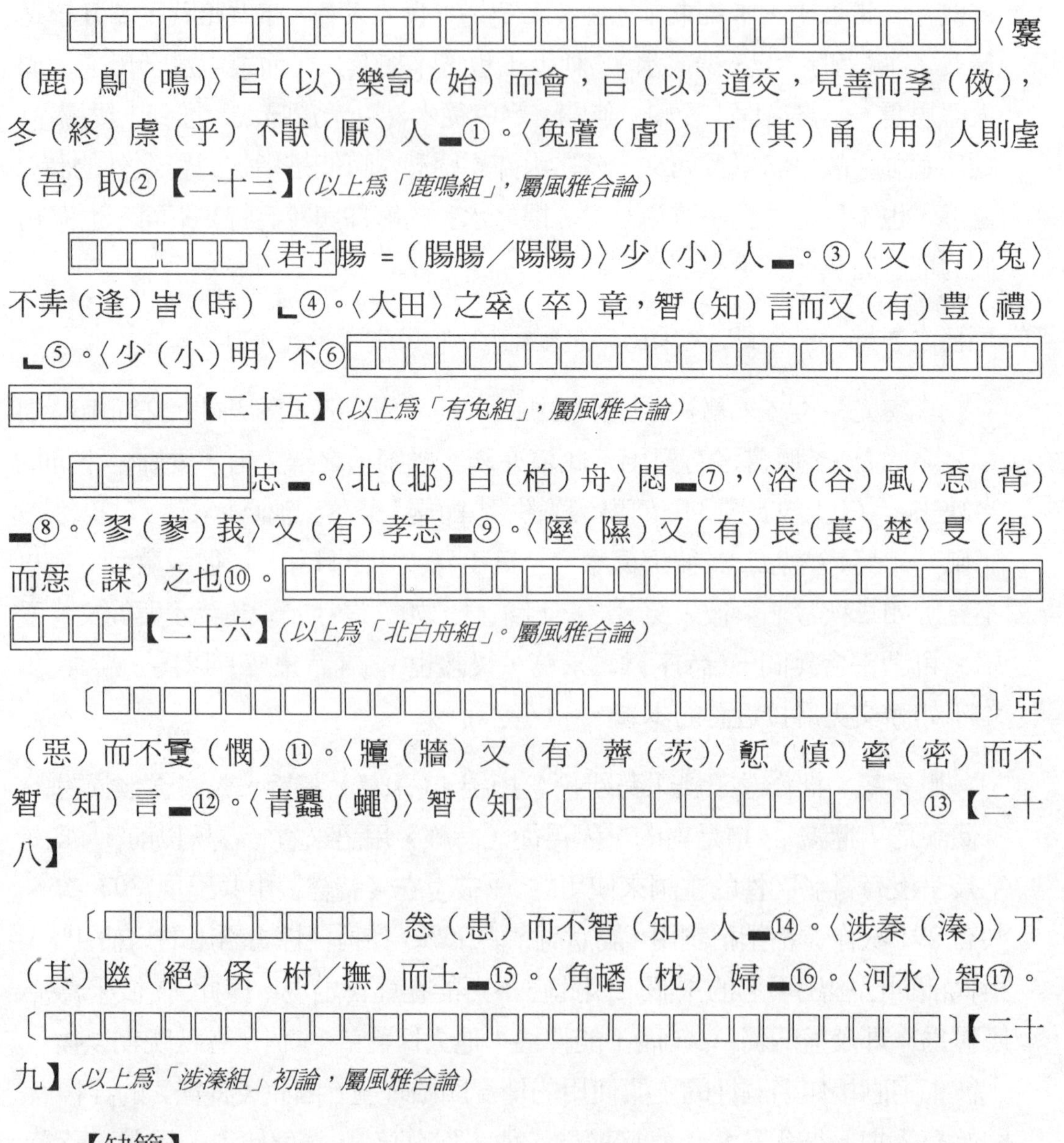

□□□□□□□□□□□□□□□□□□□□□□□□□□□□□〈鹿（鹿）鳴（鳴）〉㠯（以）樂𠖌（始）而會，㠯（以）道交，見善而季（傚），冬（終）虖（乎）不猒（厭）人▂①。〈兔蘆（虘）〉丌（其）甬（用）人則虗（吾）取②【二十三】*（以上爲「鹿鳴組」，屬風雅合論）*

□□□□□□□〈君子腸＝（腸腸／陽陽）〉少（小）人▂。③〈又（有）兔〉不𢍏（逢）旹（時）∟④。〈大田〉之卒（卒）章，智（知）言而又（有）豊（禮）∟⑤。〈少（小）明〉不⑥□□□□□□□□□□□□□□□□□□□□□□□□□□□□【二十五】*（以上爲「有兔組」，屬風雅合論）*

□□□□□□忠▂。〈北（邶）白（柏）舟〉悶▂⑦，〈浴（谷）風〉否（背）▂⑧。〈翏（蓼）莪〉又（有）孝志▂⑨。〈隉（隰）又（有）長（萇）楚〉旻（得）而悬（謀）之也⑩。□□□□□□□□□□□□□□□□□□□□□□□□□□□□□【二十六】*（以上爲「北白舟組」。屬風雅合論）*

〔□□□□□□□□□□□□□□□□□□□□□□□□□□□□□〕亞（惡）而不憂（憫）⑪。〈牆（牆）又（有）薺（茨）〉慙（慎）峹（密）而不智（知）言▂⑫。〈青蠅（蠅）〉智（知）〔□□□□□□□□□□□〕⑬【二十八】

〔□□□□□□□□□〕卷（患）而不智（知）人▂⑭。〈涉秦（溱）〉丌（其）幽（絕）𠈌（柎／撫）而士▂⑮。〈角𧤗（枕）〉婦▂⑯。〈河水〉智⑰。〔□□□□□□□□□□□□□□□□□□□□□□□□□□□□□□〕【二十九】*（以上爲「涉溱組」初論，屬風雅合論）*

【缺簡】

貴也。〈贀（將）大車〉之囂也，則㠯（以）爲不可女（如）可（何）也⑱。〈審（湛）零（露）〉之賹（益）也，丌（其）猶軞與∟⑲。【二十一上～】*（以*

上殘存「無將大車組」再論，雖僅存小雅，但應屬風雅合論）

【語譯】：

……〈鹿鳴〉以樂開始而舉行宴會，大家以道交往，見到好的德行就會效法，最後以對渴求人才的不滿足做結束。〈兔罝〉取用人才，我取……

〈君子陽陽〉寫的是只求自己全身遠害的小人。〈兔爰〉寫的是生不逢時的嗟怨。《小雅·大田》的卒章以從前的執政者重視農政禮儀，來諷刺當今執政者不重視農政禮儀，手法委婉，可以說是知言。〈小明〉不……

……忠。《邶風·柏舟》寫出憤懣之情。〈谷風〉則寫出被背棄的嗟怨。〈蓼莪〉寫子女有孝順父母的心意。〈隰有萇楚〉寫見到對方未婚，我還可以謀求婚配。

……惡而不憫。〈牆有茨〉自以為謹慎嚴密，壞事不會傳出去，這就是不知道言語的力量啊！〈青蠅〉寫君子知……

……患難而不知人。《涉溱（褰裳）》寫一個知識分子能斷絕不合義理的安撫，而做出士（知識分子）該做的事。〈角枕（葛生）〉寫婦人寡居思夫。〈河水〉知……

……貴。〈無將大車〉寫出小人的喧囂得意，君子卻無可奈何。〈湛露〉寫天子宴請諸侯的益處，化行天下，像車子疾馳在大路上一般。

【注釋】：

① 鹿鳴㠯樂訇而會㠯道交見善而孝冬虖不猒人：即「〈鹿鳴〉以樂始而會，以道交，見善而傚，終乎不厭人」。本條學者斷讀各異，馬承源先生讀為：「〈鹿鳴〉以樂詞而會，以道交見善而傚，終乎不厭人。」劉樂賢先生云：「簡文讀作『詞』的字，整理者以為從言，從照片看實從口。這一寫法在楚簡中常通假為『始』。本簡『始』『終』前後見，故應讀為『始』。簡文或可讀為『〈鹿鳴〉以樂始而會，以道交，見善而效，終乎不厭人。』」（〈讀上博簡劄記〉）

玉姍案：「訇」字從「口」、「㕚」聲，學者或隸定作「訶」，朱德熙先生云：「訶字金文見，由於台和司古音極近，這個字可能是在㕚（司）字加注聲符台，也可能是在台字上加注聲符司。」（《朱德熙古文字論集》頁 118）楚文字多作「詞」用；詞字則作「訇」（參《郭店楚簡研究．第一卷．文字編》頁 110「司」、370「訂」條下），劉樂賢先生之說可從。今本《毛詩．小雅．鹿鳴之什．鹿鳴》：「呦呦鹿鳴，食野之苹。我有嘉賓，鼓瑟吹笙。吹笙鼓簧，承筐是將。人之好我，示我周行。　呦呦鹿鳴，食野之蒿。我有嘉賓，德音孔昭。視民不恌，君子是則是傚。我有旨酒，嘉賓式燕以敖。　呦呦鹿鳴，食野之芩。我有嘉賓，鼓瑟鼓琴。鼓瑟鼓琴，和樂且湛。我有旨酒，以燕樂嘉賓之心。」《詩序》：「〈鹿鳴〉，燕群臣嘉賓也。既飲食之，又實幣帛筐篚，以將其厚意，然後忠臣嘉賓，得盡其心矣。」簡文當從劉樂賢、劉信芳先生讀作「〈鹿鳴〉以樂始而會，以道交，見善而傚，終乎不厭人。」「以樂始而會」即「鼓瑟吹笙」以迎之，乃待嘉賓之厚也。「以道交」即「人之好我，示我周行」；「見善而傚」即「視民不恌，君子是則是傚」；「不厭人」應爲「主人不厭人；亦即天子不厭人才也。」

② 兔虘丌甬人則虐取……：即「〈兔罝〉其用人則吾取……」。今本《詩．周南．兔罝》：「肅肅兔罝，椓之丁丁；赳赳武夫，公侯干城。　肅肅兔罝，施于中逵；赳赳武夫，公侯好仇。　肅肅兔罝，施于中林；赳赳武夫，公侯腹心。」《詩序》：「〈兔罝〉，后妃之化也。〈關雎〉之化行，則莫不好德，賢人眾多也。」「赳赳武夫，公侯干城」，即《詩序》所謂「賢人眾多也。」簡文「〈兔罝〉其用人則吾取」，「取」字下殘，是以其義不明。「〈兔罝〉其用人」可能是指〈兔罝〉討論任用賢人之道，「則吾取」則不明其義。

③ ……腸 =少人：即「〈君子陽陽〉小人」。「腸腸」前簡文殘缺，究指何詩，學者看法不同。李零先生：「陽陽，原作腸腸，上文殘缺。疑即今《王風．君子陽陽》，……《君子陽陽》是寫得意之態，簡文以爲小人。」（《上校》頁 32）

玉姍案：今本《詩．王風．君子陽陽》：「君子陽陽，左執簧，右招我由房，其樂只且。　君子陶陶，左執翿，右招我由敖，其樂只且。」《詩序》：「〈君子陽陽〉，閔周也。君子遭亂，相招爲祿仕，全身遠害而已。」簡文「腸腸少人」，「少人」當讀「小人」，君子遭亂，應起而效命於疆場，鳴而不已於風雨，豈可全身遠害而已，此之謂「小人」，胸襟褊窄、眼界淺短也。

④ 又兔不弄貴：即「〈有兔〉不逢時」。馬承源先生：「『又兔』，讀作『有兔』。今本詩無此篇名。若以首句二字爲篇之命名例，則《有兔》可能是今本《詩·王風·兔爰》的原有篇名。首句云：『有兔爰爰』，首二字和簡文篇名相同。詩句：『我生之初，尚無爲；我生之後，逢此百罹』。同句形有『逢此百憂』、『逢此百凶』等辭語。皆生不逢時之嘆。」（《上博一》頁 155）

玉姍案：今本《詩·王風·兔爰》：「有兔爰爰，雉離于羅。我生之初，尚無為；我生之後，逢此百罹。尚寐無吪？　有兔爰爰，雉離于罦。我生之初，尚無造；我生之後，逢此百憂。尚寐無覺？　有兔爰爰，雉離于罿。我生之初，尚無庸；我生之後，逢此百凶。尚寐無聰？」《詩序》：「〈兔爰〉，閔周也。桓王失信，諸侯背叛，構怨連禍，王師傷敗，君子不樂其生焉。」簡文謂「〈有兔〉不逢時」，與《毛詩》可以相合。

⑤ 大田之卒章智言而又豊：即「〈大田〉之卒章，知言而有禮」。玉姍案：「[illegible]」即「卒」字，本作「[illegible]」（郭.緇.7），從爪、卒聲，古文字卒與衣通用，字在楚系文字多作「卒」用。

今本《小雅·甫田之什·大田》卒章：「曾孫來止，以其婦子，饁彼南畝，田畯至喜。來方禋祀，以其騂黑，與其黍稷，以享以祀，以介景福。」《詩序》：「〈大田〉，刺幽王也，言矜寡不能自存焉。」鄭箋：「幽王之時，政繁賦重而不務農事，蟲災害穀，風雨不時，萬民饑饉，矜寡無所取活，故臣思古以刺之。」是此詩當爲幽王之時，政繁賦重而不務農事，萬民饑饉，矜寡無所取活，故作者思古而作此詩之以刺之。詩中所描述辛勤耕作之歷程及豐收後之祭神活動，當爲周室興盛時農事繁盛之景象。季師〈新詮〉以爲「全詩寫的是從前執政者重視農政，其實真正目的是要諷刺現在的執政者不務農事，這就是「知言」吧！〈大田〉卒章：『曾孫來止，以其婦子，饁彼南畝，田畯至喜。來方禋祀，以其騂黑，與其黍稷，以享以祀，以介景福。』這就是「有禮」吧！其實全詩都是反諷，但是以卒章『有禮』來反諷，對比性更強，所以〈孔子詩論〉把『知言』放在卒章和『有禮』一起講。」

⑥ 少明不……：即「〈小明〉不……」。今本《小雅 · 谷風之什 · 小明 · 序》：「〈小明〉，大夫悔仕於亂世也。」本簡「〈少明〉不」以下缺損，文義不可知。

⑦ ……忠北白舟悶：即「……忠。《邶 · 柏舟》悶」。馬承源先生：「北白舟，即今本《詩 · 國風 · 邶風》篇名之《柏舟》，『白』讀爲『柏』，因《柏舟》有同名，另一在《鄘風》，此《北柏舟》特爲標其地域爲『邶』，以示與《鄘風》之《柏舟》有所區別。孔子言其詩意曰『悶』，也與《邶風 · 柏舟》的詩句相合：『耿耿不寐，如有隱憂，憂心悄悄，慍於群小。覯閔既多，受侮不少』，又如：『心之憂矣，如匪浣衣，靜言思之，不能奮飛。』皆爲詩人慍鬱憂愁之嘆，孔子評爲『悶』。」（《上博一》頁 156）

玉姍案：此簡上下端殘。「忠」字以上所缺簡文無以得知。「忠」可能是關於某一篇名的評論之語。今本《詩 · 邶風 · 柏舟》：「汎彼柏舟，亦汎其流。耿耿不寐，如有隱憂。微我無酒，以敖以遊。　我心匪鑒，不可以茹；亦有兄弟，不可以據。薄言往愬，逢彼之怒。　我心匪石，不可轉也；我心匪席，不可卷也。威儀棣棣，不可選也。　憂心悄悄，慍于群小。覯閔既多，受侮不少。靜言思之，寤辟有摽。　日居月諸，胡迭而微。心之憂矣，如匪澣衣。靜言思之，不能奮飛。」《詩序》：「〈柏舟〉，言仁而不遇也。衛頃公之時，仁人不遇，小人在側。」《說文 · 心部》：「悶，懣也。」《說文 · 心部》：「懣，煩也。」爲憂悶於心，無以紓解之義。〈邶風 · 柏舟〉言「憂心悄悄，慍于群小。覯閔既多，受侮不少」、「心之憂矣，如匪澣衣。靜言思之，不能奮飛」，極言君子受小人陷害，抑鬱煩悶之情顯然。

⑧ 浴風悉：即「〈谷風〉背」。馬承源先生：「浴風，當讀做《谷風》。今本《詩 · 國風 · 邶風》及《小雅》均有《谷風》篇名，其評語云：『悉』。『悉』，從心不聲。讀爲『背』。以此當屬於《小雅》之《谷風》。詩句云：『習習谷風，維風及雨。將恐將懼，維予與女。將安將樂，女轉棄予』。其後同句形有『將恐將懼，寘予于懷。將安將樂，棄予如遺』。又云：『忘我大德，思我小怨』。『背』應指此。《邶風 · 谷風》爲嘆夫婦離異，『燕爾新婚，不我屑以』。今取《小雅》。」（《上博一》頁 156）

玉姍案：馬文所釋的「悉」字原簡作「[illegible]」，多位學者指出當爲從心、否聲，應隸作「悥」，仍讀爲「背」。今本《毛詩》有兩篇〈谷風〉，本簡究指何篇，學者所見不一。其實兩篇〈谷風〉都是寫被棄的詩，都可以通。

今本《毛詩·邶風·谷風》:「習習谷風，以陰以雨。黽勉同心，不宜有怒。采葑采菲，無以下體。德音莫違，及爾同死。　行道遲遲，中心有違。不遠伊邇，薄送我畿。誰謂荼苦，其甘如薺。宴爾新昏，如兄如弟。　涇以渭濁，湜湜其沚。宴爾新昏，不我屑以。毋逝我梁，毋發我笱。我躬不閱，遑恤我後。　就其深矣，方之舟之。就其淺矣，泳之游之。何有何亡，黽勉求之。凡民有喪，匍匐救之。　不我能慉，反以我為讎。既阻我德，賈用不售。昔育恐育鞫，及爾顛覆。既生既育，比予于毒。　我有旨蓄，亦以御冬。宴爾新昏，以我御窮。有洸有潰，既詒我肄。不念昔者，伊余來塈。」《詩序》:「〈谷風〉，刺夫婦失道也。衛人化其上，淫於新昏而棄其舊室，夫婦離絕，國俗傷敗焉。」

《小雅·谷風之什·谷風》:「習習谷風，維風及雨。將恐將懼，維予與女。將安將樂，女轉棄予。　習習谷風，維風及頹。將恐將懼，寘予于懷。將安將樂，棄予如遺。　習習谷風，維山崔嵬。無草不死，無木不萎。忘我大德，思我小怨。」《詩序》:「〈谷風〉，刺幽王也。天下俗薄，朋友道絕焉。」

季師〈新詮〉以爲兩詩都是寫「背」，而〈孔子詩論〉本章有《風》有《雅》，屬「風雅合論」，因此兩〈谷風〉都可以說得通。

⑨ 翏莪又孝志：即「〈蓼莪〉有孝志」。今本《小雅·谷風之什·蓼莪》:「蓼蓼者莪，匪莪伊蒿。哀哀父母，生我劬勞。　蓼蓼者莪，匪莪伊蔚。哀哀父母，生我勞瘁。　缾之罄矣，維罍之恥。鮮民之生，不如死之久矣。無父何怙？無母何恃？出則銜恤，入則靡至。　父兮生我，母兮鞠我，拊我畜我，長我育我，顧我復我，出入腹我，欲報之德，昊天罔極。　南山烈烈，飄風發發。民莫不穀，我獨何害。　南山律律，飄風弗弗，民莫不穀，我獨不卒。」《詩序》:「〈蓼莪〉，刺幽王也。民人勞苦，孝子不得終養爾。」歷代各家之說大體皆以本詩爲孝子不得終養父母而作。與簡文「〈蓼莪〉有孝志」合。所謂「孝志」，當爲「孝子終養父母之志」。

⑩ 隰又長楚旻而悬之也：即「〈隰有萇楚〉得而謀之也」。馬承源先生：「隰又

長楚，今本《詩·檜風》篇名作《隰有萇楚》。又「旻而𢙍之，讀爲『得而𢙍之』。『隰有萇楚，猗儺其枝，夭之沃沃，樂子之無知』。其後有『猗儺其華，樂子之無家。』、『猗儺其實，樂子之無室』。孔子評爲『得而𢙍之』。《集韻》『侮』古作『悔』。」（《上博一》頁 156-157）

玉姍案：本句的關鍵字在「𢙍」，各家異說較多，有「悔」、「侮」、「無」等說法。其實此字在戰國文字中多讀作「謀」，如：

中山王譽鼎：「（謀）慮是從。」

《郭店·老子甲》簡 25：「其未兆也，易（謀）也。」

《郭店·緇衣》簡 22：「君不與小（謀）大，則大臣不怨。」

《郭店·語叢四》簡 13：「不與智（謀），是謂自惎。」

《上博一·緇衣》簡 12：「古君不與小（謀）大。」

以上文例中「𢙍」字皆釋爲「謀」，筆者以爲簡 26「得而之」，當讀爲「得而謀之」。

今本《毛詩·檜風·隰有萇楚》：「隰有萇楚，猗儺其枝，夭之沃沃，樂子之無知。隰有萇楚，猗儺其華，夭之沃沃，樂子之無家。隰有萇楚，猗儺其實，夭之沃沃，樂子之無室。」《詩序》：「〈隰有萇楚〉，疾恣也。國人疾其君之淫恣，而思無情慾者也。」鄭箋：「『恣』謂狡狹淫戲，不以禮也。」歷代學者多從此一角度詮釋本詩。余師培林則另闢蹊徑云：「此蓋女子樂其所愛者無家室之詩。」（《詩經正詁》上冊·頁 403）若依《詩經》重章疊詠之特色而言，余師此解亦頗有理。詩之次章云「樂子之無家」、卒章云「樂子之無室」，家室之意義容易理解；但首章云「樂子之無知」，學者或釋「知」爲「知識」、「知覺」，如依此解，則與二、三章之「家室」不侔。鄭箋：「知，匹也。」《爾雅·釋詁》亦云：「知，匹也。」如依此解，「匹」與「家」、「室」並解釋爲「家庭」或「妻室」，則「知－家－室」解爲「匹配－家庭（婚姻伴侶）－室家（婚姻伴侶）」，不僅符合《詩經》重章規則現象，文義亦通暢易讀。馬瑞辰《毛詩傳箋通釋》：「樂子之無知，箋：『知，匹也。』瑞辰按：《爾雅》：『知，匹也。』箋訓『知』爲『匹』，與下章『無室』『無家』同義。

此古訓之最善者。或疑『知』不得訓『匹』，今按《墨子·經上篇》曰：『知，接也。』《莊子·庚桑楚篇》亦曰：『知者，接也。』《荀子·正名篇》曰：『知有所合謂之智，凡相接相合皆訓匹。』《爾雅》：『匹，合也。』《廣雅》：『接，合也。』是也。知訓『接』訓『合』即得訓『匹』矣。又古者謂『相交接』爲『相知』。《楚辭·九歌》：『樂莫樂兮新相知』，言新相交也。『交』與『合』義亦相近。〈芄蘭〉詩：『能不我知。』『知』，正當訓『合』；『不我知』爲『不我合』，猶『不我甲』，爲『不我狎』也。《禮記·曲禮》：『男女非有行媒，不相知名。』《釋文》作『不相知。』云：『本或作『不相知名』，名衍字耳。』今按『不相知』者，即『不相匹』也。此皆『知』可訓『匹』之證。」是以「樂子之無知」之「知」字釋爲「匹」並無不妥，在詩中反而最符合重章的規律。「樂子之無知」之「樂」字，在經文中應作動詞，釋爲「喜悅」之義較恰當。

綜上所述，〈孔子詩論〉本句「隰有萇楚，得而謀之也」，可以解釋爲：「〈隰有萇楚〉描述詩人因看見濕地上茂生的萇楚，枝葉婀娜多姿，故而見物起興，聯想到所愛悅之人正値年少美盛。而因爲知道心上人尙未婚配，故希望能謀求姻緣，期待結爲連理以成室家之好。」如此，既符合《毛詩·鄭箋》「知」訓「匹」的解釋，又符合楚文字「悬」字的習慣用法，雖然與《毛詩·序》的解釋不同，但應該是〈孔子詩論〉比較合理的解釋吧！（參拙作〈《詩論》二十六簡「悬」字管見〉）

⑪ ……□亞而不戞：即「……□惡而不憫」。「戞」，舊多誤釋爲「虘（䖒）」，其實二字不同。本簡「戞」字作「」，上似鹿頭，中間「目」形右上有「刀」形；楚簡「虘（䖒）」字則作「」，上爲「虍」，中間「目」形右上無「刀」形。二者實不同字。有關「」字，李學勤分析爲從「民」省聲（〈試解郭店簡讀『文』之字〉）；李天虹主張即麟之象形字（〈釋楚簡文字夒〉）；李學勤先生〈分章釋文〉隸作「戞」，讀爲「憫」；李零先生主張從每，其實是「敏」字的古文（《上校》頁 31）；何琳儀先生〈滬簡二〉隸作「瞀」；張富海先生〈北大中國古文獻研究中心「郭店楚簡研究」項目新動態〉引李家浩先生說以爲「閩」之古文。字形說解雖有不同，但大致上讀爲「文」、「民」、「每」或與之同音、音近的字，則是大家一致同意的。簡文「……□亞而不戞」，

「亞」字以上殘，是以無法確定原義。姑且依李學勤先生〈分章釋文〉讀作「惡而不憫」。

⑫ 牆又薺慙密而不智言：即「〈牆有茨〉慎密而不知言」。馬承源先生：「牆又薺，詩篇名。今本無。」（《上博一》頁 158）季師〈五題〉：「此字作[illegible]，上博隸定右旁從章，不確。……此字實從『𩫏（郭、墉）』、爿聲作『牆』，即『牆』字的異體。」

玉姍案：慙，即戰國文字「慎」之特別寫法，見陳劍先生〈說慎〉。今本《毛詩·鄘風·牆有茨》：「牆有茨，不可埽也。中冓之言，不可道也；所可道也，言之醜也。牆有茨，不可襄也。中冓之言，不可詳也；所可詳也，言之長也。　牆有茨，不可束也。中冓之言，不可讀也；所可讀也，言之辱也。」《詩序》：「〈牆有茨〉，衛人刺其上也。公子頑通乎君母，國人疾之，而不可道也。」《鄭箋》：「宣公卒，惠公幼，其庶兄頑烝於惠公之母，生子五人：齊子、戴公、文公、宋桓夫人、許穆夫人。」宮廷穢聞，極其醜惡，爲之者往往自以爲行事慎密，而不知「隔牆有耳」，此即「慎密而不知言」。

⑬ 青蠅智……：即「〈青蠅〉智……」。馬承源先生：「蠅，疑爲今本《詩·小雅·甫山之什》（玉姍案：當爲「甫田之什」）篇名《青蠅》。評語殘存一字，未能驗證。」（《上博一》頁 158）李零先生：「《青蠅》，見《小雅·甫山之什》，下字原作『[illegible]』，聲旁同郭店楚簡『興』字（《語叢四》簡 16 作『其～如將有敗雄』；《窮達以時》簡 6 作『～而爲天子師』，過去有種種猜測，現在看來還是『興』字，在簡文中是『舉』的意思）。」（《上校》頁 32）季師〈新詮〉云：「這個字形一出來，已往『興』和『與』的糾纏大部分都可以解決了：上部『臼』形中間從『凡』形、『人』形、『八』形的都是『興』；從『牙』形、『ㄐ』形、『｜』形的才是『與』。」

玉姍案：今本《詩·小雅·甫田之什·青蠅》：「營營青蠅，止于樊。豈弟君子，無信讒言。　營營青蠅，止于棘。讒人罔極，交亂四國。　營營青蠅，止于榛。讒人罔極，構我二人。」《詩序》：「〈青蠅〉，大夫刺幽王也。」〈孔子詩論〉僅存「〈青蠅〉智（知）」三字，以下殘，是難明其原義也。

⑭ ……□巻而不智人：即「……□患而不智人」。馬承源先生：「巻而，篇名。

今本《詩·檜風（玉姍案：應爲「國風」）· 周南》有《卷耳》，字音相通。」（《上博一》頁 159）李學勤先生與第二十八簡連讀爲「〈青蠅〉知患而不知人」而無釋（〈分章釋文〉）。

玉姍案：本簡「悉」字已見簡 4，釋爲「患」無疑。「患而不智人」，相當多學者以爲「患而」當讀「卷耳」，即今本《周南·卷耳》。然筆者以爲，此簡上下端皆殘損，「患而」上所殘損之字無法估計，「患而」二字亦可能爲評論之語而非篇名。故羅列各家之說，然不作結論，以待來者。季師〈新詮〉根據契口，認爲簡 28 與簡 29 若要連讀，中間至少還有四個空格，不能逕讀爲「〈青蠅〉知患而不知人」。

⑮ 涉秦丌幽保而士：即「〈涉溱〉其絕撫而士」。馬承源先生：「涉秦，篇名。今本《詩·國風·鄭風》有《褰裳》：詩句云：『子惠思我，褰裳涉溱』。『涉溱』通『涉秦』，當爲同一篇名。……律而，篇名。今本所無。」（《上博一》頁 159）李學勤先生連讀隸定爲「《涉溱》其絕保而士」（〈分章釋文〉）。李零先生以爲當讀爲「《涉溱》其絕，《芣苡》士。……《芣苡》，見今《周南》，原作『柎而』。」（《上校》頁 31-32）劉信芳先生：「解柎而爲篇名《芣苡》，則難以成立。其一《周南·芣苡》與士無關，若讀爲『《芣苡》士』，『士』字完全落空。其二，該簡有句讀符號，讀至『《涉溱》其絕』，有一語氣停頓；讀至『柎而士』，依原簡句讀符號絕句。『柎而士』應是對『《涉溱》其絕』的進一步說明。拙解以爲『柎』應讀爲『拊』，《左傳》宣公十二年『師人多寒。王巡三軍，拊而勉之，三軍之士，皆如挾纊。』杜注：『拊，撫慰。』《詩·鄭風·褰裳》云：『子惠思我，褰裳涉洧。子不我思，豈無他士。狂童之狂也且。』詩中『士』與『狂童』形成映襯，可知主人公對『狂童』的拒絕，其實是一種撫慰，是希望『狂童』自強而爲『士』。」（《孔子詩論述學》頁 257-258）

玉姍案：[illegible]字目前僅見於〈孔子詩論〉簡 29 中，李學勤先生隸爲「保」，李零先生逕隸爲從木付聲之「柎」字，可從。字宜從劉信芳先生讀爲「拊」、「撫」，但不宜釋爲對「狂童」的「撫慰」。

今本《詩·鄭風·褰裳》:「子惠思我，褰裳涉溱。子不我思，豈無他人。

狂童之狂也且。子惠思我，褰裳涉洧。子不我思，豈無他士。狂童之狂也且。」《詩序》：「〈褰裳〉，思見正也狂童恣行，國人思大國之正己也。」鄭箋：「狂童恣行，謂突與忽爭國，更出更入，而無大國正之。」《史記・鄭世家》：「初，祭仲甚有寵於莊公，莊公使爲卿；公使娶鄧女，生太子忽，故祭仲立之，是爲昭公。莊公又娶宋雍氏女，生厲公突，雍氏有寵於宋。宋莊公聞祭仲之立忽，乃使人誘召祭仲而執之，曰：『不立突，將死。』亦執突以求賂焉。祭仲許宋，與宋盟，突歸，立之。昭公忽聞祭仲以宋要立其弟突，九月丁亥，忽出奔。己亥，突至鄭，立，是爲厲公。厲公四年，祭仲專國政，厲公患之，陰使雍糾欲殺祭仲，糾妻，祭仲女也，知之，謂其母曰：『父與夫孰親？』母曰：『父一而已，人盡夫也。』女乃告祭仲，祭仲反殺雍糾，戮之於市。厲公無奈祭仲何，怒糾曰：『謀及婦人，死固宜哉！』夏，厲公出居邊邑櫟。祭仲迎昭公忽，六月乙亥，復入鄭，即位。」

簡文「撫」應指「宋莊公聞祭仲之立忽，乃使人誘召祭仲而執之」，「絕撫」指「祭仲反殺雍糾，……迎昭公忽」。突本爲弟，不應勾結宋國，逐忽篡位。祭仲於受要脅之際勉強立突，隱忍至力量穩固，然後「絕撫」，逐突迎忽，做出一位知識分子應做的事，這就是「士」。

⑯ 角皤婦：即「〈角枕〉婦」。「皤」字不識，因此「角皤」應該相當於那一首詩，學者看法極爲分歧。廖名春先生：「『角幡』，讀爲『角枕』。《禮記・檀弓下》：『爲榆沈。』《釋文》：『沈本又作瀋。』《說文・釆部》：『審，篆文宷從番。』《唐風・葛生》：『予美亡此，誰與獨息！角枕粲兮，錦衾爛兮。』此是取詩文『角枕』爲篇名。《唐風・葛生》是描寫婦人懷夫，故謂之『婦』。」（〈上海博物館藏詩論簡校釋劄記〉）許全勝先生：「簡文『枕』字，左從巾，右上從釆，右下從臼。……而『審』字，《說文》作『宷』，『審』、『沈』通。李學勤先生指出『青銅器中習見的『番尹』『番君』，即文獻中楚國之『沈尹』。……『番』字亦從釆聲，『番』、『潘』、『瀋』古音同。（李學勤〈論江淮間的春秋青銅器〉）』，故疑此字從宷（審）省聲，乃『枕頭』之『枕』的專字。信陽楚簡遣冊有『枕』字，左從木不從巾，而右下所從臼則與上博簡文同。」（〈《孔子詩論》零拾〉）

旭昇案：讀「角枕」可從，但應釋爲訛字：「『皤』從『釆』聲，『審』

並不從『釆』聲（審本作宷，或體作審，義符釆替換爲番）。因此，從聲音來通讀，恐怕是有問題的。許全勝先生引李文可能是誤讀李文，李文以爲《隸釋》卷三所錄碑文的『潘』，可能是『瀋』省，也就是『沈』；清代學者有潘、瀋一字分化之說，但是『這在古音通轉上是有困難的。金文中的番，還是釋爲文獻中楚國的潘氏爲好』。因此，李學勤先生並未主張『番』可以讀爲『瀋』或『沈』。我們贊成本詩可能是〈角枕〉，即《唐風．葛生》，但認爲『䊩』是『枕』字的誤寫，《信陽》2.23「枕」字作『』，本簡此字作『』，二形相似，確實有寫錯字的可能。左旁的『木』替換成『巿』，右上的『冘』訛成『釆』。」（參〈新詮〉）

玉姍案：今本《毛詩．唐風．葛生》云：「葛生蒙楚，蘞蔓于野。予美亡此，誰與獨處？　葛生蒙棘，蘞蔓于域。予美亡此，誰與獨息？　角枕粲兮，錦衾爛兮，予美亡此．誰與獨旦？夏之日，冬之夜，百歲之後，歸于其居。　冬之夜，夏之日，百歲之後，歸于其室。」《詩序》：「〈葛生〉，刺晉獻公也。好攻戰則國人多喪矣。」鄭《箋》：「百歲之後，歸於其居，……此言指女子專壹，義之至，情之盡。」全詩詩文寫婦人思夫之情，即「婦」也。

⑰ 河水智……：即「〈河水〉智……」。馬承源先生考釋：「河水，今本所無。見於《國語．晉語四》：『秦伯賦《鳩飛》，公子賦《河水》』。是《河水》篇曾經重耳賦之。但韋昭注：『河，當作沔，字相似誤也。其詩曰：「沔彼流水，朝宗於海。」」言已返國，當朝事秦』。但從簡文看『河』字與『沔』字筆劃有清楚的區別，至少簡體之『河』不可能誤認爲『沔』，因此《河水》應是逸詩的篇名。」（《上博一》頁 159）學者對本簡的「河水」究竟是否《毛詩》的「沔水」，看法相當分歧。簡殘，難以判斷。

旭昇案：《國語．晉語四》：「秦伯賦〈鳩飛〉，公子賦〈河水〉。秦伯賦〈六月〉，子餘使公子降拜。秦伯降辭。子餘曰：『君稱所以佐天子匡王國者以命重耳，重耳敢有惰心，敢不從德？』」韋昭注：「〈鳩飛〉，《小雅．小宛》之首章。……河當作沔，字相似誤也。其詩曰：『沔彼流水，朝宗於海。』言己當反國，當朝事秦。」《左傳．僖公廿三年》：「公子賦〈河水〉，公賦〈六月〉，趙衰曰：『重耳拜賜。』公子降拜稽首。公降一級而辭焉。衰曰：『君稱所以佐天命重耳，重耳敢不拜？』」杜預注：「〈河水〉，逸詩，義取河水朝宗於海，海喻秦。」韋昭以為「沔水」之誤，杜預以為逸詩，然二家所引河水朝宗於海，實即今本《毛詩》之〈沔水〉，則本簡之「河水」極有可能即〈沔水〉

⑱ ……貴也贇大車之囂也則㠯為不可女可也：即「……貴也。〈將大車〉之囂也，則以為不可如何也」。馬承源先生：「《贇大車》，今本《詩·小雅·谷風之什》篇名作《無將大車》，……衍『無』字。」（《上博一》頁 150）

玉姍案：今本《毛詩·小雅·無將大車》：「無將大車，祇自塵兮。無思百憂，祇自疧兮。　無將大車，維塵冥冥。無思百憂，不出于熲。　無將大車，維塵雝兮。無思百憂，祇自重兮。」《詩序》：「〈無將大車〉，大夫悔將小人也。」鄭《箋》：「周大夫悔將小人。幽王之時，小人眾多，賢者與之從事，反見譖害，自悔與小人並。」《廣韻》曰：「喧也。」簡文之「囂」，即指小人之讒言喧囂，使君子遭受譖害，與《詩序》、鄭《箋》相合。

旭昇案：「無將大車」與「無思百憂」同一句型，「無」為否定詞，於詩文不可省略，於詩題則可有可無。馬承源先生以為今本《毛詩》衍「無」字，不可從。

⑲ 審霝之賹也丌猶軘與：即「〈湛露〉之益也，其猶軘與」。馬承源先生：「審霝，《詩·小雅·南有嘉魚之什》篇名作《湛露》。『湛』、『審』為同部聲轉字。……軘，《說文》所無，《玉篇》云：『車疾也』。《湛露》：『厭厭夜飲，在宗載考。』『軘』當讀為『酡』，蓋雖未醉而顏已酡。」（《上博一》頁 150）

今本《毛詩·小雅·南有嘉魚之什·湛露》：「湛湛露斯，匪陽不晞，厭厭夜飲，不醉無歸。　湛湛露斯，在彼豐草，厭厭夜飲，在宗載考。　湛湛露斯，在彼杞棘，顯允君子，莫不令德。　其桐其椅，其實離離，豈弟君子，莫不令儀。」《詩序》：「〈湛露〉，天子燕諸侯也。」季師〈新詮〉以為「軘」字依《玉篇》「車疾也」即可，簡文是說：「天子能以禮待諸侯，因此天下很快地就化之以德，就像車行路上，只要遵循法度，速度雖快，不但不會翻覆，而且會很快地到達目的。《孟子·公孫丑上》：『孔子曰：「德之流行，速於置郵而傳命。」』《郭店楚墓竹簡·尊德義》簡 28-29 也說：『悳（德）之流，速虖（乎）榰（置）蚤（郵）而連（傳）命。』『速於置郵而傳命』

和〈孔子詩論〉所說的『軥』意思應該是一樣的吧！」

【第八章原文】合論風雅頌

孔 =（孔子）曰：〈畐（宛）丘〉虗（吾）善之▬①，〈於（猗）差（嗟）〉虗（吾）憙（喜）之▬②，〈巳（鳲）鴼（鳩）〉虗（吾）信之▬③，〈文王〉虗（吾）羙（美）之，〈清〔廟〉虗（吾）敬之，〈剌（烈）旻（文）〉吾敓（悅）【二十一下】之，〈昊 =（昊天）又(有)城（成）命〉吾□之④。*（以上為「宛丘組」初論，屬風雅頌合論）*

〈畐（宛）丘〉曰：「訋（洵）有情」，「而亡（無）望」，虗（吾）善之⑤。〈於（猗）差（嗟）〉曰：「四矢弁（反）」，「以御（禦）亂（亂）」，虗（吾）喜之▬⑥。〈巳（鳲）鴼（鳩）〉曰：「其義（儀）一氏（兮），心女（如）結也」，虗（吾）信之⑦。〈文王〉曰：「文王在上，於昭於天」，虗（吾）美之。【二十二】〈清廟〉曰：「肅雝顯相，濟 =（濟濟）多士，秉旻（文）之悳（德）」，虗（吾）敬之。〈剌（烈）旻（文）〉曰：「乍（亡／無）競隹（維）人，不（丕）㬎（顯）隹（維）悳（德）。於虖（乎）！前王不忘」，虗（吾）敓（悅）之。〈昊 =（昊天）又（有）城（成）命〉，「二句（后）受之」，貴𫴍（且）㬎（顯）矣，訟□□□□□□□□□【六】*（以上為「宛丘組」再論，屬風雅頌合論）*

【缺簡】

【語譯】

孔子說：〈宛丘〉我稱善它。〈猗嗟〉我喜愛它。〈鳲鳩〉我相信它。〈文王〉我贊美它。〈清廟〉我敬重它。〈烈文〉我悅愛它。〈昊天有成命〉我……。

〈宛丘〉詩中說「真的有情韻，而沒有威望」，諷刺陳國在上位者過分好巫重祀而流於荒淫昏亂，我稱善這種直刺的詩篇。〈猗嗟〉詩中說「四支箭都能射到同一點，必然能夠保衛四方」，贊美魯莊公有威儀技藝，我喜愛他。〈鳲鳩〉

詩中說「他的行爲始終如一，心像結一樣堅定」，這樣的君子，我相信他。〈文王〉詩中說「文王的威靈在上，他的德行顯赫於天」，我贊美他。〈清廟〉詩中說「來助祭的公卿諸侯敬肅雝和，眾多的與祭執事之人，秉奉文王之德」，我尊敬他。〈烈文〉詩中說「沒有比得到賢人更重要的了，沒有比德行更顯赫的了，啊！不要忘記先王的功德啊」，我悅愛他。〈昊天有成命〉詩中說「文武二后修德積善，承受天命」，因此既尊貴又顯赫，訟……。

【注釋】

① 亩丘虗善之：即「〈宛丘〉吾善之」。季師：「這個字形可能是由『备』字訛省而來。『备』即『邍』字之省，戰國文字多見，參《戰國古文字典》1014頁。『备』上古音在疑紐元部合口三等，『宛』在影紐元部合口三等，二字韻同聲近，應該可以通假。」（〈五題〉）李零先生：「《宛丘》，『宛』，原作[illegible]，與《上博小宛》之『宛』不同。此字見於九店楚簡 13 上至 24 上，是楚建除十二值之一，我們已經指出是相當於『畹』字。原注：（李零《讀九店楚簡》，《考古學報》，1999 年第 2 期，141-152 頁）」（《上校》頁 39）

玉姍案：今本《毛詩 · 陳風 · 宛丘》：「子之湯兮，宛丘之上兮，洵有情兮，而無望兮。　坎其擊鼓，宛丘之下，無冬無夏，值其鷺羽。　坎其擊缶，宛丘之道，無冬無夏，值其鷺翿。」《詩序》：「〈宛丘〉，刺幽公也。淫荒昏亂，游蕩無度焉。」鄭《箋》：「子者，斥幽公也。游蕩無所不爲。……此君信有淫荒之情，其威儀無可觀望而則傚。」簡文謂：「孔子曰：『〈宛丘〉吾善之。』」季師謂「無論就序、就詩來看，都找不出有任何可以稱「善」之處，三家詩也一樣。學者的解釋也都難愜人意」〈新詮〉，與不得已，只能說：孔子稱善〈宛丘〉一詩的這種直刺吧。或者〈孔子詩論〉對〈宛丘〉詩旨另有詮釋。

② 於差虗憙之：即「〈猗嗟〉吾喜之」。馬承源先生：「於差，今本《詩 · 國風 · 齊風》篇名作《猗嗟》。」（《上博一》頁 151）

玉姍案:「於」上古音影紐魚部,「猗」字古音影紐歌部,二字聲同韻近,可以通假。「嗟」由「差」得聲,二字同音。是以簡文「於差」可以讀爲「猗嗟」。今本《毛詩·齊風·猗嗟》:「猗嗟昌兮,頎而長兮,抑若揚兮,美目揚兮,巧趨蹌兮,射則臧兮。　猗嗟名兮,美目清兮,儀既成兮,終日射侯,不出正兮,展我甥兮。　猗嗟孌兮,清揚婉兮,舞則選兮,射則貫兮,四矢反兮,以禦亂兮。」《詩序》:「〈猗嗟〉,刺魯莊公也。齊人傷魯莊公有威儀技藝,然而不能以禮防閑其母,失子之道。人以爲齊侯之子焉。」朱熹《詩集傳》:「齊人極道魯莊公威儀技藝之美,如此刺其不能以禮防閑其母。若曰惜乎,此獨少此耳。」余師培林先生:「此蓋美莊公之詩。……莊公以善射名,曾射宋之勇士南宮長萬,事見《左傳·莊公十一年》,正與詠善射合。」(《詩經正詁》上冊·頁 288)

《史記·魯周公世家》:「(魯桓公)十八年春,公將有行,遂與夫人如齊。申繻諫止,公不聽,遂如齊。齊襄公通桓公夫人。公怒夫人,夫人以告齊侯。夏四月丙子,齊襄公饗公,公醉,使公子彭生抱魯桓公,因命彭生摺其脅,公死于車。魯人告于齊曰:『寡君畏君之威,不敢寧居,來脩好禮。禮成而不反,無所歸咎,請得彭生除醜於諸侯。』齊人殺彭生以說魯·立太子同,是爲莊公·莊公母夫人因留齊,不敢歸魯。」筆者以爲,《左傳·桓公六年》:「九月,丁卯,子同生。」齊文姜與齊襄公私通於未嫁之時,後來藕斷絲連。魯桓公十八年,魯桓公在出使齊國時遭齊公子彭生暗殺於車中,當時魯莊公不過十二歲左右,仍是未成年之幼童; 若責備其「不能以禮防閑其母,失子之道」則太過矣。故此詩當爲美魯莊公之詩; 分別美其容貌、射儀與射事。齊人曰:「展我甥兮」正稱美齊襄公有此優秀的外甥,令人喜悅。簡文曰「〈猗嗟〉吾喜之」與詩旨相合。

③ 尸鴶䖒信之:即「〈鳲鳩〉吾信之」。馬承源先生:「尸鴶,今本《詩·國風·曹風》篇名《鳲鳩》。鴶,從鳥厶聲,《越王勾踐劍》銘文王作『鳩淺』,乃同一字之偏旁相換。」(《上博一》頁 151)

今本毛詩《曹風·鳲鳩》:「鳲鳩在桑,其子七兮。淑人君子,其儀一兮,其儀一兮,心如結兮。　鳲鳩在桑,其子在梅。淑人君子,其帶伊絲,其帶伊絲,其弁伊騏。　鳲鳩在桑,其子在棘。淑人君子,其儀不忒,其儀不忒,正是四國。　鳲鳩在桑，其子在榛。淑人君子，正是國人，正是國人，胡不萬年。」《小序》：「《鳲鳩》，刺不壹也。在位無君子，用心之不壹也。」《毛傳》：「鳲鳩之養其子朝從上下，莫從下上，平均如一。」鄭《箋》云：「喻人君之德當均一於下也，以刺今在位之人不如鳲鳩。」

玉姍案：細讀經文，乃由正面敘述鳲鳩之平均如一，《詩序》乃由反面刺在位君子用心之不壹。簡文：「〈鳲鳩〉吾信之。」《說文》：「信，誠也。」與經文「其儀一也，心如結兮」相呼應。

④ 文王虘完之清廟虘敬之刺旻吾敓之昊 =又城命吾□〕之：即「〈文王〉吾美之，〈清廟〉吾敬之，〈烈文〉吾悅之，〈昊天有成命〉吾□之」。「清」字下殘，李零先生《上校》、李學勤先生〈分章釋文〉補爲「清廟吾敬之，烈文吾悅之，昊天有成命，吾□」下接第二十二簡「之。宛丘……」，可從。

今本《毛詩・大雅・文王之什・文王》：「文王在上，於昭于天。周雖舊邦，其命維新。有周不顯，帝命不時。文王陟降，在帝左右。　亹亹文王，令聞不已。陳錫哉周，侯文王孫子，文王孫子，本支百世。凡周之士，不顯亦世。　世之不顯，厥猶翼翼。思皇多士，生此王國。王國克生，維周之楨。濟濟多士，文王以寧。　穆穆文王，於緝熙敬止。假哉天命，有商孫子。商之孫子，其麗不億。上帝既命，侯于周服。　侯服于周，天命靡常。殷士膚敏，祼將于京。厥作祼將，常服黼冔。王之藎臣，無念爾祖。　無念爾祖，聿脩厥德。永言配命，自求多福。殷之未喪師，克配上帝。宜鑒于殷，駿命不易。　命之不易，無遏爾躬。宣昭義問，有虞殷自天。上天之載，無聲無臭。儀刑文王，萬邦作孚。」《詩序》：「〈文王〉，文王受命作周也。」是本詩爲後人記述文王功業之詩。簡文「〈文王〉吾美之」意謂：《大雅・文王》描述文王之功業，願後世子孫敬天法祖，是以我稱美之。

今本《毛詩・周頌・清廟》：「於穆清廟，肅雝顯相，濟濟多士，秉文之德，對越在天，駿奔走在廟，不顯不承，無射於人斯。」《詩序》：「〈清廟〉，祀文王也。周公既成洛邑，朝諸侯，率以祀文王焉。」是本詩爲周公率諸侯、濟濟多士以祀文王之詩，濟濟多士皆能秉文王之德，是以〈孔子詩論〉敬重之。

今本《毛詩・周頌・烈文》:「**烈文辟公，錫茲祉福，惠我無疆，子孫保之，無封靡于爾邦，維王其崇之，念茲戎功，繼序其皇之，無競維人，四方其訓之，不顯維德，百辟其刑之，於乎前王不忘。**」《詩序》:「〈烈文〉，成王即政，諸侯助祭也。」是本詩爲推重賢人，尊崇道德，不忘前王之詩，是以我悅愛之。

今本《毛詩・周頌・昊天有成命》:「**昊天有成命，二后受之，成王不敢康，夙夜基命宥密。於緝熙，單厥心，肆其靖之。**」《詩序》:「〈昊天有成命〉，郊祀天地也。」本詩寫文、武二后受天命，成王承之不敢自安逸，是以我□之。

⑤ 亩丘曰訽又情而無望虗善之：即「〈宛丘〉曰：『洵有情，而無望』，吾善之」。本條難以理解。李學勤先生：「《宛丘》屬《陳風》，《詩序》以爲『刺幽公。淫荒昏亂，遊蕩無度焉。』『洵有情兮，而無望兮』兩句，《毛傳》釋『洵』爲『信』，《鄭箋》則云：『此君信有淫荒之情，其威儀無可觀望而則傚。』這顯然同簡文之意不合。按『情』字，《淮南子・繆稱》注釋爲『誠』；『無望』宜讀『無妄』，即無詐僞虛妄，所以孔子說：『吾善之』。」（〈七篇釋義〉）

玉姍案：簡文:「洵有情，而無望」與今本詩文「洵有情兮，而無望兮」相符。《鄭箋》:「此君信有淫荒之情，其威儀無可觀望而則傚。」《三家詩》無異議。筆者以爲《詩序》、《鄭箋》可從。詩文直刺陳國上位者無冬無夏，好巫而親自參與歌舞祭祀。李學勤先生另出新解，雖〈孔子詩論〉本句可以讀通，奈何不合〈宛丘〉全詩旨意。筆者以爲，簡文:「孔子曰：吾善之」所善者當是作詩者敢於直刺的精神；此解或可無悖於《詩序》。

⑥ 於差曰四矢弁已御亂虗憙之：即「〈猗嗟〉曰:『四矢變，以御亂』，吾喜之」。玉姍案：戰國楚文字「[illegible]」即「弁」字（參李家浩先生〈釋弁〉），此處假借爲「改變」之「變」，本簡當讀爲「四矢變，以御亂」。今本《毛詩・齊風・猗嗟》作「四矢反兮，以禦亂兮」，鄭箋:「反，復也。每射四矢皆得其故處，此之謂復射必四矢者，象其能禦四方之亂也。」王先謙《詩三家義集疏》:「《韓》『反』作『變』，云『變易也』……案，如《箋》所云，是《保氏》五射所

謂『參連』者也。賈《疏》釋『參連』云『前放一矢，後三矢連續而去也。』《列子·仲尼篇》:『善射者能令後鏃中前括，發發相及，矢矢相屬。謂四矢皆能復其故處也。』《韓》訓爲『易』者，言每射四矢，皆易其處，此《保氏》五射所謂『井儀』者，《賈疏》釋井儀云:『四矢貫侯，如井之容儀是也。』《淮南子》云:『越人學遠射，參天而發，適在五步之內，不易儀也，世已變矣，而守其故，譬猶越人之射也。』然則井儀之法，每射四矢，各異其儀，不首其故處。與參連之四矢皆復其故處者正相反，要皆五射之事也。」是《毛詩》作「四矢反兮」，謂每支箭都能射到前一支箭射中的地方;《韓詩》作「四矢變兮」，則謂每一支箭都射到和前一支箭不同的地方，無論是那一種射法，都指射藝精妙。

簡文「〈猗嗟〉曰:『四矢變，以御亂』，吾喜之。」筆者以爲，此詩應爲齊人所賦，美魯莊公之容貌、射事，其中又以射藝之精最爲人所稱道，《左傳·莊公十一年》:「乘丘之役，公以金僕姑射南宮長萬。」可證莊公確實射藝精妙，故〈詩論〉以詩文「四矢變，以御亂」二句代表對莊公之贊美，而評之曰:「吾喜之」。

⑦ 巳鴼曰丌義一氏心女結也虗信之:即「〈鳲鳩〉曰:『其儀一兮，心如結也』，吾信之」。何琳儀先生:「今本《詩·曹風·鳲鳩》作『其儀一兮』。簡文『氏』應讀『只』。《說文》『抧，讀若抵掌之抵。』是其佐證。『只』與『兮』均爲語尾歎詞，在《詩經》、《楚辭》中習見。」(〈滬簡〉)其說可從。

⑧ 文王曰文王才上於卲于天虗光之:即「〈文王〉曰:『文王在上，於昭于天』，吾美之」。馬承源先生:「簡爲兩段綴合，文氣語辭皆聯貫，但上簡末及下簡之首皆有『王』字，據辭例補『曰:王』二字。」(《上博一》頁152）李零先生《上校》、李學勤先生〈分章釋文〉都不從馬說，逕作「文王在上，於昭于天」，李學勤先生:「詩句包括篇題《文王》，故不再重出。下面《昊天有成命》，例同。」(〈七篇釋義〉)但是，照彩色圖版來看，兩截斷簡中間顯然是有字的，馬先生所補較爲合理。

今本《大雅·文王》作「文王在上，於昭于天」，毛傳:「在上，在民上也。於，嘆辭。昭，見也。」屈萬里先生《詩經詮釋》釋「在上」云:「謂其神在天上也。」似較毛傳合理。《大雅・文王》言文王之德業，祈子孫敬天法祖，敬而勿忘。是以孔子曰：「吾美之」。

⑨ 清廟曰肅雍顯相濟濟多士秉旻之悳䖒敬之：即「〈清廟〉曰：『肅雝顯相，濟濟多士，秉文之德』，吾敬之」。玉姍案：本簡上端殘，李零、李學勤先生皆以爲前當補「清廟曰：肅雍顯相，濟濟」共九字。(分見《上校》、〈分章釋文〉)。由與今本詩文與殘缺字數推論，應可從。今本《毛詩・周頌・清廟之什・清廟》：「**於穆清廟，肅雝顯相，濟濟多士，秉文之德。**」《毛傳》：「肅，敬。雍，和。相，助也。」鄭《箋》：「顯，光也見也。於乎美哉，周公之祭清廟也。其禮儀敬且和，又諸侯有光明卓見之德者來助祭。濟濟之眾士，皆執行文王之德，文王精神已在天矣。」是以孔子說：吾敬重之。

⑩ 剌旻曰乍競隹人不㬎隹悳於虐前王不忘䖒敓之：即「〈烈文〉曰：『亡競唯人，丕顯唯德。嗚呼！前王不忘。』吾悅之」。馬承源先生：「乍競隹人，不㬎隹悳。於虐！前王不忘　此爲《烈文》引句，今本作『無競維人』、『不顯維德』、『於乎前王不忘』。因簡文『乍』與『亡』字形相近，古『亡』、『無』通用，今本『無』爲傳抄之訛。鄭玄箋、孔穎達疏解『無競』爲『無疆』(玉姍案：當爲『無彊』)，於簡文義不合。」(《上博一》頁 133-134)

李學勤先生：「乍（亡）競，是以『乍』爲『亡』的誤字。」又附註腳曰：「『無競』之義，參看于省吾《雙劍誃群經新證》，第 189 頁，上海書店，1999 年。」(〈七篇釋義〉) 案：「無競」爲先秦熟語，即無人能與爭強之義。亡、無通用，今本並非傳抄之訛。

，季師謂甲骨文作「剌」，本義爲割除禾桿，假借爲功業盛大、威儀顯赫，典籍通作「烈」。」(《說文新證（上）》頁 514)

今本《毛詩・周頌・清廟之什・烈文》：「**無競維人，四方其訓之，不顯維德，百辟其刑之，於乎！前王不忘。**」《毛傳》：「競，彊。訓，道也。 前王，武王也。」意謂：沒有比得到賢人更重要的了，沒有比德行更顯赫的了，啊！不要忘記先王的功德啊！

《詩論》簡 6 寫作「（乍）競隹（維）人」。戰國文字中（乍）與（亡）寫法十分類似，故極有可能抄寫訛誤。

⑪ 昊 =又城命二句受之貴叡曟矣訟……：即「〈昊天有成命〉，二后受之，貴且顯矣。頌……」。玉姍案：「句」讀「后」，見第六章「葛覃組」簡 24「句稷」條。古帝王或稱「后」，如「夏后氏」，二后指文王、武王。今本《毛詩 · 周頌 · 清廟之什 · 昊天有成命》：「昊天有成命，二后受之。」《毛傳》：「二后，文武也。」鄭《箋》：「周自后稷之生，而已有王命也。文王、武王受其業施行道德。」貴且顯矣，指文武二王承受先人之天命，施行道德，成此王功，尊貴而昭顯。「訟」字以下殘，無法推知其原義。

〈緇衣〉譯釋

鄒濬智 撰寫

季旭昇 訂改

【題解】

「緇衣」是諸侯上朝時所穿的深黑色服裝（據《禮記・緇衣》孔疏），也是《詩經・國風・鄭風》中的一首詩，因爲全詩以「緇衣」起句，贊美詩中主人翁鄭武公的賢能，因此這首詩也被稱作〈緇衣〉。《禮記・緇衣》篇第二章一開始先引用到〈緇衣〉詩句，《禮記》鄭玄注：「善其好賢之厚，故述其所稱之詩以爲其名也。」因此本篇也被叫作〈緇衣〉。《上海博物館藏戰國楚竹書（一）》的第二篇文章，原無篇題，但內容和《禮記・緇衣》、《郭店・緇衣》大體相符合，整理者乃命名爲〈緇衣〉。

《上博一・緇衣》全篇寫在 24 枚竹簡上，計有 978 字，其中重文 10 字，合文 8 字。全篇分成 23 章，各章都以「子曰」開頭，闡述作者所想要傳達的政治思想，然後再引《詩經》、《尙書》相關篇章來佐證作者的論述。引經部份，多先引《詩經》後引《尙書》。

《上博一・緇衣》和《郭店・緇衣》出入不大，但與今本相比，章數、章序則不完全相同。《上博》、《郭店》（以下合稱「簡本」）〈緇衣〉共 23 章，今本〈緇衣〉共 25 章，依簡本的次序，對應今本的次序，及各章章旨如下：

簡本章序	今本章序	章旨
第 01 章	第 02 章	好賢惡惡，則萬民咸服
第 02 章	第 11 章	君王要彰顯好惡，誠篤正直
第 03 章	第 10 章	君臣都應專一其德，才能不相疑惑
第 04 章	第 12 章	君王要謹其好惡，使人不疑；臣下要盡其所能，使君長不勞
第 05 章	第 17 章	君爲民之領導，所好則民欲之
第 06 章	第 06 章	上行仁則臣民效
第 07 章	第 05 章	上行仁則臣民效
第 08 章	第 04 章	上有所好，下必甚之
第 09 章	第 09 章	君上應從容有常，出言有信
第 10 章	第 15 章	親賢用賢
第 11 章	第 14 章	親近大臣
第 12 章	第 03 章	重德禮而輕政刑
第 13 章	第 13 章	重政教，不可輕倚爵刑賞罰
第 14、15 章	第 07 章	謹言慎行
第 16、14 章	第 08 章	謹言慎行
第 17 章	第 24 章	謹言慎行
第 18 章	第 19 章	多聞審知，謹言慎行
第 19 章	第 23 章	努力修德，必見成效
第 20 章	第 22 章	推重懷德，不受私惠
第 21 章	第 20 章	君子交友、好惡，皆有定向
第 22 章	第 21 章	重義輕利
第 23 章	第 25 章	行貴有恆
	第 01 章	君以正理御物，臣無姦詐
	第 16 章	困於鄙心則自溺於禍患
	第 18 章	言行不符，道德便失判準效用

依今本〈緇衣〉章序，各篇大多無法貫串組成一個有機體。但若依簡本章序，則可合理的將〈緇衣〉全篇各章歸納爲下述七個部份：

第一部份－簡本第 1 章：論好賢惡惡。

第二部份－簡本第 2、3、4、5 章：論重視好惡。

第三部份－簡本第 6、7、8、9 章：論君行臣效。

第四部份－簡本第 10、11 章：論親賢遠嬖。

第五部份－簡本第 12、13 章：論德禮政教。

第六部份－簡本第 14、15、16、17、18 章：論謹言慎行。

第七部份－簡本第 19、20、21、22、23 章：論君王修養。

由以上的歸納可以看出，今本的〈緇衣〉的章次可能不是原來的章次，甚至於連簡本第一章(「緇衣」所賴以命名的篇章)，今本都放在第二章，可見這種章次可能是被擾亂過的。又今本〈緇衣〉第 1、第 16、18 等三章，《上博一》和《郭店》本〈緇衣〉都沒有。馬承源先生主編《上博一》頁 172-173 以爲今本多出來的文字或者是由後人杜撰、或者是從別本或別篇文章移入。當然，我們也不排除各本〈緇衣〉的來源不同、簡本〈緇衣〉係選抄或漏抄等其他可能。

本篇原由陳佩芬先生考釋，本文引到陳佩芬先生的考釋都出於此，爲了節省篇幅，文中不一一詳細注明頁碼。殘簡補字也大都依據陳文，間或參酌其他各家之說，以其並非本文重點，所以文中均不特別討論。季師旭昇先生、袁師國華先生於文中逕稱季師、袁師。

第一章

【原文】

[夫]子曰：「玨（好）頹（美）女（如）玨（好）〈紂（緇）衣〉①，亞＝（惡惡）女（如）亞（惡）〈衖（巷）白（伯）〉②。則民咸（咸）㚖（服）而型（刑）不刨（陳）③。」《旹（詩）》員（云）：「埶（儀）

型文王，䧹（萬）邦复（作）㠯（孚）④■。」【一～】

【語譯】

孔子說：「如果能像〈緇衣〉那首詩所寫的那樣來愛好具有美德的人，像〈巷伯〉那首詩所講的那樣來憎惡壞人，人民自然都會服從你的領導，你也就不用陳示刑罰來嚇阻人民了。」《詩經》說：「以文王爲效法的榜樣，天下人都會信服於你。」

【注釋】

① 夫子曰㺯 頿女㺯紂衣：即「夫子曰：好美如好〈緇衣〉」。「好」，原簡作「」，從丑從子，原考釋指出《汗簡》「好」作「㺯」，從丑從子。濬智琜：張光裕先生主編、袁師合編《郭編》已將楚簡從「丑」從「子」之字釋作「好」，其說可從（《郭編》頁 147）。「丑」可能是聲符，「丑」古屬透紐幽部，「好」古屬曉紐幽部，韻同，聲稍遠。

「頿」，原考釋謂《郭店》簡作「媺」，蓋以屶爲聲符，今通作「美」，今本作「賢」。「紂」，《郭店》本作「茲」，原考釋云：「《禮記 · 檀弓上》『爵弁経，紂衣』，陸德明釋文：『紂，本又作緇。』」

《詩經 · 鄭風 · 緇衣》首章云：「緇衣之宜兮，敝，予又改為兮。適子之館兮，還，予授子之粲兮。」《序》：「美鄭武公也。父子並爲周司徒，善於其職，國人宜之，故美其德，以明有國善善之功焉。」

② 亞 =女亞衕白：即「惡惡如惡巷伯」。「衕」，原考釋謂《包山楚簡》作「衖」，《上博三 · 周易》作「䢽」。何琳儀、徐在國先生分析「芇」，謂當釋爲「從巾、共省聲」，乃「帯」之省文（〈釋芇及其相關字〉）。白於藍先生以爲「衕」字實即「巷」字的原始寫法，由「衕」演變爲秦封泥之「弄」（〈釋包山楚簡中的巷字〉）。

《詩經 · 小雅 · 巷伯》：「萋兮斐兮，成是貝錦。彼譖人者，亦已大甚。　哆兮侈兮，成是南箕。彼譖人者，誰適與謀？　緝緝翩翩，謀欲譖人。慎爾言也，謂爾不信。　捷捷幡幡，謀欲譖言，豈不爾受？既其女遷。　驕人好好，勞人草草。蒼天蒼天！視彼驕人，矜此勞人。　彼譖人者，誰適與謀？取彼譖人，投畀豺虎；豺虎不食，投畀有北；有北不受，投畀有昊。　楊園之道，猗于畝丘。寺人孟子，作為此詩。凡百君子，敬而聽之。」

《毛詩・序》:「刺幽王也。寺人傷於讒，故作是詩也。」鄭箋：「巷伯，奄官也。」宋・朱熹《詩集傳》:「巷是宮內道名，秦漢所謂永巷是也。伯，長也。主宮內道官之長，即寺人也。故以名篇。」全篇惡「彼譖人者」，詩義甚明。

③ 民咸㔿而型不刣：即「民咸服而刑不陳」。《郭店》本作「民臧（臧）放而坓（型／刑）不屯」，《禮記・緇衣》則作二句「爵不瀆而民作愿，刑不試而民咸服」。原考釋云：「咸『咸』字。本篇第 3 簡『咸（咸）有一德』書寫同」。李零先生〈上校二〉頁 49、李學勤先生〈論楚簡〈緇衣〉首句〉都以爲郭店本的『臧』字是錯字；但黃錫全先生〈讀上博楚簡札記〉以爲「臧」、「咸」二字都有可能。

濬智按：楚簡「臧」作「䶶」，見《包山》簡 7、182 等，《郭店》此字或可釋「臧」，但《上博》原考釋指出《上博》此字與同篇簡三「咸有一德」之「咸」字寫法同，今本《禮記》亦作「咸」，則《郭店》本誤書的可能性很大。

「㔿」，原考釋云：「从乖从力，《說文》所無。郭店簡作『㫉』，今本作『服』。」李零先生〈上校二〉以爲上從手、下從力，應釋「扐」，讀爲「力」。李學勤先生〈首句〉以爲〈緇衣〉此字本係「服」，因形近譌爲楚文字的「放」，又被誤認爲「㫉」，轉寫爲《上博》作「㔿」，从古音禪母歌部的「乖」，與透母歌部的「它」聲剛好通假。陳斯鵬先生〈初讀上博楚簡〉贊成李零先生的說法，以爲扐、服並職部字，聲亦可通。黃德寬、徐在國先生〈緇性補正〉隸作「㔗」，以爲「來」、「力」均爲聲符，與同從「力」聲的「放」都讀爲「服」。黃錫全先生〈讀上博楚簡札記〉以爲此字從力、箙省聲。蘇建洲學長〈服字再議〉以爲此字從「𠦪」從「力」，「𠦪」與「服」聲韻俱近；陳秉新先生〈《上海博物館藏戰國楚竹書（一）》補釋〉則以爲此字可能爲「捶」之古字。

旭昇案：《上博》此字上部字形異說甚多，其下從「力」聲，應可確定。其上與「來」、「求」等字形的戰國楚系寫法相近。李零先生以爲甲骨文「求」字有兩個來源，一種與「來」形相近，容易混同（《郭校》頁 76-77）。據此說，此字不妨考慮爲從「力」、從「求」，與《郭店》本作「放」從力、從攴，其實都是「以力服人」的「服」字。對應今本《禮記 · 緇衣》，簡本此字也應該是個「服」字。《上博三 · 仲弓》簡 13「緩弛而㤥放之」，「㤥放」當讀爲「順服」（參拙作〈上博三仲弓篇零釋三則〉），亦可爲旁證。

「刨」，原考釋云：「从屯从刀，《說文》所無。郭店簡作『屯』，不从刀，今本作『試』。」學者多遷就《禮記》，謂《上博》、《郭店》此字爲「弋」之誤，「弋」讀爲「式」。顧史考先生以爲此字或可讀「懲」（〈古今文獻與史家之喜新守舊〉）；劉信芳先生〈緇衣解詁〉以爲《郭店》此字作「屯」，義爲「陳」。

濬智案：「屯」通假作「陳」，文從字順，解讀無礙。《上博一》從刀、屯聲，仍讀爲陳。

④ 埶型文王𦳌邦复𠬝：即「儀型文王，萬邦作服」。原考釋指出埶通儀，𦳌同萬，复同作。「𠬝（𠬝）」，原考釋云：「𠬝，有省筆，郭店簡和今本皆作『孚』。」黃錫全先生〈上博札記〉以爲此字有可能爲「伏」字變省。李零先生〈上校二〉以爲此字也許是「包」字的誤寫。羅凡晸學長〈資料庫〉以爲「服」字之省。

濬智按：諸家之說不同，待考，但此處應讀爲「孚」或「𠬝」則是諸家一致同意的。簡文所引詩句今見《詩 · 大雅 · 文王》，本書〈孔子詩論譯釋〉第八章注④已引，茲不贅。《詩序》云：「〈文王〉，文王受命作周也。」據王先謙《詩三家義集疏》，魯《詩》作「儀形文王，萬邦作孚」，齊《詩》作「儀刑文王，萬國作孚」，意義並無不同。「儀刑文王，萬邦作孚」意謂：儀法文王之事，則天下咸信而順之。全詩並沒有特別強調「好賢」、「惡惡」，是本節引〈文王〉本句，不過強調執政者要像文王一樣爲天下模範而已。

第二章

【原文】

子曰：「又（有）⿷匚或（國）者①章（彰）㺷（好）章（彰）惡，㠯（以）眂（示）民【一】厚②，則民情不弋（忒）③。」《旹（詩）》員（云）：「靜（靖）龏（恭）尒（爾）立（位）④，㺷（好）是正植（直）⑤▂。」【二～】

【語譯】

孔子說：「掌有國家政權的人，要讓自己的好惡都明白呈顯，以向人民顯示自己厚實正直的德性，如此則民情自然正直不差。」《詩經》說：「妥善恭敬地守好你的職位，並去親近任用正直的人。」

【注釋】

① 又⿷匚或者：即「有國者」，指有封地的統治者、掌有國家政權的人。《郭店》本作「有⿰阝或者」；今本或於「國」後衍「家」字，非，參阮元《校勘記》。

濬智按：「⿷匚或」又見王孫鐘，作 。至於《郭店》本作「⿰阝或」，从「邑」，「邑」與「匚」爲同類義符替換。

② 章㺷章惡以眂民厚：即「彰好彰惡，以示民厚」。《郭店》本作「章

好章亞，以視民厚」，今本作「章善癉（病也）惡，以示民厚」。

「眂」，即「視」，甲骨文作「」，從立「人」，從「目」，會遠視之意。其「目」下作「坐人」者爲「見」，甲骨文作「」。後世二形過於接近，所以其後或加「氏」聲、「氐」聲、「示」聲，原「視」形則或訛爲「見」、或省爲「目」（參季師《說文新證（下）》卷八）。戰國文字多讀「視」爲「示」。

「厚」，原字作，雖與常見楚簡「厚」字寫法不甚相同，但甲文作「」、金文牆盤作「」（參季師《說文新證（上）》卷五下頁 457），可見《上博一》此字確有所承。厚，厚實。

旭昇案：本句「玨惡」，學者多讀爲ㄏㄠˇ ㄜˋ，恐非，「彰顯惡人」似不足達到「以示民厚」的目的；當讀爲ㄏㄠˋ ㄨˋ，即君長所好所惡，需謹慎；與第四章「彰好謹惡」、第五章「君好民欲」、第八章「上之好惡不可不慎」章旨相同。今本《禮記·緇衣》作「彰善癉惡」，蓋誤釋「好惡」爲「善惡」矣。

濬智案：《呂氏春秋·孟秋紀·懷寵》：「至於國邑之郊，不虐五穀、不掘墳墓、不伐樹木、不燒積聚、不焚室屋、不取六畜。得民虜，奉而題歸之，以彰好惡，信與民期，以奪敵資」、《淮南子·泰族》：「聖王在上，明好惡以示人」等，皆與簡本〈緇衣〉用法相同。

③ 民情不弋：即「民情不忒」。《郭店》本作「民𢢍（情）不紅（忒）」，今本作「民情不貳」，《經典釋文》「貳」作「忒」。

原考釋讀「弋」爲「代」，釋爲「更也」。裘錫圭先生以爲據《經典釋文》所據本作「忒」，《郭店》本此字也應作「忒」（《郭店楚墓竹簡》頁 132）；虞萬里先生〈上博簡、郭店簡〈緇衣〉與傳本合校補證（上）〉則引王引之《經義述聞·毛詩下》謂今本「貳」當爲「貣（他得切）」之誤，即「忒」之借字。

濬智案：「弋」釋「忒」可從，弋（喻紐職部）、忒（透紐職部），聲近韻同，可以通假。忒，差錯也。

④ 靜龏尒立叚是正植：即「靖恭爾位，好是正直」。《郭店》本作「情共尒立，好氏貞稟（植）」，今本〈緇衣〉、《詩·小雅·小明》作「靖共爾位，好是正直」，齊《詩》作「靖」。

濬智按：「靜」从「爭（莊紐耕部）」聲、「靖」、「情」从「青（淸紐耕部）」聲，韻同聲近，可以通用。「靖」，《說文》段注：「謂立容安竫（鄒按：「竫」，《呂覽·貴因》注：「正也」、《廣雅·釋詁一》：「善也」）也。安而後能慮，故《釋詁》、《毛傳》皆曰：『靖，謀也』」。《左傳·襄公七年》引此詩，杜注則云：「靖，安也。」余培林師《詩經正詁（下）》：「汝當安靖恭謹汝之職位也。」據此，簡文「靖恭爾位」可譯釋作：「妥善恭敬地執行你的職責、守好你的本份」。

「龏」，今本作「共」，均通「恭」。「尒」，「爾」之簡體。「立」，讀爲「位」。

簡文所引詩句今見《詩·小雅·小明》：「明明上天，照臨下土。我征徂西，至于艽野。　二月初吉，載離寒暑。心之憂矣，其毒大苦。　念彼共人，涕零如雨。豈不懷歸？畏此罪罟。　昔我往矣，日月方除。曷云其還？歲聿云莫。　念我獨兮，我事孔庶。心之憂矣，憚我不暇。　念彼共人，睠睠懷顧。豈不懷歸？畏此譴怒。　昔我往矣，日月方奧。曷云其還？政事愈蹙。　歲聿云莫，采蕭穫菽。心之憂矣，自詒伊戚。　念彼共人，興言出宿。豈不懷歸？畏此反覆。　嗟爾君子，無恆安處。靖共爾位，正直是與。神之聽之，式穀以女。　嗟爾君子，無恆安息。靖共爾位，好是正直。神之聽之，介爾景福。」

《詩序》曰：「〈小明〉，大夫悔仕於亂世也」，而《禮記正義》言〈緇衣〉引此詩之意在：「證上民情不二爲正直之行」，顯見〈緇衣〉作者此處引詩係斷章取義。

第三章

【原文】

子曰：「爲上可㝐（望）而盓（知）也①，爲下可頪（述）而箐（志）也②。則君不悡（疑）丌（其）臣＝（臣，臣）不或（惑）於君。」《旹（詩）》員（云）：【二】「雸（弔，淑）人孶＝（君子），丌（其）義（儀）不弋（忒）③。」〈尹𧬊（誥）〉④員（云）：「隹（惟）尹躳（允／躬）及康（唐，湯），咸（咸）又（有）一悳（德）⑤▬。」【三～】

【語譯】

孔子說：「居上位的君長，他的品德言行可讓居下位的臣子一望而知；居下位的臣子，使居上位的君長可以登錄考評，這樣君主就不會懷疑他的臣下，而臣下也不會不了解他的君主了。」《詩經》說：「善人君子的言行舉止不會有差錯。」〈伊誥〉說：「我伊尹自身及湯，都有純一的道德。」

【注釋】

① 爲上可㝐而盓也：即「爲上可望而知也」。「㝐（㝐）」，原考釋云：「从介、亡聲。《說文》所無。」（《上博一》頁176）李零先生以爲「下所从或是立人之變，不一定是介字」（〈上校二〉頁50）

濬智按：李說可從。楚文字或有「人」構件左右加點筆裝飾羡符者，如包山簡2.270「光」字作[古文字]、仰天湖策「寡」字作[古文字]等。故《上博一》「㝐」字實從人、亡聲，「人」形兩側加「八」形飾筆。《郭店》此字作「[古文字]」，從視、𡈼聲，𡈼從壬、亡聲，與《上博一》此字同形，字當同「望」。

「盓」，原考釋云：「盓，即『智』。《汗簡》『智』字从皿作『盓』，與本簡文相同。」

濬智按：「智」字本當从「大」從「于」，見甲骨文作𣉻（前 5.17.3）、金文毛公鼎作[illegible]，參季師《說文新證（上）》頁 267。簡文省「口」，「甘」形訛爲「皿」形。

② 爲下可槇而蒿也：即「爲下可述而志也」。《郭店》本作「爲下可頪（類）而箸（等）也」，今本作「爲下可述而志也」。《上博一》原考釋隸作「槇而峕也」。槇，劉樂賢先生〈上博劄記〉直接讀作「述」。李零先生〈上校二〉謂疑讀「述」，古文字多用爲「遂」，《郭店》作「頪」，即「類」，有模仿之義。陳偉先生〈緇衣對讀〉引王引之「述之言循也，志之言識也。循其言貌察之而其人可識也」，主張類亦有遵循之義，「類」、「述」雖然用字有異，含義卻是相通的。

濬智按：《上博一》此字釋「槇」可從，讀爲「述」，循也。

「蒿（[illegible]）」字，《郭店》作「箸」。「峕」，大部份學者從今本《禮記》讀作「志」。黃錫全先生〈上博札記〉釋「齒」讀「志」；陳偉武先生〈上博識小〉則以爲從「目」、「止」聲。羅凡晸學長〈資料庫〉以爲也有可能是從角、之聲。

濬智按：郭店「箸」字即增「口」飾之繁體「等」字無疑。而《上博一》「蒿」字，原整理者作「齿」，誤，楚簡「之」、「止」區別甚明，參季師〈古璽雜識二題〉，此字上部應作「㞢」。至於其字下部，從因、從目、從角都有可能，但是《上博一·緇衣》簡 19 有「𦣻」字作「[illegible]」，與「[illegible]」之下部似不相同。在更明確的新證據出現前，本文姑且從羅隸定其字從「角」從「㞢」，讀作「志」，意思是登錄，以便考評。

③ 吿人孛 =丌義不弋：即「淑人君子，其儀不忒」。吿，同弔，原考釋讀爲「淑」。簡文所引「淑人君子，其儀不忒」見《詩·曹風·鳲鳩》。本書〈孔子詩論譯釋〉第八章注③已引，茲不贅。《毛詩·序》：「〈鳲鳩〉，刺不壹也。在位無君子，用心之不壹也。」〈孔子詩論〉云：「其儀一是，心如結也，吾信之。」其儀不忒，故可以望而知，述而志。

④ 尹奡：即「伊誥」。楚簡〈緇衣〉所引〈伊誥〉今見僞《古文尚書·咸有一德》。《書序》說：「伊尹作〈咸有一德〉。」全篇爲伊尹誥太甲之文。故「尹（喻紐諄部）」應可讀作「伊（影紐脂部）」，二字聲皆喉音，韻爲旁對轉。或「尹」如字，指伊尹。僞《古文尚書》有〈伊訓〉篇，則本篇〈尹誥〉或可讀爲〈伊誥〉。

「奡」字，原考釋云：「『奡』即《史話簋》銘文『王誥畢公』之『誥』，簡文與此相同。」《郭店》此字亦作「奡」，注云：「奡，金文屢見，唐蘭先生釋作『誥』。《汗簡》引《王子庶碑》『誥』與簡文形同……今本《緇衣》誤爲『尹吉』。鄭玄注：『吉當爲告，告古文誥之誤也（《郭店楚墓竹簡》頁132）。』」濬智案：唐說見〈史話簋銘文考釋〉，其說可從。

⑤ 隹尹躳及康咸又一悳：即「惟尹躬及湯，咸有一德」。「尹躳」，原考釋隸爲「尹夋」，釋云：「郭店本作『尹躳』，今本作『尹躬』。」《郭店》注云：「今本『躬』應爲『躳』之誤……『㠯』屬之部，『尹』屬文部，音近可通假。」裘錫圭先生《郭店楚墓竹簡》頁132注15以爲「尹」下一字可能是「允」之繁文，「惟尹允及湯咸有一悳」，於義可通，似不必讀「惟」下二字爲「伊尹」。

旭昇案：本句引文見〈咸有一德〉，全文爲伊尹放逐太甲於桐宮，由伊尹自立主政，後來太甲回到亳都主政，伊尹還政，以「一德」勉太甲（一說太甲殺伊尹，與此不同），則伊尹與湯並列「咸有一德」，似乎還算合理。本簡「尹躳」之「躳」從「身」（審紐真部）、「㠯」（喻紐之部）聲，「身」、「㠯」二字韻爲旁對轉，聲同屬舌頭，其實即「身」字加聲符，字亦可釋「允」（喻紐諄部），本篇簡18「躳也君子」即「允也君子」，大徐本《說文》以爲「允」從「㠯」聲，可見「允」、「㠯」、「身」三字關係極爲密切。楚文字「身（或躳）」字與「躬」互用，如「窮」字作「寡（郭.老乙14）」又作「竆（同窮。郭.唐2）」。故簡本作「尹躳（允）」，今本〈緇衣〉作「尹躬」，不足爲怪，躬，即「身」，自身也。今本〈緇衣〉又云：「尹吉〔告〕曰：『惟尹躬天〔先〕見于西邑夏，自周有終，相亦惟終。』」意謂：「伊尹的先祖曾親眼見到夏代西邑的政治情況，君王自己始終能講忠信，臣子輔助他也就能有始有終。」兩段引文都稱伊尹爲「尹躬」，則「尹躬（䢅）」即「伊尹」，應無可疑。

「康」，原考釋云：「『康』、『湯』經籍通用。郭店簡及今本均作『湯』。」濬智按：「湯」與「唐」通假例較多，如郭店簡7.1「唐虞之道」作「湯吳之道」、宋公䜌簠銘「有殷天乙湯之孫」作「有殷天乙唐之孫」等，文獻成湯之「湯」，在甲骨文中皆作「唐」字。「唐」與「康」字同从「庚」聲，是本簡作「康」，可讀爲「湯」。

簡文「隹尹䢅及康，咸又一悳」見僞《古文尚書·咸有一德》，茲節錄部份原文如下：「伊尹既復政厥辟，將告歸，乃陳戒于德。曰：「嗚呼！天難諶，命靡常。常厥德，保厥位，厥德匪常，九有以亡。夏王弗克庸德，慢神虐民，皇天弗保，監于萬方，啟迪有命。眷求一德，俾作神主。惟尹躬暨湯，咸有一德，克享天心，受天明命。以有九有之師，爰革夏正，非天私我有商，惟天佑于一德；非商求于下民，惟民歸于一德。德惟一，動罔不吉；德二三，動罔不凶。惟吉凶不僭在人，惟天降災祥在德。」〈咸有一德〉篇雖屬僞《古文尚書》，然其中部份內容竟早見於戰國楚簡，由此可知僞《古文尚書》的真僞問題還有討論的空間。

第四章

【原文】

子曰：「上人惥（疑）則百眚（姓）惑，下難𥁕（知）則君長袋（勞）①。故君民者章好以視民【三】谷（俗）②，慭（謹）惡㠯（以）慮（禦）民淫，則民不惑③；臣事君，言丌（其）所不能，不訇（詞）丌（其）所能，則君不袋（勞）④。」《大顕（雅）》員（云）：「上帝板＝（板板），下民卒癉。」⑤《小雅》曰：「匪其止共，【四】隹（惟）王之功（邛）

▬⑥。」【五～】

【語譯】

孔子說：「居上位的君王讓人疑惑，下頭的臣民就會迷惘而手足無措；居下位的臣民欺瞞而難曉，就會讓上頭負責管理他們的長官格外操心。所以執政者要明白地表示出自己的喜好以引導人民的欲望；謹慎地表現自己厭惡的事項，以防止人民陷溺迷惑。臣子侍奉君主，坦白說出自己辦不到的事，不過份強調、誇大自己的能力，君主也就不會因爲不清楚臣下的能力，而讓自己過度操勞了。」《大雅》說：「上帝（喻國君）邪僻反戾，下民就會受苦病乏。」《小雅》說：「（劣臣）不好好做好他們應做的職務，他們只是給君主添麻煩。」

【注釋】

① 上人惎則百眚惑下難盄則君長袋：即「上人疑則百姓惑，下難知則君長勞」。「眚」，同「省」（參季師《說文新證（上）》頁256、259），此讀爲「姓」。「袋」以下10字據《郭店》補，「袋」，楚簡均讀爲「勞」。袋，學者或以爲不當釋「勞」，而當隸爲《說文》之「褮」。但《郭店·緇衣》簡6「叒（卒）袋百眚」，與今本對照，確爲「勞」字無疑。

② 君民者章好以視民谷：即「君民者彰好以示民俗」。「谷」，原考釋云：「郭店簡作『忩』，从心。今本作『俗』，从人。」李零先生釋作「欲」而無說（〈上校二〉頁50）。

旭昇案：「章好」謂「明白地表現出自己的喜好」，使人不疑，不得釋爲「表彰好人」。「視」，讀「示」，指示，引導。「谷」應讀爲「欲」，與第五章「君好則民欲之」意義相似。

③ 斴惡㠯慮民涇：即「謹惡以御民淫」。《郭店》本作「𧰼亞㠯渫民涇」，今本作「愼惡以御民之淫」。「斴」，原考釋云：「斴，从攴、堇聲。《說文》所無。《詩·大雅·抑》『謹爾侯度』，《左傳·襄公廿二年》、《晉

書·傅亮傳》(濬智按:應是《宋書》)引『謹』作『慎』。郭店簡作『慬』,今本作『慎』。」廖名春先生〈荊門郭店楚簡與先秦儒學〉以為「慬」、「慎」都是「瘽」的借字,《說文·疒部》:「瘽,病也。」

旭昇案:綜合《郭店》本與今本,此字釋「謹慎」最為周延。「惡」讀ㄨˋ,不得釋為「過錯」。「謹惡以禦民淫」,謂「謹慎地表現自己厭惡的事項」,以防止人民過度地陷溺於不好的事物。䲨,御也,禦也,防止。淫,過度陷溺。

「䲨」,原考釋云:「从虍、魚聲。《說文》所無。《鰫鎛》銘文『保䲨兄弟』,『䲨』讀為『余』。郭店簡作『渫』,今本作『御』。」《郭店》「渫(𣲙)」字,裘錫圭先生以為:「似當釋為「渫」。《說文》:『渫,除去也(《郭店楚墓竹簡》頁132)。』」李零〈上校二〉63頁以為此字從亡聲,以音近讀為「御」。其餘還有從「止」、從「桀」等不同說法。濬智按:對應《上博一》本作「䲨」、今本作「御」,《郭店》此字以李零先生說最佳,應隸定作「㳂」。「亡(明紐陽部)」,《上博一》「䲨」字從虍從魚,虍魚皆聲,「虍(曉紐魚部)」、「魚(疑紐魚部)」與「亡」韻為陰陽對轉。

「淫」,《上博一》本與今本同,《郭店》則作「涇」,《郭店》整理者以為是「淫」字錯寫。濬智按:「巠」與「㸒」字形相近,有可能相混。此處當以「淫」字為是。

④ 臣事君言丌所不能不訽丌所能則君不褮:即「臣事君,言其所不能,不詒其所能,則君不勞」。《郭店》本同《上博一》本。今本作「臣儀行,不重辭,不援其所不及,不煩其所不知,則君不勞矣」。

劉釗先生郭店《校釋》54頁云:「臣下服事君王,要說明自己不會或辦不到的事,對自己會或能做到的事也不要推辭,如此則君王就不會辛勞。」《上博》原考釋云:「訽,《說文》未見,為『詒』之本字。」李零先生〈上校二〉50頁云:「臣事君,言其所不能,不辭其所能,則君不勞。」

旭昇案：李、劉二先生釋「訇」爲「推辭」，意義可通，但是楚文字中這種用法較爲罕見。此字從「言」從「𠙵（同飼）」，「飼」字，《朱德熙古文字論集》118 頁以爲「這個字可能是在𠃌（司）上加注聲符台，也可能是在台上加注聲符司」。蓋爲從「台」聲與「司」聲之兩聲字，故可讀爲從「𠃌（司）」或從「台」得聲之字。「訇」字所從「𠙵」應與「飼」同，於楚簡已往用爲「詞」、「治」、「始」、「殆」等意義（參《郭店楚簡研究・第一卷・文字編》370 頁）。如果從這個角度看，本簡「不訇其所能」，「訇」字原考釋讀爲「詒」似乎比較好，意爲欺騙，全句謂「不欺騙、誇大他所能的」。

⑤ 大頣員上帝板 =下民卒擅：即「《大雅》云：上帝板板，下民卒癉」。原考釋以爲「板 =」以下有 11 個缺字。可依《郭店》補字。簡文所引《大雅》句今見《詩・大雅・板》：「上帝板板，下民卒癉。出話不然，為猶不遠。 靡聖管管，不實于亶。猶之未遠，是用大諫。天之方難，無然憲憲；天之方蹶，無然泄泄。……我言維服，勿以為笑。先民有言：詢于芻蕘。…… 价人維藩，大師維垣，大邦維屏，大宗維翰。 懷德維寧，宗子維城。無俾城壞，無獨斯畏。 敬天之怒，無敢戲豫；敬天之渝，無敢馳驅。……」《序》云：「〈板〉，凡伯刺厲王也。」毛《傳》：「板板，反也。上帝以稱王者也。癉，病也。《釋文》：「僤，本又作癉，當但反，沈本作擅。」《毛詩正義》：「〈釋訓〉云：『板板，僻也。』邪僻即反戾之義。」「卒」或可通「瘁」，《玉篇》：「病乏也」；「擅」，據《釋文》本作「僤」。〈緇衣〉此處爲何引〈板〉？鄭玄《禮記・緇衣》注：「此君使民惑之詩。」

⑥ 小頣員非其止共隹王之功：即「《小雅》云：匪其止共，維王之邛」。詩句今見《詩・小雅・巧言》，其前三章云：「悠悠昊天，曰父母且。無罪無辜，亂如此憮。昊天已威，予慎無罪；昊天大憮，予慎無辜。亂之初生，僭始既涵；亂之又生，君子信讒。君子如怒，亂庶遄沮；君子如祉，亂庶遄已。 君子屢盟，亂是用長；君子信盜，亂是用暴。盜言孔甘，亂是用餤。匪其止共，維王之卬。」《詩序》云：「〈巧言〉，刺幽王也。大夫傷於讒，故作是詩也。」〈孔子詩論〉議其詩

旨云:「讒人之害也。」鄭箋:「卭,病也。小人好爲讒佞,既不共其職事,又爲王作病。」又謂:「此臣使君勞之詩也。」

第五章

【原文】

子曰:「民㠯(以)君爲心,君㠯(以)民爲僼(體),心訢(好)則僼(體)安之,君訢(好)則民谷(欲)之①。古(故)心㠯(以)僼(體)廌(存),君㠯(以)〔民〕亡②。」《旹(詩)》員(云):「隹(誰)秉或(國)成,不自爲【五】正,卒(卒)袋(勞)百眚(姓)③。」〈君𦥑(牙)〉員(云):「日晨(暑)雨,少(小)民隹(惟)日肙(怨);晉奙(冬)耆(祁)寒,少(小)民亦隹(惟)日肙(怨)④。」【六~】

【語譯】

孔子說:「人民把君主當作心,君主把人民當作四肢身體;心喜好的,四肢身體自然跟著喜好;君主喜好的,人民亦跟著喜好。所以,心因爲四肢身體而存在(或廢棄);國君因爲人民而滅亡(或存在)。」《詩經》說:「那些執政的人,自己都不好好端正品行,使得人民更加勞苦。」〈君牙〉云:「夏天暑熱下雨,小民就會怨老天;到了冬天,氣候嚴寒,小民也會怨老天。」

【注釋】

① 心訢則僼安之君訢則民谷之:即「心好則體安之,君好則民欲之」。「心好則體安之」6 字據《郭店》本補入。《郭店》本作「心好則體安之,

君好則民忩之」。今本則又增句作「心莊則體舒，心肅則容敬；心好之，身必安之；君好之，民必欲之」。㚤，好之異體字。谷，當爲《郭店》「忩」之省寫，讀爲欲。

旭昇案：今本作「心好之，身必安之；君好之，民必欲之」，兩「好」字後有受詞「之」，可知兩「好」字皆爲動詞，當釋爲「愛好」之「好」，不得前「好」字讀ㄏㄠˇ，後「好」字讀ㄏㄠˋ。《淮南·氾論》：「百姓安之。」注：「安，樂也。」「心好之，身必安之」爲喻依，謂：「心愛好的，身必樂從之。」「君好之，民必欲之」爲喻體，謂「國君好好的，人民也會跟著愛好。」今本《禮記·緇衣》加「心莊則體舒，心肅則容敬」兩句，意義並無不同，但後人讀之，則易受干擾而致誤釋。

② 心吕僼廌君吕民亡：即「心以體存，君以民亡」。《郭店》本作「心吕體灋（存），君吕民芒（亡）」，今本作「心以體全，亦以體傷；君以民存，亦以民亡」。「僼」，「體」之異體。「廌」，原考釋云：「《廣雅·釋詁一》：『廌，灋也。』郭店簡作『灋』，今本作『全』。」馮勝君先生〈緇衣二則〉以爲《上博》簡中的「廌」無疑也可讀爲「存」。故心以體廌（存），君以〔民〕亡」，似乎可以理解爲互文見義。

旭昇案：馮說甚是。「廌」不能通爲「灋」、「全」。文獻「薦」或作「荐」，可證「廌」與「存」可以通，《朱德熙古文字論集》頁55謂「廌」當有「薦」音，《郭店·語叢四》：「諸侯之門，義士之所廌（存）」，「薦（精紐元部）」、「存（從紐諄部）」，聲韻俱近，可以相通。《郭店·尊德義》頁146注6裘案以爲「埊濂」可能就是「棘津」；《上博二·容成氏》簡51「孟濂」即「孟津」，均可證「廌」可通「津」，「津」與「存」音近。原簡當本作「心以體廌，亦以體廢；君以民存，亦以民亡」，省作「心吕僼廌，君吕民亡」。

③ 告員隹秉或成不自爲正卒裳百眚：即「《詩》云：誰秉國成，不自爲正，卒勞百姓」。《郭店》本作「《寺》云：隹秉寚成，不自爲貞，卒

褮百眚」，今本作「《詩》云：昔吾有先正，其言明且清，國家以寧，都邑以成，庶民以生。誰能秉國成？不自爲正，卒勞百姓」。

簡文所引詩句見《毛詩．小雅．節南山》：「節彼南山，維石巖巖。赫赫師尹，民具爾瞻。　憂心如惔，不敢戲談。國既卒斬，何用不監！　節彼南山，有實其猗。赫赫師尹，不平謂何！　天方薦瘥，喪亂弘多。民言無嘉，憯莫懲嗟！　尹氏大師，維周之氐；秉國之均，四方是維；　天子是毗，俾民不迷，不弔昊天！不宜空我師。……昊天不傭，降此鞠訩；昊天不惠，降此大戾。……不弔昊天，亂靡有定；式月斯生，俾民不寧。　憂心如酲，誰秉國成？不自為政，卒勞百姓。　駕彼四牡，四牡項領。我瞻四方，蹙蹙靡所騁。……家父作誦，以究王訩。式訛爾心，以畜萬邦。」《序》云：「〈節南山〉，家父刺幽王也。」〈孔子詩論〉議其詩旨云：「言上之衰也，王公恥之。」清．王先謙《詩三家義集疏》記齊《詩》此段作「誰能秉國成？不自爲正，卒勞百姓」。

今本〈緇衣〉所引較《詩經》、《郭店》與《上博一》多出「昔吾有先正，其言明且清，國家以寧，都邑以成，庶民以生」五句，《經典釋文》言：「今詩皆無此語，餘在《小雅．節南山》篇，或皆逸詩也。」

④ 君䛘員日𡰥雨少民隹日肙晉㫛耆寒少民亦隹日肙：即「〈君牙〉云：日暑雨，小民惟日怨；晉冬祁寒，小民亦惟日怨」。《郭店》本作「〈君牙〉員（云）：『日傛雨，少民隹日悁；晉冬旨滄，少民亦隹日悁。』」今本作：「〈君雅〉曰：『夏日暑雨，小民惟曰怨；資冬祁寒，小民亦惟曰怨。』」

䛘，牙之古文。𡰥，原考釋作「倶」，不確。此字在《郭店》作「[illegible]」，袁師以爲此字從「尸」從「旮（期）」，爲「處」字的繁形異構，可讀作「暑」（〈郭店十一則〉）；李家浩先生〈瑣議〉，黃德寬、徐在國兩先生〈郭簡考釋〉均有類似的說法。白於藍先生〈上博一商榷〉則指出《上博一》此字與《郭店》同，不過「日」形與「尻」

形位置互換而已。

濬智案：以上諸說可從。季師以爲「凥」、「処」都是從「處」分化出來的，「凥」、「居」同源，因此「凥」既可讀「九魚切」，也可讀「昌與切」（《說文新證（下）》）。「凥（初紐魚部）」與「暑（書紐魚部）」，二字韻同聲近，可以通假。

「肙」，通「悁」，讀「怨」，參本讀本〈孔子詩論〉簡3注5。「晉（精紐真部）」與「資（精紐脂部）」可通，如《馬王堆漢墓帛書·周易》「資」作「溍」即是，二字聲同，韻爲陽陰對轉。晉，進也，至也，到了。「耆（群紐脂部）」通「祁（群紐微部）」，二字聲同韻近。

本章兩句「隹（惟）日怨」，《上博一》一釋作「隹（惟）日命」，一釋作「隹（惟）日令」，恐誤。原釋作「曰」者，劉釗先生指出皆爲「日」字的誤釋，日怨謂天天怨恨也。（〈上博一劄記〉）；「命」與「令」，實爲「肙」字之訛形，讀爲「怨」（參季師〈從肙〉）。陳美蘭學姐從語法和文意內涵出發，以爲「小民惟日怨」就是「小民怨日」，這類「日」是民怨的賓語。「暑雨」、「祁寒」與日照息息相關，表面上講的是日照在夏冬時節不能調節氣候，實際上正是以日比喻君主，諷喻君主要注意民生疾苦，令順民心；若釋爲「日日抱怨」，則引〈君牙〉這段強調君民相互關係的「君主」，便無所著落了（〈上博簡緇衣零拾〉）。陳說可從。

簡文「日凥雨，少民隹日肙，晉夅耆寒，少民亦隹日肙」，幾乎完全相同的句子見僞《古文尚書·君牙》，茲節錄部份原文如下：「纘乃舊服，無忝祖考。弘敷五典，式和民則。爾身克正，罔敢弗正。民心罔中，惟爾之中。夏暑雨，小民惟曰怨咨；冬祁寒，小民亦惟曰怨咨。厥惟艱哉！思其艱以圖其易，民乃寧。嗚呼！丕顯哉文王謨！丕承哉武王烈！啟佑我後人，咸以正罔缺。」爾惟敬明乃訓，用奉若于先王。對揚文武之光命，追配于前人。」《書序》云：「穆王命君牙，爲周大司徒，作〈君牙〉。」宋·蔡沈《書集傳》：「祁，大也。暑雨祁寒，小民怨咨，自傷其生之艱難也。」

第六章

【原文】

子曰：「上毌（好）悬（仁），則下之爲悬（仁）也靜（爭）先。古（故）長民者章志【六】㠯（以）卲（詔）百眚（姓）①，則民至（致）行㠯（己）㠯（以）兑（悅）上②。」《峕（詩）》員（云）：「又（有）𢇍（覺）悳（德）行，四或（國）川（順）之③▬。」【七～】

【語譯】

孔子說：「在上位的人愛好仁，在下位的人都搶先去行仁。所以作爲人民長上的領導者，應表明行仁的志向，以教示百姓。這樣一來，人民就會盡心盡力修養品德，以求獲得長上的認同、稱許。」《詩經》說：「有正直德行的君主，四方的人民都會順服他。」

【注釋】

① 長民者章志㠯卲百眚：即「長民者章志以詔百姓」。《郭店》本作「倀民者章志㠯卲百眚」，今本作「長民者章志、貞教、尊仁，以子愛百姓」。

「卲」，原考釋通讀作「昭」。濬智按：「卲」字也可讀作「詔」，《說文》：「告也。」《爾雅·釋詁》：「道也。」

② 民至行㠯㠯兑上：即「民致行己以悅上」。「㠯」，原考釋云：「『己』之異體，古文字中常增益『口』字。郭店簡作『㠯』，今本作『己』。」

「兌」讀爲「悅」。

③ 又□悳行四或川之：即「有□德行，四國順之」。《郭店》本作「又□悳行，四方𡉏之」，《禮記・緇衣》作「有梏德行，四國順之」，《毛詩・大雅・抑》作「有覺德行，四國順之」。

「又」下之字，各家解釋不同，孔仲溫先生〈郭店楚簡緇衣字詞補釋〉釋「共」；日人近藤浩之先生《郭店楚簡之思想史的研究(三)》頁 44 釋「弁」；劉曉東先生〈郭店楚簡緇衣初探〉引《說文》「梏，手械也」、「拲，兩手同械也」，以爲《郭店》此字正象兩手同械之形，可讀作「梏」或「拲」；周鳳五先生〈札記〉謂此字從璧，象形，從「廾」，蓋取「拱璧」意以造字，音「拱」；李零先生《郭校》增訂本頁 64 謂「此字象雙手捧肉，疑即『夅（疑紐幽部）』字，借讀爲『覺（見紐覺部）』」；張光裕先生、袁師《郭編》頁 519 隸「共」，讀「格」；程元敏先生〈郭店楚簡緇衣引書考〉以爲此字當是「弆」字異寫，後來改「弆」作「𢍏」，才慢慢抄錯成今本「梏」；張富海先生《郭店楚簡〈緇衣〉篇研究》頁 12 以爲此字可能是「匊」的表意字。

濬智按：此字字形已往未見，釋共、弁、梏、拱、夅、弆、匊，都嫌證據不足。但此字不外讀成《禮記》的「梏」、或《毛詩》的「覺」，「梏」古屬見紐覺部，「覺」字屬見紐覺部，可以通假。《毛詩》傳：「覺，直也。」箋：「有大德行，則天下順從其政。」

簡文所引詩句見今本《詩・大雅・抑》：「抑抑威儀，維德之隅。人亦有言：靡哲不愚。庶人之愚，亦職維疾。　哲人之愚，亦維斯戾。無競維人，四方其訓之；有覺德行，四國順之。　訏謨定命，遠猶辰告。敬慎威儀，維民之則。其在于今，興迷亂于政；顛覆厥德，荒湛于酒。女雖湛樂從。弗念厥紹，罔敷求先王，克共明刑；肆皇天弗尚，如彼泉流，無淪胥以亡。夙興夜寐，洒掃庭內，維民之章。……慎爾出話，敬爾威儀，無不柔嘉。白圭之玷，尚可磨也；斯言之玷，不可為也。……相在爾室，尚不愧于屋漏。無曰不顯，莫予云覯。神之格思，不可度思，矧可射思？……於乎小子！告爾舊止。聽用我謀，庶無大悔。天方艱難，曰喪厥國。 取譬不遠，昊天不忒。回遹其德，俾民大棘。」《序》云：「衛武公刺厲王，亦以自警也。」

第七章

【原文】

子曰：「墨（禹）立厽（三）年①，百眚（姓）㠯（以）𢚩（仁）䢖（道），豈必盡仁？」《大雅》曰：「成王之孚，【七】下土之式。」②〈呂型（刑）〉員（云）：「一人又（有）慶，蠆（萬）民訞（賴）之③▃。」【八～】

【語譯】

孔子說：「禹施政三年，百姓都能受到影響而行仁，難道人們個個原本就是仁人嗎？」《大雅》說：「能成眑王者的人，其性格所透顯出來的誠信，是他部下人民的模範。」〈呂刑〉說：「天子一人有善德，天下人民都依賴他。」

【注釋】

① 墨立厽年百眚㠯𢚩䢖：即「禹立三年，百姓以仁道」。「墨」，即「禹」。「厽」，「參」之省，讀作「三」。「䢖（𨑓）」原考釋云：「『䢖』字，《說文》未見。郭店簡作『道』，今本作『遂』。」裘錫圭先生以爲「此字左旁實不成字，也應是誤摹形，或許就是『道』字所从的『辵』旁的誤摹」（〈錯別字〉）。李零先生則言：「左半如何隸定還值得研究，

右半從首，應讀『道』，今本作『遂』，即由『道』字的含義演變（〈上校二〉頁 52）」；黃錫全先生〈讀上博楚簡札記〉釋「䡹」，謂可能爲「儥」之或體，即今之「覿」字，「儥」（唐韻「余六切」）、「犢」同屬定母屋部，「遂」，唐韻「徐醉切」，古屬邪母物部，从「㒸」的「隊」屬定母物部，《易 · 豐 · 上六》「三歲不覿」，《馬王堆帛書》本「覿」作「遂」。是「䡹」可作「遂」之證。

濬智按：《上博一》此字下部偏旁作「牛」形，右上部最有可能是「𧶠」的省形，因此此字以黃錫全先生釋「䡹」讀「遂」最有可能。《郭店》作「道（定紐幽部）」，與「䡹」、「遂」也都音近可通。

《上博一》此字隸作「䡹」，應屬假借，該讀如《郭店》本「道」或今本「遂」字呢？若讀作「道」，則此句譯釋爲「禹施政三年，百姓皆行仁並宣揚仁道」無礙；若讀作「遂」，則同今本〈緇衣〉，清 · 孫希旦《禮記集解》：「『遂』，成也。以仁遂，言民之仁無不成也。」則此句譯釋爲「禹施政三年，上行下效，百姓皆能行仁成仁」亦可通。〈緇衣〉可能最早作「䡹」、「道」，行仁而已，行而未必成，義較妥；後來改爲音近的「遂」，則行仁已成，義較差。

② 成王之孚下土之式：簡文所引「成王之孚，下土之式」詩句見今本《毛詩 · 大雅 · 下武》：「下武維周，世有哲王。三后在天，王配于京。　王配于京，世德作求。永言配命，成王之孚。　成王之孚，下土之式。永言孝思，孝思維則。　媚茲一人，應侯順德。永言孝思，昭哉嗣服。　昭茲來許，繩其祖武。於萬斯年，受天之祜。　受天之祜，四方來賀。於萬斯年，不遐有佐。」《序》曰：「〈下武〉，繼文也。武王有聖德，復受天命，能昭先人之功焉」，其說是。《詩集傳》：「此章美武王能纘大王、王季、文王之緒，而有天下也……或疑此詩有『成王』字，當爲康王以後之詩。」自何楷以下，世人多用此說，爭議頗多。余培林師則釐清道：

> 考詩二章：「王配于京。」此王必現在之王，若下文「成王之孚」之成王為武王子，則此王必是康王無疑。然如此既

與時代先後之次序不合；先子後父，亦有違倫常。以此知此王乃指武王，而「成王」非指武王子也（《詩經正詁（下）》頁364）。

余師並在「成」字下註：「成，動詞，成就也。……《書·酒誥》曰：『成王畏相。』又曰：『惟助成王德顯。』兩成字皆動詞，成王非指武王子。此詩亦如之。」余師說可從。毛《傳》：「式，法也。」可釋爲效法。

③ 呂型員一人又慶蠆民訞之：「即〈呂刑〉云：一人有慶，萬民賴之」。原考釋云：「呂型，《尙書》篇名，即《甫刑》。《書序》：『呂命穆王訓夏贖刑，作《呂刑》。』『刑』、『型』相通，簡文與《書序》同。郭店簡作《郘型》，今本作《甫刑》。蠆，即萬。訞，從言從大，《郭店》簡作『贎』，今本作『訞』。此句簡文引《詩》在前，《呂刑》在後。」

濬智按：程元敏先生指出「呂」、「甫」二字因爲古音接近，所以造成傳世文獻二字混用的情況（〈尙書呂刑成篇之著成〉）。其說至詳且確。古國名「呂」，在金文、三體石經中作「筥」，在三體石經古文、簷平鐘中作「簷」，在鄺侯簋作「鄺」，皆从「膚」聲。所以古今本〈緇衣〉所引《尙書》篇名或作〈呂刑〉，或作〈甫刑〉，名異而實同，純粹只是篇名稱代的用字不同罷了。

「訞」，李零先生以爲此字待考，暫讀作「賴」（〈上校二〉頁52）。濬智按：「訞」字从「言」、「大」聲，與「賴」字古韻皆屬祭部，又皆爲舌頭音，二字讀音不遠，應可通假。

簡文所引「一人又慶，蠆民訞之」句見今本《尙書·呂刑》，茲節錄部份與簡文相關之原文如下：「王曰：『嗚呼！念之哉！伯父、伯兄、仲叔季弟、幼子、童孫，皆聽朕言，庶有格命。今爾罔不由慰日勤，爾罔或戒不勤。天齊于民，俾我一日；非終惟終，在人。爾尚敬逆天命，以奉我一人。雖畏勿畏，雖休勿休；惟敬五刑，以成三德。<u>一人有慶，兆民賴之</u>，其寧惟永。』」《書序》云：「呂命，穆王訓夏贖刑，作〈呂刑〉。」傳：「天子有善，則兆民賴之。」「兆民」或作「萬民」，《左傳 · 閔公元年》:「天子曰兆民，諸侯曰萬民。」清 · 皮錫瑞《今文尚書考證》云：「對文則別，散文通也。」

于省吾先生《雙劍誃尚書新證》釋「賴」爲「利」，則簡文此句可譯作「天子一人若有善德，天下人也會因之得利」，亦不失爲一解。

第八章

【原文】

子曰：「下之事上也，不從丌（其）所㠯（以）命，而從丌（其）所行①。上𡚱（好）此物也，下必有甚者矣。故【八】上之𡚱（好）亞（惡），不可不𣂋（慎）也，民之蘽（表）也②。」《旹（詩）》員（云）：「虘虘（赫赫）帀（師）尹，民具介（爾）詹（瞻）③▬。」【九～】

【語譯】

孔子說：「臣下侍奉君上，不是只服從其命令，而會受到君上的行爲影響而跟著。君上愛好這樣東西，臣下一定有比他更甚者。所以君上不可不謹慎地對待或表現他們自身的愛憎，因爲他們是人民的表率。」《詩經》說：「位高望重的尹太師啊，人民都在注視著你呢！」

【注釋】

① 下之事上也不從丌所㠯命而從丌所行：即「下之事上也，不從其所以命，而從其所行」。「從」字，陳偉先生〈緇衣對讀〉以爲其字從「辵」從「比」；李零先生〈上校二〉則以爲此字從雙虫，與楚「融」

字所從相同。濬智按：《郭店》、今本均作「從」，是此字讀「從」較合理。字形待考。

② 民之蘽也：即「民之表也」。「蘽」，原考釋云：「从萸从木，《說文》所無。郭店簡省火作『萰』。今本作『表』。」（《上博一》頁 183）

《上博一》「蘽」字，原整理者隸「萰」讀「柬」，《說文》：『柬，分別擇之也。此字《郭店》作「萰」，今本作「表」。孟蓬生先生〈郭店楚簡字詞考釋（續）〉以爲「萰」當讀作「憲」，釋作「法」、「表」。李零先生《郭校》66 頁以爲从「艸」、从「覀」省、从「木」，相當於古書中的「蔈」或「標」字；又《上校》53 頁釋《上博一》此字从「木」从「蔈」，可隸作「標」，並將《上博一》與《郭店》此字都讀作「表」。濬智按：李零先生之說可從，《荀子·儒效》「行有防表」注：「表，標也。」《禮記》鄭玄注：「民之從君，如影隨表。」明黃道周《緇衣集傳》：「君子，日晷之衡準也。」

「新」，即「慎」。〈孔子詩論〉簡 28 加「心」作「慙」，參本書〈孔子詩論〉第七章注 12。

③ 虞 =帀尹民具尒詹：即「赫赫師尹，民具爾瞻」。「虞（虞）」字，原考釋云：「『虩』之省筆。字下有重文符。此字《說文》及《廣雅·釋訓》皆釋爲恐懼。《秦公鐘》銘文『虩事蠻方』，則『虩』有盛顯之意。郭店簡作『虩』，今本作『赫赫師尹』，意同爲盛顯。」（《上博一》頁 184）

《郭店》此字作「虩」，原考釋云：「簡文从『虍』从『㡀』省，與『虩』同字。其所从之『㡀』與《汗簡》『隙（隙）』之㡀形似，僅省去上部之「小」。與簡文相同的字形亦見於《包山楚簡》第一八〇號。『虩虩』，今本作『赫赫』。」（《郭店楚墓竹簡》頁 132）

濬智按：金文「虩」，楚系文字從虍、從「㡀」省。《上博一》「㡀」省爲與「炅」（「熱」之異體）同形，實非「炅」。

「詹（詹）」，《郭店》簡作「賶」，今本作「瞻」。

濬智按：《上博一》此字上部從「詹」省聲，下部從「畐」，或即「甋」字異體。《郭店》「𧡊」字從見、㕦（詹之初文，參季師《說文新證（上）》71頁）聲，與今本「瞻」字皆从「詹」得聲，故可通。

簡文所引詩句見今本《詩·小雅·節南山》，原詩已見第五章注③引。「赫赫」，毛《傳》：「顯盛貌」；「師尹」，毛《傳》：「師，太師，周之三公也。尹，尹氏，爲太師」。張亞初、劉雨先生《西周金文官制研究》頁3-4以爲：「大師（太師）之職未見於殷代卜辭。從西周銘文看，目前僅見於恭王以後，也就是說，這種職官的上限不超過西周中期。……大師是師的上司，……西周的大師是武官，是顯職，……西周的大師是否屬於三公，我們姑且勿論，但其地位之高則是可以肯定的。」

第九章

【原文】

子曰：「長民者衣備（服）不改，逯（從）容又（有）祟（常）①，則民悳（德）一。」《旹（詩）》員（云）：「丌（其）頌（容）不改，出言有丨（針／信），利（黎）民所訓（訓）②▬。」【十～】

【語譯】

孔子說：「治理黎民百姓的人，有固定不變的服裝，有循規蹈矩的儀節，那麼人民就會效法他而使得德行齊一。」《詩經》說：「領導人容止穩重不變，講話有信用，黎民百姓就會以之爲模範。」

【注釋】

① 衣備不改逮容又祟：即「衣服不改，從容有常」。《郭店》本作「衣備不改，𨒥容又祟」，今本作「衣服不貳，從容有常」。

「備」，原考釋云：「通『服』，《韓詩外傳》卷八『於是黃帝乃服黃衣』，《說苑·辯物》引文『服』作『備』。郭店簡作『備』，今本作『服』。」古文字中，「備」字所从聲符「葡」即「箙」字初文，故「備」、「服」可通。

「逮」字，《上博一》作𨒥，原書未釋。《郭店》相應之字則作𨒥，原整理者亦無注，學者或釋「倉」、「夏」、「適」等。李家浩先生以爲《郭店》、《上博》此字與楚簡「啇（上從「帝」）」、「彔」、「巫」等偏旁接近，從字音上考慮，還是隸定成「逯」，讀爲「從」較好。

《上博三·周易》簡14「塱欲𨒥」，今本《周易》作「朋盍簪」。劉樂賢〈讀楚簡劄記二則〉以爲「欲」下之字與簡本〈緇衣〉「△容有常」之△字同從「疌（從紐葉部）」，可以讀爲「簪（精紐侵部）」、「從（從紐東部）」，但字形上部與小篆相去較遠，還有待研究（簡帛研究網站04/05/29）。旭昇案：劉說雖然在字形上還存在著一些問題，但通讀相關文獻，較爲周延，姑從之。據此，《郭店·緇衣》此字當隸作「疌」、《上博一·緇衣》當隸定作「逮」，讀爲「從」。

「祟」，原考釋謂从示、尙聲，今本作「常」。「祟」楚簡多釋爲「嘗祭」之「嘗」，與「常」字均同從「尙」聲，可以通假。

② 告員丌頌不改出言有丨利民所訓：即「《詩》云：其容不改，出言有信，黎民所訓」。簡殘，除末二字外，均據《郭店》補。《郭店》本作「《寺》員：亓頌不改，出言又丨，利民所信」，今本所引詩則較長，作「《詩》云：彼都人士，狐裘黃黃，其容不改，出言有章，行歸于周，萬民所望」。

《郭店》原整理者言：「末句『又』下一字作『丨』，疑爲字之未寫全者。」（《郭店楚墓竹簡》頁134）周鳳五先生〈郭店楚簡識字札記〉以爲「蓋玉璋省體之形」；李零先生《郭校》以爲「川」字之省文，讀爲「訓」。劉信芳先生〈緇衣解詁〉以爲字當釋「丨」，讀若「引」，「出言有引」者，言而有據也。王寧先生〈郭店楚簡《緇衣》文字補釋〉亦釋「丨」，而讀爲「絇」、「紃」，謂章法、法度也。何琳儀先生〈滬簡二冊選釋〉亦釋「丨」，讀「退」，並以爲〈容成氏〉之「椲丨氏」爲「渾敦氏」。蘇建洲學長〈《郭店·緇衣》考釋一則〉從何說，而釋「出言有丨」爲「出言有類」，釋「利民所訁丨」爲「黎民所述」。裘錫圭先生〈釋郭店《緇衣》「出言有丨利民所訁丨——兼說丨爲「針」之初文〉，以爲「丨」字即甲骨文「㢟」上部、戰國文字「斱」字左上所從，應即「針」之初文，「出言有丨」可讀「出言有遜」或「出言有慎」，「利民所訁丨」可讀「黎民所訓」或「黎民所信」。

旭昇案：本簡二句所從「丨」字僅見兩簡本〈緇衣〉及《上博二·容成氏》，說者多家，以李零及裘錫圭先生釋形較爲合理，但相關佐證都還不夠多，本文姑從裘說隸定。然讀「出言有丨」爲「出言有遜」或「出言有慎」，均與簡文所述不合，簡文強調「衣服不改，從容有常」，重在「常」，而非「遜」或「慎」，因此，我們以爲「丨」似以讀「信」較妥，「出言有信」謂「講話有信用」，與「有常」、「不改」可以相呼應。

簡文所引詩句相當於今本《詩·小雅·都人士》中的「其容不改，出言有章。行歸于周，萬民所望」，茲引全詩，裨供參考：「彼都人士，狐裘黃黃。其容不改，出言有章。行歸于周，萬民所望。／彼都人士，臺笠緇撮。彼君子女，綢直如髮。我不見兮，我心不說。／彼都人士，充耳琇實。彼君子女，謂之尹吉。我不見兮，我心苑結。／彼都人士，垂帶而厲。彼君子女，卷髮如蠆。我不見兮，言從之邁。／匪伊垂之，帶則有餘；匪伊卷之，髮則有旟。我不見兮，云何盱矣！」《序》云：「〈都人士〉，周人刺衣服無常也。古者長民，衣服不貳，從容有常，以齊其民，則民德歸壹。傷今不復見古人也。」

濬智案：簡文較〈都人士〉少引「行歸於周」一句的這現象，劉信芳先生以爲秦楚學者覺得「行歸於周」有礙眼之嫌，「故不惜斷章而筆削」。(〈緇衣解詁〉) 此說相當有可能，因爲古本〈緇衣〉流行於戰國楚境，時楚人國力早已能問鼎中原，楚人對其時名存然實已亡的宗周採輕蔑的態度，這種輕蔑的態度或許導致楚簡〈緇衣〉傳承者在引此詩時刻意將「行歸於周」給省略。至於古本「黎民所信」與今本「萬民所望」兩句，用字雖異而涵意略同，應是所傳之《詩》版本不同所致。

《上博一·緇衣》第九章認爲君長的穿著、言行都關乎著民德能否純一。這樣的政治思想在先秦以君爲天、爲父、爲民楷模的思想背景下並不難理解。《戰國策·趙策二》記武靈王想要「變服騎射」，他的叔父就上諫道:「今王釋此而襲遠方之服，變古之教、易古之道、逆人之心、畔學者、離中國。」趙文和趙造也分別說出:「衣服有常，禮之制也。修法無愆，民之職也。三者先聖之所以教」、「聖人不易民而教、知者不變俗而動……且服奇者志淫、俗辟者亂民」的話來，可見君長的一舉一動因爲「上有所好，下必甚之」的效果，足以左右一國的風氣，無怪乎〈緇衣〉作者對此有所強調和說明。

第十章

【原文】

子曰:「大人不睪（親）丌（其）所臤（賢）①，而信丌（其）所賤，叴（教）此㠯（以）遊（失），民此㠯（以）絻（變）②。」《峕（詩）員》(云):「皮（彼）求我則，女（如）不我㝵（得），執我戟 =（仇仇），亦不我力③。」〈君縺（陳）〉員（云）:「未視（見）【十】耶（聖），女（如）丌 =（其）弗克視（見），我既視（見），我弗胄（由）耶（聖）④▃。」【十一～】

【語譯】

孔子說：「執政的人不親近具有高尚賢德的人，而信用那些卑鄙、行爲低下的人，教化會跟著紊亂，民風也會趨於卑劣。」《詩經》說：「君主請求我從政時，唯恐請不動我；等到我答應了，卻又不能信賴、重用我。」〈君陳〉說：「人們沒有看到聖德典範的時侯，就覺得自己永遠不可能見到；等到他見過了聖德典範後，卻不能重用並實踐它。」

【注釋】

① 大人不睪丌所䀕：即「大人不親其所賢」。「睪」，原考釋云：「與『親』通。《包山楚簡》『親』字从見从辛，此从皿、辛聲，與《汗簡》同。郭店簡作『新』，今本作『親』。『䀕』，《說文》所無，『臤』之形變，郭店簡作『臤』，今本作『賢』。」

濬智按：楚簡「臤」字約有（郭店.六德 12）、（郭店・五行 23）、（郭店・唐 2）等三種寫法，陳劍先生以爲它有可能是「用手持取、引取一物」的「搴」或「掔」的表意初文（〈柞伯簋補釋〉），讀作「賢」。季師《說文新證（上）》頁 210 則以爲字可能象「以手抉目」之形。《郭店・緇衣》此字作「」，《上博一》此字與之相近而省「又」形。右上部件則末筆拉長，與「配」字右旁幾乎同形。

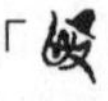

② 䜴此㠯遊民此㠯緶：即「教此以失，民此以變」。《郭店》本同，今本作「民是以親失，而教是以煩」。䜴，从言、爻聲（季師《說文新證（上）》頁 233）。遊，「失」異體，參〈性情論〉第八章注 3。

「此以」，張富海先生《郭店楚簡〈緇衣〉篇研究》（頁 17-18）以爲可讀爲「是以」，表因果關係。其說可從。「緶」，從糸、叓（同弁）聲可讀作「變」。「變（幫紐元部）」，變亂也。今本作「煩（奉紐元部）」，《考工記・工人》注：「煩，亂也。」二字音義俱近。

③ 呰員皮求我則女不我戛執我敍 =亦不我力：即「《詩》云：彼求我則，如不我得，執我仇仇，亦不我力」。《郭店》本作「《寺》員：皮求我則，女不我戛，執我栽 =，亦不我力」，今本作「《詩》云：彼求我則，如不我得，執我仇仇，亦不我力」。

「皮」，通「彼」。「女」，通「如」。「敍」字，李零先生以爲从「各」，爲「咎」之訛變（〈上校二〉頁53）；陳偉先生以爲字當釋「戟」（〈緇衣對讀〉頁421）。濬智按：「敍」从「各」得聲（見紐鐸部），可與今本「仇」字（群紐幽部）通。

「仇仇」，毛《傳》：「猶謷謷也。」《毛詩正義》：「仇仇、敖敖，傲也。」清．朱彬《禮記訓纂》引王念孫言：「《廣雅》：『扏扏，緩也。』『扏扏』，通作『仇仇』。〈緇衣〉鄭注『執我仇仇然不堅固』，即緩持之意，與《廣雅》同，與《爾雅》、《毛傳》、《鄭箋》皆異，蓋本於三家也。」朱氏釋義似較妥當。

簡文所引詩句見今本《詩．小雅．正月》：「正月繁霜，我心憂傷；民之訛言，亦孔之將。……好言自口，莠言自口，憂心愈愈，是以有侮。…… 謂天蓋高，不敢不局；謂地蓋厚，不敢不蹐。 維號斯言，有倫有脊。哀今之人，胡為虺蜴！ 瞻彼阪田，有菀其特。天之抓我，如不我克。 彼求我則，如不我得；執我仇仇，亦不我力。 心之憂矣，如或結之。今茲之正，胡然厲矣！ 燎之方揚，寧或滅之。赫赫宗周，褒姒滅之。……」《序》云：「〈正月〉，大夫刺幽王也」。《禮記》鄭玄注：「君始求我，如恐不得我。既得我，持我仇仇然不堅固，亦不力用我，是不親信我也。」

旭昇案：「彼求我則，如不我得」，異說頗多，鄭箋：「王之始徵我，如恐不得我。」朱子《詩集傳》頁130釋爲：「夫始而求之以爲法則，惟恐不我得也。」馬瑞辰《毛詩傳箋通釋》頁 187 同鄭箋，而以「則」爲句末語助詞；于省吾《澤螺居詩經新證》頁 32 以「則」爲「敗」之訛：「彼求敗我，而不我得也。」以上三說中，一、二說釋義合理，但旁證還嫌不夠。語譯姑依鄭箋。

④ 君緟員未視耶女丌 =弗克視我既視我弗冑耶：即「〈君陳〉云：未視（見）聖，如其弗克視（見）；我既視（見），我弗由聖。」「君陳」，《古文尚書》篇名，亦人名，《禮記．坊記》鄭注謂：「周公之子，伯禽弟。」「視」，《郭店》、今本都作「見」，同義通用。「耶」，爲楚簡「聽」字，亦「聖」字。「女（如）」下原漏寫「丌（其）」字，以小字補在右下，加「 =」以示校補脫文（林素清先生〈檢討尙書〉），可從。《漢書．陳寵傳》記有：「又鉤校律令條法溢於《甫刑》者，除之。」顯見至遲在漢代，竹書在抄寫後便有提交校對的制度，「校對的結果雖然大多以符號表示，但有時亦署以有明確意義的文字，或符號與文字二者並用」（李均明、劉軍先生《簡牘文書學》頁 78）。

冑，原考釋隸定作「貴」，誤。劉釗先生以爲此實爲「冑」字（〈上海一劄記〉頁 291）。《郭店》本作「迪」，《禮記》、《古文尚書》都作「由」。《禮記．緇衣》注：「由，用也。」

簡文所引見於《古文尚書．君陳》，茲節錄部份與簡文相關之原文如下：「我聞曰：至治馨香，感於神明。黍稷非馨，明德惟馨。爾尚式時周公之猷訓，惟日孜孜，無敢逸豫。凡人未見聖，若不克見；既見聖，亦不克由聖。爾其戒哉！爾惟風，下民惟草。圖厥政，莫或不艱。有廢有興，出入自爾師虞，庶言同則繹。爾有嘉謀嘉猷，則入告爾后于內，爾乃順之于外。曰：斯謀斯猷，惟我后之德。嗚呼！臣人咸若時，惟良顯哉。」《書序》云：「周公既沒，命君陳分正東郊成周，作〈君陳〉。」

第十一章

【原文】

子曰：「大臣之不睪（親）也，則忠敬不足，而賕（富）貴已逃（過）①，邦家之不寍（寧）也，則大臣不台（治）而埶（褻）臣怋（託）矣。

此以大臣②【十一】不可不敬也，民之蕝（蕝）也③。古（故）君不與少（小）悬（謀）大，則大臣不肙（怨）④。」𦈢（晉，祭）公之〈募（顧）命〉員（云）：「毋㠯（以）少（小）悬（謀）敗大意（圖）⑤，毋㠯（以）辟（嬖）御𧶠（疾）妝（莊）后；毋㠯（以）辟（嬖）士𧶠（疾）⑥夫＝（大夫）向（卿）使（士）⑦▬。」【十二～】

【語譯】

孔子說：「大臣如果不受到尊重，那麼大臣的忠敬就會不夠，而他所享有的富貴就顯得太超過了，國家不得安寧，大臣不治理事務，近臣也就成群結黨的來欺騙君上。這就是君主不能不尊敬大臣的原因，因為他們是人們的榜樣呀！所以君主不跟小臣商議大臣的作為，如此大臣才不致心生怨恨。」祭公臨死的遺言說：「不要因小謀而敗壞大政，不要因為寵愛地位較卑下的宮人而厭惡莊重的王后；不要因寵愛地位低下的近臣而排斥地位崇高的大夫卿士。」

【注釋】

① 大臣之不罤也則忠敬不足而䢅貴已逃：即「大臣之不親也，則忠敬不足，而富貴已過」。「罤」，即「親」，在這裡當被動式的動詞，即「被親近」。「䢅」即「富」之繁體。

「已」，原考釋照描作「𠃛」，並未隸定。李零先生以為：「『已』，原作『月』，應是抄寫錯誤（〈上校二〉頁 54）」；陳偉先生〈緇衣對讀〉頁 422 則說：「在香港中文大學文物館所藏楚簡中，有一段《緇衣》殘簡，其中『其容不改』的『改』字左旁與上博本相當『已』的字類似。……依照陳先生（陳松長）對於這個『改』字的分析，上博本此字可以看作『已』字的異體……我們也可以認為將『已』字寫成近似『月』字的樣子，大概是一種有規律的錯誤。」可從。

「則忠信不足而富貴已過也」句，《禮記正義》：「沈氏云：『大臣離貳，不與上親，政教煩苛，百姓不安，是忠敬不足致然，由富貴已過極也』」清·莊有可《禮記集說》:「已過，太甚也」。「已」字於此不論作時間副詞「已經」或作程度副詞「太甚」理解（王力《王力古漢語字典》頁 260），均能修飾形容詞「過（過份）」，且與上下文意通。故《上博一》此字應隸定與今本〈緇衣〉同，作「已」。

「𨓚」，原考釋云:「即『過』字，楚簡多見。「𨓚」從「化（曉紐歌部）」聲，與「過（見紐歌部）」韻同聲近，可以通。

「大臣之不親」，學者或以爲「大臣不親近國君」，恐非。「忠敬不足」，《禮記》鄭玄注「謂臣不忠於君，君不敬其臣」，也有待商榷。

② 埶臣怋矣：即「褻臣託矣」。今本〈緇衣〉作「邇臣比矣」。埶，「藝」（疑紐月部）之本字，讀爲「褻」（心紐月部），《說文》以「褻」爲「從衣、埶聲」。褻臣，國君親近的臣子。今本〈緇衣〉作「邇臣」，義同。

「怋」，《郭店》注 58 云:「借作『託』《說文》:『託，寄也。』。」即褻臣互相夤緣託附。今本《禮記》作「比矣」，鄭玄注：「私相親也。」二義並無不同。

③ 民之蕝也：即「民之蕝也」。原考釋云:「《說文》:『朝會束茅表位曰蕝。』《國語·晉語八》:『置茅蕝，設望表。』」

濬智按：楚系文字「絕」作「㡭」，從刀斷絲。「蕝」即「蕝」，可從。今本〈緇衣〉作「表」，蓋同義互用。

④ 大臣不肙：即「大臣不怨」。「肙」字，《上博一》原整理者誤隸作「令」，詳參本文第五章注⑨。

⑤ 𥫗公之寡命員毋㠯少悬敗大惷：即「祭公之〈顧命〉云：毋以小謀敗大圖」。《郭店》本作「公之〈寡命〉員：毋㠯少悬敗大惷」、今本作「葉公之〈顧命〉曰：毋以小謀敗大作」。

「𥫗（𥫗）」，原考釋隸作「𢆶」:「𢆶，从二倒『矢』，《說文》

所無。據簡文，䜌公作《寡命》，《禮記・緇衣》鄭玄注：『葉公，楚縣公葉公子高也，臨死遺書曰顧命。』則簡文之䜌公，當爲葉公。郭店簡作『[illegible]公』，『[illegible]』从甘，今本作『葉』。」李零先生則以爲此字象手持雙矢，乃「射」字之異構，「射（船母鐸部）」與今本「葉（書母葉部）」讀音相近（〈上校二〉頁 54）。

李學勤先生〈釋郭店簡祭公之顧命〉頁 44-45 以爲《郭店》該字從𡴘，應隸作「𣍘」，讀爲「祭」

> 上部从𡴘，應隸寫為𣍘。《說文》沒有𡴘字，惟在彗字下說：「掃竹也。从又持𡴘。」並云：「彗字或从竹作篲，古文則从竹、習作䈀。掃竹便是掃帚。殷墟甲骨文有䨮字，有的下从二又，羅振玉《殷虛書契考釋》、商承祚《殷虛文字類編》釋為彗。這個字或省去下半作[illegible]，學者也釋作彗。甲骨文的習字从[illegible]，所以《說文》彗字古文从習是有來由的。彗古音月部，習在葉部，兩部有密切聯系，如上面提到的葉字也在葉部。《說文》說的𡴘，是䨮、[illegible]的變形，當視為省又的彗。這樣我們知道，郭店簡我們談的那個字，實際是从彗聲。祭是精母月部，从彗聲的字也是屬月部，或為精母，或為心母，與祭通假是很自然的。

李家浩先生在〈楚大府鎬銘文新釋〉補記中指出《郭店・緇衣》此字與大府鎬「[illegible]」字相同，均應釋爲「晉」：

> 最近文物出版社出版的《郭店楚墓竹簡・緇衣》篇的「祭公」之「祭」，原文寫法與大府鎬的「晉」相似，也應該釋為「晉」。楊樹達說「晉」是「箭」的古文（《積微居小學金石論叢》（增訂本 13~14 頁）。「箭」從「前」聲。古書中有從「前」聲之字與「淺」通用的例子（高亨：《古字通假會典》195~196 頁）。郭店楚簡「淺」、「察」二字所從聲旁相同。「察」從「祭」聲。於此可見，「晉」可以讀為「祭」。

陳高志先生〈郭店楚墓竹簡緇衣篇部分文字隸定檢討〉、孔仲溫先生

〈郭店楚簡緇衣字詞補釋〉、王輝先生〈郭店楚簡釋讀五則〉和徐在國先生〈郭店楚簡文字三考〉、沈培先生〈卜辭「雉眾」補釋〉吳振武先生〈假設之上的假設－金文「虁公」的文字學解釋〉均主此字爲「晉」。

旭昇案：《郭店》此字釋「晉」，有一定的依據。「」字上部從二「䇂」，「䇂」爲「矢」之倒文，即「箭」之初文，參《戰國古文字典》1151 頁、《說文新證（上）》364 頁。但是，《郭店·緇衣》簡 10「晉」字作「」，與同篇簡 12 此字作「」寫法有明顯的不同；《上博一·緇衣》簡 6「晉」字作「」，而簡 12「䇂（晉省）」作「」，同爲「晉」字，寫法也是明顯地不同。爲什麼兩篇材料的同一個書手都會寫成不同的字形？會不會是有什麼區別作用？在此，我們姑且把《郭店》簡 12 此字隸作「䇂」、《上博一》此字隸作「䇂」，仍讀「晉」。

濬智按：〈緇衣〉所引〈顧命〉之作者究竟是「晉公」、「祭公」抑或「葉公」？歷來約有三說：

一、〈緇衣〉此處顧命者可能是葉公。主張此說者有漢·鄭玄、元·陳澔（《禮記集說》：「葉公，楚葉縣尹沈諸梁，字子高，僭稱公也」）。從政治地位上來看，葉公子高係一區區縣尹，何能「顧命」？

二、〈緇衣〉此處顧命者可能是晉公。《左傳·昭公二十八年》記：「昔周公弔二叔之不咸，故封建親戚，以蕃屏周。管、蔡、郕、霍、魯、衛、毛、聃、郜、雍、曹、滕、畢、原、酆、郇，文之昭也；邘、晉、應、韓、武之穆也……。」武王子叔虞封唐，子燮父改遷晉水旁，爲晉，其封地主稱「晉公」。姬姓之晉公爲一國之君，的確有資格作顧命。所以〈緇衣〉「晉公」也有可能不通假讀作「祭公」而讀作本字「晉公」。

如果真是晉公顧命，他的顧命對象可能有兩個：一是周王－如果他曾入周輔政；二是繼其位的晉公子。但一則文獻上從未有任一「晉公」入周輔政而臨薨顧命的記載，二則若「晉公之顧命」對象係繼位之晉公子，時晉公子未繼位爲君，其妃絕不得稱「莊后」。故雖然「晉公」一詞之歷史合理性得以成立，但從史料上、禮制上來判斷，「晉公」似乎不太可能作〈顧命〉。所以楚簡「晉公」還是不作本字解。

三、〈緇衣〉此處顧命者可能是祭公。清・江永(《群經補義》：「〈緇衣〉引葉公之顧命，葉當爲祭，此祭公謀父臨終之言，見《汲冢周書・祭公解》篇」)、清・惠棟(《九經古義注》：「此《周書・祭公父》之辭。穆王時，祭公疾不瘳。王曰：『公其告予懿德。』祭公拜首稽首曰：『嗚呼天子，女無以嬖御固莊后，女無以小謀敗大作，女無以嬖御士疾大夫卿士。』祭公將歿而作此篇，故謂之顧命(其事亦見汲郡古文)。」

結合前文所提及的禮制、政治地位，兼參時賢們的相關考察，我們認爲第三說較爲合理。

至於「祭公」一名，爲何會傳抄成今本的「葉公」？清・朱彬《禮記訓纂》引有楊用修與王念孫之說，以「葉」爲「祭」之訛字：

> 此文載《逸周書・祭公解》。蓋祭公疾革，告穆王之言，《祭》字誤作「葉」耳。(楊用修)
>
> 「祭」與「蔡」古字通。《呂氏春・秋音初》篇「周昭王及公抎於漢中」，僖四年《左傳》疏作「祭公」，《墨子・初染》篇「幽王染於蔡公穀」，《呂氏春秋・當染》篇作「祭公敦」。《春秋》鄭「祭仲」，《易林・既濟之鼎》作「蔡仲」。皆其證也。〈緇衣〉之「祭公」作「葉公」者，亦是「蔡」即為「祭」，因誤而為「葉」耳。(王念孫)

清末章太炎則以爲「蔡」兼有「葉」地，故亦得稱「葉公」：

> 文王時先有蔡國矣……春秋時之葉，即在南陽府葉縣南三十里。葉與蔡地望相聯，當文王時，蔡公之國，必兼得葉縣。故蔡公亦可稱葉公，猶韓可稱鄭也。此《逸周書》之祭

公謀父，祭當為蔡省，即文王時蔡公之後，非《左傳》所謂凡莊邢茅胙祭周公之胤者。《周語》穆王將征犬戎，祭公謀父諫曰……。韋《解》云：「祭，畿內之國，周公之後也。」此未諦矣。蓋蔡地雖封蔡叔之後，而蔡公子孫之徙封者，亦仍稱蔡公，並亦仍稱葉公，此猶咸林之鄭遷于鄶國，而仍以鄭稱也。故葉公即是祭公，即是謀父，非字有誤也（《膏蘭室札記》，《章太炎全集》第七冊頁 217-218）。

二說均有理，可以並參。

煮，陳斯鵬先生〈初讀上博楚簡〉引〈孔子詩論〉「圖」作「圕」，主張「煮」即「圖謀」之「圖」，可從。煮（從「者」聲，照紐魚部）、圖（定紐魚部）、作（精紐鐸部），音近可通，義亦相近。

⑤ 毋已辟御𦘦妝后：即「毋以嬖御𧖴莊后」。辟，讀「嬖」，寵幸也（《左》隱三年注）。御，地位較低的宮人。《禮記．昏義》：「古者天子后立六宮、三夫人、九嬪、二十七世婦、八十一御妻，以聽天下之內治，以明章婦順，故天下內和而家理。天子立六官、三公、九卿、二十七大夫、八十一元士，以聽天下之外治，以明章天下之男教，故外和而國治。」嬖御即御妻之屬。

「𦘦（）」，《郭店》本作「息（）」；今本〈緇衣〉作「疾」；今本《逸周書．祭公》作「固」。

《上博一》此字，原考釋云：「从聿，皕聲。《說文》所無，疑即《說文》『𧖴』字之省文，《說文》：『𧖴，傷痛也，从血、聿，皕聲。《周書》曰『民罔不𧖴傷心，讀若憘』。』段玉裁注：「按當作譆，言部曰：『譆，痛也。』音義皆近。」《郭店》此字，原考釋云：「息，簡文从『自』从『心』，借作『塞』。《國語．晉語》：『是自背其信而塞其忠也』注『絕也』。」（《郭店》頁 134）

《郭店》此字，李零先生以爲：

簡文可能是「𧖴」字的省體（「𧖴」是曉母職部字，「疾」

是從母質部字，「息」是心母職部字)，「𧖴」是傷痛之義，與「疾」含義相近(《郭校》增訂本頁64-65)。

濬智按：「𧖴」字《說文》有「㐁聲」、「讀若憘」二音，第二音「憘(許力切，曉紐職部)」與「息(心紐職部)」、「疾(從紐質部)」聲韻俱近，可以通假。讀爲「疾」，疾惡也。《逸周書》作「固」，孔晁注：「固，戾也。」《毛詩·抑》傳：「戾，罪也。」

⑥ 毋㠯辟士𧖴夫 =向使：即「毋以嬖士疾大夫卿士」。原考釋云：「郭店簡作『卿事』，今本作『卿士』。」

濬智按：「向」(曉紐陽部)，在楚簡中常通假作「鄉」(曉紐陽部)、「嚮」(曉紐陽部)，參《郭編》頁114。今本《禮記·緇衣》作「卿(溪紐陽部)」，蓋古文字「鄉」、「卿」本爲一字之分化(參《說文新證》(下))。故《上博》「向」可讀作「卿」。

「卿使」，應讀爲「卿事」，「使」即「吏」，加義符「人」旁，古文字「史」、「吏」、「事」同字(參《說文新證(上)》頁33)。「卿事」金文多見，羅振玉以爲即「卿士」(增訂《殷虛書契考釋》下)。《詩·小雅·十月之交》：「皇父卿士，番維司徒」，宋·朱熹注：「卿士，六卿之外，更爲都官，以總六士。」《左傳·隱公三年》：「鄭武公、莊公爲平王卿士」，杜預注：「卿士，王卿之執政者」。由是可見「卿士」的官職地位不低。

第十二章

【原文】

子曰【十二】：「長民者𡥈(教)之㠯(以)悳(德)，齊之㠯(以)豊(禮)，則民又(有)㱦(恥)心①。𡥈(教)之㠯(以)正(政)，齊之㠯(以)型(刑)，則民又(有)免心②。古(故)慈(子)㠯(以)

悉（愛）之，則民又（有）翠（親）；信㠯（以）結之，則民伓 =（不背）③；龍（恭）㠯（以）立（涖）之，則民又（有）恙 =（遜心）④。」《峕（詩）》員（云）【十三】：「虐（吾）夫 =（大夫）龏（恭）虘（且）會（儉），林（靡）人不斂（斂）⑤。」〈呂型（刑）〉員（云）：「毛（苗）民非甬（用）霝（靈），折（制）㠯（以）型（刑），隹（惟）复（作）五絫（祈／戒）之型（刑）曰金（法）⑥▃。」【十四～】

【語譯】

孔子說：「領導人用道德來教育人民，用禮義來約束人民，人民才會培養出知恥的德行；如果只會用政令來教導他們，用刑罰來約束他們，人民亦只會苟且逃避刑罰。所以統治人民的人若能用對兒女一般的愛來愛護他們，人民就會親近他；若能用信實來結納人民，人民就不會背叛他；若能恭謹（不作威作福）地對待人民，人民就會順服他。」《詩經》說：「我的大夫能夠恭敬且節儉，那麼人民就沒有不約束收斂的。」〈呂刑〉說：「苗民之君不肯從善，用刑罰來制裁人民，制作了五種殘暴的刑罰，以為法律。」

【注釋】

① 長民者𦤎之㠯悳齊之㠯豊則民又㕸心：即「長民者教之以德，齊之以禮，則民有恥心」。《郭店》本作「長民者𦤎之㠯悳、齊之㠯豊，則民又懽心」，今本作「夫民教之以德，齊之以禮，則民有格心」。

「㕸（𠂤）」，原考釋云：「从口从立，《說文》所無。《包山楚簡》2.48 有『㕸鄴』，2.41 作『陞』，『㕸』字存疑。」黃錫全先生以爲《包山》此字所从之「立」，實爲「土」偏旁，字應讀「吐」，作姓氏解（《湖北出土商周文字輯證》頁 193）。《上博一》此字，李零先生以爲「此字疑同『咠』，而以音近讀爲『恥』（「咠」是清母緝部字，「恥」是透母之部字，讀音相近），《郭店》本作「懽」，讀爲「勸」，含義有別（〈上校二〉頁 55）。趙建偉先生〈「民有娛心」與「民有順心」說〉則隸爲「吳」。

旭昇案：以上諸家，似以李零先生之說較好，但李說沒有詳細申明原因，而且訓詁通轉也嫌曲折了些。「昱」字應該釋爲從「口」、「立（來母緝部）」聲，讀爲「恥（透母之部）」，二字聲同爲舌頭音，韻則爲旁對轉（緝之旁對轉，見陳新雄師《古音學發微》1083 頁）《論語·爲政》：「子曰：『道之以政，齊之以刑，民免而無恥；道之以德，齊之以禮，有恥且格。』」今本《禮記·緇衣》用「格（見母鐸部）」，《郭店》本用「勸（溪母元部）」，與「格」音義俱近。《上博一》本用「恥」，都和《論語》可以對應。

② 民又免心：即「民有免心」。《郭店》本作「民有孛（挽）心」，今本作「民有遯心」。

「[illegible]」，原考釋直接隸定作「免」云：「《史記·樂書》『免席而請』，張守節正義：『免猶避也。』郭店簡作『[illegible]』。今本作『遯』。『遯』與『免』義近。」

旭昇案：《上博一》此字釋「免」可從亦「冕」之初文，參拙作《說文新證（下）》卷八。《郭店》此字則爲「挽」之初文，李零、李家浩、趙平安先生皆有說，參拙作〈從《新蔡葛陵》簡談戰國楚簡「挽」字——兼談《周易》「十年貞不字」〉。

③ 伓 =：即「不伓」。「伓」讀作「倍」，即古文「背」字。《說文》小篆「倍」作[illegible]，其右上所从即是「不」形（《上博二讀本》頁 38）。與簡文此處相同的通假例尙見《郭店·忠信之道》「信人不伓」讀作「信人不背」、《上博一·孔子詩論》「〈浴風〉伓」讀作「〈谷風〉背」、《上博二·子羔》「畫於伓而生」讀作「畫於背而生」等。

④ 𢘓心：遜心。「𢘓」，原考釋云：「中山國《好蚉壺》銘文『隹逄（朕）先王』，『𢘓』字所从之关與之相同。郭店簡作『愻心』。今本作『孫心』。『𢘓心』或可讀爲『遜心』。」沈培先生從劉國勝先生說，引據

楚方言、《說文》等資料，證明从「关（关）」之字可讀成「尊」、「寸」、「訓」，因此，《上博一》「恙」字通假成《郭店》本「悉」、今本「孫」應該也沒有問題（〈上博簡緇衣篇「恙」字解〉）。可從。遜、孫，皆順服之意，《禮記》鄭注：「孫，順也。」

⑤ 虐夫 =龏虘會林人不斂：即「吾大夫恭且儉，靡人不斂」。林，原考釋云：「『林』爲《說文》部首，云：『葩之總名也。林之言微也，微纖爲功。象形。』『林人』詞義未詳」。《郭店》與此同作，原整理者隸定作「粃」，讀之作「磨」。

《郭店》此字，劉樂賢先生據《說文》「粃之爲言微也」，以爲可以考慮將簡文讀作「微人不斂」。「微」有「無」的意思，「微人不斂」即「無人不斂」。「粃」字又見於《郭店·六德》第二十七至二十八號簡：「綖（疏）衰齊戊粃實，爲昆弟也，爲妻亦然。」整理者所引「裘按」已經指出，《儀禮·喪服》記服兄弟、妻之喪時都有「疏衰裳齊，牡麻絰」，並讀簡文的「戊粃實」爲「特麻絰」。從這個用例不難推斷，「粃」當與「麻」讀音相近（〈讀郭店楚簡札記三則〉359-361）。黃德寬、徐在國先生以爲：「粃即麻之本字。〈緇衣〉36白珪之石，尙可礳（磨）也。磨字从麻作粃。〈成之聞之〉8『君衰𣬛而處立』句，裘錫圭先生按：衰下一字，其下部即麻所从之粃，其上部疑是至之省寫。此字似當釋絰麻。〈六德〉28『戊（牡）粃（麻）實（絰）』，麻作粃，因此粃人不斂當即麻人不斂。此簡麻當通靡。『麻（靡）人不斂』猶『無人不斂』也。」（〈郭店楚簡文字續考〉）。「歛」字，廖名春先生以爲即「斂」之繁文，義爲收斂，約束，整肅。（《新出楚簡試論》頁63）。

簡文所引「吾大夫恭且儉，麻人不斂」，據《上博一》原書注爲逸詩。吳榮曾先生認爲戰國時人稱「詩」，未必指《詩經》（〈〈緇衣〉簡本、今本引《詩》考辨〉）。可備一說。

⑥ 呂型員䏽民非甬霝折㠯型隹复五黍之型曰金：即「〈呂刑〉云：苗民非用靈，制以刑，惟作五祄之刑，曰法」。《郭店》作「〈呂型〉員：

非甬絰，折以型，隹乍五瘧之坓，曰灋」、今本〈緇衣〉作「苗民匪用命，制以刑，惟作五虐之刑，曰法」、《尚書・呂刑》作「苗民弗用靈，制以刑，惟作五虐之刑，曰法」、《墨子・尙同中》作「苗民否用練，折則刑，唯作五殺之刑，曰法」。

「毛乇民」，即「苗民」。屈萬里先生《尚書集釋》注曰：

> 苗民，鄭玄以為九黎之君，云：「穆王深惡此族三生凶德，故著其惡而謂之民。」（孔氏正義引）。按：《國語・楚語下》：「其後三苗，復九黎之德。」鄭氏蓋據此為說。以苗民不應制法，故曰九黎之君。實則民不得有君義，則此苗民，乃包括苗民之君言之也（頁252）。

其說是。「霝」，讀作「靈」，如金文「靈」皆作「霝」，其例甚多。至於郭店〈緇衣〉、今本〈緇衣〉、《尚書》、《墨子》所用「絰」、「命」、「靈」、「練」各字之間的音義關係，廖名春先生《新出竹簡試論》頁89論之甚詳，可參：

> 于省吾曰：「靈、令古字通……金文令命同字。」……朱駿聲曰：「令，假借為靈。實為良。令、靈、良皆雙聲。」《爾雅・釋詁》：「令，善也。」……「絰」乃「至」之繁文，而「至」有「善」義。《玉篇・至部》：「至，善也。」

今本〈緇衣〉「苗民匪用命」，已往學者或釋「命」爲「命令」，今對照《郭店》「絰」、《上博一》「霝」，知今本〈緇衣〉「命」只能通「令」，釋爲「善」。「折」，今本作「制」。《上博一》原考釋云：「『折』、『制』實同字，經典分爲兩字。《尚書・呂刑》『制以刑』，《墨子・尙同中》作『折則刑』。畢沅校注：『折、制音同』。」《郭店》作「」，左旁字形稍訛，仍是「折」字。

「复」即「作」。「柰」，原書考釋隸作「虡」而無釋；李零先生以爲「虖」的訛變（〈上校二〉頁56）」。

濬智按：細審《上博一》此字（）上部與本篇常見的「虍」（如

本簡的「虐（[illegible]）」、「虐（[illegible]）」等）並不相同，反倒與古文字「㤅（愛）」字，如同篇〈緇衣〉簡13「[illegible]」所从之「旡」接近。因而我們認爲上博此字應从「旡」从「示」，隸作「祟」而讀作「祄」。「祟」从「旡」得聲，古屬見紐物部，「祄」爲見紐月部，二字聲同韻近。《四聲篇海》：「祄，俗戒。」《爾雅．釋訓》：「兢兢憴憴，戒也。」簡文「五祟之法」即「五種讓人民畏懼的法律」。

「五祟」，今本作「五虐」，《尚書．呂刑》孔傳：「三苗之主，頑兇若民，敢行虐刑，以殺戮無罪，於是始大爲截人耳鼻，椓陰，黥面，以加無辜，故曰『五虐』。」視「五虐」之細節，的確令人兢兢憴憴。楚簡〈緇衣〉雖不用「虐」而用「祟（祄）」，亦能透顯出此處簡文所需之「兢兢憴憴」義。

「金」，原考釋云：「从『全』从『止』。『全』古『百』字。」李零先生云：「『法』，原作『[illegible]』，原書以爲從止從全，其實是從止從企，『企』即『灋』字的古文。……『灋』字應分析爲從亼從乏，……實即『窆』字，並非『全』字。」（〈上校二〉頁56）其說可從。

簡文「毦民非甬霝，折㠯型，隹乍五祟之型曰金」引自《尚書．呂刑》，茲節錄相關原文如下，裨供參考：「惟呂命：王享國百年，耄荒；度作刑以詰四方。王曰：「若古有訓，蚩尤惟始作亂，延及于平民；罔不寇賊，鴟義姦宄，奪攘矯虔。苗民弗用靈，制以刑，惟作五虐之刑曰法，殺戮無辜。爰始淫為劓、刵、椓、黥，越茲麗刑并制，罔差有辭。民興胥漸，泯泯棼棼，罔中于信，以覆詛盟。虐威庶戮，方告無辜于上。上帝監民，罔有馨香德，刑發聞惟腥。皇帝哀矜庶戮之不辜，報虐以威，遏絕苗民，無世在下。乃命重、黎，絕地天通，罔有降格。群后之逮在下，明明棐常，鰥寡無蓋。皇帝清問下民，鰥寡有辭于苗。德威惟畏，德明惟明。」孔傳：「三苗之君習蚩尤之惡，不用善化民，而制以重刑。惟爲五虐之刑，自謂得法。」

第十三章

【原文】

子曰：「正（政）之不行，孝（教）之不城（成）也，則刑罰不足恥也，而爵祿不足勸【十四】①也。古（故）上不可㠯（以）埶（褻）型（刑）而壐（輕）爵②。」《康𢍰（誥）》員（云）：「敬明乃罰③。」〈呂型（刑）〉員（云）：「䆁（膰／播）型（刑）之由（迪）④▬。」【十五～】

【語譯】

孔子說：「政令無法貫徹推行，教化失敗不成功，如此則刑罰將不足以使人感到羞恥，爵祿也不足以勸人爲善。所以執政的人，不過度依賴刑罰，也不輕易地將爵祿賞賜給人。」〈康誥〉說：「一定要用敬慎而公平的態度來施用刑罰。」〈呂刑〉說：「施用刑罰，一定要合乎公道。」

【注釋】

① 正之不行孝之不城也則刑罰不足恥也而爵祿不足勸：即「政之不行，教之不成也，則刑罰不足恥也，而爵祿不足勸」。《上博一》後兩句殘，據《郭店》本補。《郭店》本作「正之不行，孝之不城也，則坓罰不足恥，而雀不足懽也」，今本作「政之不行也，教之不成也，爵祿不足勸也，刑罰不足恥也」。

旭昇案：「正」通「政」；「孝」，《說文》釋「效也」，實即「教」之古文。「[illegible]」應釋「城」，讀爲「成」，參《戰國古文字典》頁 809。本簡之意謂「政」、「教」爲施政之本，「爵」、「刑」爲末，政不行、教不成，則徒恃爵祿、刑罰，亦無所施其用也。

② 古上不可㠯埶型而 壐爵：即「故上不可以褻刑而輕爵」。「埶」讀爲「褻」。《說文》：「私服」，段注：「引伸爲凡昵狎之稱，假借爲媟字。」

即親狎之義。而簡文「褻刑」之「褻」則由「親狎」義引伸而有「親近依賴」之義。

「爵（ ）」，原考釋云：「字形从𡬠从少，『𡬠』字中增『少』字。《說文》所無，與郭店簡『雀』字對應。」

徐在國、黃德寬先生則以爲此字應釋爲「爵」，當源於 （縣妃簋）、 （「觴」字所从，觴仲多壺）等形（〈緇性補正〉頁 3）。馮勝君先生則分析爲從「斗」、「少」聲，讀爲「爵」（〈緇衣二則〉頁 452）。

濬智按：包山簡 266 記載大朓之祭所用的青銅禮器中有一酒器名字「 」。望山二號墓簡 45 有一字作 ，字形雖稍殘，但仍可看出其與包山簡 266 同作。此字，李學勤先生釋「爵」；李零先生則釋包山此字作「雀」，讀作「爵」（李學勤、李零先生的看法，可參李零先生〈讀《楚系簡帛文字編》〉頁 155）。

旭昇案：《上博三 · 周易》簡 42「斛」字作「 」，從角從斗、簡 51「斗」字作「 」，從斗「主」聲，則楚系文字「 」形當即「斗」字。《上博一 · 緇衣》此字釋「爵」，應可從，字從「斗」、「爵」省聲。《包》266 之字則從斗、「手（審紐幽部）」聲，「手」與「爵」聲近，韻爲旁轉（參拙作《上博三 · 周易》零釋七則）。

③ 康爯員敬明乃罰：即「〈康誥〉云：敬明乃罰」。引自今本《尚書 · 康誥》。清 · 皮錫瑞《今文尚書考證》：「《禮記 · 大學》引作新民」、清 · 孫星衍《尚書今古文注疏》：「〈緇衣〉引經，『明』作『民』」。本文節錄與簡文相關之部份《尚書 · 康誥》原文如下：

> 王曰：「嗚呼！封。敬明乃罰。人有小罪非眚，乃惟終，自作不典；式爾，有厥罪小，乃不可不殺。乃有大罪非終，乃惟眚災適爾，既道極厥辜，時乃不可殺。」

《書序》云：「成王既伐管叔、蔡叔，以殷餘民封康叔，作〈康誥〉、〈酒誥〉、〈梓材〉。」孔傳：「凡行刑罰，汝必敬明之。」《尚書正義》：「敬明汝所行刑罰，須明其犯意。」

④ 呂型員冞型之由：即「〈呂刑〉云：播刑之迪」。《郭店》本作「呂坓員[illegible]坓之迪」、今本作「甫刑曰：播刑之不迪」。鄭注：「不，衍字耳。」

「冞（[illegible]）」，原考釋云：「『蹯』之古字。《正字通》：『冞，古蹯字。』」黃德寬、徐在國先生以爲字：「當分析爲从『冂』『釆』聲，乃『番』字古文。」（〈緇性補正〉）李零先生以爲字從「丑」（即爪）從「釆」，《郭店》本從「月」旁，可能是「冂」旁的訛變（〈上校二〉頁 56-57）。陳斯鵬先生則認爲《郭店》此字寫成從「番」從「月」，「番」本象以手播種于田之形，即「播」之本字，「月」旁屬加注聲符（〈初讀上博楚簡〉）。

旭昇案：此字《上博》從「冂」，無所取義，當以《郭店》爲正，各家《郭店》所釋，皆不得要領，此字應從肉、番聲，戰國文字「月」與「肉」同形，「肉」字或於右上方加別嫌符號，或不加；《上博一》則「肉」形省爲「冂」形。是此字當隸定作「膰」，《穀梁傳·定公十四年》：「生曰脤，熟曰膰。」於〈緇衣〉讀爲「播」。

「播」，《禮記·緇衣》鄭玄注：「播，猶施也。」簡文「播刑」即「施刑」。今本「播」字下衍一「不」字，楊樹達先生認爲今本這裡的「不」字不是衍文，而是同「丕」字，句中虛詞，無義（《詞詮》頁 14-15）；李銳先生則以「不」爲語詞。（〈郭店楚墓竹簡補釋〉頁 85-86）。濬智按：今本〈緇衣〉歷眾人之手，傳抄難免有誤，而古本〈緇衣〉較傳本接近原始〈緇衣〉面貌。兩簡本皆無「不」字，鄭玄亦以「不」爲衍字，當可從。

「由」，原考釋云：「假借爲『迪』。」《禮記》鄭玄注「迪」：「道也，言施行之道。」道，即正道。

「冞型之由」，見今本《尚書·呂刑》，茲節錄部份與簡相關之原文如下：

> 王曰：「嗟！四方司政典獄。非爾惟作天牧？今爾何監，非時伯夷播刑之迪？其今爾何懲？惟時苗民，匪察于獄之

麗；罔擇吉人，觀于五刑之中；惟時庶威奪貨，斷制五刑，以亂無辜。上帝不蠲，降咎于苗；苗民無辭于罰，乃絕厥世。」

第十四章

【原文】

子曰：「王言女（如）𢇍（絲），亓（其）出女（如）緍①，王言女（如）索，亓（其）出如緈（紼）②。故大人不倡流③。」《詩》云：「慎爾出話，【十五】敬尒（爾）威義（儀）④▬。」【十六～】

【語譯】

孔子說：「君王說的，原本只有絲那麼細的意思，但傳到了臣民耳裡，就會變得跟釣繳一樣粗大；如果君王說的意思有繩索那麼粗大，傳到臣民耳裡，就會變得粗麻索一樣大。所以執政的人，不要隨隨便便講些沒有根據的話。」《詩經》說：「謹慎注意自己的言語，恭敬小心你的威儀。」

【注釋】

① 王言女𢇍亓出女緍：即「王言如絲，其出如緍」。「𢇍」，《郭店》本作「䜌」，「聯繫」之「聯」的本字，於此用同「絲」（參裘錫圭先生〈戰國璽印文字考釋三篇〉頁 473-479）。「緍」，從糸、昏聲，原考釋云：「《集韻》：『緍，或作緡。』《爾雅・釋言》：『緍，綸也。』《廣韻》：『緡，釣魚綸也。』《詩・召南・何彼襛矣》『其釣維何，維絲伊緡』，毛亨傳：『緡，綸也。』『緡』、『綸』義同。」

② 王言女索亓出如緈：即「王言如索，其出如紼」。《上博》本「出如

緈」三字殘，據《郭店》本補。緈，《郭店》原考釋：「借作『紼』。今本作『綍』。」裘錫圭先生按語：「『紼』、『綍』二字，字書以爲一字異體，『聿』、『弗』皆物部字。又疑『緈』从的『聿』當讀爲『筆』。『筆』、『紼』聲韻皆近。」（《郭店》頁135）濬智按：不論將「緈」讀作「紼」或「綍」，皆意指「大索」。

③ 古大人不昌流：即「故大人不倡流」。《上博》殘，據《郭店》本補，今本作「故大人不倡游言」。

「昌」，「唱」之本字（裘錫圭先生〈說字小記〉），引伸而有「提倡」義。「流」，主要指沒有根據的流言，《荀子·致仕》：「凡流言、流說、流事、流謀、流譽、流愬，不官而衡至者，君子慎之」，楊倞注：「流者，無根源之謂。」今本「游言」意同「流言」。

④ 慎尒出話敬尒威義：即「慎爾出話，敬爾威儀」。《上博》本上句殘。「威」，《郭店》本作「愄」，「愄」一般表「敬畏」之「畏」，如《郭店·性之命出》簡60「凡於路毋愄（畏），毋獨言」。但古文字「畏（愄）」、「威」常見通用，如大盂鼎「畏天畏（威）」等（參季師主編《上博二讀本》頁179）。

簡文所引詩句見今本《詩·大雅·抑》，原詩見第六章注③。

第十五章

【原文】

子曰：「可言不可行，君＝（君子）弗言；可行不可言，君＝（君子）弗行，則民言不噅（危）行＝（行，行）不噅（危）言①。」《旹（詩）》員（云）：「吾（淑）訢（慎）尒（爾）止，不侃于儀②。」【十六～】

【語譯】

孔子說：「講得出而做不到的話，君子不說；做得到而不可告人的事，君子也不做。能夠這樣，人民就會見賢思齊，他們所說的話就不會違背他們所做的事，而他們所做的事也不會違背他們所說的話。」《詩經》說：「謹慎注意你的舉止，不要損害你的威儀。」

【注釋】

① 「倉（）」，原考釋云：「从石从今。《說文》所無。郭店簡作『陒』，今本作『危』。」《郭店》「陒」字，原考釋云：「陒，今本作『危』，鄭注：『危猶高也。』簡文此字从『秝』省。」裘錫圭先生按：「字當从『禾』聲，讀爲『危』，『禾』、『危』古音相近。」（《郭店》頁135）

《上博一》此字，陳斯鵬先生以爲從「今」得聲，讀爲「侵」（〈初讀上博楚簡〉）；黃錫全先生〈上博札記〉以爲「今」與「危」無法相通，字當釋「产」即「危」，其上「人」形下之「二」乃趁隙所加飾筆。黃德寬、徐在國先生以爲字從「人」在「石」上，以會危險之意，「今」所從的「＝」可分析爲飾點。（〈《緇性》補正〉頁225）。李零先生認爲此字依原釋作从「今」从「石」，可能是「危」字的錯寫（〈上校二〉頁57）；趙平安先生則以爲從「人」在「厂」上，「二」和「口」都是羨劃。（〈上博緇衣簡字詁四篇〉頁441）。大西克也先生〈試論上博楚簡緇衣中的「倉」字及相關諸字〉一文則全面性的探討戰國的「产」字，以爲黃錫全先生等的說法可從。

濬智按：《上博》此字，依形隸定作「倉」字，即「产」之異體，從「二」與「口」均爲飾符。《禮記．緇衣》鄭注：「危，猶高也。言不高於行，行不高於言。」

② 冨誓尒止不侃于義：即「淑慎爾止，不諐于儀」。本簡所引詩句見今本《詩．大雅．抑》，原詩本篇第六章注③。「侃」，今本「諐」，《禮

記》鄭玄注:「過也。」《詩・大雅・抑》作「愆」,《說文》:「愆,過也,从心衍聲。𠍱,籀文。」

第十六章

【原文】

子曰:「君子道(導)人以言,而恆(恆)以行。【十六】①古(故)言則慮亓(其)所冬(終),行則旨(稽)亓(其)所幣(弊)②,則民訢(慎)於言而懃(謹)於行。」《峕(詩)》員(云):「穆₌文王,於幾(緝)義(熙)〔敬〕止③▬。」【十七~】

【語譯】

孔子說:「君子以言語來引導人民,以行為來引導、規範人民。所以君子講話一定要考慮其可能導致的後果,行動必須明瞭其可能造成的弊害;這樣一來,人民也會說話謹慎,做事小心。」《詩經》說:「具有美德的文王,啊!他是那麼地光明磊落又恭敬。」

【注釋】

① 子曰君子道人以言而恆以行:即「子曰:君子導人以言,而恆以行」。此處有殘簡,《郭店》本作「君子道人以言,而 恆以行」,今本作「君子道人以言,而禁人以行」。

「道」讀作「導」,「 恆」即「恆」,《郭店》原考釋云:「 恆,其上部為《說文》恆字古文,疑讀作恆。」(《郭店》頁135)「恆」字在甲文及金文多作「亙」,从「月」,徐灝《說文段注箋》以為「月之半體如弦樞兩端,故謂之弦。月盈則缺,唯弦時多,故謂之恆,而訓爲常，故祗作亙。从月从二，指上下弦。」但戰國文字「月」與「外」常互用（季師《說文新證（上）》頁491），如包山楚簡有十七處「恆」字，皆作「𠄢」。

《郭店》「𡌆」字，陳偉先生以爲「亟」之訛字，讀「慏」，有「禁止」、「禁忌」義（〈郭店楚簡別釋〉頁68）。劉信芳先生則以爲「𡌆」是「亙」的繁形。《說文》从「亙」之「極」訓作「竟（境）」，因而劉先生以爲今本「禁」可能是「亙」或「竟」之音訛（〈郭店楚簡〈緇衣〉解詁〉頁175）。

濬智按：《郭店》「𡌆」字的確讀作「亙（恆）」。王力波〈緇校〉引《文選》左思〈吳都賦〉：「樹以青槐，亙以綠水。」李善注：「亙，引也。」據此，則簡文「亙以行」意即「（君子）用行爲來引導人民」，《郭店》本章重在「導民」，而非禁民，依「亙」解之即可。

旭昇案：「亙（見紐烝部）」、「禁（見紐侵部）」，聲紐相同，韻爲烝侵對轉（參陳新雄師《古音學發微》頁1078），可以通假。疑字本作「亙」，意爲「引導」（濬智說）、「規範」（《說文》訓「亙」爲「竟」，通「境」，引伸可以有「規範」義），釋義較佳。今本音變爲「禁」，釋義不如《郭店》本。

② 旨丌所幣：即「稽其所敝」。《郭店》本作「䭫丌所幣」，今本作「稽其所蔽」。旭昇案：《郭店》「䭫」左旁從「食」省、從「口」爲飾符，隸定可作「䭫」，字從「旨」聲，與《上博一》「旨」均應讀爲「稽」，《說文》以爲「稽」從「旨」聲。「幣」，讀爲「蔽」，原考釋逕作「蔽」。

③ 告員穆 =文王於幾義敬止：即「《詩》云：穆穆文王，於緝熙敬止」。《郭店》本作「《寺》員：穆 =文王，於偮𨓚敬𡳿」，今本作「《詩》云：『愼爾出話，敬爾威儀。』《大雅》曰：『穆穆文王，於緝熙敬止。』」《上博》本脫「敬」字，今依《郭店》本及今本補。

「於」，發語詞。「幾（𢆶）」字下部訛近「我」形，仍應釋「幾」。

旭昇案：「幾（見紐微部）義（疑紐歌部）」，對照《郭店》本與今本《禮記·緇衣》、《毛詩·文王》，當讀爲「緝（清紐緝部）熙（曉紐之部）」，「緝熙」、「幾義」二詞之聲韻雖稍有距離，但均當視爲聯綿詞，應該可以允許有較大的音變幅度。

「止（[illegible]）」，《上博一》原書隸定作「之」。實爲「止」字，與今本《詩經》同。簡文引原詩見本篇第一章注④，《詩序》云：「〈文王〉，文王受命作周也。」毛傳：「穆穆，美也。緝熙，光明也。」鄭箋：「穆穆乎文王，有天子之容。於美乎！又能敬其光明之德。」本章引用此詩的作用，《禮記正義》云：「證在上當敬其言行也。」

第十七章

【原文】

子曰：「言衒（率）行之，則行不可匿①。古（故）君（君子）募（顧）言而行②，㠯（以）城（成）丌（其）信，則民不【十七】能大丌（其）頿（美）而少（小）丌（其）亞（惡）。」《大虽（雅）》員（云）：「白珪（圭）之砧（玷）尚可磊（磨），此言之砧（玷）不可爲③。」《少（小）虽（雅）》員（云）：「躳（允）也君子，㙠（廛／展）也大城（成）④。」〈君奭〉員（云）：「昔在上帝，割紳觀文王德，其⑤【十八】集大命于氏（是）身⑥▁。」【十九～】

【語譯】

孔子說：「說的話都會照著去做，那麼行爲就不可掩藏。所以君子不必多講話，只照著他講的做，就能成就他的信實。這樣人民既不會特意誇大他的優點，也不會故意遮掩他的缺點。」《大雅》說：「白玉之圭有瑕疵，還可磨光處理掉；但若說話出現缺失，就很難挽回了。」《小雅》說：「信實的君子，因其信實，才能有大成就。」〈君奭〉說：「從前上帝實在是不斷地觀察文王的德行，之後才把天命集中降賜在他身上。」

【注釋】

① 言衒行之則行不可匿：即「言率行之，則行不可匿」。《郭店》本作「言從行之，則行不可匿」，今本作「言從而行之，則言不可飾也；行從而言之，則行不可飾也」。

「衒」，原考釋作「衒」云：「即『率』字。」陳偉先生〈緇衣對讀〉頁 423 以爲「此字的中間部分應該是『人』字，……因而此字大槪就是在郭店簡中多次出現的『道』字。」

濬智按：細審此字中間確實从「幺」，《郭店》亦常見从「行」之「率」字，如《郭》10.28、12.8 等。本句《禮記》鄭注：「以行爲驗，虛言無益於善也。」元．陳澔《禮記集說》：「言順於理而行之，則言爲可用，而非文飾之言矣；行順於理而言之，則行爲可稱，而非文飾之行矣。」

旭昇案：「率」猶「皆」，《漢書．宣帝紀》顏師古注：「率者，總計之言也。」「言率行之」即「言皆行之」。《郭店》本作「言從行之」，似不如《上博》本文義明暢。今本作「言從而行之，則言不可飾也；行從而言之，則行不可飾也」，益覺辭費而意晦。

② 君子 寡言而行：即「君子顧言而行」。「 寡」，原考釋云：「即『寡』字，與『顧』通。《說文通訓定聲》：『寡，叚借爲顧。』郭店簡作『賜』，从見。今本『故君子寡言而行』，鄭玄注：『寡常（鄒按：當作當）爲顧，聲之誤也。』」《郭店》「賜」字，裘錫圭先生按：「此字今本作『寡』，但鄭注認爲『寡當爲顧，聲之誤也』。簡文此字從『見』（亦可謂從「視」，偏旁中「見」、「視」二字一般不別），當釋爲『顧』，可證鄭注之確。」（《郭店》頁 135 注 85）

③ 白珪之砧尙可磊此言之砧不可爲：即「白圭之玷尙可磨，此言之玷

不可爲」。「磊」，《郭店》本作「砉」，皆從「石」、「朩（厤）」聲，詳見本篇第十二章注⑤。

濬智按：此詩句見今本《詩·大雅·抑》，原詩本篇第六章注③。毛《傳》：「玷，缺也。」鄭箋：「玉之缺，尙可磨鑢而平，人君政教一失，誰能反覆之？」《說苑·談叢》引此詩前有一段話：「口者關也，舌者機也，出言不當，四馬不能追也。口者關也，舌者兵也，出言不當，反自傷也。言出於己，不可止於人。行發於邇，不可止於遠。夫言行者，君子之樞機。樞機之發，榮辱之本也，可不愼乎。」可爲本詩句之註腳。

④ 䠷也君子墨也大城：即「允也君子，廛也大成」。「䠷（[illegible]）」，原考釋隸作「夋」，不妥，字實爲「允」，下部人形繁化爲「身」形（參第三章注⑤）。「墨（[illegible]）」，《郭店》本作「[illegible]」，注 91 裘錫圭先生案語以爲此字似當釋「廛」，「廛」、「展」音義可通。《上博一》原考釋於隸定「墨」後括號作「則」而未釋。楊澤生先生〈上海博物館所藏楚簡文字雜說〉認爲「此字上部爲『鼎』的變形」；李零先生〈上校二〉頁 58 認爲「此字可能是『廛』字的誤寫」，並以爲〈容成氏〉簡 39「𠝣」字和郭店「廛」字可能有關係。趙平安先生〈緇衣四篇〉頁 441：舉《十鐘山房印舉》（3 之 11纏、3 之 21纏）「纏」所從「廛」形，說明裘說可從。簡本〈緇衣〉「廛」字只是少「广」旁而已。廖名春先生《試論》以爲《說文》廛字「从广里八土」，而簡文中間不像「里」，較像「則」省。

濬智按：此字雖然也像「則」省，但和趙平安先生所舉漢印「纏」字偏旁形體也極爲相近。依形，二釋皆可；依音，則裘釋較佳。「廛（澄紐元部）」、「展（知紐元部）」二字聲近韻同，可以通讀。「允也君子，展也大成」，詩句見今本《詩·小雅·車攻》：「我車既攻，我馬既同。四牡龐龐，駕言徂東。 田車既好，四牡孔阜。東有甫草，駕言行狩。 之子于苗，選徒囂囂。建旐設旄，搏獸于敖。 駕彼四牡，四牡奕奕。赤芾金舄，會同有繹。 決拾既佽，弓矢既調。射夫既同，助我舉柴。 四黃既駕，兩驂不猗。不失其馳，舍矢如破。 蕭蕭馬鳴，悠悠旆旌。徒御不驚，大庖不盈。 之子于征，有聞無聲。允矣君子，展也大成。」《序》：「車攻，宣王復古也。宣王能內脩政事，外攘夷狄，復文武之境土，脩車馬、備器械，復會諸侯於東都，因田獵而選車徒焉。」鄭箋：「允，信；展，誠也。大成，謂致太平也。」原詩本寫天子狩獵之壯盛成功，《序》、《箋》俱引伸至「致太平」。簡文引本句，亦引伸「誠信」之義。

⑤ 昔才上帝戡縜龖文王悳集大命于氏身：即「昔在上帝，割紳觀文王德，集大命于是身」。本則前兩句《上博》本殘，據《郭店》本補。《郭店》本第三句作「集大命于氒身」，今本《禮記·緇衣》作「昔在上帝，周田觀文王之德，集大命于厥躬」，今本《尚書·君奭》作「在昔上帝，割申勸寧王之德，其集大命于厥躬」。

簡文「昔在」，今本《尚書》作「在昔」。清段玉裁《古文尚書撰異》：「今本『在昔』，宋本『昔在』，疏云：『往昔之時在上天，則宜從「昔在」。』」其說是也。

《郭店》原考釋以爲「戡」從戈害聲，讀作「割」；「縜」當釋「紳」。「龖」從「視」、「雚」聲，即「觀」。

《禮記》鄭注謂：「古文『周田觀文王之德』爲『割申勸寧王之德』，今博士讀爲『厥亂勸寧王之德』。三者皆異，古文似近之。割之言蓋也。」屈萬里先生《尚書集釋》頁 208 引金履祥、于省吾先生說，以爲《禮記·緇衣》之「周」乃「害」字之誤，用爲語詞「蓋」；又謂「田」當爲「申」之誤，「申」，《爾雅·釋詁》：「重也。」「勸」，當依〈緇衣〉作「觀」。「寧」當依〈緇衣〉作「文」。濬智案：屈說可從，全句意謂「蓋不斷觀察文王之德」。《上博》本「氏身」，《郭店》作「氒身」，《禮記》、《尚書》皆作「厥躬」，則《上博》本恐爲形近筆誤，但「氒（厥）」誤作「氏（是）」，文義亦通。

簡文所引《尚書·君奭》，今本與簡文相關之部份原文如下：

公曰：「君奭！在昔，上帝割申勸寧王之德，其集大命于厥躬。惟文王尚克修和我有夏，亦惟有若虢叔，有若閎夭，有若散宜生，有若泰顛，有若南宮括。」又曰：「無能往來茲迪彝教，文王蔑德降于國人。亦惟純佑秉德，迪知天威，乃惟時昭文王；迪見冒聞于上帝，惟時受有殷命哉。」

《書序》云：「召公爲保，周公爲師，相成王左右。召公不說，周公作〈君奭〉。」屈萬里先生《尚書集釋》頁203云：「經文皆周公勉召公之言，並無召公疑周公之語。蔡氏《集傳》云：『詳本篇旨意，迺召公自以盛滿難居，欲避權位，退老厥邑；周公反覆告喻以留之爾。』」

第十八章

【原文】

子曰：「君子言又（有）勿（物），行又（有）𨻰（格）①，此㠯（以）生不可敓（奪）志，死不可敓（奪）名。古（故）君子多䎽（聞），齊（質）而守之，多旹（志），齊（質）而睪（親）之，青（精）𥁕（知），𨻰（格）而行之②。」【十九】《寺（詩）》員（云）：「雩（淑）人君子，亓（其）義（儀）一也③。」〈君迧（陳）〉員（云）：「出內（入）自尒（爾）帀（師）雩（虞），庶言同④▃。」【二十～】

【語譯】

孔子說：「君子言之有物，作事端正、循規蹈矩；因此，在世時其志向不會被動搖，死後其君子的美名亦不至於被剝奪。所以君子應多聽聽他人的意見，有所選擇後服膺不失；君子也應該多方面的去學習，有所選擇後去實踐它；精益求精的去鑽研知識，循規蹈矩的去應用它。」《詩經》說：「有品德的君子呀，你的德行是純一不二的。」〈君陳〉說：

「內外（政令）都要出自你們眾人的考慮，眾人的意見都要一致。」

【注釋】

① 君子言又勿行又𨑨：即「君子言有物，行有格」。「勿」，讀爲「物」。「𨑨」，原書考釋云：「《說文》所無。戰國元阿左戟、新弨戟銘文之『戟』字皆从丯，以爲聲符，此亦爲字之聲符。丯，《說文》：『讀若介』。郭店簡作『䢔』，今本作『格』。」

旭昇案：李運富先生《楚國簡帛文字構形系統研究》頁 91 曾指出「毛、丰、屯、乇、反、衰」等偏旁形體相近，易被誤認。所以《郭店》此簡「䢔」字已往有一些異說，其實《上博》、《郭店》此字所從「丯」形都很好認。戰國元阿左戟、新弨戟銘文之『戟』字皆从丯，以爲聲符，「𨑨」、「䢔」從「丯（古拜切，見紐月部）」聲、「格（見紐鐸部）」，二字聲同韻近，可以通假。

「格」，《禮記 · 緇衣》鄭玄注：「舊法也」，《論語 · 爲政》：「有恥且格」，朱熹集註：「格，至也，言躬身行以率之，則民固有所觀感而興起矣……一說，格，正也。」

② 古君子多聒齊而守之多峕齊而䙴之青嗌𨑨而行之：即「故君子多聞，齊而守之；多志，齊而親之；精智，格而行之」。《郭店》本作「古君子多聒，齊而獸之；多志，齊而新之；精智，䢔而行之」，今本作「故君子多聞，質而守之；多志，質而親之；精知，略而行之」。

《郭店》頁 136 注 97 云：「齊，《詩 · 小雅 · 小宛》『人之齊聖』傳：『正也。』今本作『質』。裘案：『齊』、『質』古音相近。注 98 云：「䢔，從今本讀作『略』。」

旭昇案：今本《禮記 · 緇衣》「質而守之」下鄭注云：「質，猶少也。」釋義與本章「言有物而行有格」的主旨不是很吻合。「質，正也」（《周禮 · 詛祝》注）、「質，本也」（《易 · 繫辭下傳》「以爲質也」虞注），其義與簡本的「齊」並無不同。齊、質的意思都是「以最高標準來整齊（選擇）」，與下文引《詩》「其儀一也」的「一」命義相同。「旹」，從「目」、「之」聲，讀同《郭店》、今本「志」，《禮記》鄭注謂「博交汎愛人也」，其實依其常義釋爲「識」、學習、記憶就可以了。「迲」，《郭店》考釋從今本讀作『略』」，《禮記》孔疏釋「精知，略而行之者」爲「精細而知，熟慮於眾，要略而行之。此皆謂聞見雖多，執守簡要也」。釋義大旨不差，但釋「略」爲「簡要」，不夠精當。今本「略而行之」與上文「行有格也」同義，「略」即「格」，二字同從「各」聲；簡本作「𨑂（迲）」，在「行有𨑂也」句讀「格」，在「𨑂而行之」也應讀「格」，釋爲「正也」。

③ 寺員雸人君子丌義一也：即「《詩》云：淑人君子，其儀一也」，原詩見《毛詩·曹風·鳲鳩》〈孔子詩論〉第八章注③、〈緇衣〉第三章注③引。

④ 君連員出內自尒帀雩庶言同：即「〈君陳〉云：出入自爾師虞，庶言同」。《郭店》本作「君連員；出內自尒帀于，庶言同」，今本作「君陳曰：出入自爾師虞，庶言同」。

「師虞」，林素清先生〈利用出土戰國楚竹書資料檢討《尚書》異文及相關問題〉以爲「內野本作『師㶿』，書古文訓本作『[illegible]㶿』，『[illegible]㶿』字疑旅字古文之形訛。」

旭昇案：林說可從。《說文解字》以「㫃」爲「旅」之古文，段注云：「石經古文『虞』作『㶿』，魯作『㫃』。」《禮記》鄭注：「師、庶皆眾也。虞，度也。」古本《尚書》「師㶿」之「㶿」即「旅（來紐魚部）」，應讀「慮（來紐魚部）」。《郭店》本之「于（匣紐魚部）」、《上博》本之「雩（匣紐魚部）」、今本之「虞（疑紐魚部）」、古本《尚書》之「魯（來紐魚部）」，聲近韻同（「盧」屬來紐，而從「虍」聲，可證）。諸字均應讀爲「慮」，「慮」與《禮記》鄭注「度也」同義。

《尚書》孔傳：「謀其政，無有不先慮其難，有所廢，有所起。出納之事，當用汝眾言度之。眾言同，則陳而布之。禁其專」、宋·

蔡沈《書集傳》:「師眾虞度也。言圖謀其政，無小無大，莫或不致其難。有所當廢，有所當興，必出入反覆，與眾共虞度之。眾論既同，則又紬繹而深思之，而後行也。」《禮記》鄭玄注:「言出內政教，當由女眾之所謀度，眾言同，乃行之，政教當由一也」所揭經義，此段引書可譯釋作:「內外（政令）都要出自你們眾人的考慮，眾人的意見都要一致」。

第十九章

【原文】

子曰:「句（苟）又（有）車，扎（必）視（見）丌（其）鼙（轍）①，句（苟）又（有）衣，扎（必）視（見）其希（蔽），人苟有言，必聞其聲，苟有行【二十】②扎（必）視（見）丌（其）成。」《旹（詩）》員（云）:「備（服）之亡（無）臭（厭）③▃。」【二一～】

【語譯】

孔子說:「如果有車子，好好地駕駛，一定可以見到它通往目的地的車轍;如果有衣服，好好地穿著，一定可以見到它有遮蔽人體的功能;如果要言語，好好地講，人們一定可以聽到他所說的話;如果肯作事，好好地做，成績必為人所察見。」《詩經》說:「努力從事而不厭倦，（終究會見到成果）。」

【注釋】

① 句又車扎見丌鼙:即「苟有車，必見其轍」。《郭店》本作「句有車，必見其歒」，今本作「苟有車，必見其軾」。「扎」即「必」（李零先

生〈郭校〉)；「視」義同「見」。「鞶（）」，《上博一》原整理者以爲待考，今本作「軾」，而《郭店》作「䡅（）」。《郭店》原考釋云：

> 䡅，从朱德熙先生釋（〈長沙帛書考釋〉，《古文字研究》第十九輯）。䡅，於此讀作「弼」，字亦通作「第」。《詩·衛風·碩人》「翟茀以朝」傳：「茀，蔽也。」即車蔽。裘案：今本此字作「軾」，疑可讀作「蓋」，指車蓋。(《郭店》頁136)。

李零先生(《郭校》增訂本頁65)、劉信芳先生〈緇衣解詁〉讀「轍」；陳高志先生〈郭店楚墓竹簡緇衣篇部分文字隸定檢討〉讀「輪」；劉曉東先生〈郭店楚簡緇衣初探〉讀「鞏（鍩）」。張富海先生《郭店楚簡〈緇衣〉篇研究》頁30引《古文四聲韻·薛韻》所引古《老子》（）和《義雲章》（）之「轍」字右所从與此字左旁形近，疑䡅就應釋爲散；徐在國先生〈釋楚簡「散」及相關字〉贊同張說。白於藍先生〈釋䡅〉則以爲此字从「呂」得聲，可讀作「禦」，並謂「禦是一種遮擋在車前的簟席」。趙建偉先生〈讀上博簡《緇衣》札記〉贊成此字是「弼」字的或體，而「弼」所從「丙」，《說文》「一曰讀若誓」，軾（職部）、誓（月部）聲紐相近，韻部相通，因此「䡅」可以讀爲「軾」。

旭昇案：此字諸家異說甚多，釋「䡅」、「蓋」、「轍」、「軾」四說均有依據，難以論斷。此字又見《楚帛書》丙1.5「武□□亓䡅」，辭殘難定。《郭店·語叢四》10「車䡅之𦵒酭，不見江湖之水」，則可以做爲解釋此字的重要參考。李零先生《郭校》隸爲「車轍之醢醢，不見江湖之水」，語譯爲「掉在車轍中的肉羹，它那點汁水怎麼同江河之水相比」；顏世鉉先生〈幾條周家臺秦簡「祝由方」的討論〉隸爲「車轄之閉宥，不見江湖之水」，意謂「車轄拘宥於車軎內端的鍵孔之中，而不能見江湖之水」。兩家所釋「車△」中的東西和「江湖之水」的關係都很勉強。劉信芳先生〈郭店簡《語叢》文字試解七則〉頁205謂「車轍之鮍、鮪，猶《莊子·外物》車轍之鮒魚。蓋車轍之魚，不可見到江湖之水」；陳偉先生《郭店竹書別釋》頁

235-236 亦引《莊子・外物》釋爲「車轍之鮒鰌，不見江湖之水」，並謂《易・井》「井谷射鮒」虞翻注：「鮒，小鮮。」鰌，通作鰍，通常指泥鰍。

旭昇案：劉、陳二家說，於義較順。但鮅（石鮅魚）、鮪（鱘魚）、鮒（鯽魚）正常情況之下，不會出現在車轍積水中（此鄒濬智學棣之意見，可從）。鰌、鰍（泥鰍）則頗有可能出現在車轍積水中。疑「䇷」可有兩解，一讀「鮒」，《易・井》釋文云「子夏傳謂蝦蟆」，即蛙之一種；一讀「閉」，即閉塞。依前解，本句可釋爲「車轍中的蝦蟆和泥鰍，見不到江湖之大水」；依後解，本句可釋爲「車轍中閉塞的泥鰍，見不到江湖之大水」。「必」、「閉」上古音同屬幫紐質部，通讀較直接，姑用後解。據此，「車歠」似當釋爲「車轍」。《上博一》「𨍏」字，亦當釋「轍」，「轍（澄紐月部），今本《禮記・緇衣》作「軾（審紐職部）」，二字上古聲均屬舌頭，韻部月職旁轉雖不多見，但確有其例（《古音學發微》頁 1058）。是今本以音義俱近而改「轍」爲「軾」。又《上博三・周易》簡 32「六晶（三），見車[illegible]」，徐在國以爲字亦當釋「轍」，今本《周易》作「見輿曳（喻紐月部）」，「轍」、「曳」二字音近可通（〈上博竹書（三）《周易》釋文補正〉）。

② 茍又衣必見亓幣：即「茍有衣，必見其蔽」。《上博》本殘，此據《郭店》本補。今本《禮記・緇衣》作「茍有衣，必見其敝」，鄭注：「敝，敗衣也。衣或在內，新時不見。」濬智案：此解語滯義礙，不可從。「幣」當讀爲「敝」，《說文》：「帗也」，「帗」，《說文》：「一幅巾也。」《方言・卷二》：「帗縷，毳也。」郭璞注「帗」曰：「謂物之扞蔽也。」錢繹箋疏：「帗，通作袚，亦作韍。」《方言・卷四》：「蔽厀，江淮之間或謂之袚，魏宋南楚之間謂之大巾，自關東西謂之蔽厀。袚、韍並與帗通。」參酌上述字詁，簡文「茍有衣，必見其敝」，似應譯釋作：「如果著衣，必見衣前扞蔽的帗巾」。劉釗先生《郭店楚簡校釋》頁 65 則讀「幣」爲「黻」，指「衣服上的花紋」。

旭昇案：鄒、劉二說都比鄭箋好，但是考慮到不是所有的衣服都有「帗巾」或「黻紋」，因此「幣（即幣）」字似可讀爲「蔽」，即生〈郭校〉)；「視」義同「見」。「䡭（）」，《上博一》原整理者以為待考，今本作「軾」，而《郭店》作「𢼸（）」。《郭店》原考釋云：

> 𢼸，从朱德熙先生釋（〈長沙帛書考釋〉，《古文字研究》第十九輯）。𢼸，於此讀作「弼」，字亦通作「第」。《詩·衛風·碩人》「翟茀以朝」傳：「茀，蔽也。」即車蔽。裘案：今本此字作「軾」，疑可讀作「蓋」，指車蓋。（《郭店》頁136）。

李零先生（《郭校》增訂本頁65）、劉信芳先生〈緇衣解詁〉讀「轍」；陳高志先生〈郭店楚墓竹簡緇衣篇部分文字隸定檢討〉讀「轄」；劉曉東先生〈郭店楚簡緇衣初探〉讀「羍（鍩）」。張富海先生《郭店楚簡〈緇衣〉篇研究》頁30引《古文四聲韻·薛韻》所引古《老子》（）和《義雲章》（）之「轍」字右所从與此字左旁形近，疑𢼸就應釋為𢻱；徐在國先生〈釋楚簡「𢻱」及相關字〉贊同張說。白於藍先生〈釋𢼸〉則以為此字从「呂」得聲，可讀作「禦」，並謂「禦是一種遮擋在車前的簟席」。趙建偉先生〈讀上博簡《緇衣》札記〉贊成此字是「弻」字的或體，而「弻」所從「丙」，《說文》「一曰讀若誓」，軾（職部）、誓（月部）聲紐相近，韻部相通，因此「𢼸」可以讀為「軾」。

旭昇案：此字諸家異說甚多，釋「𢼸」、「蓋」、「轍」、「軾」四說均有依據，難以論斷。此字又見《楚帛書》丙1.5「武□□亓𢼸」，辭殘難定。《郭店·語叢四》10「車𢼸之荎酭，不見江湖之水」，則可以做為解釋此字的重要參考。李零先生《郭校》隸為「車轍之醢醢，不見江湖之水」，語譯為「掉在車轍中的肉羹，它那點汁水怎麼同江河之水相比」；顏世鉉先生〈幾條周家臺秦簡「祝由方」的討論〉隸為「車轄之閉宥，不見江湖之水」，意謂「車轄拘宥於車軎內端的鍵孔之中，而不能見江湖之水」。兩家所釋「車△」中的東西和「江湖之水」的關係都很勉強。劉信芳先生〈郭店簡《語叢》文字試解七則〉頁205謂「車轍之鮍、鮪，猶《莊子·外物》車轍之鮒魚。蓋車轍之魚，不可見到江湖之水」；陳偉先生《郭店竹書別釋》頁

235-236 亦引《莊子·外物》釋爲「車轍之鮒鰌，不見江湖之水」，並謂《易·井》「井谷射鮒」虞翻注：「鮒，小鮮。」鰌，通作鰍，通常指泥鰍。

旭昇案：劉、陳二家說，於義較順。但鮅（石鮅魚）、鮪（鱘魚）、鮒（鯽魚）正常情況之下，不會出現在車轍積水中（此鄒濬智學棣之意見，可從）。鰌、鰍（泥鰍）則頗有可能出現在車轍積水中。疑「[illegible]」可有兩解，一讀「鮒」，《易·井》釋文云「子夏傳謂蝦蟆」，即蛙之一種；一讀「閉」，即閉塞。依前解，本句可釋爲「車轍中的蝦蟆和泥鰍，見不到江湖之大水」；依後解，本句可釋爲「車轍中閉塞的泥鰍，見不到江湖之大水」。「必」、「閉」上古音同屬幫紐質部，通讀較直接，姑用後解。據此，「車歡」似當釋爲「車轍」。《上博一》「[illegible]」字，亦當釋「轍」，「轍（澄紐月部），今本《禮記·緇衣》作「軾（審紐職部）」，二字上古聲均屬舌頭，韻部月職旁轉雖不多見，但確有其例（《古音學發微》頁1058）。是今本以音義俱近而改「轍」爲「軾」。又《上博三·周易》簡 32「六晶（三），見車[illegible]」，徐在國以爲字亦當釋「轍」，今本《周易》作「見輿曳（喻紐月部）」，「轍」、「曳」二字音近可通（〈上博竹書（三）《周易》釋文補正〉）。

② 苟又衣必見亓㡀：即「苟有衣，必見其蔽」。《上博》本殘，此據《郭店》本補。今本《禮記·緇衣》作「苟有衣，必見其敝」，鄭注：「敝，敗衣也。衣或在內，新時不見。」濬智案：此解語滯義礙，不可從。「㡀」當讀爲「敝」，《說文》：「帗也」，「帗」，《說文》：「一幅巾也。」《方言·卷二》：「帗縷，毳也。」郭璞注「帗」曰：「謂物之扞蔽也。」錢繹箋疏：「帗，通作袚，亦作韍。」《方言·卷四》：「蔽厀，江淮之間或謂之袚，魏宋南楚之間謂之大巾，自關東西謂之蔽厀。袚、韍並與帗通。」參酌上述字詁，簡文「苟有衣，必見其敝」，似應譯釋作：「如果著衣，必見衣前扞蔽的帗巾」。劉釗先生《郭店楚簡校釋》頁 65 則讀「㡀」爲「黻」，指「衣服上的花紋」。

旭昇案：鄒、劉二說都比鄭箋好，但是考慮到不是所有的衣服都有「帗巾」或「黻紋」，因此「㡀（即幣）」字似可讀爲「蔽」，即

「遮蔽」。本章「苟有車必見其轍，苟有衣必見其蔽，人苟有言必聞其聲，苟有行必見其成」四句，重點其實在第四句，意思是說：只要依循正道，持之以恆地去做，一定可以有成績。前三句都是第四句的襯托，意思是：如果有車子，好好地駕駛，一定可以見到它通往目的地的車轍；如果有衣服，好好地穿著，一定可以見到它有遮蔽人體的功能；如果要言語，好好地講，人們一定可以聽到他所說的話。準此，「㡀」可逕讀爲「蔽」。

③ 備之亡臭：即「服之無厭」。原考釋云：「備，與『服』通。『臭』字从白从矢，或从日从矢，與『斁』同爲一字，牆盤銘文『亡臭』即『亡斁』。郭店簡作『亡懌』，今本作『無斁』。」

濬智案：「臭」字亦早見於甲、金文，季師云：「此字從目、射聲，則甲骨文從目、從矢，矢似可視為『射』省聲。……牆盤『目』訛為『日』形……中山王方壺『目』訛與『角』形相近，戰國楚文字或訛為『囟』，下部則多訛為『卒』。」(《說文新證（下）》)。

「臭」字今本〈緇衣〉與王逸《楚辭》注引詩作「射」、今本《詩經》作「斁」。《毛傳》：「厭也。」「射」，《經典釋文》：「音斁。」簡文引詩見《毛詩·周南·葛覃》，參〈孔子詩論·第六章·二·葛覃組〉注①。《詩序》云：「〈葛覃〉，后妃之本也。后妃在父母家，則志在於女功之事，躬儉節用，服澣濯之衣，尊敬師傅，則可以歸安父母，化天下以婦道也。」鄭箋：「服，整也。女在父母之家，未知將所適，故習之以絺綌煩辱之事，乃能整治之無厭倦。」清莊有可《禮記集說》：「習絺綌之事，而無厭倦之心……言人當終身以慎言慎行爲事，不可厭怠也。」

第二十章

【原文】

子曰：「厶（私）惠不褱（懷）悳（德），君子不自蓄（留）安（焉）①。」《旹（詩）》員（云）：「人之玗（好）我，䭾（示）我周行②▃。」【二一～】

【語譯】

孔子說：「他人給的私惠，不合乎公德的，君子不會接受。」《詩經》說：「愛我的人，會指示我公德大道呀！（而不是給我私惠。）」

【注釋】

① 厶惠不褱悳君子不自蓄安：即「私惠不懷德，君子不自留焉」。《郭店》本作「厶惠不壞悳，君子不自畱安」，今本作「私惠不歸德，君子不自留焉」。「褱」，讀「懷」，《郭店》簡作「壞」。陳偉先生以爲《郭店》此字當是「壞」字的訛體，讀作「懷」（〈郭店楚簡別釋〉頁 68）；裘錫圭先生（〈錯別字〉頁 15）、李零先生（《郭校》增訂本頁 67）亦持同樣的看法；而魏宜輝、周言先生則以爲此字未必是錯字，因爲《集韻》解「褭」：「爾紹切，音擾，義同。」若將《郭店》簡文中之「壐」讀作「擾」訓「亂」，則「私惠不壐德，君子不自留焉」可理解爲：「私惠不能亂君子之德行，乃因君子不留私惠之故」。（〈讀郭店楚墓竹簡札記〉）何琳儀先生〈郭店竹簡選釋〉則隸「壐」讀「撓」。其它類似說法不具引。

濬智按：諸家所說各有所據，在沒有更明確的證據出現以前，謹並列諸說。至於《上博》此字，明顯即是「褱」，讀作「懷」。「懷」，今本此字作「歸」，鄭玄注：「『歸』或爲『懷』。」清俞樾《禮記異文箋》：

> 按「懷」與「歸」義通，《詩·匪風篇》：「懷之好音」、〈皇矣篇〉：「予懷明德」，毛傳並曰：「懷，歸也」；〈泮水篇〉：「懷我好音」，鄭箋云：「懷，歸也。」孔安國注《論語》、杜預注

《左傳》並有此文，《文選·上林賦》:「汩濦漂疾，悠遠長懷，寂漻無聲，肆乎永歸。」郭璞注曰:「懷亦歸變文。」是「歸」與「懷」通之證（《清儒禮記彙解》下冊頁 695）。

旭昇案:「褱（ ）」和「壞（ ）」的不同，各家說法不同。如果各依其字解釋，二字釋義實相對反；釋爲訛寫，字形有點接近又不是很接近。《說文》釋「褱」爲「從衣、眔聲」，恐有可商。「褱（匣紐微部）」，「眔（徒合切，定紐緝部）」，二字聲韻俱異，「眔」字很難當作「褱」字的聲符。不過，甲骨文「眔」字讀同後世的「暨（其冀切，群紐沒部），與「褱」聲韻俱近，卻又可以當做「褱」的聲符。另外，「衣（影紐微部）」與「褱」聲音條件更接近，可能「褱」字從「衣」也有兼聲的作用。《郭店》本「壞」當從「裹」聲，《說文》音「奴鳥切（泥紐宵部）」，除《郭店》「壞」外，「裹」字目前只見於秦系文字，二十等爵中的第三等叫做「簪裹」。疑楚系此字與秦系爲同形異字，《郭店》此字或當從馬、衣聲，與「褱」爲同音通假。

② 人之玗我䭫我周行：即「人之好我，示我周行」。簡文引詩見《詩·小雅·鹿鳴》，本書〈孔子詩論·參·合論之部·第七章〉注①已引，此不贅。〈孔子詩論〉云:「〈鹿鳴〉以樂始而會，以道交，見善而效，終乎不厭人」，《毛詩序》云:「燕群臣嘉賓也。既飲食之，又實幣帛筐篚，以將其厚意，然後忠臣嘉賓得盡其心矣。」「䭫」，《郭店》本作「旨」，《郭店》整理者云:「似讀作『指』。《爾雅·釋言》:『指，示也』。今本作『示』。」《上博一》此字从「旨（照紐脂部）」从「視（禪紐脂部）」，今本《禮記·緇衣》及《毛詩·鹿鳴》均作「示（神紐脂部）」；諸字韻皆同部，聲皆舌頭音，其實均應釋爲「示」。鄭箋:「示當作寘，寘、置也；周行，周之列位也。……人有以德善我者，我則置之於周之列位。」毛傳未釋「示」，然釋「周行」云:「周，至。行，道也。」孔穎達正義從毛《傳》云:「示我以先王至美之道也。」《禮記·緇衣》鄭注:「行，道也。言示我以忠信之道。」與箋詩不同。以《上博一·緇衣》引詩用意來看，毛《傳》、鄭玄《禮記》注是也；《毛詩·箋》非。

第二一章

【原文】

子曰：「隹（惟）君＝（君子）能𡚬（好）丌（其）匹，少（小）人敳（豈）能𡚬（好）丌（其）匹。①【二十一】古（故）君＝（君子）之䏍（友）也又（有）膷（向），丌（其）惡也又（有）方②，此㠯（以）迩（邇）者不惑，而遠者不𢡺（疑）。」《旹（詩）》員（云）：「君子𡚬（好）𢿢（逑）③▁。」【二二～】

【語譯】

孔子說：「只有君子能愛好與其具有相當德能的人，而小人豈會真的愛好與其同類的人。因此君子所親近的，有特定的對象；所憎惡的，也有特定的對象；親近他們的人對他無所迷惑，與他們較爲疏遠的人對他們亦沒有什麼懷疑。」《詩經》說：「君子喜歡德行與之相配的朋友。」

【注釋】

① 簡文兩「匹」字作「𠃊」，《郭店》本作「駜」，今本〈緇衣〉作「正」。鄭玄注：「正當爲匹，字之誤也，匹謂知識朋友。」《郭店》原考釋頁 136 注 107 謂：「駜，讀作匹。」《上博一》原考釋亦隸此字爲「匹」，而未解釋。濬智案：此字亦見《郭店・唐虞之道》簡 18「不以𠃊夫爲輕」，裘錫圭先生注云：「據文義，『仄夫』似應爲『匹夫』之誤寫。」袁師〈郭店楚墓竹簡從匕諸字以及與此相關的詞語考釋〉謂此字從「匹」省，「匕」聲反寫。

② 君＝之 䏍也又膷丌惡也又方：即「君子之友也有向，其惡也有方」。《郭店》本作「君子之䏍也又𦣻（向），亓亞又方」，今本作「君子之朋友有鄉，其惡有方」。

「膷（𦣻）」，原考釋隸作「膷」而無說。顏世鉉先生〈上博楚竹書散論（二）以爲此字上從二「木」，下從「目」，當即「相」，讀爲「嚮」或「向」。冀小軍先生〈釋簡中的向字〉以爲此字從「林（𣏟）」得聲，可以音近讀爲「鄉」。徐在國、黃德寬先生〈緇性補正〉以爲：「此字應分析爲从『林』从『甘』，『香』字異體，香、鄉古音均爲曉紐陽部字，此蓋假香爲鄉」；趙平安先生〈上博藏〈緇衣〉簡字詁四篇〉補充謂此字可以理解爲「香」的異寫，華山廟碑「香」從兩「禾」，而從「木」與從「禾」通。故可釋「香」讀「鄉」。李零先生〈上校二〉、林素清先生〈比較〉則直截視此字係「向」字的錯寫。

旭昇案：「香」字從「禾甘」會意，或從「𣏟甘」會意，都說得通。雖然目前證據還嫌不夠，但諸說之中以釋爲「香」，讀「向」較爲合理。

③ 君子玗救：即「君子好逑」。「救（[illegible]）」，原書隸作「𢻱」，注云：「字不識。郭店簡作『戟』釋『逑』。今本作『仇』。」劉信芳先生〈關於上博藏楚簡的幾點討論意見〉以爲《上博一》此字从「來」从「攴」；李零先生《郭校》頁 76-77 以爲「（《郭店》簡文中的『求』字，它有兩種寫法，一種是作偏旁（聲旁），來源是甲骨、金文中專門表示『祈求』之義的『求』字（字形象兩手捧穀類農作物），它的比較簡略的寫法（省去雙手），早在西周時期就與『來』字容易混淆。另一種單獨出現的『求』字，來源則是甲骨、金文中專門表示『裘皮（旭昇案：當爲蛷蟲）』之義的『裘』字」。徐在國先生、黃德寬先生〈緇性補正〉、陳偉先生〈緇衣對讀〉則以爲《上博一》此字是从「攴」「棗」聲的「㪚」字。蘇建州學長〈从「棗」、「棘」的文字構形談關於形近混用解釋之商榷〉以爲棗、棘、來字形近混用，《郭店》與《上博一》此字都應理解成从「棗（精紐幽部）」省聲。

濬智按：戰國楚文字「來」、「棗」字形確有混同（參何琳儀先生《戰典》頁 79-83 所列「來」、「棗」字形），因而《郭店》與《上博一》此字該從「來」或「棗」，仍有討論的空間。如隸定《上博一》此字從「來（來紐之部）」，可。但如此則只與「逑（群紐幽部）」、「仇（群紐幽部）」存在韻部上的旁轉關係；若將《郭店》與《上博一》

此字都理解成從「棗（精紐幽部）」省聲，則「𣪘」、「𢧵」兩字除與「仇」、「逑」同屬幽部外，聲母上之關係，亦較將《上博一》該字隸作「來」來得接近（上古精系、見系聲母關係或有相涉，如「告」屬見紐覺部，但从「告」之「造」卻爲從紐幽部）。

旭昇案：有關這個字形的討論相當複雜，目前似乎還不到完全解決的地步，但是李零先生的看法很有啓發性。在此我們姑且依形隸定作「敕」，但是應該讀爲「求」聲，通今本的「仇」。

簡文引詩見今本《詩經·周南·關雎》，原文已見本書〈孔子詩論·第六章·關雎組〉注①，此不贅引。《孔子詩論》議其詩旨云：「關雎之改，則其思益矣，關雎以色喻於禮」，《毛詩序》云：「〈關雎〉，后妃之德也，風之始也，所以風天下而正夫婦也，故用之鄉人焉，用之邦國焉。」《毛詩》本句作「君子好逑」，毛傳：「逑，匹也。言后妃有關雎之德，是幽閒貞專之善女，宜爲君子之好匹。」《禮記正義》：「言君子能愛好其朋友匹偶。」

「君子好仇」本指君子與淑女德容相配，在此引申君子與同道相交，相得益彰，頗似《毛詩·兔罝》「赳赳武夫，公侯好仇」之「好仇」，意義亦同〈性情論〉簡 25-26「同方而交，以道者也」、「同悅而交，以德者也」。

第二二章

【原文】

子曰：「翌（輕）䜌（絕）貧賤，而砫（重）䜌（絕）�（富）貴，則𡚁（好）急（仁）不【二二】臤（堅），而惡 =（惡惡）不𡨄（著）也①。人隹（雖）曰不利，虐（吾）弗信之矣。」《㫐（詩）》員（云）：「堋（朋）沓（友）卣（攸）図 =（攝，攝）㠯（以）威義（儀）②▬。」

【二三～】

【語譯】

孔子說：「與貧賤的朋友很輕易地絕交，與富貴的朋友絕交卻很慎重，這樣的人好仁之心不堅，惡惡之行不明顯，就算有人說這種人不重視利益，我也不相信。」《詩經》說：「朋友之間所憑藉以互相扶持的，就是那言行威儀。」

【注釋】

① 翌戇貧賤而砫戇賶貴則毌悬不臤而惡 =不䚌也：即「輕絕貧賤而重絕富貴，則好仁不堅而惡惡不著也」。「砫（ ）」，原考釋隸定作「厔」，並說：「疑『厚』之異體。郭店簡作『厚』，今本作『重』。」（《上博一》頁 198）濬智按：上博此字，學者幾乎一致認爲是从石从主的「冢」字異體，當無可疑。字於戰國文字都讀爲「重」。

旭昇案：《郭店》本此字作「 」，上從「石」下從「主」，與《上博》本實爲同字，學者亦多已指出，不得釋「厚」。

「 」，原考釋云：「䚌，字待考。从𡰪从見，𡰪、宅通爲字之聲鈕。《說文》所無。郭店簡作『䌁』，今本作『著』。」濬智案：字從「視（通見）」、「宅」聲，「宅」從「乇（透紐鐸部）」聲，與「著（定鐸鐸部）」字聲近韻同，故《上博一》「䚌」、郭店「 䌁」皆可讀作今本「著」。著，明顯也。

② 朢㫪卣図 =㠯威義：即「朋友攸攝，攝以威儀」。原考釋云：「『卣』、『攸』經籍通用。《詩·大雅·江漢》『秬鬯一卣』，陸德明釋文：『卣本又作攸。』今本作『攸』。『図』，《說文》：『図，下取物縮藏之。从又从口，讀若聶。』段玉裁注：『謂攝取也。』『下取，故从又』，『縮藏之，故从口』。《玉篇》：『図，手取物也。』《郭店》本作『𢮍』，

今本作『攝』。」濬智案：図（女洽切，娘紐緝部），讀若聶（娘紐葉部），「槸」從「耴（端紐葉部）」，學者皆讀「攝（審紐葉部）」，聲韻俱可通。

旭昇案：《上博 · 緇衣》「」字與今本〈緇衣〉比對，釋爲《說文》「図」字，應無可疑。但《說文》釋此字爲「從又從囗」，恐有可商。戰國楚文字「囗」旁與此不同形，如《包》2「圍」字作「」，外所從「囗」與楚系「図」字所從明顯不同。疑此字應釋爲從「㔾（圅之初文）」從「又」會意。「㔾（圅，匣紐侵部）」可能也兼聲，「㔾」、「図」韻屬陰陽對轉。《望山楚簡》也有這個字，《望》2.50「一□□□、一、一耑睘」，舊隸「囟」，《楚系簡帛文字編》已經改隸爲「図」，其義待考。

簡文所引詩句見今本《毛詩 · 大雅 · 既醉》：「既醉以酒，既飽以德。君子萬年，介爾景福。　既醉以酒，爾殽既將。君子萬年，介爾昭明。　昭明有融，高朗令終。令終有俶，公尸嘉告。　其告維何？籩豆靜嘉。朋友攸攝，攝以威儀。　威儀孔時，君子有孝子。孝子不匱，永錫爾類。　其類維何？室家之壼。君子萬年，永錫祚胤。　其胤維何？天被爾祿。君子萬年，景命有僕。　其僕維何？釐爾女士。釐爾女士，從以孫子。」

《序》云：「大平也。醉酒飽德，人有士君子之行焉。」毛《傳》：「言相攝佐者，以威儀也」，鄭玄《箋》：「朋友，謂群臣同志好者也。言成王之臣，皆有仁孝士君子之行，其所以相攝佐威儀之事。」《禮記》鄭玄注：「言朋友以禮義相攝正，不以貧富貴賤之利也。」

第二三章

【原文】

子曰：「宋人①又（有）言曰：『人而亡（無）死（恆），不可爲卜筮。』古之遺言與？昆〔龜〕筮猶弗智，而里（況）於人虗（乎）？」②《旹（詩）【二三】員（云）》：「我昆〔龜〕既猒（厭），不我告猶③▂。」【二四】

【語譯】

孔子說：「宋國人有一句話：『人而無恆，連卜筮都不用求了。』這大概是古人遺下的諺語吧！那種人連龜筮都不能懂他，何況是人呢！」《詩經》說：「（卜問多了）用來占卜的龜靈都感煩厭，那還會指示我該怎麼做呢？」

【注釋】

① 兩楚簡本〈緇衣〉此處皆作「宋人」，今本則作「南人」。何琳儀先生〈郭店竹簡選釋〉以爲「南」字下半部與「宋」字形近，故今本才訛作「南」；來可泓先生《論語直解》頁 364 說：「南人指吳、楚之人」；饒宗頤先生〈帛書繫辭傳「大恒說」〉認爲南人指的是楚人；孫以楷先生〈《論語．子路》中的南人有言之南人考〉認爲南人、宋人都是指老子一人；王力波先生《郭店楚簡〈緇衣〉校釋》頁 78 以爲南人指的是住在南方、好淫祠的宋人和楚人，而楚簡〈緇衣〉由楚人抄寫，楚人不欲自貶而將「南人」抄錄成「宋人」；黃人二先生《上海博物館藏戰國楚竹書（一）研究》頁 183 則認爲簡本「作『宋』不作『南』，以示不忘在宋時之隱約困窮也」。

濬智按：「南」字，楚簡作[南]（望山 1.卜），與「宋」字作[宋]（包山 2.49），字形上有一定的距離，當然錯訛的可能也不是沒有，但是兩簡本同時錯成一樣的字，這樣的機會應該是比較少的。其餘諸說都持之有故，惟均無確證。

② 人而亡死不可爲卜筮也古之遺言與昆筮猶弗智而里於人虗：即「人

而無恒，不可爲卜筮，古之遺言歟！龜筮猶弗知，而況於人乎」。《郭店》本作「人而亡貣，不可爲卜箁也，古之遺言與！龜耆猶弗智，而圭於人唇」，今本作「人而無恆，不可以爲卜筮，古之遺言與！龜筮猶不能知也，而況於人乎」，《上博》本「不可爲卜筮」以下殘，參考《郭店》本補。《論語·子路》作「人而無恆，不可以作巫醫」。

《禮記》鄭玄注：「言卦不能見其情，定其吉凶也。」《論語正義》何晏注引鄭玄注云：「言巫醫不能治無恒之人。」但今人或解爲：「一個人沒有恒心，就是巫醫等技能職業也是學不成功的。」（蔣伯潛《語譯廣解四書讀本》），實不可從。

《郭店》本章兩「筮」字，首字作「」，次作「」，原考釋皆通讀作「筮」（頁 131）。可從。楚簡「巫」字作（天卜），《郭店》一加「竹」部、一加「卜」部，二字讀作「筮」應無疑誤。《上博一》「龜」誤作「昆」，見下條。

③ 我昆既猒不我告猶：即「我龜既厭，不我告猶」。《上博一》「昆（）」字，原書隸定作「龜」；而相應的《郭店》此字（），原整理者也隸定作「龜」。《上博一》此字，劉釗先生〈上博一劄記〉以爲：「細審乃爲『昆』字，此乃爲借『昆』爲『龜』，爲音近通用；裘錫圭先生〈錯別字〉頁 17 同意此字實是「昆」字，但以爲不必以音近通「龜」來強說之。裘先生認爲《上博》此字係「昆」，而《郭店》此字係「黽」，二者都是「龜」的形近誤字。

濬智按：劉、裘之說可從。《上博一》此形確應釋「黽」（參李家浩先生〈楚墓竹簡中的昆字及从昆之字〉），戰國楚文字「龜」、「黽」、「昆」因字形相近，在抄寫的過程中的確有可能互訛。

本簡引詩見今本《毛詩·小雅·小旻》：「旻天疾威，敷于下土。謀猶回遹，何日斯沮！　謀臧不從，不臧覆用。我視謀猶，亦孔之邛。潝潝訿訿，亦孔之哀。　謀之其臧，則具是違；謀之不臧，則具是依。我視謀猶，伊于胡底！　我龜既厭，不我告猶。謀夫孔多，是用不集。　發言盈庭，誰敢執其咎？如匪行邁謀，是用不得于道。

／哀哉為猶！匪先民是程，匪大猶是經；維邇言是聽，維邇言是爭。／如彼築室于道謀，是用不潰于成。　國雖靡止，或聖或否；民雖靡膴，或哲或謀，或肅或艾。如彼泉流，無淪胥以敗。　不敢暴虎，不敢馮河。人知其一，莫知其他。戰戰兢兢，如臨深淵，如履薄冰。」

〈孔子詩論〉議其詩旨云：「多疑矣，言不中志者也。」《毛詩序》云：「〈小旻〉，大夫刺幽王也。」鄭《箋》：「卜筮數而瀆龜，龜靈厭之，不復告其所圖之吉凶。言雖得兆，占繇不中。」《禮記》鄭玄注曰：「猶，道也，言褻而用之，龜厭之不告以吉凶之道也。」

旭昇案：鄭玄《詩》箋似讀「猶（喻紐幽部）」為「繇（通「籀」，澄紐幽部）」，卦兆辭也；《禮》注則似讀為「謀猶」，道也。卦兆辭之「繇」從本義解釋，「道也」從引伸義擴大解釋。二說皆可通。

〈性情論〉譯釋

陳霖慶　撰寫

季旭昇　改訂

【題解】

本篇是《上博（一）》的第三篇，幾乎相同的內容亦見於早出的《郭店・性自命出》，但在文字、部分內容及分章上則有些出入。本篇共 1256 字，其中重文 13，合文 2，原簡殘損得相當嚴重，現存竹簡對照《郭店・性自命出》來排列，共有 40 簡，而難以辨識及殘缺不全者，共 5 段。另外，據《郭店・性自命出》可知，本篇在簡 3 至簡 4 間有脫簡的現象，據整理者濮茅左先生估計，應脫 2 簡，共 76 字。

〈性情論〉乃儒家佚文，其篇名由整理者所題，《郭店》同樣內容的簡文，整理者據簡文「性自命出，命自天降」而題名爲〈性自命出〉，然此題名，學者多有不同看法，其中，李學勤先生認爲〈性自命出〉是兩篇文字的合抄，兩者以簡 36 爲界，1-36 簡主講「樂」，可稱爲「樂說」。而 37-67 簡旨在論性情，可題名作「性情」。廖名春先生在〈郭店楚簡儒家著作考〉則將〈性自命出〉改爲〈性情〉，應是據簡文思想來題名。今〈性情論〉整理者濮茅左先生將《上海館藏戰國楚竹書（一）》最後一篇資料題名爲〈性情論〉，可能是據廖先生之說兼參考簡 1「凡人雖有性」及簡 21「凡人情爲可悅也」中的「性」及「情」來題名，故名爲〈性情論〉。就〈性自命出〉及〈性情論〉的思想看，將這兩篇資料題名爲〈性情論〉是較能與全篇主旨吻合的。

〈性情論〉是以「性」、「心」爲核心，討論這兩者與「道」、「情」、「義」、「物」、「藝」間的關係，認爲「學」、「習」、「教」、「禮」、「樂」可以改變人性。這裡的「性」即「生之謂也」，也就是天生本能的需求。「心」是溝通性和物的橋樑。簡文「凡人雖有性，心無正志，待物而作」、「凡心有志，無與不可」點出「物」觸動「性」，是藉由「心」這個媒介，「心」有了思辨認知後，就能認知客觀存在的物，而後「心志」產生，而「心志」主要的成分乃「主觀的意志」。換個角度看，隱藏於人之中的「性」、「心志」之所以顯現，皆由於「物」的引發。簡文「道生於情，情生於性」、「禮作於情」指明「道」、「情」、「性」三者的關係，這裡的「道」是指「人道」，以義爲規範。「人道」的具體表現，即《詩》、《書》、《禮》、《樂》。本篇「情」的意含，據郭梨華師〈《性情論》中「情」的哲學探索〉一文探討有三個層次，簡言分別爲：1.就「用」而言，指個人經驗性的情感。2.就「氣」而言，它是潛在於「人」之中，與「性」相連聯，可以理解成內藏於個體中，出生就有的質素——「氣」。3.「情」是「德行」表達的內涵，也是人文禮制的事態本源。總之，本篇重視「情」，是無可置疑的，而這個「情」要能「真實無僞」，才能顯出其可貴可悅。

本篇的作者，學者多有討論，筆者將簡文與〈樂記〉作比較、並將〈性情論〉和〈中庸〉的人性觀作比對，認爲簡文的作者應較可能是公孫尼子。全篇可分九章，第一章是全篇的總綱，論及「性」、「心」、「物」、「命」、「天」、「道」、「義」、「情」等問題。第二章用比喻的方式，說明「性」、「物」與「教」的關係。第三章說明「性」與「物」、「悅」、「藝」、「習」、「故」、「義」、「道」的關聯。第四章分別論及「四術」、「三術」；聖人與《詩》、《書》、《禮》、《樂》的關係及禮在實踐上的問題。第五章論述「樂」對人的影響，即所謂的「樂教」。第六章闡明「哀」、「樂」變化的過程及「心」與「聲」的關係。第七章談論「情」、「交往」及「待人處事」。第八章說明學者探求其心之不易，並講述「義」、「敬」等事之準則。第九章談述「心」、「智」、「身」、「力」在何種情形下達到極點，講述人的特質，並歸結「人僞」是可惡的。

《上博（一）·性情論》簡殘，依《郭店·性自命出》補字的，我們用外加□來表示；但是，《郭店·性自命出》本身也有殘缺，學者據上下文推補的，我們再加〔 〕來表示。

【第一章原文】

凡人唯(雖)又(有)生(性),心亡正志■①。㞢(待)②勿(物)而③句(後)乍(作),寺(待)兌(悅)而句(後)行■,寺(待)習而句(後)鑋(奠)■。憙(喜)𢙔(怒)哀悲之気(氣)④,眚(性)也■,及丌(其)見(現)於外,則勿(物)取之【一】也⑤。眚(性)自命出,命自天降■。道𤔲(始)於𢝊 =(情,情)生於眚(性)■⑥,𤔲(始)者𣥺(近)𢝊(情)■,备(終)者𣥺(近)義■⑦,智(知)𢝊(情)者能出之,智(知)義者能內(納)之⑧。好【二】亞(惡),眚(性)也。所好所亞(惡),勿(物)也⑨。善不善,眚(性)也。所善所不善,埶(藝)也⑩。【三~】

【語譯】

人雖有性,但心卻無一定的志向。人性要等待外物的引發而後興起,要等待喜悅才會去行動,要等待學習才能奠定心志。喜、怒、哀、悲四種情緒,是與生俱來的人性,至於它們顯現於外,則是由外物的促發。人性是由「命」出,而「命」是由「天」降生。「道」生於人情,「人情」生於人性,道的開始切近於情,而最終則切近於義,知道情的才能讓情適度發抒,知道義的才能讓義深入人心。能喜歡或不喜歡,是人的天生本性;所喜歡的或不喜歡的,是外在的「物」。能擅長或不擅長,是人的天生本性;所擅長的或不擅長的,是顯露於外的藝能。。

【注釋】

① 凡人唯有生心亡正志:即「凡人雖有性,心無定志」。簡文讀「性」者,大都作「眚」,僅此處作「生」,對「生」、「性」,淸阮元說:「先有『生』字,後造『性』字。商、周古人造此字時即已諧聲,聲亦意也。然則告子『生之謂性』一言本不誤。……蓋『生之謂性』一句爲古訓。」阮元之說很值得重視。告子「生之謂性」是就人天生本能來說的,先秦諸子對「性」的定義大都是由這點來著手的,如《荀子·性惡》:「凡性者,天之就也,不可學,不可事。」《莊子·庚桑楚》:「性者,生之質也。」由此可知,簡文用「生」

不用「眚」，有可能是取其哲學上的意義，但更大的可能是取「生」有「生命」的引申義。

「正志」,《郭店·性自命出》作「奠志」，學者多讀「奠志」作「定志」，進而也讀本篇「正志」爲「定志」。「定志」與「奠志」聲義俱近。

② ⿱之止：从之从止，爲兩聲字，在此讀作「待」。本簡的「寺」字有兩種寫法，一作（）；一作（）。後一字形从之从又，即「寺」字，前一字形上从之，下从止，爲一兩聲字，關於此字考釋可參季師〈古璽雜識二題〉。「之」、「止」(皆端紐之部)，「寺」(定紐之部)，「待」則從「寺」聲，諸字皆聲近韻同，故从之止聲者，可通作「待」。

③ 而：楚系「而」「天」兩形相近，本篇與〈性自命出〉「而」相應之字，有三種形體，分別作：A·（，簡 1），共 3 例；B·（簡 11），共 27 例。C·（簡 19），僅 1 例。A、B 兩式與信陽簡「天」作（信 1.026）、（信 1.035）形近，但與同篇簡 2 的「天」字寫法不同，也就是說，〈性情論〉的書手雖將「而」字寫得與「天」字相近，但其本身對「天」「而」二字的寫法仍有區分。C 式可能是 B 式的省體，也很可能是誤寫成「丌」。

④ 氣：即「氣」。〈性自命出〉與此字相應者作⿱既火，即氣之古文。氣指生命力。

⑤ 則勿取之也：即「則物取之也」。「則」字金文作（何尊），從刀從鼎，但楚系文字或省「刀」作、等形，而本簡的「則」作「」，也是省「刀」存「鼎」形。

旭昇案：「取」似可讀爲「趣」,《管子·國蓄》:「君雖強本趣耕。」注：「趣，讀爲促。」義爲促發，全句謂：喜怒哀樂顯現於外，是由外物促發的。

⑥ 道⿰台司於⿱青心 =生於眚：即「道始於情，情生於性」。濮茅左先生以「道司於情，情生於眚」與《郭店·語叢二》「情生於性，禮生於情」句相類，故謂「可見簡文所言的『道』也就是『禮』，這個『禮』包括了人的一切所爲」。

霖慶按：就類似的語句來理解此「道」字，看似有理，但簡文中多次提到「道」和「禮」，從未有「道」即「禮」之確證。若據簡 8-14 的簡文義理看，這個「道」不應只局限於「禮」，而應是更大範疇的「人道」。

「訂」，讀「始」。濮茅左先生隸定作「司」，非。朱德熙先生在《朱德熙古文字論集》頁 118 指出此字「可能是在㇆（司）上加注聲符台，也可能是在台上加注聲符司」。蓋爲「台」與「司」之合文，故可讀爲「始」。旭昇案：本篇簡 16 有「（訂）」、「（絧）」字，從「㠯」從「司」字分書，可證此字確實爲從「㠯」、「司」兩聲字。

「情」，廖名春先生以爲乃指「喜怒哀樂」（〈楚簡校釋〉頁 30）；陳偉先生〈校釋 B〉訓爲「情感」；李天虹先生《研究》頁 137 則訓爲「真情」。旭昇案：「情」字有兩個意義，一個是「情感」，一個是「真實」，人類本來的情感是出自生命的真實，二義同源，本篇的「情」字應兼有二義，可視上下文決定。

⑦ 訂者㞷𢝊，夂者㞷義：即「始者近情，終者近義」。郭沂先生《思想》頁 232：「『始者近情，終者近義』的主詞爲上句的『道』。……義爲外在的道德規範。」李天虹先生《研究》頁 138：「所謂『義』，體現的是『理』，既是道德規範，也是禮所要達到的目標，與禮密不可分。性情與道義之相統一，本是儒學的一個重要觀點，如《詩大序》所云『發乎情，止乎禮義』。」

霖慶按：「始者」、「終者」皆指「人道」來說。所謂「始者近情，終者近義」意謂著人道始發於人情，而人道爲人所行，人經由學習後要能合於「義」，換言之，人道規劃的目標也就是「義」。《語叢一》簡 18-23：「人之道也，或由中出，或由外入，由中出者，仁、忠、信。……仁生於人，義生於道。或生於內，或生於外。」值得注意的是「人道」有出於「中」，有「外」入。出於中者，有仁、忠、信，而外入者因殘簡而不可知，而由上下簡看，這個「外入」應有「義」這一項，而「義」應即是外在的標準，這樣的「人之道」闡述與此句簡文思想相近。夂，「冬」的異體字，讀爲「終」。

⑧ 智𢝊者能出之智義者能內之：即「知情者能出之，知義者能內之」。此二句，學者看法不一，劉昕嵐先生〈箋釋〉頁 330 讀爲「出之」、「入之」，視「之」爲「情」的代詞；陳偉先生〈校釋 B〉視「之」爲「性」的代詞；丁原植先生《性情》頁 52 讀作「出之」、「納之」，視「之」爲「人道」的代詞。

旭昇按：裘錫圭先生《郭注釋》頁 182 注：「『內』似可讀爲『入』，『入之』意爲『使之入』。」準此，「知情者能出之」謂「知情者能使之出」，「之」稱代「情」；「知義者能入之」謂「知義者能使之入」，「之」稱代「義」。「情生於性」，故能讓「情」適度發抒，則近於「道之始」；「義也者群善之蕝也」，故「義」爲外施善惡的標準，必需深入人心，才近於「道之終」。

⑨ 好亞眚也所好所亞勿也：即「好惡，性也；所好所惡，物也」。本簡僅存「好亞勿也」4 字，《郭店・性自命出》作「所好所惡」，濮茅左先生據此補爲「所好惡」，並謂原始本子中，「惡」上之「所」字本來沒有。旭昇案：「所」是指示代詞。「所好惡」與「所好所惡」義無二致，皆可通，但是，對比下句「善不善眚也，所善所不善埶也」，則本句以作「所好所惡，物也」爲是。「好惡」是人性，「好惡」的對象則是「我」以外所有的「物」。

⑩ 善不善眚也所善所不善埶也：即「善不善，性也；所善所不善，藝也」。

旭昇案：本句各家的解釋都不是很透闢。目前，「善不善」有兩種解釋方向，一是論性之善不善，一是判斷善惡好壞。「埶」，則自《郭店》以來，各家幾乎全部讀爲「勢」。其實，「好惡，性也；所好所惡，物也」和「善不善，性也；所善所不善，勢也」是完全相同結構的兩個句子，「所」是指示代詞，照已往各家的說法，「所善所不善」都不好講。「善」，應釋爲「長於」，《論語・公冶長》：「晏平仲善與人交，久而敬之」、《憲問》：「羿善射，奡盪舟」、《禮記・學記》：「善歌者，人繼其聲；教者，人繼其志」，類似的用法很多，善，指擅長，是天生的才性，有人長於音樂，有人長於數理。「埶」，簡文作「[illegible]」，即「樹藝」之「藝」的本字，在楚簡中或釋爲「藝」，指藝能，如《郭店・尊德義》簡 14：「教以埶（藝），則民埜以靜。」〈六德〉簡 13-14：「子弟大材埶（藝）者大官，小材埶（藝）者小官。」「善不善，性也；所善所不善，藝也」的意思是：擅長不擅長，是人天生具備的內在的能力；擅長的、不擅長的所指涉的，是外在的道術、藝能。

【第二章原文】

凡眚（性）爲宔（主），勿（物）取之也■。金石之又（有）聖（聲）也，弗鉤（扣）不鳴①【三】，〔人〕唯（雖）又（有）眚（性），心弗取不出②。凡心又（有）志也，亡（無）与（與）不〔可，心之不可〕蜀（獨）行，猶口之不可蜀（獨）言也③。牛生而倀（長），鴈生而戟（伸），丌（其）省（性）〔也，人生〕而學，或曳（變）之也④。凡勿（物）亡（無）不其（期）也者——剛之梪（樹）也，剛取之也；柔之約，柔取之也⑤——四海之內，丌（其）眚（性）一也。丌（其）甬（用）心各異■，孝（教）曳（使）肰（然）也。【四～】

【語譯】

大凡人性爲根本，而人性的顯現則是由於外物的促發。像金石類的樂器，雖能發出聲響，但沒有外力的敲擊是不會發出聲音的；人雖然有性，沒有心的促發是不會展現出來的。人的心中有意志，但是沒有外物的參與是不會單獨進行的，心不會獨自的運作，就如同嘴巴沒有情境的誘發，不會獨自說話一樣。牛生長後，體積變龐大，鵝生長後，脖子會伸長，這是牛和鵝的天性造成的；人生而學，則有些部分也會改變。所有東西的本質都是可以預知的——剛硬的樹木可以用來樹立作樑柱，是其剛硬的特性所導致的；柔軟的繩子可以用來捆物，是其柔軟的特性所導致的——天下人，初生時的天性都是一樣的，但後來的用心有所差異，則是教化使他們有如此的差異。

【注釋】

① 金石之又聖也弗鉤不鳴人唯又眚心弗取不出：即「金石之有聲也，弗扣不鳴，人雖有性，心弗取不出」。此句，《郭店·性自命出》僅存「金石之又聖」、「唯又眚，心弗取不出」等字，整理者以爲殘 6 字而無補。陳偉先生補「也弗鉤不鳴人」6 字（〈校釋 A〉）。今據〈性情論〉可以確定陳文所補「也弗鉤不鳴」五字，可從。

「鉤」字讀法，李零先生《上校》頁 66 讀作「扣」；陳偉先生〈校釋 A〉疑讀爲「敂」。按：《說文》：「敂，擊也。从攴，句聲。讀若扣。」「扣，牽馬也。从手口聲。」是敂爲「擊」的正字，而「扣」乃是借字，今從俗用借字作「扣」。

鳴，簡文作（），不甚清楚，左從鳥，右從口，與〈孔子詩論〉簡23「鹿鳴」之「鳴」同形。

② 人唯又眚心弗取不出：即「人雖有性，心弗取不出」。〈性情論〉由「人唯又眚心」至「四海」脫簡，今據〈性自命出〉補。

「人唯又眚心」的「心」字，趙健偉先生〈竹簡校釋〉以爲「心」字乃衍文；李零先生《上校》將之與「性」連讀；龐樸先生〈孔孟之間——郭店楚簡的思想史地位〉則屬下讀。

霖慶按：本章簡文開頭即言「凡性爲主，物取之也。金石之有聲，弗扣不鳴」可見「性」之呈現是需要「物」的引發，簡文將「金石」比喻成「人」，而「聲」則比擬成內於人的「性」，若沒有外物扣擊，則金石類樂器的聲響是無法展露出來，人內在的性，經由「心」的作用，而與誘發「性」的「物」作雙向溝通，進一步地說，若是「心」不發生認知作用，那麼「性」即便在「物」的誘發下，也不會呈現，所以說「人雖有性，心弗取不出」。

③ 心之不可蜀行猶口之不可蜀言也：即「心之不可獨行，猶口之不可獨言也」。此句，〈性自命出〉存「蜀行猶口之不可蜀言也」，廖名春先生《試論》頁134補「心之不可」4字。可參。

④ 牛生而倀鴈生而戟丌眚也人生而學或叓之也：即「牛生而長，鴈生而伸，其性也；人生而學，或變之也」。全句依《郭店·性自命出》補，但中有殘缺。陳偉〈校釋B〉補「也人生」三字，頗合理。倀，讀爲「長」，有「龐大」意。戟，讀爲「伸」，廖名春釋「鴈生而伸」爲「鴈生而脖子長」，後句並補成「人生而學，或使之也」，謂「人的學習能力，就如同牛形體龐大、鴈脖子長一樣，也是先天的本能，是天性使之然」。(《試論》頁135)

旭昇案：「學或△之也」，簡文△字作「」，各家都釋爲「使」。此形在楚文字中或釋「使」、或釋「變」、「辨」(參《郭店楚簡研究·第一卷·文字編》頁103)。本句如釋爲「變」，則「學」對「性」的某些改變功能就可以凸顯出來了。這與全篇強調教、習的觀點是一致的。

⑤ 凡勿亡不其也者剛之梪也剛取之也柔之約柔取之也：即「凡物無不期也者——剛之樹也，剛取之也；柔之約，柔取之也」。全句缺，依《郭店·性自命

出》補。

剛之梪也，學者解釋不同。趙建偉先生〈竹簡校釋〉讀「梪」爲「祝」，意爲「斷」。李天虹先生《研究》頁143則釋「梪」爲「尌」，意爲「樹立」，謂「此言剛性挺立，爲剛類事物所利用；柔性屈曲，爲柔類事物所利用」。

霖慶按：簡文此句與《荀子．勸學》：「強自取柱，柔自取束」相近，王引之云：「『柱』，當讀爲『祝』……何、范注並曰：『祝，斷也』。此言物強則自取斷折也，所謂太剛則折也。」（見《荀子集解》頁6，王先謙所引））學者大都從之，故簡文「梪」往往被讀爲「柱」，而後再讀作「祝」，訓爲「斷」，但這樣一來，《荀子》這句話就成「道家」思想的語句，把這樣的解法也帶進〈性自命出〉此句簡文中，相同的缺點也會出現。筆者認爲〈性情論〉是儒家典籍，因此本句簡文宜採李天虹先生之說。

旭昇案：「亡不其也者」的「其」，《郭店》原釋「異」，袁國華先生釋「其」（〈卲其卞〉頁164）。可從。陳偉亦釋「其」，讀爲「期」，意爲預知、料想（〈校釋〉B），可從。此外，「其」也可以讀成「已」，〈性情論〉簡6「快於其者」，《郭店．性自命出》作「快於吕（己）者」；〈孔子詩論〉簡9「（伐木）實咎於其也」，學者釋「其」爲「已」（參本書〈孔子詩論譯釋〉）第五章注6。「凡物無不已也者」，意思是：所有的事物的表現都是由於自己的質性所造成的。「已」由指稱詞轉品爲內動詞。鑑於「已」字這樣用，目前尚無旁證，所以本文仍依陳偉先生說。「剛（柔）取之」之「取」，仍應讀爲「趣」，促發，導致也。

【第三章原文】

凡眚（性），或𢽤（動）之■、或逆之■、或䈴（節）之、或厲（礪）之、或出之、或羕（養）【四】之、或長之■。凡𢽤（動）眚（性）者，勿（物）也■①；逆眚（性）者，兌（悅）也②；䈴（節）眚（性）者，古（故）也③；厲（厲）眚（性）者，宜（義）也④；出眚（性）者，埶（藝）也⑤。【五】羕（養）眚（性）者，習也■⑥；長眚（性）者，道也■。凡見（現）者之胃（謂）勿（物）

■，快於其（己）者之胃（謂）兌（悅）■⑦，勿（物）之埶（藝）者之胃（謂）埶（藝）⑧■，又（有）爲也【六】者之胃（謂）古（故）■。宜（義）也者，群善之蕝（蕝）也⑨。習也者，又（有）目（以）習亓（其）眚（性）也■。道也者，群勿（物）之道。【七～】

【語譯】

凡性，有的能夠被興動，有的能夠被迎合，有的能夠被節制，有的能夠被砥礪，有的能夠被展現，有的能夠被教化，有的能夠被增長。凡能興動性的，就是「物」。能迎合性的，就是「悅」。能節制人性的，就是禮樂倫理、道德規範等「故」。能砥礪人性的，就是「義」。能讓人性展現出來的，就是「藝」。能教化人性的，就是「學習」。能增長人性的，就是「道」。凡是表現於外的客觀存在叫做「物」，使自己心情暢快的叫做「悅」，物的適度發展、完美表達就叫做「藝」，出於某種目的而爲的叫做「故」，「義」是群善的標準，能教化人性的叫作「習」，萬物共同的原則叫作「道」。

【注釋】

① 敼眚者勿也：即「動性者物也」。「敼」即「動」之異體。丁原植先生謂「敼」指「興動」：「『凡動性者，物也』，指外物使『性』興動」（《性情》頁 76）。

霖慶按：簡 1「待物而後作」與「凡動性者，物也」義同，同時《說文》：「動，作也。」是「動」應可視成「作」。此句的「動」字與「待物而後作」的「作」相同，「作」有「興起」之意，因而「動」也當有「興起」之意。古文字「攴」與「力」可相通，如楚系的「教」，或从力或从攴，由此推論，敼應是「動」之異體。

② 逆眚者兌也：即「逆性者，悅也」。逆，《爾雅．釋言》：「逆，迎也。」兌，讀爲「悅」，作名詞用。

《郭店．性自命出》與之相應之字作𨓜，整理者依形隸定作「逩」，疑爲「逢」字。李零先生《郭校》（增訂本）頁 108 改釋爲「逆」，《上博（一）》

考釋已改隸爲「逆」。

③ 寍眚者古也：即「節性者故也」。「寍」，讀爲「節」，節制也。此字，濮茅左先生釋作「悘」，讀爲「交」，訓作「結交」、「交友」等義。裘錫圭先生〈談談上博簡和郭店簡中的錯別字〉以爲當釋「寍」，可從，字當从室从心。後來裘先生在〈由郭店簡〈性自命出〉的「室性者故也」說到《孟子》的「天下言性也」章〉裡讀「寍」爲「節」，他說：

> 「室」是書母質部字，「節」是精母質部字，上古音的確相當接近。帛書从「手」「室」聲的字和楚簡可加「心」旁的「室」字，它們所代表的那個詞，有可能是音、義都跟節制的「節」非常相近的一個詞，也有可能就是節制的「節」。由於古漢語中找不出一個真正符合前者的條件詞，並考慮到「挃」和「節」有異文關係，「節性」之語又見於古書，我們認為把上舉這兩個字釋讀為節制的「節」，應該是合理的。所以「室」（或加「心」旁）性」就是「節性」。

裘先生之說可從，故「寍」應讀作「節」，有「節制」義。

「古」讀爲「故」，係「出於某種目的而作之事或行爲」，由簡 6-7「有爲也者之謂故」可知。學者或進而將「故」字就現實的層面來談，以爲即《詩》、《書》、《禮》、《樂》四者。裘先生指出本簡的「故」「跟荀子所說的當『人道』講的『僞』，意義顯然很相近。……就『有爲也者』本身的意義來講，其所指範圍也是相當廣的。『去知與故』的『故』，似應指心知方面、思慮方面的『有爲也者』。……『有爲爲之』的，還有成爲人們所遵循的成例、規範或制度的。……總之，所謂『故』主要應指合乎儒家思想的各種禮制和倫理道德規範。這些都是古人『有爲』而作的，所以可用當『有爲也者』講的『故』來指稱。」(〈由郭店簡〈性自命出〉的「室性者故也」說到《孟子》的「天下言性也」章〉，頁 46-50）據此，把「故」完全落實到《詩》、《書》、《禮》、《樂》四者，意義似嫌窄了些。

④ 蔥眚者宜也：即「礪性者義也」。「蔥」，從心、萬聲，濮茅左先生讀爲「厲」，訓作「嚴」或「高」。霖慶按：「礪」，古或作「厲」，可訓作砥礪。簡 7：「宜（義）也者，群善之蕝（蕝）也。」義是群善的標準，因此能砥礪人性。

⑤ 出眚者埶也：即「出性者藝也」。

旭昇案：《郭店》、《上博》原考釋均隸作「出性者勢也」而無釋。劉昕嵐云：「物之形勢使人善不善之性發而出。」（〈箋釋〉頁 334）其餘學者或把「出」字釋爲「絀」、「黜」，對簡文的解釋都不是很明朗，原因是對「埶」字的解釋有問題，因而影響了對「出」字的理解。簡 3 說：「善不善，性也。所善所不善，藝也。」人天生的性向各有趨向，這些趨向表現在「藝」。儒家典籍常談到「藝」，《論語．雍也》：「求也藝，於從政乎何有！」〈述而〉：「志於道，據於德，依於仁，游於藝。」〈子罕〉：「吾不試，故藝。」〈憲問〉：「臧武仲之知，公綽之不欲，卞莊子之勇，冉求之藝。」《禮記．禮運》：「義者，藝之分，仁之節也。協於藝，講於仁，得之者強；仁者，義之本也，順之體也，得之者尊。」（藝文版頁 439）「藝」就是道藝、道術、才藝、藝能等，藉著這些「藝」，人天生的「性」才能表現出來，這就是「出性者藝也」。

⑥ 羕眚者習也：即「養性者習也」。羕，學者或釋爲培養、或釋爲永長。霖慶案：讀爲「養」較佳，「羕」、「養」二字同從「羊」得聲，可以通假。習，是不斷地練習，這就是培養的工夫。

⑦ 怸於其者之胃兊：即「快於其者之謂悅」。怸，簡文作「[illegible]（[illegible]）」，濮茅左先生隸爲「怘」，讀爲「囿」。〈性自命出〉，與此字相應之字作「[illegible]」，李零先生《上校》頁 69 以爲是「慧」的省文。裘錫圭先生〈談談上博簡和郭店簡中的錯別字〉則云：

> 《上博》讀「怘」為「囿」，文義不可通。或以此字為『慧』之省文，讀為「快」（李文及白於藍《〈上海博物館藏戰國楚竹書（一）〉釋注商榷》，後者發表於簡帛研究網站），似亦難信。「右」、「夬」皆从「又」，其另一組成部分形亦相近，疑「怘」即「怸」之誤字。

李天虹先生〈雜考〉謂《上博》此字（霖慶按：即[illegible]）可能是與《性自命出》相當之字一樣，也是「快」字。它把「夬」旁所从的「扳指」和「手」形調換了位置，扳指位下，右手位上，遂致形體與「右」近似。

霖慶按：《郭店．性自命出》即「怸」字。《上博．性情論》此字應如裘先生之說，乃「怸」之誤。「怸」，今字作「快」。

其，通作「己」。濮茅左先生釋爲「其」，此字字形模糊，但細審原簡圖片，字應與郭店「其」作同，「其」可與「己」通，已見本篇第一章注 5。

⑧ 勿之埶者之胃埶：即「物之藝者之謂藝」。本句兩「埶」字，學者都隸定爲「勢」。前一「勢」字，李零先生〈郭校〉讀爲「設」，劉昕嵐先生〈箋釋〉則云：「竊以爲此『勢』蓋指人事所處之情勢。」

旭昇案：簡文「埶」字作「」，即園藝、樹藝之本字。「埶」字甲骨文作「」，從丮持木，種藝之意極爲明顯。西周晚期金文毛公鼎作「」，「木」下加「土」，〈性情論〉「埶」字即承此形。「藝」字由種植樹木，引伸而爲一切藝能、藝術、道藝，達成藝能、藝術、道藝的手段也叫做「藝」。「物之藝者之謂藝」，意謂：事物依照「藝」的要求去表達的，就叫做「藝」。

⑨ 宜也者群善之蕝也：即「義也者，群善之蕝也」。「蕝」，從艸、㡭（絕）聲，即「蕝」字，訓作「標準」。《說文》：「蕝，朝會束茅表位曰蕝。」段注：「字作蕞。如淳曰：『蕞謂以茅剪樹也。爲纂位尊卑之次也。』」是「蕝」有區別身份貴賤之用，引申則有「標準」義。劉昕嵐先生〈箋釋〉：「『蕝』有『表』義，於文中則爲『表徵』之意。又『表』亦有『標準』義，……故此處所謂義爲群善之表，其意有二：其一『義』爲群善之表徵；其二『義』爲判斷群善之所以爲善的標準。」

【第四章原文】

凡道，心述（術）【七】爲宔（主）■①。道四述（術）②也，唯人道爲可道（導）也。丌（其）三述（術）者，道（導）之而已③■。《旹（詩）》、《箸（書）》、《豊（禮）》、《藥（樂）》④，丌（其）刣（始）出也，皆⑤生於【八】人。《旹（詩）》，又（有）爲＝（爲爲）之也■⑥。《箸（書）》，又（有）爲言之也⑦。《豊（禮）》、《樂》，又（有）爲𦥯（舉）之也■⑧。聖人比丌（其）頪（類）而侖（倫）會之⑨，雚（觀）丌（其）先逡（後）而【九】逆訓（順）之⑩，體（體）丌（其）宜（義）而節𤔲（文）之⑪，里（理）丌（其）情而出內（入）之⑫，肰（然）句（後）復（復）㠯（以）孝＝（孝。孝）所㠯（以）生悳（德）於中者也。豊（禮）【十】复（作）於情，或興之也■，堂（當）事因方而裚（制）之■⑬；丌（其）先逡（後）之酓（敘），則宜（義）道也■⑭；或酓（敘）爲之節，則𡩜（文）也⑮；【十一】至（致）頌（容）嵤（貌），所𠂤（以）𡩜（文），節也⑯。君＝（君子）光（美）丌（其）情，貴丌（其）宜（義），善丌（其）節，好丌（其）頌（容），樂丌（其）道，兌（悅）丌（其）斅，是𠂤（以）敬安（焉）■⑰。拜，【十二】所𠂤爲敬也，丌（其）數，𡩜（文）也⑱；𢂕（幣）帛，所𠂤（以）爲信與登（徵）也，丌（其）㠯（貽），宜（義）道也⑲。【十三～】

【語譯】

凡道，是以治心的方法爲首要，道有四個術，只有人道是可稱爲道的，其餘三術，只是引導「道」的媒介而已。《詩》、《書》、《禮》、《樂》，它們最初的產生，皆出自於人情的需要。《詩》，是爲了抒發人類情感而吟哦的；《書》，是爲作爲人類的鑒鏡而言的；《禮》、《樂》是爲節制行爲、疏導情感而制定的行爲舉止規範。聖人排比同類，整理匯集，（因而製作了《詩》）；觀察人類歷史先後，而決定借鑒或遵從，（於是編成了《書》）；體察人類活動中適宜的部分，而加以節制文飾，（於是制訂了《禮》）；調理人類情感哀樂加以抒發節斂之，（於是制訂了《樂》），然後再把《詩》、《書》、《禮》、《樂》用在教育上，教育可以讓人民心中產生德性。禮起於人情，這些禮興起的時候，要依事因地而制定；它的先後次序就是義道；把這些先後次序加以節制，就是文飾；致力於容貌的文飾，是對人類身份行爲的節制，即是禮的節制。君子修美人情，尊崇合宜的行爲，精熟於儀節，修好儀容，樂其道，悅其教，因此能持敬。拜，用來表達尊敬，它的儀節，就是一種文飾的動作；幣帛，是用來表示交往友好的信物與明證，這種餽贈是合乎義道的。

【注釋】

① 心逑爲宔：即「心術爲主」。爲，濮茅左先生隸爲「𢡺」，當非。「宔」即「主」之異體，在此有「首要」的意思。「逑」古可與「術」通，如《儀禮·士喪

禮》:「不逑命。」鄭注:「古文逑皆作術。」又,《禮記·祭義》:「而術省之。」鄭注:「術當爲逑,聲之誤也。」是「心逑」可讀作「心術」,趙健偉先生〈竹簡校釋〉認爲乃「用心之道或用心的具體方法」;劉昕嵐先生〈箋釋〉訓作「心志、心知之所由」;廖名春先生〈楚簡校釋〉訓爲「治心之道」;李零先生《郭校》(修訂本)訓作「心理感化的方法」。

霖慶按:四說以廖氏之說較爲可行,簡文「凡道,心術爲主」乃談人接觸「道」,以「心術」爲主。同時,簡文下謂聖人以《詩》、《書》、《禮》、《樂》教人,目的希望人能夠「生德於中」,儒家藉此四者來教化人心,使人轉變其原來的心性,因此,謂「心術」爲「治心之道」與簡文思想能夠相合。「術」應訓爲「方法」。

② 道四逑:即道有四術。「四術」,濮茅左先生謂即《詩》、《書》、《禮》、《樂》四種經術總稱;李零先生《上校》頁70則以爲指「心術」(即與下「有爲」三事不同的「人道」)和下文的「詩」、「書」、「禮樂」三術;劉昕嵐先生〈箋釋〉以爲爲「治民之道」(即人道)、「行水治水之道」、「御馬之道」、「藝地務農之道」;劉信芳先生〈討論〉則以爲「詩、書、禮、樂分則爲四術,合則爲人道。……在四術之中,詩書禮是通向人道的,此所謂『其三術者,道之而已』。惟『樂』者爲四術皆備,此所以《王制》由樂正崇四術,立四術也。…·由詩書禮構成三術,詩書禮樂構成四術,四術和爲人道,人道與天道入出於『心』謂『心術』,『心術』是道在心中的表述方式。若將『心術』劃入『四術』之中,又將『禮』『樂』並爲一術,竊以爲不類。」

霖慶按:「四術」,目前學界看法多有紛歧,尙未有定論。李零先生說「四術」爲「心術」、「詩」、「書」、「禮樂」,是有問題的,若認爲「心術」是「四術」之一,簡文在「凡道,心術爲主」至「然後生德於中者也」間明言「心術爲主」,但卻不花篇幅去申論「爲主」的「心術」,反倒去申論《詩》、《書》、《禮》、《樂》的產生、教化意義及其與聖人的關係,那麼將「心術」視爲「四術」之一,以簡文談的內容來看,並不合理。而將「四術」視成《詩》、《書》、《禮》、《樂》四種,也是不合理的。「術」字之義在先秦至漢時,大都作「方法」、「道路」用,未見有作「經術」解者,是將「四術」理解成《詩》、《書》、《禮》、《樂》四種經術總稱,就字義的時代性來說,是有些問題的。如果我們將「四術」解釋作「《詩》、《書》、《禮》、《樂》」四者，而「人道」以「禮」爲核心，它不並等同於「禮」，那麼「人道」在此也顯得突兀而不知該如何詮釋。

簡文謂「道四術也，唯人道爲可道也，其三術者，道之而已」表示「四術」與「人道」關係密切，從文義來說，「四術」應包含「人道」，其餘的「三術」簡文並沒有明言，而由簡 8-9「《詩》有爲爲之也，《書》，有爲言之也，《禮》《樂》有爲爲舉之也。」思考「人道」以外的「三術」，很可能就是「《詩》、《書》、《禮》《樂》」，這四者皆因人的需要而產生，而後再回頭以它來教導人民，使人民心中生德。關於《詩》、《書》、《禮》、《樂》教化的文獻記載，可參《禮記・經解》、《荀子・勸學》。

「人道」以「禮」爲主體的，這點由古籍中可以證明，《禮記・喪服小記》：「親親、尊尊、長長，男女之有別，人道之大者也。」其中「親親、尊尊、長長，男女之有別」爲「禮」的範疇，是禮的表現，也是人間道理的至大者；《禮記・三年問》：「故三年之喪，人道之至文者也，夫是之謂至隆。」「三年之喪」是禮的表現，也是人道之中，至極文理之盛者。而古時行「禮」會有「樂」伴之，因此這裡「禮」、「樂」連言並不奇怪。由簡 8 開始，簡文就論及《詩》、《書》、《禮》、《樂》四者，後則側重《禮》來論述，就理論層面看，「人道」與《詩》、《書》、《禮》《樂》並爲「四術」之一，但在實踐上，行「禮」即行「人道」，所以「禮」、「人道」是既融合又分開的狀態。而簡文一開始即明言「唯人道爲可道也」，其對「人道」的重視不在話下，因此，簡文在解說「三術」後，偏重「人道」的具體落實——「禮」來說，筆者以與儒家思想著重實踐有關，因爲泛論理論性的「人道」，不如論「禮」來得有意義。同時，著重「禮」來說，也與「人道」能相呼應和緊扣主題。

③ 唯人道爲可道也丌三述者道之而已：即「唯人道爲可道也，其三術者，導之而已」。濮茅左先生謂：「人道是以禮爲主體的，可以通過《詩》、《書》、《禮》、《樂》這四術來引導。」劉昕嵐先生讀「可道」之「道」爲「導」，以爲字有「訓教」或「治理」二義；讀「道之」之「道」爲如字，並謂：「道有四焉，然唯人道（禮樂治民之道）可以之教民善（或以之爲治國之據）。其餘三者，則僅只是『道』而已矣」（〈箋釋〉頁 335）；陳偉先生釋「可道」爲「可

以引導、疏導、教導」，而訓「道之」爲「由之、從之」(〈校釋B〉頁185-186)。

旭昇按：簡文說「唯人道爲可道也」，劉說釋爲 「唯人道可以導民」，則有增字解經之嫌。據前注，簡文說「道四術，唯人道爲可道也，其三術者導之而已」，四術即人道加《詩》、《書》、《禮》《樂》，很清楚地把「人道」與「《詩》、《書》、《禮》《樂》」分成兩類。「其三術者」即「《詩》、《書》、《禮》《樂》」，簡文明謂之「術」，恐不宜說是「道」。

④ 訔箸豊藥：即「《詩》、《書》、《禮》、《樂》」。「訔」即《說文》古文「詩」，「箸」在楚系文字即「書」字，「豊」即「禮」之古字。「藥」字，濮茅左先生原釋爲「樂」，非是，細審原簡，本簡的「藥」字與郭店「藥」作（6.28）相同，故應釋「藥」爲是，讀爲「樂」。

⑤ 皆：「皆」字，濮茅左先生誤釋作「并」，李零先生《上校》頁71云：「『皆』，原書釋『並』，此字上半似『并』，但與常見『皆』字略有區別，對照郭店本可知不是『并』字，而是『皆』字。」

霖慶按：李說可從，包山簡270的「御右二貞鞘甲首胄」，文句相同的包山木牘作，此異文現象正與〈性情論〉和〈性自命出〉的異文現象相同，據此，當釋「皆」而非「并」。

⑥ 訔又爲 =之也：即「《詩》，有爲哦之也」。「爲」字後有「重文」符號，故要重複作「爲爲」。「有爲」指出於某種目的或理由而發的作爲。後一「爲」字，劉昕嵐先生〈箋釋〉訓爲「創作」、「吟唱」；廖名春先生〈楚簡校釋〉以爲字當如「憍」，指思想，可稱爲「志」。

霖慶按：「爲之」的「爲」應是一動詞，釋爲「吟唱」較好。以音理而言，字當假作「哦」，爲（匣紐歌部），哦（疑紐歌部），兩字聲近而韻同，故可相通。

⑦ 箸又爲言之也：即「《書》，有爲言之也」。廖名春先生〈楚簡校釋〉譯爲：「因思想而發言語的。」

霖慶按：《荀子・儒效》：「《書》言是其事也」即謂《書》乃是記錄聖人的行事，記錄聖人行事的目的爲何呢？《禮記・經解》：「疏通知遠，《書》

教也。」要能夠知往迎來，以歷史為鑒鏡。這麼理解後，則此句簡文應是說《書》所載，乃是聖人行為或者某段史事，並以此作為鑒鏡。

⑧ 豊樂又為譽之也：即「《禮》、《樂》，有為舉之也」。譽，〈性自命出〉作「𦥯」，皆讀為「舉」。〈性自命出〉之字劉昕嵐先生〈箋釋〉訓「舉措」、「行動」；李天虹先生〈從《性自命出》談孔子與詩、書、禮、樂〉云：「『舉』，謀劃、規劃。……於簡文，『舉』字兼有『制作』之義。」陳偉先生〈校釋B〉則訓為「興起」、「設立」。

霖慶按：《荀子·富國》：「由士以上則必以禮樂節之。」《荀子·樂論》：「先王導之以禮樂，而民和睦。」是禮樂有節制及使民和睦的功用在，因此《禮》、《樂》即是節制人民的行為，疏導其情感的行為舉止規範，在《禮》、《樂》的規範下，民心能趨於純美，社會能步向安和樂利，這就是《禮》、《樂》的目的。

⑨ 聖人比丌頪而侖會之：即「聖人比其類而倫會之」。頪讀為「類」，「侖」讀為「倫」。「比類」，李天虹先生〈從《性自命出》談孔子與詩、書、禮、樂〉云：「『比類』，按類排比，……於簡文『比類』之意，當即按風、雅、頌排比詩文。……『論』《國語·齊語》：『權節其用，論比其材。』韋注：『論，擇也。』……『會』，匯集之意。」

旭昇案：李文指出本句是在說《詩經》，甚是。本句的聖人指誰，簡文未明說。學者或以為是孔子，但是，據《左傳·襄公二十九年》孔子八歲時，《詩經》已經基本編纂完成，因此簡文籠統地說是「聖人」，而且所整理的包括《詩》、《書》、《禮》、《樂》，不只是《詩經》，因此似不宜逕指為孔子。從「侖」聲之字多有「倫理」義，讀為「倫」，則與「比其類」意義相承，《書·舜典》「無相奪倫」，傳：「倫，理也。」簡文作動詞用。李文釋為「擇」，亦通。

⑩ 雚丌先遂而逆訓之：即「觀其先後而逆順之」。雚，濮茅左先生謂：「雚，即『矔』。《字彙》：『矔，古觀字。』……這裏指觀察、分析。」廖名春先生〈楚簡校釋〉則謂：「『逆』，接受，『順』，順從，『觀其先後而逆順之』指孔子閱讀《尚書》所記載的先王的教訓而接受之，順從之。」李天虹先生〈從《性

自命出〉談孔子與詩、書、禮、樂〉則云：「逆、順爲對文。《易·說卦》：『數往者順，知來者逆。』王注：『易八卦相錯變化理備，於往則順而知之，於來則逆而數之。』……審察其先後之序而推知其發展演變。」是李先生似將「逆順」訓爲「推知其發展演變」。

霖慶按：廖、李兩位先生對「逆順」之說皆有可商，《論語》中記錄孔子以《書》教學生，且自言「述而不作，信而好古」，並未出現過廖先生所謂「孔子閱讀《尚書》所記載的先王的教訓而接受之，順從之」這樣意義的文句，是此說法仍有可議之處。而李先生的「逆順」說法，用來說明《易》的功用是可以的，但要用來說明《書》則恐不妥。《禮記·經解》：「疏通知遠，《書》教也……；書之失，誣……，疏通知遠而不誣，則深於《書》者也。」孔穎達疏：「舉其大綱，事非繁密，是疏通上知帝皇之世是知遠也。」《書》記載帝王書誥，本多繁雜，故須疏通整理。除了使後人能知上古之事外，也能以過去的歷史作爲人生的鑒鏡（此謂逆），更能有效法先賢聖王（此謂順）。

⑪ 膿丌宜而節𡭊之：即「體其宜而節文之」。「膿」讀爲「體」，義爲「體察」。「宜」有「適當」意。「節𡭊」，〈性自命出〉作「即𡭊」，裘錫圭先生讀「即」爲「次」或「節」，釋「𡭊」从「且」聲，疑「𪊨」之異體，讀爲「度」或「序」。今據〈性情論〉可知〈性自命出〉的「即」應讀爲「節」，至於「𡭊」在此應讀爲「文」。對於「𡭊」的形構，近日來學者多有討論，李家浩先生謂此字與《汗簡》「閔」之古文作「」相同；李天虹先生〈釋楚簡文字𡭊〉謂「𡭊所從可能是『麟』之象形字」；李學勤先生〈試解郭店簡讀「文」之字〉則將上方以往隸定作「鹿」頭者改釋成「民」省聲，將中間的形構釋作「旻」，視「彡」爲《說文》訓「毛飾畫」的「彡」，把字隸定作「𢒼」，以爲「文」之專用字；李零先生《郭校》（修訂本）則釋爲「敏」，讀爲「文」；何琳儀先生〈滬簡二冊選釋〉云：「當隸定作瞖，與《古文四聲韻》「閔」作形體吻合。瞖、閔一聲之轉。《字彙》：「瞖，閔也。」

霖慶按：楚系「民」與「廌」形近易混，「民」上方形體與「鹿」頭或「廌」頭幾乎無別，但是，據《古文四聲韻》，此字是「閔」的古文，在楚簡中又都讀爲「文」、「敏」，或與之同音、音近、諧聲之字，則「」字似以讀「閔」、

「文」、「敏」較合理。李學勤、何琳儀二先生以爲從「民」聲，頗爲合理。

「節文」一詞見《孟子·離婁上》：「禮之實，節文斯二者也。」趙歧注：「禮之實，節文事親從兄，使其不失其節，而文其禮敬之容。」節文的「節」有「節制」義，而「文」有「文飾」義。「體其宜而節文之」是說體察人類活動中那些合於身份、合於場合和合於道德等的適當行爲，加以節制文飾，使行爲能文質相合。

⑫ 里丌𢡱而出內之：即「理其情而出入之」。「里」讀作「理」，有「調理」義。「內」，讀作「入」。「出入」，濮茅左先生以爲即「知情知義」；劉昕嵐先生〈箋釋〉則訓爲「興發人情及節斂人情」；廖名春先生〈楚簡校釋〉則訓「出」爲「表現」、「反映」，「入」爲「進入」、「領會」。霖慶按：「出內」之義，以劉說較善。

⑬ 豊复於情或興之也堂事因方而𧝾之：即「禮作於情，或興之也，當事因方而制之」。「复」，讀爲「作」，釋「興起」。「興」，興發也。「堂」讀作「當」。「𧝾」，應从衣折聲，讀作「制」，折（端紐月部），制（端紐月部），兩字同音，故可通假。

陳偉先生〈校釋 B〉云：「當，針對。因，根據。方，事類。」廖名春先生〈楚簡校釋〉訓「方」爲「理」。霖慶按：「當事因方」乃是「制之」的原則，「當事」應與「因方」不同義，否則以兩個同義詞來說明「制之」，似嫌太繁。「當事」謂是「針對事類」、「適合於事，合乎實際」，皆可通。而「因方」之「因」可訓爲「依據」，而「方」或可訓爲「方域」。「或興之，當事因方而制之」應是說大概禮初興起之時，是針對事類和依據一國的風土民情來制訂的。

旭昇案：《禮記·曲禮上》：「入竟而問禁。入國而問俗。入門而問諱。」《漢書·卷七十二·王貢兩龔鮑傳第四十二/王吉》：「百里不同風，千里不同俗，戶異政，人殊服。」都是地方不同，禮俗亦異的說明。霖慶案語是也。

全句謂禮起始於人情（包括真實與情感二義）。「或」本爲不定之詞，在這裡應該借代前面的「禮」，「或興之也」語譯爲「這些禮興起時」，要因事、因地而制宜。

⑭ 丌先逡之畬則宜道：即「其先後之敘則義道」。濮茅左先生讀「畬」爲「捨」，謂：「在處理認識整個事物過種中的『捨』，是爲了『宜（義）道』。」而〈性自命出〉相應的這個字，裘錫圭先生《郭注釋》注 12 云：「《說文》謂『余』从『舍』省聲，從古文字看，『舍』當从『余』聲。簡文『舍』字似當讀爲『敘』，『敘』通『序』。」廖名春先生〈楚簡校釋〉讀「宜」如本字，訓作「當」。陳偉先生〈校釋 B〉謂：「儀，原作『宜』，疑讀爲『儀』，指禮的儀節、儀式。儀道，儀的方式。」

旭昇案：〈性情論〉「宜」字多讀爲「義」。「畬」應依裘釋「敘」。本句謂「其先後之序，即義道」，謂禮重視先後次序，這就是義道。「則」，「即」也，意爲「就是」。

⑮ 或畬爲之節則𡔷也：即「或敘爲之節，則文也」。濮茅左先生隸作「或畬（捨）爲之節則𡔷（取）也」，李零先生《上校三》斷作「或敘爲之節，則文也」；廖名春先生《試論》斷作「或序，爲之節，則文也。」經上對文義的討論，此句斷句應以李零先生之說較善。

趙建偉先生認爲「則」字涉「即」而抄衍；李天虹先生認爲「則」應移至「序」字之後。二家都以爲本句有誤字，但《郭店·性自命出》與〈性情論〉此處文句完全相同，兩篇內容相近的資料在相同處發生相同錯誤是不太可能的，與其視此句在語序上發生錯誤，不如視此句原本就作如此。

李零先生《郭店》（增訂本）頁 112-113 云：

> 上文「體其義而節文之」與下文的「又序為之節，則文也。致容貌所以文，節也」是相互呼應的句子，「節」、「文」二字的釋法應當與上相同。上文的「節文」是連言，下文的「節」、「文」則是分開講。「節」是用於禮儀的節奏控制，它要以儀容的修飾來配合，所以說「又序為之節，則文也」。「文」是用於儀容的修飾，它也要以禮儀的節奏來控制，所以說「致容貌所以文，節也」。

旭昇案：李說基本可從。「或敘爲之節，則文也」，「或」本爲不定代詞，在這兒修飾「敘」，意謂：把這些先後次序加以節制，這就是文飾。表面上看起來，爲之節制，似乎是限制性的禮，但是它能使人類社會的運作有次序，這就是

「文」。「則」，「即」也，意爲「就是」。本句要與下句合觀，「節」與「文」看起來是相反的兩種概念，但卻是相輔相成。

⑯ 至頌宭所㠯𡕒節也：即「致容貌，所以文，節也」。裘錫圭先生《郭注釋》頁 182 注 14 讀「至」爲「致」，謂「致力」；讀「頌宭」爲「容貌」。廖名春先生《試論》頁 141：「《禮記·表記》：『禮以節之，信以結之，容貌以文之……。』『容貌以文之』與『至容貌，所以文節也』義近。這是說非常注意修飾容貌，是用禮儀制度來規範之。」

旭昇案：本句與上句對看，強調「節」與「文」是既對立又統一的。「致容貌」，看起來是一種「文」，但是不同的人事時地有不同的容貌，這就是一種「節」。

⑰ 𡥈 =㒫丌𢡺貴丌宜善丌節好丌頌樂丌道兌丌𡦂是㠯敬安：即「君子美其情，貴其義，善其節，好其容，樂其道，悅其教，是以敬焉」。㒫，讀作「美」，「安」，讀作「焉」。

旭昇案：本節承上敘述而推廣之，「美其情」呼應「禮作於情」，「貴其義」呼應「則義道也」，「好其節」呼應「或敘爲之節」，「好其容」呼應「所以文，節也」，然後往下推出「樂其道」、「悅其教」，是以敬焉。文法井井有條，義理層層深入。

⑱ 拜所㠯爲敬也丌數𡕒也：即「拜，所以爲敬也，其數，文也」。此句除「拜」之外皆據〈性自命出〉補，然〈性自命出〉此句亦有殘字，故文義尚不能明。李零先生《上校》以爲殘三字而無補。陳偉先生〈校釋 A〉疑「爲」後一字爲「敬」。周鳳五先生〈小箋〉補「爲敬也」三字，可從。

第九字〈性情論〉殘，據《郭店·性自命出》補，字作「[illegible]」。張光裕先生《郭店楚簡研究·第一卷·文字編》釋爲「諛」，讀作「譽」；廖名春先生《試論》讀作「諛」；周鳳五先生〈小箋〉將此字釋爲「从言婁聲」，讀爲「數」。

霖慶按：《管子·法法》：「國無常經，民力必竭數也」注：「數，理也」而《文選·晉武帝華林園集詩》：「不常厥數」注：「數，猶禮也。」簡文「數」在此可解讀爲「拜時所行之儀節」。

旭昇案：讀「數」可從。中山王鼎「數」字作「□」，從言、𣪊聲。秦系文字詛楚文作「□」，左上所從「𣪊」旁中部的「角」形已經簡化爲「入」形（參拙作《說文新證》卷三下，頁226）。本簡此字與此形相近，釋「數」可從。「文也」，與上文「致容貌，所以文」相呼應。

⑲ 𢂷帛所㠯爲信與登也丌𧥝宜道也：即「幣帛，所以爲信與徵也，其貽，宜道也」。𢂷，從巾釆聲，讀作「幣」。「信」，信物。「登」，《郭店·性自命出》作「𧩸」，裘錫圭先生按語云：「或可讀爲『徵』。」是「登」於此可讀爲「徵」，有「明證」、「證據」義。

《郭店·性自命出》整理者讀「𧥝」爲「詞」，「宜」爲「義」。陳偉先生〈校釋B〉謂「『其』後一字，在簡書中除讀爲『詞』外，還有『治』、『始』等用法。在此疑當讀爲『詒』，亦作『貽』，指饋贈。」濮茅左先生〈性情論〉釋文讀作「其治，義道也」；陳麗桂先生〈《性情論》說「道」〉進而云：「『拜』和『幣帛』都是『禮』的相關事項，治『禮』之事就是『義道』，要合乎『義道』。」

霖慶按：「其」乃「幣帛」之代詞，「𧥝」讀作「貽」，訓爲「饋贈」，謂「幣帛的饋贈是合於義道的」，於文義可通。

旭昇案：本句與上文「其先後之敘，則宜道也」相呼應。幣帛餽贈，要合於禮之等級、身分等等「次序」。

【第五章原文】

芺（笑），憙（喜）之淺澤也。樂，憙（喜）之【十三】深澤也。①凡聖（聲），丌（其）出於[青心]（情）也信，肰（然）句（後）丌（其）內（入）臬（撥）人之心也敂（厚）■②。𦖞（聞）芺（笑）聖（聲），則羴（鮮）女（如）也斯憙（喜）③；昏（聞）訶（歌）要（謠），【十四】則滔（慆）女（如）也斯奮④；聖（聽）珡（琴）𢘽（瑟）之聖（聲），則悸女（如）也斯難（戁）⑤；𧡊（觀）《𡍜（賚）》、《武》，則懠（齊）女（如）也斯复（作）⑥；𧡊（觀）《卲（韶）》、

《頣（夏）》，㝃（勉）女（如）也【十五】斯僉⑦。羕思而𢿜（動）心，蒷（喟）女（如）也⑧，丌（其）居節（次）也舊（久）⑨，丌（其）反善遉（復）訇（始）也訢（慎）⑩，丌（其）出內（入）也訓（順）⑪，絧（殆）丌（其）悳（德）也⑫。【十六】奠（鄭）衛之樂，則非丌（其）聖（聲）而從（縱）之也⑬。凡古樂壟（隆）心，嗌（益）樂壟（隆）指（旨），皆𡥈（教）丌（其）人者也⑭。《蜜（賚）》、《武》樂取，《卲（韶）》、《頣》（夏）》樂𢛳（情）⑮。【十七～】

【語譯】

笑，流露出內心些許的喜悅；樂，流露出內心較多的喜悅。聲音，能真正地出自人情，然後它進入人心、感動人心才夠深厚。聽到笑聲，內心就會開朗而喜悅；聽到歌謠，內心就會澎湃而思振作；聽到琴瑟彈奏的樂曲，內心會激盪而戒慎恐懼；觀看《賚》、《武》樂舞，就會心生莊敬而思振作；觀看《韶》、《夏》樂舞，就會勉力而有謙卑之心。歌詠而思慕（《賚》、《武》、《韶》、《夏》），讓人喟然動心：其樂能長久地遵守節度，返於善、復於始是那麼地謹慎，出於人情、入於人心都很順暢自然，這就是《賚》、《武》、《韶》、《夏》之德。鄭衛的音樂，非典正之聲，而是易使人放縱的音樂。所有古樂能興發人心，益樂能興發人的志向，皆是音樂教化人的地方。《賚》、《武》樂武王取得天下，《韶》、《夏》樂舜、禹愛民之真情。

【注釋】

① 芺憙之淺澤也樂憙之深澤也：即「笑，喜之淺澤也；樂，喜之深澤也」。簡文「憙」，《郭店·性自命出》作□，已往釋爲「豊」，讀爲「禮」。然〈性情論〉此字作□，整理者釋作「憙」，讀 爲「喜」。裘錫圭先生〈談談上博簡和郭店簡中的錯別字〉亦云：「《郭簡》讀『豊』爲『禮』，文義難通。……郭店簡是把『憙』字所从的『壴』誤寫成了與之形近的『豊』字簡體。」其說可從。

霖慶按：《鄧析子·無厚》：「心悅者，顏不能不笑。」《素問·陰陽應象大論》:「在聲爲笑。」王冰注:「笑，喜聲也。」那麼也就是說「笑」是因心中喜悅而展露的舉動，故簡文「笑，喜之淺澤也」大概是說「笑」能流露出內心些許的喜悅。「樂」，是人「歡樂」之情的展現，它流露出來的，是比「笑」更深處且更多的「喜悅」，因此簡文「樂，喜之深澤也」應是說「樂」能流露出內心深處且更多的喜悅。總上來說，將視爲的誤字，此句簡文之義能通，若依〈性自命出〉則文義頗爲費解難曉。

本句如果依〈性自命出〉的文字及把「樂」讀成「禮樂」之「樂」，那麼此句簡文是偏向談「禮」的，應屬上讀。但依〈性情論〉的文字及讀法，則此句簡文所談論的與「聲」較爲相關，應屬下讀。

芺，即「笑」之古體。「淺澤」二字，〈性自命出〉合文作，〈性情論〉分書，濮茅左先生釋作湔，然細審原簡，「淺」字已不可辨，而「澤」僅存「睪」旁，餘已不可辨。對這兩個字，可據〈性自命出〉補「淺澤」字。澤，可訓爲「潤澤」，如《詩・無衣》:「與子同澤」，傳:「澤，潤澤也。」

② 凡聖丌出於意也信肰句丌內臬人之心也敂：即「凡聲，其出於情也信，然後其入撥人之心也厚」。「聖」、「聲」古同源，在此，「聖」讀爲「聲」。「信」，誠也，《廣雅・釋詁》:「信，誠也。」「臬」，濮茅左先生釋作「拔」，讀作「撥」；趙建偉先生〈竹簡校釋〉:「『撥』即撥動、感動」。「敂」，原簡字形模糊，但仍可辨，濮茅左先生隸定作「敂」，讀爲「厚」；李零先生《上校三》頁 72 讀「夠」。陳偉先生〈校釋 A〉對此句簡文云：「祓（原作『拔』），《廣雅・釋詁下》:『除也。』……昫（霖慶按：原文作『敂』），……《玉篇・日部》:『昫，暖也。』簡文大約是說用樂來陶冶情操，去除惡念，受者會感到溫和而不生硬。」

霖慶按：「臬」，從臼拔木，即「拔」之初文（于省吾《甲骨文字釋林・釋槑》頁 26），當讀爲「撥」，「臬（拔）」（並母月部），「撥」（幫母月部），兩字上古聲近韻同，故可通假，在此作「感動」、「撥動」解。「敂」以讀「厚」爲是，「敂」（見紐侯部），「厚」（匣紐侯部），兩字上古聲近韻同，可相通假，「厚」，古籍有「深」義，如《呂覽・辯士》:「必厚其靹。」注：「厚，深。」在簡文中有「深厚」義。《禮記・樂記》:「樂也者，……其感人深」、《荀子・樂論》「夫聲樂之入人也深」，均與簡文「其入拔人之心也厚」之意相近，是古籍以「深厚」來形容樂聲對人的感化，但簡文並不局限在「樂」上，而泛指一般的「聲」。

③ 聕芺聏則羴女也斯憙：即「聞笑聲，則鮮如也斯喜」。此句簡文，濮茅左先生《上博一》頁 240 云：「羴，假借作『馨』。……引申爲羶行，令人仰慕的德行。……此句意謂聽到笑聲就像（舜之）羶行使人喜悅。」李零先生《郭校》（增訂本）釋「鮮如」爲「粲然」，形容笑貌。

霖慶按：「羴如」，應從李零先生讀「鮮如」、「粲然」，然並非形容「笑貌」，而當是形容心中的感覺。「粲」或「鮮」都有「光明」意，在這裡有「開朗」之意，故簡文「鮮如也斯喜」意指「內心就會開朗而喜悅」。

④ 聕訶要則滔女也斯奮：即「聞歌謠，則慆如也斯奮」。「聕」，古文「聞」。「訶要」，濮茅左先生謂即「歌謠」。霖慶按：「訶要」，《郭店·性自命出》作訶誎，讀作「歌謠」，可從。「訶」即「歌」之古字，與《說文》：「訶，大言而怒也」用法不同。誎，當从言、柔聲，「柔」應从木肉聲，「肉」聲與「謠」聲相近可通假。〈性情論〉「訶」後一字作[illegible]，濮茅左先生原釋爲「要」，讀爲「謠」，可從。

「滔」，〈性自命出〉作[illegible]，整理者原釋作「舀」，非是，蘇建洲學長〈楚系文字考釋四則〉改釋成「滔」，可從。「滔」，在此當讀爲「陶」，「鬱陶」也，心中有所積鬱之意。《詩·園有桃》：「心之憂矣，我歌且謠。」《荀子·禮論》：「歌謠傲笑，哭泣諦號，是吉凶憂愉之情發於聲音者也。」是人心中喜憂之事皆可透過歌謠來抒發，故「慆如也斯奮」是說人聽到歌謠後，內心情感鬱積，而思振作。

⑤ 聖琴瑟之聖則悸女也斯難：即「聽琴瑟之聲，則悸如也斯戁」。琴瑟即「琴瑟」，見本書〈孔子詩論譯釋〉第六章注 11。「悸」，〈性自命出〉作「誖」，兩字皆訓作「心動」。「難」，〈性自命出〉作「戁」，裘錫圭先生讀作「歎」；李零先生讀作「嘆」；饒宗頤先生《涓子〈琴心〉考》：「『戁』，……《爾雅·釋詁》：『戁，懼也。』……是所謂『誖如斯戁』即戒慎恐懼之意。」劉昕嵐先生〈箋釋〉讀「歎」，釋爲「吟誦」。

霖慶按：簡文本句以饒宗頤先生之說較善。簡文「鮮如」、「陶如」皆形容人在聽到不同事物後，內心所會有的變化，「悸如」也當如此，「悸」在此應訓爲「心動」，指人聽到琴瑟聲後，內心有所撼動。「難」應讀爲「戁」，訓爲「懼」，《禮記・樂記》：「絲聲哀，哀以立廉，廉以立志，君子聽琴瑟之聲，則思志義之臣。」孔疏云：「君子聽琴瑟之聲，則思志義之臣，言絲聲舍（此字，孫希旦《禮記集解》頁 1019 引時作『含』，『舍志』於此不可通讀，當作『含』爲是）志不可犯，故聞聲而思其事也。」孫希旦云：「絲聲哀怨，有介然不苟之意，故聞之使人立廉隅，廉隅立則志節成矣。」由此觀之，「則悸如也斯戁」是說人在聽了琴瑟聲後，內心撼動而有戒慎恐懼之意。

⑥ 奮巠武則懠女也斯复：即「觀《賚》、《武》，則齊如也斯作」。「奮」，濮茅左先生謂「即『觀』字」。「《賚》、《武》」，裘錫圭先生《郭注釋》頁 183 注 24：「《賚》、《武》都是見於《詩・周頌》的詩篇，本是屬於歌頌武王滅商定天下的《大武》樂的歌辭。……《大武》樂的歌是與舞配合的，所以可說『觀賚武』。」裘先生之說，可從。「懠」，〈性自命出〉作「齊」，「齊女」一詞，李零先生《郭校》（增訂本）讀作「齊如」，訓作「形容恭敬」；劉昕嵐先生〈箋釋〉：「齊，音義同『齋』。『齊如』，莊重敬肅貌」「作」，陳偉先生〈校釋 B〉訓作「振作」。

霖慶按：「作」訓「振作」，可從。「齊如」一詞，訓「形容恭敬」、「莊重敬肅貌」、「莊重恭敬貌」，其義相近。「齊如」應是形容「內心」的狀態，與《荀子・樂論》：「舞韶歌武，使人之心莊」的「心莊」義近，應是形容「內心莊重恭敬」，非狀容貌之詞。

《武》即《大武》中一章，《大武》係四代之樂（舜樂、湯樂、禹樂、武王樂）中的武王樂。四代之樂皆歌頌開國聖主之功績德業，依其功績德業來命樂之名。《左傳・襄公二十九年》記載季札至魯觀《大武》（武王樂）、《韶濩》（湯樂）、《大夏》（禹樂）、《韶箾》（舜樂）四種樂舞，均有感嘆，是後人能由樂舞反觀樂舞中所蘊含的內涵。簡文「觀《賚》、《武》」至「則勉如也斯儉」皆是表達後人觀看《賚》、《武》、《韶》、《夏》的樂舞後，內心產生積極進取的心態。

⑦ 奮卲頣則免女也斯僉：即「觀《韶》、《夏》，則勉如也斯儉」。此句簡文，〈性情論〉僅存「奮」字，餘皆據〈性自命出〉補。《韶》即舜樂，《夏》即禹樂，

兩者亦可配舞，故可言「觀《韶》、《夏》」。裘錫圭先生《郭注釋》頁 183 注 27 云：「疑『僉』當讀爲『儉』」；李零先生《郭校》（增訂本）頁 109：「『勉如』，『勉』原作『免』，形容努力。『斂』，原作『僉』，裘案讀作『儉』。案此句與『則齊如也斯作』相對，彼作『作』，此作『斂』，含義正好相反。」

霖慶按：《左傳．襄公二十九年傳》：「（季札）……見舞《大夏》者，曰：『美哉！勤而不德，非禹，其誰能修之？』見舞〈韶箾〉者，曰：『德至矣哉，大矣！如天之無不幬也，如地之無不載也。』」是季札見《韶》、《夏》而感聖人有德，後人觀看後，自覺要謙卑。上注已言，此句簡文是說明人心的積極面，再由古籍來思索，聖王之德弘大，後人觀《韶》、《夏》後，心中產生謙卑，並勉勵自己精進修德，應說得通。「儉」有「謙卑」意，《荀子．非十二子》：「儉然，……是子弟之容也。」楊注：「儉然，自謙卑之貌。」李零先生讀「斂然」，謂與「作」（興起）相對，是釋爲「收斂」，與「謙卑」意義相近。

⑧ 羕思而𢖨心蔞女也：即「永思而動心，喟如也」。李零先生《郭校》（增訂本）：「『詠』，原從羊從永，……整理者不破讀，這裏讀爲『詠』。」陳偉先生〈校釋 B〉：「『永』（字本作『羕』）思，長思。《尚書》：『肆予沖人永思艱』；《荀子．正名》引逸詩云：『長夜漫兮，永思騫兮』，可比照。」廖名春先生《試論》訓「思」爲「相憐哀」。

「蔞」，〈性自命出〉作「賷」，劉釗先生〈讀郭店楚簡字詞札記〉頁 91 釋「賷女」爲「喟然」，歎息貌。劉昕嵐先生〈箋釋〉頁 339 釋爲「彙如」，茂盛貌。濮茅左先生〈性情論〉考釋讀爲「喟然」，並以爲原簡有抄漏，應作「羕思而動心，則喟如也斯嘆」。

旭昇案：《郭店》、《上博》均作「羕思而動心，賷（蔞）女也」，顯然不可能是漏字。沈培先生〈賚武韶夏〉以爲「羕思而動心，蔞女也」當讀爲「詠思而動心，喟然也」，謂歌詠而思慕，讓人喟然動心。其說可從。

⑨ 丌居節也舊：即「其居節也久」。「居節」，〈性自命出〉作「居即」，劉昕嵐先生〈箋釋〉讀作「居次」而訓爲「位於人心之中」；劉釗先生〈讀郭店楚簡字詞札記〉頁 77 云：

> 「居即」《郭店楚墓竹簡》一書讀作「居次」，非是。《性自命出》這一段是講「樂舞」的，「居即」應讀作「居節」。「節」謂「節奏」、「節拍」。《說文》：「居，蹲也」……「居節」猶言「蹲節」。「蹲」字是「行動有節奏」的意思。……「其居即也舊，其反善復始也慎」，是說「遵循節奏要持久，重新開始要慎重」。

沈培先生〈賫武韶夏〉：

> 我們認為，這一句話說的就是賫、武、韶、夏之樂能夠長久地「守節」。《左傳》襄公二十九年記季札觀樂時，在說到「為之歌頌」時，季札讚歎「節有度，守有序，盛德之所同也」。杜預注：「八音克諧，節有度也。無相奪倫，守有序也。」簡文的「居節」跟《左傳》的「節有度，守有序」可以相互對照。

旭昇案：古人常從音樂的性質去發揮德性，本句及下兩句正是這樣的句子。劉、沈之說可從。

⑩ 丌反善復鈶也新：即「其反善復始也慎」。濮茅左先生原〈考釋〉頁 244：「反善復始，指返歸本性。」劉昕嵐先生〈箋釋〉譯爲「以敬慎之樂而使人復返本始之善」；廖名春先生《試論》頁 148：「歌詠表現出來的復歸善良本有真的特點」；沈培先生〈賫武韶夏〉：

> 其實，「反善復始」可能並無很深的哲學意義，「善」和「始」也可能就是指音聲好的地方以及開始的地方，「反善復始」即「返於善、復於始」。因此，這句話說得還是樂調的反復迴旋。這樣，「慎」可能還當訓為「謹慎」、「慎重」比較好。

沈說可從。

⑪ 丌出內也訓：即「其出入也順」。濮茅左先生原〈考釋〉頁 244 謂「訓」讀「順」。廖名春先生〈楚簡校釋〉云：「『出入』即簡文的『出於情也』和『入撥人之心也』，這是歌詠的產生和爲人所接受有和順的特點。」說均可從。

⑫ 絧丌悳也：即「殆其德也」。絧，《郭店・性自命出》作「訇」，「絧」濮茅左先生釋「絧」讀「治」。而「訇」，劉昕嵐先生〈箋釋〉釋「始」；李天虹先

生《研究》頁 160 釋「始」，意為「滋息」、「生發」；廖名春先生《試論》頁 148 讀「司」釋「主」。沈培先生〈賚武韶夏〉頁 223-224 云：「這一段文字皆是講賚、武、韶、夏之樂的，並非講人修養其德。……我們認為：『訇其德也』當讀為『殆其德也』。『殆』从『台』聲，『訇』讀為『殆』絕無問題。這句話顯然是對前面三句話所作的一個總括性的說明。」

旭昇案：沈說可從。本句為總括前三句所述《賚》、《武》、《韶》、《夏》之德，不過先秦常常以音樂之德（性質、風格）來比擬人的德（品性、修為），所以表面上是贊美《賚》、《武》、《韶》、《夏》之德，其實也就是贊美周武、商湯、夏禹之德，其目的在使後人景仰、效法。

⑬ 奠衛之樂則非丌聖而從之也：即「鄭衛之樂，則非其聲而縱之也」。「鄭衛之樂」即古籍中的「鄭衛之音」，古人對其評價都是負面的，如《禮記．樂記》：「鄭衛之音，亂世之音也。」又，「子夏對曰：鄭音好濫淫志，……衛音趨數煩志」。「則非其聲而從之」，劉昕嵐先生〈箋釋〉頁 339 讀「從」如本字，並云：「『非其……而……之』之句式多見於先秦古籍，用於表示不當為之事而為之，……此處所謂『非其聲而從之』，指鄭衛之樂，并非人應聽從其感化之樂，人卻聽而從之。」廖名春先生《試論》頁 149：「『非其聲』，即非其正聲；『從之』，即縱慾，指不『居節』、『犯節』。」

旭昇按：簡文從「其居節也久」起，所述皆為音樂之德，本句也不例外。本句所述為鄭衛之意的風格，《禮記．樂記》說的「鄭音好濫淫志」、「衛音趨數煩志」，就是「縱」，其音樂一味放縱地加快節奏、釋放情緒，而不加以引導、節制，所以受到儒家的批評。

⑭ 凡古樂龏心嗌樂龏指皆孥丌人者也：即「凡古樂龍心，益樂龍志，皆教其人者也」。「益樂龏指」，學者看法不同，濮茅左先生原〈考釋〉246 頁以「益樂」為「溢樂」，即「淫樂」，「益樂龏指」謂「淫樂千夫所指，令人痛斥」；廖名春先生《試論》頁 149 云：

> 案：從「皆教其人者也」看，「益樂」不可能為貶義詞，不能解為「淫樂」。從下文看，「古樂」當指《韶》、《夏》，「益樂」當指《賚》、《武》。《莊子．天下》：「舜有《大韶》，禹有《大夏》，湯有《大濩》，

> 文王有辟雍之樂，武王、周公作《武》。」……《韶》、《夏》是舜、禹之樂，故稱「古樂」。《賚》、《武》是武王之樂，是後起、增益之樂，故稱「益樂」。「古」、「益」對文，「益」當訓為增益。「益樂」義近於新樂。但意義與《禮記・樂記》指的「鄭衛之音」的「新樂」不同。簡文對「古樂」、「益樂」皆持肯定態度，但比較之下，肯定的程度有所不同。

霖慶按：「益」，可訓作「加」，《國語・周語》：「而益之以三怨」注：「益，猶加也。」簡文「益樂」，學者大都釋爲「鄭衛之樂」，但這樣一來，就與簡文「皆教其人者也」之說不合，故「益樂」不可訓爲「鄭衛之樂」可知矣。就簡文內所提的樂名來看，「古樂」應是「《韶》、《夏》」，「益樂」應是「《賚》、《武》」。

「龏心」、「龏指」，學者看法不一，其中丁原植先生《性情》頁 246：

> 簡文此處「龍」字似表現出對「心」影響的方式。《玉篇・龍部》：「龍，萌也。」……「龍」字也有「通和」之義，《廣韻・鍾韻》：「龍，通也。」《廣雅・釋詁三》：「龍，和也。」簡文「龍」字似指「興生而通達」的作用。……「指」，指意向。

霖慶按：「龍」，《春秋元命苞》謂「龍之謂萌也」，在此正可訓作「萌」，有「萌起」、「興發」義。而「旨」，除丁先生之說外，同門李志慶認爲「指」可通作「志」，指、志皆端紐脂部，兩字同音可以通假，「指」讀作「志」，應可從。

⑰ 奎武樂取卲顕樂意：即「《賚》、《武》樂取，《韶》、《夏》樂情」。奎，濮茅左先生謂即「釐」字，讀作「賚」。「《賚》、《武》樂取」，裘錫圭先生《郭注釋》頁 183 云：「《大武》是歌頌武王取天下，故言『樂取』」。而「《韶》、《夏》樂情」，劉昕嵐先生〈箋釋〉：「《韶》、《夏》表達了人情本身的歡樂」；廖名春先生《試論》：「然疑『情』在此當訓爲誠。……歌頌舜、禹得天下是出於真心的禪讓」；丁原植先生《性情》：「《韶》、《夏》的古樂，表達樸質實情的興發」

霖慶按：《禮記・禮器》：「樂也者，樂其所自成」乃言「樂」，是人民樂聖王完成了百姓所欲之事，依百姓所樂之事而命「樂」之名，而後人能觀其樂舞而知其德，簡文「《賚》、《武》樂取，《韶》、《夏》樂情」所談的正與此四種樂中所樂之事有關，《賚》、《武》爲《大武》中的兩篇，故觀其樂舞，知此樂舞樂「武王用武除暴而取天下，爲天下人所樂」，故謂「《賚》、《武》樂取」。《韶》也稱《大韶》，《夏》也稱《大夏》，鄭玄釋此二者分別謂「舜之民，樂其能紹堯而作《大韶》」，「禹能大堯舜之德」故名《大夏》。由此觀之，舜因能繼堯愛民之心，故樂名爲《韶》，而禹治水三過家門而不入，其愛民之心，可見，也因能光大沿續前王愛民之心，故樂名爲《夏》。據此思考「《韶》、《夏》樂情」即是說《韶》、《夏》樂舜、禹出於真情來愛護百姓。故此「情」字，當訓爲「真情」。

【第六章原文】

凡【十七】至樂必悲，哭亦悲，皆至丌（其）意（情）也①。哀、樂，丌（其）直（德？性？）相丘（近）也，是古（故）丌（其）心不遠。②哭之歏（動）心也，浸（浸／寖）[illegible]（？／怛）③，丌（其）【十八】剌（烈），䜌＝（戀戀）女（如）也④，𠭁（？／戚）肰（然）㠯（以）冬（終）⑤。樂之歏（動）心也，濬（賡）深賊（郁／鬱）鎉（慆）⑥，丌（其）剌（烈），瀘（流）女（如）也㠯（以）悲⑦，攸（？）肰（然）㠯（以）思⑧。凡慐（憂），思而句（後）悲；凡【十九】樂，思而句（後）忻（忻）。凡思之甬（用）心爲甚，難（歎），思之方也⑨，丌（其）聖（聲）貞（變）⑩，則心𢓊（從）之矣；丌（其）心貞（變），則丌（其）聖（聲）亦肰（然）。【二十】譣（吟），斿（遊）哀也⑪；喿（噪），斿（遊）樂也⑫；諏（愀），斿（遊）聖（聲）也⑬；戲（？），斿（遊）心也⑭。■【二十一～】

【語譯】

歡樂到了極點，將轉而發生悲傷的情緒，哭也是一種悲傷，兩者都能表達悲情。悲哀、歡樂之情，它們都是人情的一部分，在本質上是相近的，它們皆有感而動，所以心的運作相差不遠。哭泣時，心裡狀態的變動，一開始逐漸地哀傷，當其達到最強烈的階段，心中會有不絕的感情，最後以憂傷結束；快樂時，心裡狀態的變動，會慢慢持續加深而歡喜，到達極點時，快樂會漫散而無節制，轉而產生悲傷的情緒，繼而會有長遠的憂思。憂愁，要經過心的感動而後表現出悲傷；快樂，要經過心的感動而後表現出歡欣。思慮的發用，以心為主。歎是表達思維的方式，聲音有了變化，心境也隨之改變；心境有了變化，聲音也隨之改變。嘆息，流露心中哀傷；歡呼，流露心中喜悅；啾吟，流露出聲音中的情感；嗟歎聲，流露出內心的感觸。

【注釋】

① 凡至樂必悲哭亦悲皆至丌慐也：即「凡至樂必悲，哭亦悲，皆至其情也」。「至樂必悲」，學者皆認為與「樂極生悲」意同，其中李天虹先生說：

> 《淮南子·道應》：「子曰：『夫物盛而衰，樂極而悲，日中而移，月盈而虧。』」……「樂」與「哀」之相互產生，有人之存生問題的考量。此處「樂」似指人生存之時的喜樂，是「情」的一種極致的表現。「至樂」是喜樂之極，也就是人之喜悅的情感達到的極點。在人存身的境遇中，「存在」的感受得以盡情發展，但也就在此種感奮中，人面對了生存邊際的驚恐。故「至樂」必涉入「非存在」的虛無。人面臨死亡的滅絕，故「必悲」。簡文的「至」，即說明這種極限的處境。「樂」是人情的展露，而「至樂」卻導向「情」的另一種極端的型態，也就是「悲」。「悲」，是悲傷哀惘之情，而終極之情，而終極的「悲」，是人所對死亡之必然的終極之情。（見丁原植先生《性情》頁147轉引）

李先生把「悲」視成面對「死亡」而有的感覺，筆者以為恐不必然，由《淮南子》「盛而衰，樂極而悲」看，凡物由極盛走下坡時，就是「衰」，同樣的道理，當極點的「歡樂」走下坡時，就會有失落「快樂」的「悲感」產生，所以說是「樂極生悲」，換言之，樂極後的「悲」乃因「失落快樂」而生，非因「死亡」之故。

「至其情」的「至」，陳偉先生〈校釋B〉讀作「致」而訓為「表達」；

丁原植先生《性情》則讀如本字，而訓作「達致」。

霖慶按：「至」字之說，以陳偉先生之說較佳。簡文「至樂必悲」所要闡述的是「至樂生悲」，而非是談論「樂」這種情緒，因此，「至其情」就不能說是表達樂的情感，當是說明「至樂」及「哭」皆能表達「悲情」。

② 哀樂丌直相丘也是古丌心不遠：即「哀、樂，其德相近也，是故其心不遠」。

「直」，《郭店》本作「眚」，通「性」。丁原植先生《性情》頁 148 云：「『性』指本質。……『是古其心不遠』，從人的本性與真情來看，『哀』『樂』的本質相近，因此『心』所施予的運作也相似。『其心』，指『用心』而言」。

霖慶按：「哀」、「樂」爲人「情」的一部分，所以在本質上，它們並沒有什麼不同，故謂「其性相近」，這個「性」是具有「本質」之義的。「哀」、「樂」本質雖相近，但這兩種情緒發生時，「哀」、「樂」的表現看起來有著極大的差別，可是「哀」、「樂」大多因外物觸動人心，人心感動而後發的情緒，它們因感而動的運作過程是相近的，所以說「其心不遠」。

旭昇案：《上博》本簡「哀樂其直相近」，「直」字作「[illegible]」，與同篇「悳」字（如簡 10）上部所從完全同形，而與「眚」字上部從「中」構形者不同。二形非常相近，可能《上博》的「直」是《郭店》「眚」字形近之誤；但是《上博》作「直（德）」也可以讀得通。「德」即「質性」，《禮記·樂記》：「禮樂皆得謂之有德，德者，得也。」哀樂其德相近，即哀和樂的質性相近。

③ 浸[illegible]：讀作「寖怛」，意謂：漸漸哀傷。「浸[illegible]」，《郭店·性自命出》作「瀸澨」。前一字〈性情論〉從水從「侵」省聲，即「浸」的異體，〈性自命出〉作「[illegible]」，從水戠（侵的異體，參《戰典》頁 1416）聲不省，亦「浸」字，都讀爲「寖」，漸漸也(《廣雅》:「寖，積也」)。後一字濮茅左先生原〈考釋〉隸作「焊」，讀「忓」，訓「忓」爲「極」。黃錫全先生〈讀上博楚簡札記〉：

> 今按，此字下面非从心。楚文字的心多作[illegible]，與此不同。我們以為其形有可能是「是」字，與包山、郭店楚簡的是及从是之字類似。是，在此讀為「弒」。……「浸殺」，或主張「漸趨衰弱之義」。我們以為，這是描寫悲傷到極點，猶如刀絞一般，類似於上曾太子般殷鼎之「哀哀利錐」。所以，浸殺，當是悲痛欲絕之狀。

廖名春先生《試論》云：

> 「瀸濲」上海簡簡 18 作「浸怛」。「瀸」、「浸」音同，只是字形一繁一簡而已。「怛」字上為旦，與包山楚簡二一、三二簡的「旦」字近；下為心。《說文》云：「怛或从心在旦下。」與此正同。「怛」、「濲」古音聲母有別，一為舌音，一為齒音；但韻母同。疑音近相通。浸，沈浸。怛，傷悲。……這是說「哭之動心也」，使人沈浸在傷悲之中。「浸怛」（瀸濲）是形容「哭之動心也」的效果，並非形容哭的聲音本身如何。

霖慶按：黃錫全先生以爲下不从心，可從，但釋此字爲「是」，恐非。〈性情論〉簡 12 的「是」作，與不類，故字非「是」，可知矣。可分成兩部份看，一是，一是。前一偏旁即「旦」字，與楚系「旦」作正相同，而後一偏旁目前看來無法肯定，是此字可暫視爲从「旦」得聲之字，讀作「怛」，《說文》：「怛，憯也。从心，旦聲。」此字音「得案切」，又「當割切」，「得案切」在元部，「當割切」在月部；「濲」從「殺（所八切）」聲，上古音當在疏紐月部，與「怛」韻同，聲則齒音與舌頭近，當可通。

簡文「哭之動心，濅怛，其烈，戀戀如也，戚然以終」是敘述哭引動人心後的心思的變化過程。「濅怛」應是表示動心後的起始歷程，非形容哭貌，故「濅怛」在此應具有「漸漸哀傷」之意，然後才「戀戀如」，最後「戚然」以終。

④ 丌剌緣 =女也：即「其烈，戀戀如也」。「剌」，濮茅左先生釋爲「杲」，與簡 14 的「杲人之心也」的「杲（拔）」同形。李零先生《上校三》頁 74 云：「『烈』原作，乃『剌（烈）』字所從，與『杲』無關。」

霖慶按：李說可從。與簡 14「拔」作有明顯的不同，字當即簡 30（）之省體，在此讀爲「烈」，即強烈之烈。

「緣」，〈性情論〉原簡已模糊不可辨，裘錫圭先生《郭注釋》頁 183：「『緣』即『𦆨』，疑讀爲『戀』。」李零先生《郭校》（增訂本）、李天虹先生《研究》皆讀「緣 =」爲「戀戀」，李零先生謂「似是一悲哀的情緒」；李天虹先生《研究》謂「似具哀思縷縷，不絕於心之意」。

霖慶按：由「哭之動心，其烈，戀戀如」看，「戀戀」一詞乃針對「哭之動心」而言，乃形容心中悲思不絕貌。「䜌」從「絲」聲，從「絲」聲之字多有「聯綿不絕」之意。

⑤ 䙴肰㠯冬：即「戚然以終」。䙴，濮茅左先生隸作「戚」，以爲『戚』之異體。李零先生《上校三》頁 74：「不一定是从戉，估計是從戚」。

霖慶按：䙴原簡作[原形]，「見」形尚可清晰看出，而上方之形則不可識，故我們對此字形構尚存疑，故字後以問號表尚有疑問。〈性自命出〉相應字作[原形]，整理者隸定作「慼」，讀爲「戚」。

⑥ 濻深賊鬱：即「賡深鬱慆」。濻，簡文作[原形]，濮茅左先生隸定作「濬」，而後以問號表示存疑，同時讀爲「濬」。

霖慶按：[原形]與〈性自命出〉相應的「濬」作「[原形]」不類。今據文物出版社所出版《郭店楚墓竹簡．性自命出》的「[原形]」，二者應是一字之異體，應是从水賡聲，可隸定作「濻」，參見陳霖慶〈讀〈性自命出〉及〈性情論〉文字一則〉（簡帛研究網站，2003 年 9 月 20 日）。

「濻」，可有二說。其一讀作「賡」，訓作「繼」，有持續意，那麼簡文可讀作「續深郁慆」，意謂樂之動心，使內心的狀態會慢慢「持續加深而濃烈」。其二「賡」从「康」得聲，而「康」聲字可通「荒」，《爾雅．釋詁》《釋文》引郭璞注云：「濂，本或作荒。」荒，古籍有「遠」之義，如《爾雅．釋詁》：「荒，遠也。」則簡文可讀作「荒深郁慆」，「荒深」即「深遠」。「哭之動心，浸怛」是持續的心理變動過程，則「樂之動心，濻深郁慆」也應相同，筆者認爲前說較好，即將濻讀作「賡」，訓作續，樂之動心與哭之動心皆有開始的階段，而後逐漸濃烈。

旭昇案：〈性情論〉「濻」字作「[原形]」，實從水、康、目（貝省），右旁即「賡」之異體，可證「賡」從「康」聲之說不誤。字與〈性自命出〉從水、庚、貝者爲一字之異體。

脖鎾，原簡作原形作[原形]（[原形]），濮茅左先生釋作「脊慆」，並謂：「『脊』字待考，『脊』，如讀爲『鬱陶』可通。」李零先生《上校三》頁 74：「鬱陶，上字原從肉從雙戈，下字原從心從舀從金（金夾在舀中，心在其下），前者是『賍』字的異體，後者從心，並不直接作『慆』。」徐在國、黃德寬先生〈補正〉釋上方爲侯馬盟書（字上方即「誖」之籀文）之變體，字即「脖」，釋爲「从心，滔聲」，爲「慆」之繁體，讀爲「鬱陶」。

霖慶按：之形構應如李零先生之釋。（），〈性自命出〉作，，應是一字異構。徐在國、黃德寬先生釋爲「脖」而讀作「鬱」，脖（並紐沒部），鬱（影紐沒部），兩字韻同部而聲遠，故讀「脖」爲「鬱」，並不妥當。、，在此應可讀爲「郁」（影紐職部），通「鬱」，「郁鎗」即「鬱陶」，《爾雅·釋詁》：「鬱陶，喜也。」蓋爲蘊積濃烈之喜。

⑦ 丌刺澅女也㠯悲：即「其烈，流如也以悲」。「流」，字从水从㐬，關於㐬之說，可參劉釗先生〈讀郭店楚簡字詞札記〉。「流如」，濮茅左先生訓作「流漫而無節制狀」；劉昕嵐先生〈箋釋〉訓「流」爲「化」，「流如」爲「變化貌」；廖名春先生《試論》讀「流」爲「慘」，「流如」即「慘如」，訓爲「傷悲貌」，義同下文的「悠然」；陳偉先生〈校釋B〉謂「流」乃「形容思緒放蕩而無所依憑」。

霖慶按：簡文「至樂必悲」反應出「物極必反」的哲學概念，而「其烈則流如也以悲」所要表達的概念與「至樂必悲」正同。「流如」應與「戀戀如」相同，皆形容在頂峰階段時的情緒狀態，因此謂「流如」爲「變化」，恐不足言明頂峰階段時的情態，「流如」在此當如濮茅左先生之說，「流」字具有「蕩散」之意。

⑧ 攸肰㠯思：即「悠然以思」。攸，原簡模糊不可識，整理者隸作「攸」。〈性自命出〉作「條」，整理者讀作「悠」。「悠然」，劉昕嵐先生〈箋釋〉訓「憂思貌」；廖名春先生〈楚簡校釋〉贊同劉昕嵐先生之說，並云「『悠然以思』與『流如也以悲』同，簡文『思』也應該訓爲『憂』或『悲』。」邴尚白先生〈郭店楚簡〈性自命出〉譯注（一~三十五簡）〉訓「悠」爲「長久」，訓「思」爲「思念」之義

霖慶按：條（定紐幽部），悠（定紐幽部），兩字古同音，故可相通。「悠然」，據簡文「其烈，流如也以悲，悠然以思」看，「其烈，流如也以悲」既已說悲，則「悠然」一詞，不當再作「憂傷」解，而當可如邴尚白先生所釋

作「長久思念」解。古籍「悠」有訓「長」者，如《國語·吳語》:「今吾道路悠遠。」注:「悠，長也。」而「思」字，即當釋作「思念」。

⑨ 難，思之方也：即「歎，思之方也」。「難」，劉昕嵐先生〈箋釋〉:「『難』應讀爲『歎』，爲『吟誦』義。」「方」，陳偉先生〈校釋 A〉:「《爾雅·釋詁》:『方，類也。』簡文是說嘆是屬於思維的範疇。」王博先生〈論郭店楚墓竹簡中的「方」字〉對此句簡文云:「『歎』是指憂愁時發的發音。……聲音是思外發的結果，有思於中，於是聲音於外。這樣來看，這裏的『方』不必解釋爲「術」，仍然應該讀爲『放』。『歎，思之方也』，是說歎的聲音，乃是思想的外放。正是有諸內，必形諸於外的意思。」

霖慶按:「難」、「歎」同從「菓」聲，故可通用。「方」釋爲方式。本句的作用在舉例說明「聲音」和「思想」的互動關係。

⑩ 叓：即「弁」字，讀爲「變」。裘錫圭先生《郭注釋》頁 183:「簡文『叓』字似將『吏（使）』、『弁』二字混爲而爲一，疑此句『叓』字當釋爲『弁』，讀爲『變』。下句『叓』同。」霖慶按：就目前戰國楚系材料看，「弁」、「使」兩字字形難以區分，常有混用的情形。

⑪ 戱斿哀也：即「吟，遊哀也」。此句，〈性情論〉殘，今據〈性自命出〉補。「戱」，李零先生《郭校》(增訂本）讀爲「吟」，訓爲「淺歎」；劉釗先生〈讀郭店楚簡字詞札記〉則云:「戱」，从「心」「訡」聲，而「訡」从「言」「金」聲，字應讀爲「吟」，訓爲嘆息或呻吟。」

斿，濮茅左先生隸定作「㞢」，謂「亦遊字」。黃德寬、徐在國兩位先生〈補正〉釋爲「斿」。「斿」〈性自命出〉作「遊」，李零先生《郭校》(增訂本）謂:「『遊』，疑同『流』，是「流露」的意思」；劉釗先生〈讀郭店楚簡字詞札記〉則讀爲「由」，有來自何處之意。

霖慶按:「斿」，不當隸定作「㞢」，當改從黃德寬、徐在國兩位先生之說，隸定作「斿」。「斿」通作「遊」。「遊」同「游」，有「浮」、「流」、「游出」等意，故可謂「遊」有「流露」意。簡文「其聲變，則心從之矣。其心變，則其聲亦然」闡明「聲」或「心」先變，而後「心」或「聲」隨之變化，「吟，遊哀也；噪，遊樂也」闡述不同的「聲」，流露不同的「心理狀態」。

「愀，遊聲也。戱，遊心也」前一句說明「心理狀態」會發於聲，後一句應是說「聲」會流露「心」中之情感。據上所述，將「遊」當以「流露」之說較佳。

「吟，由哀也」是說嘆息，流露人心中的哀傷。

⑫ 喿斿樂也：即「噪，遊樂也」。「喿」，學者多讀爲「噪」，但訓釋不同，李零先生《郭校》(增訂本)訓爲「喧呼」；劉釗先生〈讀郭店楚簡字詞札記〉訓爲「歡呼」；李天虹先生《研究》訓爲「喧鬧」。霖慶按：「喿」讀「噪」，於音理可通，其義當訓爲「歡呼」或「喧呼」。

⑬ 詠斿聖也：即「啾，遊聲也」。詠，李零先生《郭校》（增訂本）讀爲「啾」，訓爲「聲音細碎嘈雜」；劉釗先生〈讀郭店楚簡字詞札記〉讀爲「啾」，而訓爲「歌吟」；廖名春先生《試論》讀爲「愁」。

旭昇案：釋「歌吟」較佳，四句句法才能一致。

⑭ 戱斿心也：即「戱，遊心也」。戱，簡文作「[illegible]」，濮茅左先生釋作「豉」，疑爲「尌」，但又括號以問號存疑，疑讀爲「粗」。〈性自命出〉作「豉」，李零先生《郭校》(增訂本)讀爲「嘔」，訓爲「歌唱」；劉釗先生〈讀郭店楚簡字詞札記〉以「虍」與「亡」古音可通，故將字釋爲「从豉，亡聲」，爲「戱」之異體，訓作「戱謔」；廖名春先生《試論》音讀同李說，訓作「言語和悅」。

旭昇按：〈性情論〉此字與〈性自命出〉字形雖小異，但〈性自命出〉字形較清楚。李文讀「嘔」，訓爲歌唱，但所從「豆」（定紐侯部），與「嘔」（影紐侯部），兩字韻同而聲遠，似不能通轉。劉釗先生說較有可能成立，如此字釋「戱」，則應讀爲「於戱（嗚呼）」之「戱」，嗟歎聲也。

〈性自命出〉此句後尚有「喜斯慆，慆斯奮，奮斯咏，咏斯猷，猷斯舞，舞，喜之終也。慍斯憂，憂斯戚，戚斯歎，歎斯撫，撫斯踊，踊，慍之終。」〈性情論〉未見。

【第七章原文】

凡人𢘓（情）爲可兌（悅）也。①句（苟）㠯（以）丌（其）𢘓（情），唯（雖）怂（過）②不亞（惡）；不㠯（以）【二十一】丌（其）𢘓（情），唯（雖）難不貴。未言而信，又（有）㺯（美）𢘓（情）者也③；未季（教）而民恆，眚（性）善者也④；未賞而民懽（勸），含福（貪／富）者也⑤；【二十二】未型（刑）而民愄（畏），又（有）心愄（畏）者也⑥；戔（賤）而民貴之，又（有）悳（德）者也；貧而民聚安（焉），又（有）道者也■⑦；蜀（獨）居而樂，又（有）內▓【二十三】者也⑧。亞（惡）之而不可非者，達於宜（義）者也；非之而不可亞（惡）者，篤（篤）於𢝊（仁）者也■；行之而不怂（過），智（知）道者【二十四】也。⑨昏（聞）道反上，上交者也。昏（聞）道反下，下交者也。昏（聞）道反己，攸（修）身者也■。⑩上交𨑒（近）事君，下交㝵（得）眾𨑒（近）䢓（從）正（政）■，攸（修）身𨑒（近）至𢝊（仁）。同方而【二十五】交，㠯（以）道者也。不同方而交，㠯（以）古（故）者也。⑪同悅而交，㠯（以）悳（德）者也。不同悅而交，㠯（以）猷（猶）者也。⑫門內之紿（治）谷（欲）丌（其）㜪（婉）也。【二十六】門外之紿（治）谷（欲）丌（其）折也。⑬凡身谷（欲）𡪢（靜）而毋遣（愆）⑭；甬（用）心谷（欲）悳（直）而毋忧（尤）⑮；慮（慮）谷（欲）𣶒（淵）而毋暴（？）■⑯；退谷（欲）繡（?／肅）而毋翌（輕）【二十七】⑰；進谷（欲）𢡺（隨）而又（有）豊（禮）⑱；言谷（欲）植（直）而毋瀘（流）⑲；居処（處）谷（欲）牖（逸）募（易）而毋曼（漫）■⑳。孶＝執志必又（有）夫柱＝（廣廣）之心㉑，出言必又（有）夫柬＝（簡簡）【二十八】之信㉒，賓客之豊（禮）必又（有）夫齊＝（齊齊）之頌（容）■。祭祀之豊（禮）必又有夫臍＝（齊齊）之敬■㉓，居喪必又有夫䜌＝（戀戀）之哀。凡兌（說）人勿噩（隱）【二十九】也，身必䢓（從）之㉔；言及則明，舉（舉）之而毋憍（訛）㉕。凡交毋刺（烈），必貞（使）又（有）末■。凡於道逄（路）毋思，毋蜀（獨）言■。㉖蜀（獨）居則習【三十】父兄之所樂。句（苟）毋大害，少枉內（納）之可也，已則勿遉（復）言也。㉗凡悳（憂）惓（患）之事谷（欲）任，樂事谷（欲）逡（後）。㉘▌【三十一～】

【語譯】

凡是合乎人的真實性情都是令人覺得喜悅的。假若以真性情來作事，即使有了過錯，也不會招致別人的厭惡；若不用真性情來作事，即使難事作成了，別人也不會覺得可貴。君子不用言語而能見其信用，因君子有淳美的真性情；尚未教化而人民能保持恆常之性，是因君子有純善美好的質性；沒有獎賞而民眾會努力，是因君子具備各種德性的緣故；未對人民施刑而民眾會畏懼，是因君子心存敬畏的緣故；君子尚未發達，地位卑賤而人民卻尊敬他，是因為他是有德之人；君子地位卑賤而人民卻以他為尊貴，這是因為他有德的緣故；君子貧窮而人民卻願意向他聚攏，這是因為他有道的緣故。君子獨處而仍能自得其樂，是因為□□的緣故。若君子的所作所為即使令人厭惡，卻仍不能批評他的不對，這是因為他通曉「義」的原則；若君子的所作所為讓人覺得不對，卻仍不會厭惡他，這是因為他篤守「仁德」；行事不逾矩，因君子瞭解「道」。聽聞了道，能思索與君主交往之事，這是和上位者交往的原則；聽聞了道，能思索與下民交往之事，這是和下位者交往的原則；聽聞了道，能思索自己處身之事，這是自己修身的原則。上交接近事君之道；下交能夠得到民眾的愛護，這就接近從政之道，修身則接近「仁」道。志趣理想相同的人相互交往，是因為道的緣故；志趣理想不相同的人相互交往，是出於某種特定目的。喜好相同而交往的人，是因德性相近的緣故；喜好不同而交往的人，是因為謀劃事情的緣故。對門內的親人要講恩，處事要婉轉；對門外的其他人要講義，處事要制斷。立身要清靜而不要過動；心之發用要能正而不偏頗；思慮要深遠不要急燥；退下時儀容要恭敬而不輕佻；上前時要恭順而有禮；言語要正直而不說沒有根據的話；居處時雖閑適平易，但心不要散漫無所忌憚。君子執守志向必有寬博遠大的心，說話必有誠信。行賓客之禮時，必有莊敬的儀容；行祭祀之禮時，必有莊敬之心；居喪時必有綿綿不絕的哀傷。凡跟人說話不要有所隱瞞，所說的自己要能作到；說到時就要清楚明確，實踐時不能有差錯。與朋友交往不要太過，必使友情有始有終。對於行路之人的言行，不要太在意，也不要獨自唱高調。一個人獨處時，則適應父兄之所好的事。如果沒有太大的弊害，勉強接納些許的小過錯是可以的，已發生過的事情就不要再說它。憂患之事為己任，享樂之事要在後。

【注釋】

① 凡人𢝊爲可兑也：即「凡人情爲可悅也」。劉昕嵐先生〈箋釋〉頁 347：「此處『情』字應作『情實』解」。霖慶按：《孟子·告子》：「乃若其情」，戴震釋「情」爲「實」、「素」，這裡的「情」也應訓作「實」、「素」，即「性之實」，真性情之意。

從這章開始，相當於〈性自命出〉下篇的開始，但〈性情論〉與〈性自命出〉在下篇內容和簡文的排次有很大的差異，這是一個值得注意的現象。

旭昇案：本章的第一段所指涉的對象不是全稱的「人」，而是「人民」之上的君子，其標準句法「ＸＸＸＸ，ＸＸ者也」都應該解釋爲「ＸＸＸＸ，君子ＸＸ者也」。其意義在敘述君子修身立德，對人民的影響，這種影響往往是不言而教的。

② 𢘓：當从心化聲，「化」（曉紐歌部），「過」（見紐歌部），兩字上古聲近韻同，故可讀「𢘓」爲「過」。

③ 未言而信又㐌𢝊者也：即「未言而信，有美情者也」。

旭昇案：陳來〈初探〉以爲本句當作「未言而民信」，非。濮茅左先生考釋引《荀子·儒效》：「故君子無爵而富，無祿而富，不言而信，不怒而威。」《禮記·中庸》：「故君子不動而敬，不言而信。」均與本簡相似。有美情，謂有美好的真實性情。

④ 未孝而民恆，眚善者也：即「未教而民恆，性善者也」。濮茅左先生云：「恆，有訓順之意。……簡文言未孝而順，這是善性的緣故。」丁原植先生《性情》頁 178 以爲「指未施予教化，人民能保持其恆常本性者，這是來自於人本然的性向。簡文此處所言，恐亦非『性善』之論。」劉昕嵐先生〈箋釋〉云：「『民恆』，即指民有恆善之心。」

旭昇案：此處的「性善」，指君子的質性美好，不是人民，更不能擴大爲普徧的人性本善。簡本〈性自命出〉、〈性情論〉比較明白與「性」有關的論述，除了本簡之外，另外還有「四海之內，其性一也。其甬用心各異，教使然也」，既然說「其性一也」，當然不會指性有善有惡，我們可以把這句話所代表的意義看成孔子「性相近」的進一步發展，加上本簡「未教而民恆，性善者也」，則「其性一也」的「一」應該是比較傾向性有善的可能。簡本

〈性自命出〉、〈性情論〉有關「性」的主張，雖然還沒有達到像孟子主張「性善」那麼明確的地步，但應該已經具有類似的傾向了。

⑤ 未賞而民懽含福者也：讀作「未賞而民勸，含富者也」。〈性情論〉此句殘，今據〈性自命出〉補。此句簡文，《郭注》注釋 44 裘錫圭先生按語云：「懽，當讀爲『勸』，『福』疑當讀爲『富』」；李零先生《郭校》（增訂本）頁 114 對此句簡文云：「『未賞而民勸，貪富者也』（16 章：簡 52）意思是說，雖賞未加而民盡力，是因爲他們在心裏盼望得到財富。『貪』，原作『含』。」劉昕嵐先生〈箋釋〉頁 348 云：「若讀作『貪富』……『未賞而民勸』本即雖未賜富貴於人民，人民仍勉力去作；若又以人民貪求富貴爲『未賞而民勸』之因，豈不自相矛盾乎？故此處仍以讀作『含福』爲佳。而『含福』的『福』，《禮記．祭統》：『……福者，備也；備者，百順之名也。無所不順者之謂備。言內盡己，而外順於道也。……故『含福』指君子內盡己之誠愨忠信，外順天地人倫之理，無所不順故無所不備。』」廖名春先生《試論》頁 163：「『含福』當與『含德』義同。……《書．鴻範》：『五福：……四曰攸好德。』這是說沒有賞賜而百姓仍很勉力，是因爲心懷美德。」

霖慶按：「懽」當讀爲「勸」，有努力義。「含富」，當讀爲「含福」，依劉說，指君子內盡己之誠愨忠信，外順天地人倫之理，無所不順故無所不備。

⑥ 未型而民愄又心愄者也：即「未刑而民畏，有心畏者也」。濮茅左先生云：「愄，讀爲『畏』。《禮記．曲禮上》『畏而愛之』，鄭玄注：『心服曰畏。』」丁原植先生《性情》：「『心畏』指在心中所形成的敬畏之情，它來自於人心之自反。……似指『心存羞恥之敬畏』。」陳偉先生〈校釋 B〉：「威，字本作『畏』，當讀爲『威』。心威，指內在的威儀。」

旭昇按：「有心畏者也」指君子心存敬畏，各家都沒有明白說出。

⑦ 戔而民貴之又悳者也貧而民聚安又道者也：即「賤而民貴之，有德者也；貧而民聚焉，有道者也」。

旭昇案：濮茅左先生釋云：「民賤而能事貴，是由於德的緣故；……民處貧賤而能聚，突出了修禮重要。」恐非。貧賤、有道德者均指同一人，即君子。《管子．版法解》：「舜耕歷山，陶河濱，漁雷澤，不取其利，以教百姓，百姓舉利之，此所謂能以所不利利人者也。」《呂氏春秋．孝行覽》：「舜耕於歷山，陶於河濱，釣於雷澤，天下說之，秀士從之。」先秦類似的說法很多，《史記．五帝本紀》總結云：「舜耕歷山，歷山之人皆讓畔；漁雷澤，雷澤上人皆讓居；陶河濱，河濱器皆不苦窳。一年而所居成聚，二年成邑，三年成都。」與簡文所述可以互證。

⑧ □：字不識，待考。濮茅左先生釋字从童从攴，李零先生《上校三》從之。

霖慶按：原簡右側「攴」形可辨，但左側之形則難以辨識，字左方是否爲「童」，因簡文殘損嚴重，應存疑待考。此字，〈性自命出〉作□，趙建偉先生釋爲「論」之異體，讀作「倫」而訓爲「序」；李零先生《郭校》（增訂本）疑與「豊」相近；劉國勝先生〈郭店竹簡釋字八則〉釋「□」爲从彳从冊之繁體，李天虹先生《研究》據而釋□爲「冊」而訓爲「謀略」。學者因將「□」讀作「禮」，故簡文「內□」或讀「入禮」、「內禮」，義爲「入在精神」、「契合於禮」。

《荀子》：「窮處而榮，獨居而樂。」能「窮處而榮」是因學禮之故，因此「內□」訓作「內契於禮」，是一種可能。

旭昇案：「蜀」，原考釋隸作「㝿」，似非，從圖版看不出上有「宀」旁。同字又見簡 30，均當直接隸作「蜀」，讀爲「獨」。

⑨ 亞之而不可非者達於宜者也非之而不可亞者篙者於𢝊者也行之而不怭智道者也：即「惡之而不可非者，達於義者也；非之而不可惡者，篤於仁者也；行之而不過，知道者也」。前二句主要依據劉昕嵐〈箋釋〉之說。「達」原簡作□（□），濮茅左先生釋爲「胃」讀作「謂」。李零先生《上校三》頁 76：「『達』，原從宀從辵從月，與簡文『達』字的聲旁相同，不是從宀從胃。」霖慶按：李說可從。此字與包山的「達」作□（《包》2.121）相似，只是少了「辵」旁而已。旭昇案：「不可非（惡）」指涉的對象仍是「君子」。「篙」字左下似有「月（肉）」旁，與簡 33「篙」字同，義同「篤」；此字下面的「𢝊」字寫法和本篇其它簡作「忎」者不同，本篇的「仁」字寫法變化很多，簡 24、25、33、39，四種寫法均不相同，值得注意。

⑩ 昏道反上上交者也昏道反下下交者也昏道反己攸身者也：即「聞道反上，上

交者也；聞道反下，下交者也；聞道反己，修身者也」。劉昕嵐先生〈箋釋〉：「反，反省。」並將「反上」譯作「反省處於上位者的言行」，「反下」譯作「反省處於下位者的言行」；丁原植先生《性情》頁 187：「簡文此處三『反』字，均具有『聞道，則轉而思索……』的表達方式。『反上』指思索與君主交往之事，『反下』指思索與下民交往之事，『反己』指思索自己處身之事。……『上交』、『下交』，分別指『交於君主』與『交於人民』。」

霖慶按：《周易・繫辭》：「君子上交不諂，下交不瀆。」上交、下交，意與本簡相近。丁說是。

⑪ 同方而交㠯道者也不同方而交㠯古者也：即「同方而交，以道者也；不同方而交，以故者也」。劉昕嵐先生〈箋釋〉：「『方』即義理、道理之義，……『同方』，即同道也，《禮記・儒行》：『儒有合志同方，營道同術；……其交友有如此者。』鄭玄注：『同方、同術，等志行也。』孫希旦曰：『愚謂所合之志同其方，心意之同也……。』」霖慶案：鄭注甚明白。

故，廖名春先生《試論》訓爲「巧詐」；劉信芳先生〈討論〉訓爲「故舊」。李天虹先生《研究》頁 188：「『古』即『故』，亦即『有爲也者』之故，謂事理、法則，……。道與故含義接近，但『道』之義偏重於自然，『故』之義偏重於人爲。」

霖慶按：「同方而交，以道者也；不同方而交，以故者也」，乃相對的文句，是「道」與「故」乃相對之事，訓「故」、訓「詐」，均於文義不妥。李天虹先生謂「故」亦即「有爲也者」之故，可從。但以爲「謂事理、法則。……道與故含義相近」，則意義又偏離了。「有爲也者之謂故」的「故」有「出於某種特定目的」義，此句簡文的「故」，不指「《詩》、《書》、《禮》、《樂》」，而當指出於某種目的「事」，簡文表示：志向不同之人的交往，是出於某種特定目的。

⑫ 同悅而交㠯悳者也不同悅而交㠯猷者也：即「同悅而交，以德者也；不同悅而交，以猶者也」。濮茅左先生以「同悅」爲「以其德性相交」，「猷」，即「慉」，《方言》第十三：「慉，惡也。」有不睦意。陳偉先生〈校釋 A〉讀「兌」爲「隧」，指路徑。與「方」爲對文。劉昕嵐先生〈箋釋〉釋「猶」爲「謀

劃」。

霖慶按：「兌」讀「悅」，喜好。猶，謀也。

⑬ 門內之絧谷丌⿰忄⿱肙⿰肙肙也門外之絧谷丌折也：即「門內之治欲其婉也；門外之治欲其制也」。「折」，〈性自命出〉整理者讀作「制」，「制」、「折」皆端紐月部，爲同音字，故可通假，〈性情論〉此字模糊不可識，姑從原考釋。

「⿰忄⿱肙⿰肙肙」，〈性自命出〉作「⿰肙肙」，兩字所從的□，目前有兩種看法，一是釋作「肙」，李家浩先生將包山簡中「□」的「□」釋作「肙」；後何琳儀先生《滬簡詩論選釋》釋《上博（一）·孔子詩論》簡 8 的「□」上从「肙」，下爲疊加的「肉」形；業季師〈由上博詩論「小宛」談楚簡中幾個特殊從肙的字〉亦主「□」从三肙，下二肙省成「肉」形;〈性自命出〉「⿰肙肙」則省從二「肙」。一是釋「□」爲「兔」，李零先生《郭校》（增訂本）以爲〈性自命出〉「⿰肙肙」當是「逸」字；李學勤先生據〈孔子詩論〉簡 23「□」（兔）罝」、簡 25「有 □（兔）」釋「□」上从兔，下从二肉，當是从冤省聲。

霖慶按：「⿱肙⿰肙肙」字字形當如季師所釋。目前出土的楚系資料中，尚未見到明確的「冤」字，故將「□」釋爲「从冤省聲」，不妥。另外，《上博（二）·容成氏》「取其兩女琰、琬」之「琬」作「□」即「⿱肙⿰肙肙」同形。由此思之，將「⿱肙⿰肙肙」釋爲从三兔，「兔」（透紐魚部），「宛」（影紐元部），兩字音遠隔，是從兔之字不可讀作「宛」聲字。準此，本句「⿱肙⿰肙肙」或「⿰肙肙」，當從季師讀爲「婉」，並譯這幾句簡文爲「對門內的親人要講恩，處事要婉轉；對門外的其他人要講義，處事要制斷」（參季師〈由上博詩論「小宛」談楚簡中幾個特殊從肙的字〉）。

旭昇案：「⿰忄⿱肙⿰肙肙」，原考釋隸作「□」，細審照片，下方似有「心」旁，姑隸作「⿰忄⿱肙⿰肙肙」，同「悁」，於此當讀爲「婉」。

⑭ 凡身谷害而毋遣：即「凡身欲靜而毋謟」。「遣」，濮茅左先生隸「達」；李零先生《上校三》頁 77 云：「『凡身欲靜而勿羨』，『羨』，原作『湉』，字應釋『遣』，此字也見於郭店楚簡《語叢四》簡 21 作『若四時，一遣一來』，原書釋『動』，蓋誤以所從爲『童』。」

霖慶按：此字上方與曾侯乙編鐘的「遣」作「□□」的右方及右上之形

同，而下方即「止」形，「止」可與「辵」通，故字釋「遣」，可從。

「遣」，〈性自命出〉作「欿」，學者大都以爲「遣」（溪紐元部）與「欿」（溪紐談部）音近可通，故可一字視之，然字讀爲何字，學者看法不一。李零先生《上校三》讀爲「羨」；陳偉先生〈郭店楚簡《六德》諸篇零釋〉讀爲「譴」或「愆」，謂「毋譴（愆）」意爲「不致獲罪」；周鳳五先生〈上博《性情論》小箋〉以爲此字應有「往」義，與「靜」反意；白於藍先生〈商榷〉釋爲：「凡身欲靖而毋謟，……大意是說身行要謙卑但不要謟佞。」

霖慶按：羨（定紐元部），遣（溪紐元部），兩字上古韻部相同而聲遠，謂兩字相通，恐不妥。「遣」與「臽」（匣紐談部）音近，上舉《曾侯乙墓》第二個字形的右旁即加注聲符「臽」，但是「謟」和本簡的大意較隔。「遣」與「欿」音義俱近，陳偉先生釋「譴（愆）」，可從，但說爲「獲罪」，則似嫌太重。愆，過也（典籍多見，參《經籍籑詁》235 頁），過則有錯。

⑮ 甬心谷悳而毋忎：即「用心欲直而毋尤」。〈性自命出〉無此句。「忎」，簡文作「」，濮茅左先生隸「惁」讀「㥁」。李零先生曾目驗原簡，謂當從心從爲。劉信芳先生〈討論〉以爲此字從「丘」從心，讀爲「丘」。黃德寬、徐在國先生〈補正〉：「此字因照片不很清晰，……推測有二種可能。一種是从心、丘聲，讀爲「忧」。另一種可能是从心、尤聲，徑釋爲『忧』。『忧』字《郭店·六德》16 作。」

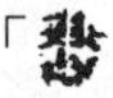

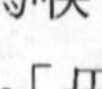

霖慶按：楚系「尤」作；「丘」作（鄂君啓車節「丘」字上部）、（〈容成氏〉簡 13）。本簡此字上方之形與「丘」形較近，但多出一筆，將之釋爲从心丘聲應是可信的。「忎」可讀爲「尤」，「丘」（溪紐之部），「尤」（匣紐之部），兩字聲同爲喉音而韻同，故兩字可相通。「尤」，可訓作「過」，見《經籍籑詁》頁 375。「毋尤」就是「不逾矩」。「用心欲德而毋訧」的「用心」應與簡 35「凡用心之躁者，思爲甚」的「用心」相同，皆指「心之發用」。

旭昇案：「悳」，從心直聲，即「德」之本字，但「德」多作名詞用，在此不好講。本簡似當讀爲「直」，正直無偏頗也。「尤」，過而偏失也。

⑯ 慮谷𣶒而毋暴：即「慮欲淵而毋暴」。濮茅左先生隸作「慮谷困而毋異」。〈性自命出〉作「慮欲淵而無僞」。李零先生《上校三》頁 77：「末字作『』，

字形與郭店本簡 64「怒欲盈而毋𢘽」的最後一字相近，並非「僞」字，也非「異」字，疑與「息」字有關（郭店本『怒欲盈而毋𢘽』句的末字則可能和希字有關）。」

旭昇案：〈性情論〉似是合〈性自命出〉的「慮欲淵而無僞」、「怒欲盈而毋𢘽」爲一句，逕作「慮欲淵而毋㚇」。周鳳五先生〈毋暴〉釋「𢘽」爲「暴」。《上博二·從政》簡甲 13「毋弇（暴）、毋褿（虐）、毋惻（賊）、毋恰（貪）」，「弇」字與本簡字形類似，〈從甲〉亦主張釋「暴」。周說釋義可通，但釋形還有待更多的證據來證明（參《上博（二）讀本·從政》注 13，頁 63）。此處姑從周說釋「暴」。暴，疾也，見《詩經·終風》毛傳。

⑰ 退谷繡（？）而毋翌：即「退欲肅而毋輕」。濮茅左先生隸作「退欲緊（？）而毋翌（輕）」。李零先生《上校三》頁 78：「第三字，照片已無法辨認，我曾目驗原簡，是作『繡』，這裏讀爲『肅』，原書釋爲『緊』，括注問號，其實是『繡』字。」

霖慶按：據原簡摹寫，此句第三字可作[illegible]。原簡文右上側可清晰看出「又」形，字右下側之形則與[illegible]或《包山楚簡》[illegible]（2.174）所从之「泉」（關於「肅」从「泉」之說，可參吳振武〈燕國銘刻中的「泉」字〉）相近，然而我們很難在原簡上看出「糸」旁，所以在「繡」後加上問號，以示尚有疑問。《韓非子·說疑》：「進退不肅、應對不恭者斬於前。」可知古人對「退」時的要求。

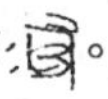

⑱ 進谷恙而又豊：即「進欲隨而有禮」。濮茅左先生云：「簡首一字殘，二字不清，待考。第二字根據文例推斷可能是『谷（欲）』」字。李零先生《上校三》頁 78：「簡 28，『進欲隨而有禮』，第一字殘損，但從文義判斷，應是『進』字；第三字，照片不清楚，我曾目驗原簡，是上從差下從心，此以音近讀爲『隨』，原書缺而不釋，今補之。此句，郭店本作『進欲遜而毋巧』，『遜』與『隨』含義相近。」

霖慶按：〈性情論〉此簡簡首之字已殘，李零先生據義補字，但首字是否定爲「進」字，待考，姑依李文補。第三字依現存原簡看，姑且依照李零先生所補，「隨」有「順」意，《廣雅·釋詁一》：「隨，順也。」是「□欲隨而有禮」似謂「與長輩或地位高的人見面行進時，要恭順有禮」。這樣的文意與〈性自命出〉「進欲遜而毋巧」相近。

⑲ 言谷植而毋瀘：即「言欲直而毋流」。濮茅左先生謂：「植，讀爲『直』。言谷植，即要直言，言語正直。……毋瀘（流），不流言。……《荀子·致士》：『凡流言、流說、流事、流謀、流譽、流愬，不官而衡至者，君子慎之。』楊倞注：『流者，無根據之謂。』」可從。此句簡文《郭店·性自命出》無。

⑳ 居処谷膭募而毋曼：即「居處欲逸易而毋漫」。濮茅左先生隸作「居仉（處）谷（欲）膭（壯）募（？）而毋曼」，意謂「居處莊、恭有禮而不驕慢」。李零先生《上校三》頁78云「『居處欲逸易而毋緩』，『逸』，原從廾從兔從肉，乃古文字常見的『逸』字……；『易』，原從艸從易……。『逸易』是簡單隨便的意思，原文是說，居處最好簡單隨便，但不要輕率無禮。」李天虹先生〈《性情論》文字雜考（四則）〉云：「『募』，圖版不甚清晰，仔細分析，……下旁最早見於信陽楚竹書，作……㱃，李家浩先生釋爲『易』，讀爲『狄』，可从。……當隸定爲『募』，於簡文可能應讀爲『易』，古『易』與『逸』義近。」李學勤先生云：「『膭』即『逸』，簡文『逸』與下面那個字顯然構成一詞。『募』从『易』聲，即『蕩』字，『逸蕩』好像是帶有貶義的話，……《荀子》的《不苟篇》云：『君子寬而僈』，『僈』《說文》作『慢』，訓爲『惰也』，簡文的『曼』即讀『慢』。『居處欲逸蕩而毋慢』，是說在生活中要舒暢而不可怠惰，這與荀子的話是相似的。」

霖慶按：膭募二字之釋當從李零先生說。簡文「逸」應有「閑適」之義，「易」則有「平易」義，「曼」讀「慢」，有「怠惰」義；讀「曼」則有「漫漫心無所限忌」之意，故將「曼」讀爲「漫」應較佳，簡文「居處欲逸易而毋漫」似謂「居處時雖閑適平易，但心不要無所忌憚」。

㉑ 孝 =執志必又夫柱 =之心：即「君子執志必有夫廣廣之心」。「執」，劉昕嵐先生〈箋釋〉訓爲「執守」。柱，濮茅左先生讀爲「注」，訓作「集中心意」、「專注」、「專心」。李零先生《上校三》頁 78：「『柱柱』，郭店本作『里』，疑郭店本是，而此本誤，原書讀作『注注』。」郭店本的「里里」，李零先生《郭校》（增訂本）頁 111：「廣廣，原祇隸定，實即『往往』（『往』是影母陽部字，『廣』是見母陽部字，讀音相近）。案『廣廣』是遠大之義。」

霖慶按：柱，當如李零先生之說，爲「柱」之訛字。「柱」即《郭店》之「宔」，字從之從土，即「往」之古體，讀爲「廣」。

㉒ 出言必又夫柬 =之信：即「出言必有夫簡簡之信」。濮茅左先生讀「柬柬」爲「堅堅」或「簡簡」，引《爾雅・釋訓》「簡簡，大也」謂「柬柬之信」即「大信」、「大堅」。廖名春先生《試論》引《集韻・產韻》「簡，誠也」謂「柬柬」應讀爲「簡簡」，訓爲誠實。

霖慶按：《論語・子路》：「言必信，行必果。」《禮記・儒行》：「儒有居處齊難，其坐起恭敬，言必先信。」是古人對「言」要求有「信」。《禮記・王制》：「有旨無簡不聽。」注：「簡，誠也。」柬柬，讀爲簡簡，誠信貌。

㉓ 賓客之豊必又夫齊 =之頌祭祀之豊必又有夫臍 =之敬：即「賓客之禮必有夫齊齊之容，祭祀之禮必有夫齊齊之敬」。濮茅左先生：「齊齊，《集韻》：『齊，齊齊，恭慤貌。』……『臍臍』讀爲『濟濟』。《廣雅・釋訓》：『濟濟，敬也。』……《禮記・玉藻》：『朝廷濟濟翔翔』，鄭玄注：『濟濟，莊敬貌。』」李零先生《上校三》頁 78：「『臍臍』，郭店本作『齊齊』，同上文『齊齊』，似乎不同，原書讀『濟濟』，以爲莊敬之義，但古書中的『齊齊』也是這個意思。問題還值得研究。」彭林先生〈論郭店楚簡中的禮容〉：「檢諸典籍，『齊齊』與『濟濟』似不甚區分。……郭店楚簡均作『齊齊』，似更近於古。」霖慶按：彭說可從。

㉔ 凡兑人勿堥也身必坐之；即「凡說人勿隱也，身必從之」。前一句簡文，郭店簡作「凡兌人勿㥯也」，裘錫圭先生《郭注釋》注 48 云：「疑此句讀爲『凡悅人勿吝也』。」廖名春先生〈楚簡校釋〉云：「兌當讀爲『說』。吝，吝惜，捨不得。」而濮茅左先生對〈性情論〉此句云:「悅，讀爲『說』。《莊子・天下》『上說下教』，陸德明釋文：『說，猶教。』……堥，讀爲『吝』，勿吝，不吝惜。簡文意爲對人要不吝賜教。」丁原植先生《性情》：「『吝』，似指吝惜，引申有『猶豫不前』之義。」

旭昇案：〈孔子詩論〉「詩亡隱志，樂亡隱情，文亡隱意」，「隱」從「㥯」聲讀「隱」（參本書〈孔子詩論〉總論之部・第一章・注 3），則本句「堥」或〈性自命出〉之「㥯」均可讀「隱」，「凡說人勿隱也」謂：凡是跟人說話，不要有所隱瞞。

㉕ 言及則明舉之而毋憍：即「言及則明，舉之而毋訛」。「舉之」，濮茅左先生釋「舉之」而讀爲「舉之」，「憍」讀「僞」，謂簡文意爲「要以身作則，言行一致」。「舉」，〈性自命出〉作「舉」，劉昕嵐先生〈箋釋〉訓「舉措」、「行動」，並譯簡文作「以明確的行動來表示而無半點虛僞」；陳偉先生〈校釋B〉：「明，詳明。與，原釋文讀爲舉，似當如字讀，義爲親附、順從、與對方站同一立場。」簡文的斷句，〈性自命出〉整理者、李零先生等皆讀作「言及則明舉之而毋僞」；廖名春先生《試論》：「原釋文『明』與『舉』連讀。張光裕、李零、劉昕嵐同。……案：『明』字處當斷句，這是說言辭到了意思就清楚了，但還要實行之以表示不是假的。」

旭昇案：本句與上句意思相近。謂話說到的就要說明白，去實踐時不能有差訛。

㉖ 凡於道洛毋思，毋蜀言：即「凡於道路毋思，毋獨言」。劉昕嵐先生〈箋釋〉訓「獨」爲「獨斷專制」；陳偉先生〈校釋B〉譯簡文作「在路途中不要有恐懼心理，不要自言自語」；丁原植先生《性情》云：「『道路』，原指天下的道路，……『道路』也可引申表達「路上的眾人」……『思』指思慮。下文稱『毋獨言』，簡文之『思』或指『毋獨思』，謂：在群眾之間，不要過度自我思慮。……在人群之中，不要顧自思慮，也切莫專斷強言。」

霖慶按：丁先生對「道路」之說，很有啓發。上博〈魯邦大旱〉簡3：「賜，爾聞巷路之言，毋乃謂丘之答非歟？」簡文的「道路」或可理解成「巷路之言」，「凡於道路毋思，毋獨言」是說對於路人所話不要作過多的思考，自己也不要太過唱高調。

㉗ 句毋大害少枉內之可也已則勿復言也：即「苟無大害，少枉納之可也，已則勿復言也」。「大」字，據〈性自命出〉補。濮茅左先生云：「句，讀爲『苟』。少，與『小』通。枉，彎曲，不正，引申爲行爲不合正道。……內，讀作『納』，引申爲原諒。」

㉘ 凡悥惓之事谷任樂事谷遂：即「凡憂患之事欲任，樂事欲後」。濮茅左先生原〈考釋〉頁 265 云：「惓，爲『惓』。《玉篇》：『惓，悶也。』簡文意爲以

天下之憂爲己任，享樂之事要在後。這與《荀子·修身》篇中所說的『勞苦之事則爭先，饒樂之事則能讓，端愨誠信，拘守而詳；橫行天下，雖困四夷人，人莫不任』相近。」李零先生《上校三》頁 80：「『患』，原作『惓』，原書不破讀，以爲悶義，其實應從郭店本讀『患』。」

霖慶按：劵，當如李零先生之說，讀爲「患」。簡文之義與《荀子·修身》：「勞苦之事則爭先，饒樂之事則能讓」意近，濮先生譯文可從。

旭昇案：范仲淹〈岳陽樓記〉：「先天下之憂而憂，後天下之樂而樂。」語蓋本此，所謂儒家本色是也。

【第八章原文】

凡斈（教／學）者①求其【三十一】心又（有）爲（僞）也，弗得之矣②。人之不能以悳（僞）也，可智（知）也■。不怘（過）直（十）舉，其心必才（在）安（焉），察其見（現）者，青（情）安（焉）遊（失）才（哉）！③【三十二】詃（？／恕），宜（義）之方也■④。宜（義），敓（敬）之方也■。敓（敬），勿（物）之即（則）也⑤。篙（篤），急（仁）之方也。急（仁），眚（性）之方也。眚（性）或生之。⑥忠，信之方也。信，憙（情）之方【三十三】也。憙（情）出於眚（性）■⑦。悉（愛）頪（類）七，唯眚（性）悉（愛）爲丘（近）急（仁）⑧■。智頪（類）五，唯宜道爲丘（近）中⑨。亞（惡）頪（類）三，唯亞（惡）不急（仁）爲丘（近）宜（義）⑩。所【三十四】爲道者四，唯人道爲可道（導）也■⑪。【三十五】

【語譯】

學者求其心時，如果有目的造作，那麼就得不到。人不能用造作的方法來求其心，是很明白的。不必超過十件事，人的用心一定會在其中，只要仔細察看其中顯現的用心，人的實際用心那裡能隱藏呢！恕是義的同類。義，是敬的同類。敬，是行事的準則。心厚實，是仁的同類。仁，是性的同類。性又生仁。

忠是誠信之類。誠信是情之類。情則出於性。愛的種類有七，只有出於人性的愛接近於仁。智的種類有五，只有義道接近中。人們厭惡的種類有三，只有厭惡不仁是接近於義的。能成爲道的有四種，只有人道是可以引導人的。

【注釋】

① 凡𡥈者：即「凡教者」，爲「凡學者」之誤寫。〈性自命出〉此三字作「凡學者」，而後接「探其心爲難，從其所爲，近得之矣，不如以樂之速也。雖能其事，不能其心，不貴。」〈性情論〉無此段文字，不知是書手漏抄，或爲不同版本所造成，無可考。

旭昇案：教、學二字爲同源詞（最初的聲符都是「爻」），甲骨時代已開始分化（參拙作《說文新證》，頁 233-234），但是因爲二字形音義俱近，所以文獻仍有互用之例。本節所談應該是「學」的事情，故應視教爲學的訛寫。

② 求其心又爲也弗得之矣：即「求其心有僞也，弗得之矣」。《郭注釋》注 38 裘錫圭先生按語：「『有爲』及『不能以爲』之『爲』疑皆應讀爲『僞』。」廖名春先生《試論》頁 15：「學，上海簡簡 32 作『教』。同源通用。……下文『隶其心有僞也』亦作『隶』，上海簡 32 亦作『隶』。《說文・隶部》：『隶，及也。』……隶，及，亦即捕獲，今謂之掌握。……『隶丌心又爲也』，即得知其心有僞，不是去『求』其心有僞。」丁原植先生《性情》頁 225：「簡文以『僞』提出一種對『求其心』的警惕。『求其心』是人的作爲，指有所施爲加於『心』，也就是對『心』所本有之多重指向性的約束。這種施爲的舉動，必須排除以『僞』作爲『人爲』的型態。」李天虹先生《研究》頁 176 譯此段文字云：「如果用心不誠，就難以求得其內心，所以人不能虛僞行事。」

霖慶按：「求」，〈性自命出〉及〈性情論〉分別作、，廖名春先生皆釋作「隶」，非是。「求」，金文作（郘君求鐘），楚系文字作（《郭》9.10）、（《郭》3.18）；「隶」，金文作（郘鐘），楚系作（《郭》10.31）。〈性自命出〉及〈性情論〉之形近「求」而遠「隶」，字應釋「求」爲是。

「有爲」的「爲」讀作「僞」時，不當訓作「虛僞」，否則上下文義難以明瞭。字於此當訓作「人爲」。所謂「求其心有爲也」應是說學者要求心時，若因某些緣故而刻意造作，那麼是得不到他所要求的。

③ 人之不能以□也可智也不怂直舉其心必才安察其見者青安遊才：即「人之不能以僞也，可知也。不過十舉，其心必在焉，察其現者，情焉失哉」。這幾句簡文〈性情論〉僅存「不怂十直」，餘皆殘。〈性自命出〉存「逃十㞢」。濮茅左先生云：「直舉，《郭店楚墓竹簡·性自命出》作『十舉』，『直』與『十』通。『不過直（十）舉』，語例與《荀子·臣道》「百舉而不過」近。或『直（十）舉』有所指，古有『修十義』、『明十教』，……『十義』、『十教』爲是非大事，又《荀子·修身》：『是謂是，非謂非，曰：『直』。』……在這裏讀成『直舉』與『十舉』音、義都通。」

□，濮茅左先生釋作「直」，與「十」通。霖慶按：□與楚系「直」作□不類，字下方與「百」（頁之省體）相近，但此字是否尚有其它部件的存在，因原簡殘損，無法肯定，姑從濮說。十（定紐緝部），直（定紐職部），緝職旁轉，《詩·小雅·六月》以「職」部的「飭、服、熾、國」韻「緝」部的「急」，是十、直上古聲同而韻可通。因此，可讀「直」爲「十」。

「察」，〈性自命出〉作□，《郭注釋》注 40 裘錫圭先生按語：「其左旁與《五行》篇當讀爲『察』的从『言』之字的右旁相似，據文義亦當讀爲『察』。」可從。

遊，裘錫圭先生於郭店〈老子〉按語云：「遊，它本均作『失』。此字楚文字中屢見，皆讀爲『失』，字形結構待考。」李家浩先生〈讀《郭店楚墓竹簡》瑣議〉以爲此字係從「辵」、從「□（失）」，應隸定爲「迭」，讀爲「失」。趙平安先生〈戰國文字的「遊」與甲骨文「㚔」爲一字說〉則認爲遊字右側的形體係由甲骨文□（㚔）演變而來，而「㚔」的本義即爲「逃逸」，加辵爲繁體，當爲「逸」的古文，逸與失聲近而韻同，故可讀「逸」爲「失」。二說皆有理，但李說「□」形下部的演變似更合理。

「不過十舉」，學者多謂是「十舉不過」的倒裝句。旭昇案：照原句語序讀即可，「人之不能以僞也，可知也。不過十舉，其心必在焉，察其現者，情焉失哉」，是說：人不能用造作的方法來求其心，是很明白的。不必超過十件事，人的用心一定會在其中，只要仔細察看其中顯現的用心，人的實際用心那裡能隱藏呢！

④ 詃宜之方也：即「恕，義之方也」。「詃」，〈性情論〉原簡模糊不可辨，濮茅左先生云：「疑『詘』字。」李零先生《上校三》頁 81：「從照片看，右半僅存殘畫，似是又旁或支旁，我查筆記，原來就如此，原書釋『詘』，括注問號，與字形不符，而注釋說『略殘，疑『詘』字』，亦不可解，我很懷疑是受郭店本影響，郭店本作『□』，或注釋者以爲『詘』字？」郭店本的□，學者說法不少，其中白於藍先生〈郭店楚墓竹簡考釋（四篇）〉謂字从言从女，可釋作「恕」。

「方」，劉昕嵐先生〈箋釋〉訓作「道理」、「準則」；廖名春先生〈楚簡校釋〉訓作「類」；王博先生〈論郭店楚墓竹簡中的『方』字〉讀作「放」，訓作「外放」；李天虹先生《研究》語譯作「表象」。

霖慶按：「□」右半的「女」旁和楚系「女」字作「□」相像但又不全然相同，姑從白說。從本句以下，有六「方」，廖名春先生釋「類」，較能全部涵蓋。《論語》以「己所不欲，勿施於人」爲「恕」，己所不欲，涉及是非善惡的判斷，所以是「義」之類。

⑤ 宜腤之方也腤勿之即也：即「義，敬之方也。敬，物之節也」。「敬」，〈性情論〉作□，濮茅左先生釋作「敬」而無說。霖慶按：據〈性自命出〉相應之字看，將此字讀作「敬」，沒有疑問，但字與楚系「敬」作□（帛乙 10.4）不類，其異處在於□左下作「肉」形，與「敬」左下作「口」形不同，然□兩見於〈性情論〉中，不宜將其視作訛字，只能看成書手的個人習慣，或者是將其隸定作「腤」，讀爲「敬」。《荀子．子道》：「明於從不從之義，而能致恭敬、忠信、端愨以慎行之，則可謂大孝矣。」可知能達於「從不從之義」，然後能「致恭敬」，故「義」可視爲「敬」的類別。「即」，李零先生〈郭校〉（增訂本）讀作「節」；劉昕嵐先生〈箋釋〉亦讀「節」，訓作「儀節」、「準則」；李天虹《研究》語譯作「節文」。釋「準則」爲是。

⑥ 篙悬之方也悬眚之方也眚或生之：即「篤，仁之方也。仁，性之方也。性或生之」。篙，〈性自命出〉作「管」，篙即「管」之繁文，「管」，《說文》讀若「篤」，故篙亦可讀作「篤」。劉昕嵐先生〈箋釋〉訓作「惇厚」； 濮茅左先

生以「篤」爲五孝之一，有「愛」、「仁」之意；陳偉先生〈校釋 B〉訓作「忠實厚道」。

霖慶按：「篤」訓「厚」，《詩．椒聊》：「實大且篤。」毛傳：「篤，厚也。」《禮記．表記》：「篤以不揜。」注：「篤，厚也。」據此訓，簡文「篤，仁之方也」乃謂「心厚實，是仁的類別」。

「仁，性之方也。性或生之。」劉昕嵐先生〈箋釋〉訓「或」爲「又」，廖名春先生〈楚簡校釋〉云：「『或』爲不定代詞，表不肯定的意思，性不但生仁，也生其它，故曰『或』。此與簡 2『好惡，性也』、簡 4『喜怒哀樂之氣，性也』義近。當屬性有善有惡論。」郭沂先生《郭店竹簡與先秦學術思想》頁 254：「『性或生之』，謂性則是天生的」

霖慶按：簡文云「仁，性之方也；性或生之」，又云「信，情之方也。情出於性」，是性可以生仁，也可以生情，「或」訓「又」，可從。

⑦ 忠信之方也信⿱青心之方也⿱青心出於眚：即「忠，信之方也。信，情之方也。情出於性」。《郭店．尊德義》：「忠爲可信也」及〈六德〉：「忠，信也」，據此可知，說「忠」是「信」之類，應說得通。《禮記．表記》：「信近情。」又言：「情欲信。」說明誠信的言行能夠接近真情，而充滿真情之人，尚未有作爲，但因其真情，他人已相信之。是「情」「信」要能相符合，而誠信乃發自於人情，故可謂「信」是「情」之類別。

⑧ 㤅頪七唯眚㤅爲近⿱身心：即「愛類七，唯性愛爲近仁」。㤅，《說文》古文「愛」。劉昕嵐先生〈箋釋〉頁 345：「此處所謂『愛類七』及下文『智類五』、『惡類三』，所指皆不詳。」李零先生〈郭校〉（增訂本）頁 120 以爲「愛類七」可能指聖、智、仁、義、忠、信、孝弟等好道德，性、情、物恐怕不在其中；濮茅左先生以爲「愛類七」可能是《孔子家語．王言》的「七教」，分別爲「敬老、尊齒、樂施、親賢、惡貪、廉讓」，也可能是《國語．周語》的「七德」，分別爲「尊貴、明賢、庸勳、禮新、親舊」；陳偉先生〈校釋 B〉云：「類，種類。愛類七，是說愛分七種。……性愛，即基於天性之愛，當爲『愛類』之一，其餘六類尚難具知。」

霖慶按：簡文「愛類七」究竟是哪七類，由於簡文並未對「愛類七」多作闡述，因而無從得知，我們採較保留的態度，不對「愛類七」強作解釋。而「唯性愛爲近仁」一句應如劉昕嵐、陳偉兩位先生所言，指「出自於人性的愛最近於仁」。

⑨ 智頪五唯宜道爲近中：即「智類五，唯宜道爲近中」。李零先生〈郭校〉（增訂本）頁 120 謂「智類五」可能指敬、義、[illegible]、忠、信；廖名春先生〈楚簡校釋〉據上下文義，疑「智」爲「義」字之誤；丁原植先生《性情》讀「智」如本字，引《孟子》:「仁之實，事親是也。義之實，從兄是也。智之實，知斯二者弗去是也。」認爲「義」指價値的取擇，而「智」指對「義」能有所知；陳偉先生〈校釋 B〉:「智，或當讀爲『知』。義道，當爲『智（知）類』之一，似指知義。《左傳》僖公二十七年有知義、知信、知禮之說，可參看。」。

旭昇案：丁說較好。「愛類」是較接近感性的道德修爲，「智類」是較接近知性的道德修爲。「宜（義）道」是一種是非的判斷，是非的判斷要合乎中正，所以說「唯義道爲近中」。

⑩ 亞頪三唯亞不悬爲近宜：即「惡類三，唯惡不仁爲近義」。濮茅左先生以爲「惡類三」指暴、虐、頗。李零先生《郭校》（增訂本）頁 120 以爲「惡類三」可能是指不仁、不義、不忠不信。

霖慶按：莊耀郎教授謂：「惡類三不是指『惡之內容有三』，而是『所惡之事類有三』。」惡類三，除惡不仁外，另外二類不知所指。古籍「惡不仁」見《論語·里仁》、《禮記·表記》。《禮記·禮運》:「義者，藝之分，仁之節。」又云:「仁者，義之本也，順之體也，得之者尊。」義是處事接物所宜之理，亦能節仁，而「仁」能施恩澤，乃順體之德，故爲義之本。「仁」爲「義」之本，則厭惡「不仁」的心可以說是接近於「義」的。

⑪ 所爲道者四，唯人道爲可道也：即「所爲道者四，唯人道爲可導也」。此兩句簡文，學者大多認爲與簡 8「道四術，唯人道爲可道也」同，所謂「道者四」，即「道四術」。筆者於第四章時認爲「四術」應指「人道、詩、書、禮樂」四者，而這裡再談到「四術」，筆者認爲有兩種可能，第一種可能，本章上文談「恕、義、敬、物」,「篤、仁、性」,「忠、信、情、性」等群組的關係，這三群組都是待人接物時所應有的心態，這些心態與「人道」相關，

故簡文再一次的提到「人道爲可道也」。第二種可能，是「性愛」、「宜道（此道，應是人道）」、「惡不仁」皆與「人道」相關，故又再提到「唯人道爲可道也」。

【第九章原文】

凡甬（用）心之趮（躁）者，思爲甚■①。甬（用）智之疾者，悉（患）爲甚②。甬（用）意（情）之至【三十五】者，哀樂爲甚■③。甬（用）身之叀（弁）者，悅爲甚■④。甬（用）力之𦘔（盡）者，利爲甚⑤。目之好色，耳之樂聖（聲），[illegible]之㙃（氣）也，人不【三十六】難爲之死⑥。又丌（其）爲人之𠈇 =（節節）女（如）也⑦，不又（有）夫柬 =（簡簡）之心則悉（采）⑧。又丌（其）爲人之柬 =（簡簡）女（如）也，不又（有）夫𢟪（恆）怣（怡）之志則曼（漫）■⑨。人之【三十七】攷（巧）言利訂（詞）者，不又（有）夫詘 =（詘詘）之心則瀘（流）■⑩。人之䠷（陶）肰（然）可與和安者，不又（有）夫𡖊（奮）犾（作）之意（情）則忞（侮）■⑪。又（有）丌（其）爲人之慧女（如）也，弗養不可■⑫。又（有）丌（其）爲人之【三十八】葲（原）女（如）也，弗校（補）不足■⑬。凡人𢡺 =（爲爲）可亞（惡）也。𢡺（僞）斯𡖂（隱）矣，𡖂（隱）斯慮矣■⑭，慮斯莫与（與）之結矣■。言（慎），𢙇（仁）之方也⑮，肰（然）而丌（其）怢（過）不亞（惡）；速，㥂（謀）之方也⑯，又（有）怢（過）則咎■。人不言（慎）【三十九】斯又（有）怢（過），信矣。√【四十】

【語譯】

用心急切，以思慮時爲甚。心智運用快速，以遇到患難時爲最。情感的發用，在哀樂之時最爲激烈。身體會急切地去力行，以喜悅時爲最。人會竭盡力量，以求利時最爲明顯。眼睛喜歡看好看的事物，耳朵喜歡聽好聽的聲音，這慾望是心中鬱積的心思，而這樣的心思，不難爲之而死。有些人生性謹慎節制，若不培養誠信之心，就會有所僞飾。有些人生性誠信，若不培養恆久怡悅的志向，就會流於怠慢。善於言詞的人，若沒有誠信之心，就會浮誇不實。人能喜悅地與他人和睦相處，若不有振作之情，是會受到他人的欺負。有些人擁有過人的才智，不自我修養是不可以的。有些人過於老實憨厚，不加以輔助是不夠。有意的造作是可惡的，有意的造作則會隱藏，爲了隱藏則會有謀慮，人知其謀慮後，則不與之結交。謹慎，是類似仁的行爲，但是太過謹慎也不算錯。急切果決，是謀事之方法，若是過度急切，則會招致別人的責備。人不謹慎，就會犯錯，確實是這樣的啊!

【注釋】

① 凡甬心之趮者思爲甚：即「凡用心之趮者，思爲甚」。趮，濮茅左先生釋作「趠」，讀爲「趮」，訓作「急躁」、「浮躁」；李零先生《上校三》頁82隸爲「忭急」之「忭」；黃德寬、徐在國兩先生〈補正〉：「此字當分析爲从『走』『巢』聲，隸作『趮』，讀爲『趮』。《孔子詩論》第十簡『鵲樔』之『樔』作『』，《望山楚簡》1.89『王孫巢』作『』，可證。」

霖慶按：，可摹寫作，右方所从之形與楚系「卓」作（《天》卜）、（《天》卜），或「弁」作皆不類，而與「巢」字相近，故此字應如黃、徐兩位先生所言，从走巢聲。「趮」，〈性自命出〉作「躁」，巢（從紐宵部），喿（心母宵部），兩字上古同爲齒音而韻同，可相通。《廣雅．釋詁一》：「躁，疾也。」簡文「躁」，亦當訓作「疾」，人在思慮時，腦筋動得最爲快速。

② 用智之疾者惓爲甚：即「用智之疾者，患爲甚」。惓，濮茅左先生釋作「倦」。李零先生《上校三》讀作「患」。

霖慶按：惓，本文第七章已說明，字應讀作「患」。大凡人都有趨吉避兇的觀念，尤其遇到患難時，想逢兇化吉的念頭更甚於其它情況，所以運用心智會較其它情形都來得快速而急切。

③ 甬憙之至者哀樂爲甚：即「用情之至者，哀樂爲甚」。簡17-18「凡至樂必悲，哭亦悲，皆至其情也」，可與此句簡文相參照。

④ 甬身之叀者悅爲甚：即「用身之弁者，悅爲甚」。「叀」，〈性自命出〉作，裘錫圭先生按語云：「疑讀爲『變』」；劉昕嵐先生〈箋釋〉頁115：「昕嵐案：

『弁』，急也，《禮記．玉藻》：『端行，頤霤如矢，弁行，剡剡起屨。』鄭玄注：『弁，急也。』」

霖慶按：□，張光裕先生《郭店楚墓竹簡．第一卷．文字編．序》釋爲「弁」之或體，說可從。依目前的楚系文字資料看，「弁」、「吏」、「史」三字往往沒太大的差異，爲同形異字。「弁」在此可如劉說釋「急」，不須破讀。

⑤ 甬力之𦘔者利爲甚：即「用力之盡者，利爲甚」。𦘔，濮茅左先生釋作「聿」，訓爲「竭力」。李零先生《上校三》頁 82：「『盡』，簡文多作『𦘔』，此字並非『聿』字」。

霖慶按：「𦘔」乃「盡」之簡體。簡文「用力之盡者，利爲甚」與《史記．貨殖列傳》：「天下熙熙，皆爲利來；天下壤壤，皆爲利往。」所言之意或可通。

⑥ 目之好色耳之樂聖□□之熨也人不難爲之死：即「目之好色，耳之樂聲，鬱陶之氣也，人不難爲之死」。□□，濮茅左先生：「□俗，二字待考，《郭店楚墓竹簡．性自命出》作『䁈舀』。」李零先生《上校三》頁 82：「上字從耳從曰，應是『聝』的異體，字同『䁈』；下字，原書隸定有誤，應釋『仙』，估計是『俗』字的誤寫。」黃德寬、徐在國兩位先生〈補正〉引金文「缶」作□，釋□爲「缶」，可讀作「陶」。

霖慶按：□，李零先生釋作「從耳從曰」，雖有可能，但仍有保留的空間。〈性情論〉「耳」大多作□；□右側與「耳」相近，但細審□左側之形，其左上似仍有一小筆，而與楚系「曰」作□不盡然相同，是此字仍有討論的空間，宜存疑待考。□，李零先生釋作「從人從山」，然楚系「山」多作□、□，與□仍有點差距，釋「山」恐仍有不妥。黃、徐兩位先生釋□作「缶」然楚系的「缶」多半作□，不見作□，故釋作「缶」，可疑。是□亦宜存疑待考。〈性情論〉兩字雖不可識，然〈性自命出〉與之相應者作□□，□□，應與□□相關，□□學者多讀爲「鬱陶」，劉昕嵐先生〈箋釋〉訓作「心思鬱積」，於文義可通，今據〈性自命出〉文字作譯文。

《荀子．性惡》：「若夫目好色、耳好聲、口好味、心好利、骨體膚理好愉佚，是皆生於人之情性者也。」身體追求外在的感官激刺及求得生理的基本滿足，是人的天性，但是一旦順著這樣的情性追逐下去，可能會造成人與人的爭奪，進而失去性命之常。人心中若一味想著如何得到更好的聲色，心中若充滿追逐外在刺激的慾望，自然會忘了修身立德之事，甚至會因追逐慾望而導致敗亡，因此，簡文言「目之好色，耳之樂聖，鬱陶之氣也，人不難爲之死」。

⑦ 又丌爲人之僪 =女也：即「又其爲人節節如也」。僪，原形作（），〈性自命出〉相應者作（），，濮茅左先生云：「伭伭，似可讀爲『㫮㫮』，『專默精誠』。《荀子・勸學》：『是故無冥冥之志者，無昭昭之明；無惛惛之事者，無赫赫之功。』」李零先生《上校三》頁 82：「伭，原書的釋文很正確，（參看簡 22『民』字的寫法），此字，郭店本從辵，聲旁寫法較怪，學者多以爲是『即』字。」劉信芳先生〈討論〉云：

> 整理者將「鳶」隸定為「民」（從人民聲），李零先生同其說，並舉出簡 22「民」之字形為證。按簡 22 釋作「民」的那個字，若就其字形而言，亦應隸作「鳶」，乃「民」之誤書。簡 23「而民畏」、「民貴之」、「民聚焉」，「民」字三例，字形可資比較。天星觀卜筮簡：「享鳶大水一玉佩環。」原簡「鳶」從示鳶，所從之「鳶」與《性情論》「鳶」（從人鳶聲之「鳶」）同一形構，且有混用之例。九店簡「民」字幾乎與「鳶」同形。《性情論》「鳶鳶」，郭店《性自命出》44 作「豸豸」（字形辵豸聲），整理者隸作辵即聲，現可以據《性情論》的辭例作糾正。謹將〈性自命出〉該字所從之「豸」摹寫如下：。鳶，豸古聲、古韻同，如「解豸」又作「解鳶」。

李天虹先生〈雜考〉釋右側爲「鳶」，而徐在國先生〈上博簡《性情論》補釋一則〉釋右側爲「桼」，爲「膝」之異體。

霖慶按：〈性自命出〉與相應者作，字可分成及。前一形即「辵」，後一形釋「即」應可行，是字應是从辵即聲，可讀作「節」。右側之形，或釋「民」，釋「鳶」，釋「桼」，學者看法不一，然字右側應釋作「鳶」較佳。下面列舉楚系相關的字形以供討論：

「鳶」：

A ［字形］（《郭》9.9）

「民」：

A ［字形］（《郭》7.18）、［字形］（〈性情論〉23）

B ［字形］（《郭》8.2）

C ［字形］（《郭》9.15）

D ［字形］（《九店》47）、［字形］（《九店》41）、［字形］（［字形］，〈性情論〉22）、［字形］（〈從政甲篇〉6）

「桼」：

A ［字形］（天星觀「𨟻」所从）、［字形］（信陽簡「𨟻」字所从）

由上述三字的諸字形看，［字形］右側之形與「民」、「桼」相近，似應即此二字中的一字，然「民」（明紐真部），「即」（精紐質部），兩字不能相通，故［字形］右側不應釋作「民」。然［字形］右側之形釋「桼」，可能也有些不妥，〈性情論〉「民」字的寫法與此字右側相同，若僅由同形異字思考，問題似乎可以解決。但若以〈性情論〉書手書寫「民」字的習慣看，將［字形］右側看成「桼」，就不是很好的說法。同時，「民」（明紐真部），「桼」（清紐質部），兩字陰陽對轉而聲遠，所以說兩字相通假，並不是一個好說法。

我們將［字形］右側釋作「廌」有幾個理由，第一，若由《九店楚簡》、郭店〈尊德義〉9.9 的「民」字看，形與「廌」同，是楚系「民」與「廌」有相混的跡象。第二，像〈性情論〉22「民」字寫法應即在《九店楚簡》「民」的基礎上加以變化的，這種寫法的「民」字可能是受到「廌」字的影響，致使上方形體寫如同「中」。第三，以〈性情論〉書手的習慣來看，其往往將密合的「眼形」寫成兩斜筆，這樣的寫法見於本篇「戞」，也見於楚系「慶」作［字形］（《秦》99.5）、［字形］（《包》2.71）。綜上所言，是［字形］右側應即是「廌」字。「廌」，裘錫圭先生《郭店·成之聞之》注 4 中謂字古有「薦」音，「薦」（精紐元部），「即」（精紐質部），《詩·小雅·賓之初筵》：「賓之初筵，左右秩秩」，「筵」「秩」押韻，是元質兩部可通之例，是「即」、「薦」，上古聲同而韻可通，故「薦」聲字可與「即」字通，故［字形］釋从人廌聲，應可行。而㒨可與「迎」

通。

「迡迡」，趙健偉先生〈竹簡校釋〉讀「即即」，訓爲「實在」；李零先生《郭校》（增訂本）頁 110 讀爲「節節」，疑即《大戴禮 · 四代》的「節節」（按，此「節」訓「有限節」，即有節制的樣子）；劉昕嵐先生〈箋釋〉頁 346 讀同李零先生，而訓「節節如」爲「適度有節」之義。簡文「迡迡」應讀爲「節節」，義同《大戴禮 · 四代》的「節節然」，即「適度有節制的樣子」。

「又」在此可訓作「或」，爲一代詞。下文的「又丌爲人」的「又」皆同此訓讀。

⑧ 不又夫柬 =之心則悉：即「不有夫簡簡之心則采」。「柬柬」，或釋「絕絕」、「斷斷」、「簡簡」，李零先生《郭校》（增訂本）頁 110 謂「柬柬」似形容人的誠信，而疑讀爲「謇謇」。

「悉」，濮茅左先生云：「悉，讀爲『窸』，引申爲輕微、細小意。」李零先生《上校三》頁 82 云：「采，原從心旁，但上半是『采』字，並非『悉』字，『悉』字從釆。」「悉」，〈性自命出〉作「采」，趙建偉先生〈竹簡校釋〉讀作「彩」，而訓作「浮華」；劉昕嵐先生〈箋釋〉訓作「文過其實」；陳偉先生讀作「悉」而訓作「奸」；劉信芳先生〈討論〉從陳先生說而訓作「恨」。

霖慶按：柬柬，應釋誠貌，已見第七章注 20。「悉」則當釋「彩飾」。

旭昇案：「僡僡（節節）」，謹慎節制貌，若無其誠，則其缺點易成爲僞飾，如公孫布被之譏、王莽謙恭下士之僞。

⑨ 又丌爲人之柬 =女也不又夫惡恁之志則曼：即「又其爲人簡簡如也，不有夫恆怡之志則漫」。惡恁，濮茅左先生隸作「恆恁」。李零先生《上校三》頁 82：「『恒』，原從心從亟，屬形近混用。『忻』，原從心從彳從斤，這裏讀爲『忻』，郭店本從心從台省，釋爲『怡』，二字含義相近。」黃德寬、徐在國兩位先生〈補正〉謂恁上方乃「近」字異體，字當分析爲从『心』『近』聲，可讀爲『忻』，有「喜」之意，與「怡」義近互換。

霖慶按：惡，〈性情論〉作[illegible]，而〈性自命出〉作[illegible]，陳偉先生〈校釋 B〉謂[illegible]應讀爲「亟」而訓作「愛」，就文意看，讀「亟」而訓作「愛」並不妥當。𢝊應可如李零先生之說，上方乃「恒」之形訛。而𢝊（㤅）字之形構，可從黃、徐兩位先生之說。

旭昇案：柬，釋爲「誠」，重誠之人，仍偏於約束謹飭，若不能培養恆久怡悅之心，則容易怠慢。

⑩ 人之攷言利訶者不又夫詘 =之心則瀘：即「人之巧言利辭者，不有夫款款之心則流」。濮茅左先生謂「訶」即『詞」字，「考言」即「巧言」，「詘詘」即「咄咄」。趙建偉先生〈竹簡校釋〉:「『詘』爲古『屈』字，謂收聚、收斂。」劉昕嵐先生〈箋釋〉頁 346：「『詘』，言語拙鈍貌。……『詘詘』應爲樸拙無巧之義。……『流』，淫放夸蕩，文勝其質之義。」陳偉先生〈校釋 B〉:「巧言利辭，擅長言辭。……朱駿聲《說文通訓定聲》云:『款款，字本作詘詘。』……款，《說文》作『』（霖慶按：原文此字漏打，依《說文》應是「欵」篆，此字古音讀若窟，从欠祟聲。）與『詘』音近可通。……款，《廣雅・釋詁一》:『誠也。』古書中往往疊用。《楚辭・卜居》云:『吾寧悃悃款款樸以忠乎』，王逸章句於『悃悃款款』說:『志純一也』又於全句說:『竭誠信也。』……流，虛浮不實。這句話大致是說善於言辭者，如果沒有忠實之心，就會浮而不實。」

霖慶按:「詘詘」與「流」應是相對之詞，「流」有「不實」義，而「詘」在先秦時，大都作「屈」、「枉」、「服」、「折」、「形容喜貌」等義，不見有「樸拙無巧」、「收斂」之義，是趙、劉兩位先生之說，恐有不妥。而「詘詘」又作「出出」，乃狀鬼神聲之詞，於簡文之義不合。若將「詘」讀作「款」，《說文》:「欵，意有所欲也。从欠窾省。」徐鍇本作窾省聲，而朱駿聲則言:「从欠祟聲，或从柰聲。今音長言之者，正如竄古讀窾，今讀篡，皆聲之轉。」是「款」與「出」聲字有密切的關係。故可讀「出」聲字爲「款」。

⑪ 人之絩肰可與和安者不又夫奮犹之𢝊則悉：即「人之陶然可與和安者，不有夫奮作之情則侮」。絩，〈性情論〉作𦂔，濮茅左先生:「𦂔，字待考，可讀作『悅』。」李零先生《上校三》頁 82 云:「『𦂔』，字形待考，郭店本從糸從兑，疑讀『悅』或『脫』。」劉信芳先生〈討論〉釋「絩」，讀「陶」。黃德寬、徐在國兩位先生〈補正〉則釋爲「從宀、從手」，讀爲「悅」。

「和安」，劉昕嵐先生〈箋釋〉：「『和』，和諧共處」；陳偉先生〈校釋B〉以爲「和安」在簡文中指「和睦相處」。

霖慶按：，可分析成與，釋爲「糸」，無疑。釋爲「丯」則非是。，與楚系「兆」作（《包》2.256）相近，故字可釋作从糸兆聲。「兆」（定紐宵部），「陶」（定紐幽部），兩字上古聲同而韻近，是以可相通，而「陶」有「暢」、「喜」義，於簡文中應訓「喜悅」。

〈性自命出〉與「絩」相應者作，李零先生疑讀「脫」或「悅」；劉昕嵐先生〈箋釋〉讀作「悅」而訓作「和易喜悅貌」；陳偉先生〈校釋B〉讀作「侻」而訓作「簡易」。「脫」有「舒」義，《淮南子·精神》：「則脫然而喜矣。」讀「脫」或「悅」，義皆與「陶」相通，「逸」於簡文中應讀「悅」而訓作「喜悅」。

「不有夫奮作之情則侮」，濮茅左先生：「衷，疑『奮』字，金文《令鼎》，从衣从隹，或釋『奮』，簡文从衣从田，省『隹』，疑『奮』字省文。犺，讀爲『猛』。……《漢書·禮樂志》：『粗厲猛奮之音作，而民剛毅。』顏師古注：『猛奮，發揚也。』……忞，即『懋』，讀作『侮』。」李零先生《上校三》頁82云：「『奮作』，原書把上字隸定爲從衣從田，疑爲『奮』字之省；把下字隸定爲從犬從亡，讀爲『猛』。這兩個字，上字確爲楚文字常見的『奮』字，但下字從犬從乍，參看郭店本的寫法，還是讀『作』更好。」

霖慶按：「奮作」之「奮」，黃德寬、徐在國兩位先生〈郭店楚簡文字考釋〉中已釋出，應無可疑。「作」，〈性自命出〉作，〈性情論〉作，以〈性情論〉之形觀之，字應釋作「從犬從亡」，然楚系「亡」「乍」二字常相混，就文義思之，字應釋作「從犬從乍」，讀爲「作」，有「振作」義。「侮」有「輕慢」義。

⑫ 又丌爲人之慧女也弗養不可：即「又其爲人慧如也，弗養不可」。濮茅左先生云：「慧，《郭店楚墓竹簡·性自命出》作『快』，『慧』、『快』兩字古通。」李零先生《上校三》讀「慧」爲「快」；李天虹先生〈雜考〉則以爲「慧」讀如本字較佳；劉信芳先生〈討論〉云：「『養』字原簡字形從攴羊聲，整理者隸作『牧』，與字形不合。……『慧』字《性自命出》作『快』。……其實

應以『慧』字爲正，『快』爲通假字。郭店簡《尊德義》35：『快不足以知倫。』『快』亦讀爲『慧』，……智慧所以不足以知曉人倫者，則天之智慧自生自滅，不足以成才矣。二者文義可以互證。」

霖慶按：「慧」作，依字形應釋作「慧」。「慧」（匣紐月部），〈性自命出〉作「快」（溪紐月部），兩字音近可通，依文義〈性情論〉「慧」應爲正字，〈性自命出〉「快」爲通假字，而「慧」可訓爲「才智」。

⑬ 又丌爲人之葲女也弗杈不足：即「又其爲人之願如也，弗輔不足」。濮茅左先生云˙「葲，讀爲『願』。《說文》：『願，謹也。.』杈，讀爲『敷』、『補』、『輔』等皆通。」霖慶按：「葲」，〈性情論〉殘，僅能據〈性自命出〉立說。此二句簡文，趙建偉先生〈竹書校釋〉讀「葲」爲「悹」，訓作「謹慎」；劉昕嵐先生〈箋釋〉：「葲，李零《校讀》讀作『淵』。《廣雅·釋詁二》：『淵，深也。』……『杈』，李零《校讀》讀作『輔』。《廣雅·釋詁二》：『輔，助也。』」陳偉先生〈校釋 B〉：「泉（从艸），其釋讀似有兩種可能：（1）釋爲『原』，謹慎老實義，後世寫作『願』。（2）釋爲『淵』，深沉義。補，字原从本（霖慶按應作木）从父。古書『補』與『不足』往往連言。」

霖慶按：葲，从泉得聲，泉、全（皆從紐元部），故兩字可以相通。而原（疑紐元部），字與「泉」上古韻同而聲遠，然古籍中「泉」或與「原」通，如《左傳·昭公三年經》：「滕子原卒」，《公羊傳》「原」作「泉」，是「泉」亦可與「原」聲字通，故「泉」聲字可讀作「原」。至於將葲讀作「淵」，訓作「深沉」，於簡文文義恐不太相合。

「杈」，从父得聲，父、輔（皆並紐魚部），兩字上古同音，故可通假，而補（幫紐魚部），與父上古韻同而聲近，亦可通假。簡文「又其爲人之願如也，弗輔不足」，大概是說有些人相當老實謹慎，或許因而作起事來，顯得保守而裹足不前，因此若不加以輔助，就無法補足他所欠缺的。

⑭ 凡人𢡺 =可亞也𢡺斯嚣矣嚣斯慮矣慮斯莫与之結矣：即「凡人爲爲可惡也，僞斯隱矣，隱斯慮矣，慮斯莫與之結矣」。

嚣，〈性自命出〉作「叐」，李零先生讀作「吝」，劉昕嵐〈箋釋〉從李先生之讀而訓作「鄙嗇貪戀」；裘錫圭先生〈糾正我在郭店《老子》簡釋讀中的一個錯誤〉讀作「矜」，謂有自尊自大或矜持義。龐樸先生〈上博藏簡零箋〉頁241讀爲「隱」：「查《論語·季氏》云：『言及之而不言，謂之隱。』《荀子·勸學》篇亦有『可與言而不言，謂之隱』之句。以之校讀楚簡，可得：1.『言及之而不言』（不明舉之）；2.『㥯故也』；3.『㥯斯惪（隱）矣』。……『惪』字決不能釋爲『離』字，『隱』字在此須作爲心態來理解，是大體上可以肯定的。」

「慮」，學者大都訓作「謀思」，而裘錫圭先生讀作「怚」，訓作「驕傲」。

霖慶按：㥯，應以讀「隱」之說較善。至於「人爲 =」的讀法，大都讀作「人僞爲」，筆者認爲讀作「人爲爲」即可，前面的「人爲」意思相當清楚，即「人的作爲」。

「人爲」與「僞斯隱矣」的「僞」皆當與「求其心有僞也……人之不能以僞也」的「僞」同指「人有意圖的舉動」。

這幾句簡文似說，人有意的造作是可惡的，有意的造作就會隱藏某些事（這「事」也應包含「心態」等），爲了隱藏，必然會絞盡腦汁不使真正的用心顯露，然當人察覺這巧詐的思慮時，自然而然就不敢與他爲友了。

⑮ 䜣𢠽之方也肰而丌怂不亞：讀作「慎，仁之方也，然而其過不惡」。濮茅左先生隸作「䜣，慮之方也」：「『䜣』，即『訢』之省文，讀作「慎」。……《廣雅·釋詁二》：『慎，思也。』」而白於藍先生〈商榷〉云：

> 按，所謂「慮」字，原篆作「[illegible]」，該字下部从心，上部所从之聲符乃「窮」字，郭店楚簡《唐虞之道》有「窮」字作「[illegible]」，…….故該字當隸作「𢠽」。上引這段話亦見於郭店簡《性自命出》篇，與「𢠽」字相對應的字是「𢚧（仁）」。「𢠽」从「窮」聲，「窮」从「躳」聲。李家浩先生曾經論述過「躳」字古有「身」音。而在楚文字當中，「窮」字亦常可寫作：「[illegible]」（郭店楚簡《窮達以時》簡10）、「[illegible]」（郭店楚簡《窮達以時》簡14）、「[illegible]」（郭店楚簡《老子》乙篇簡14）（霖慶按，作者是將《窮達以時》簡14和《老子》乙篇簡14兩字形誤植，兩字形應對調），俱从身聲，可見李先生之說不誤。由此看來，「𢚧（仁）」字寫作「𢠽」，也是不足為奇的。

「慎」字之義，劉昕嵐先生訓作「謹慎」；梁立勇先生訓作「誠」，廖名春先生〈楚簡校釋〉從梁先生之說，並謂「方當訓爲類，此是說誠是仁的應有之義」。

霖慶按：〈性情論〉的𢠜，〈性自命出〉與之相應者作[illegible]，即楚系常見的「仁」字，可證「𢠜」字當如白說釋「仁」。

「慎」之義，簡 40「不慎斯有過」說明「人不謹慎則易有過錯」，由此句簡文思考「慎，仁之方」的「慎」字之義，也應當訓作「謹慎」即可。同時，「慎，仁之方也，然而其過不惡；速，謀之方也，有過則咎。」學者皆視其爲對文，「慎」和「速」既是對文，若是將「慎」訓爲「謹慎」，則與「速」對文，更可爲「慎」訓作「謹慎」多一份證據。

仁者宅心寬厚，慮事周詳，所以「慎」的模式近於「仁」。

⑯ 速悬之方也又怂則咎：即「速，謀之方也，有過則咎」。劉昕嵐先生〈箋釋〉訓「速」爲「快速」；濮茅左先生云：「速，讀爲『數』，『速』、『數』古字通。……數，分辨、詳察。」「咎」，劉昕嵐先生〈箋釋〉：「『咎』字於此可有二義：一、憎惡。《廣雅・釋詁三》：『咎，惡也。』……二，責備，追究過失。《方言・卷十三》：『咎，謗也。』」

霖慶按：「速」、「數」，古籍因其音義皆近而相通，如《莊子・人間世》：「以爲棺槨則數腐」，《釋文》謂「數」崔本作「速」。但簡文「速」讀如字即可，有「快速」、「急切」之義。謀略要把握時機，所以要求快速，所以「速」的模式近於「謀」。

附帶要加以說明的是，在〈性情論〉中尚有支殘簡，是值得重視的。首先，殘簡一，目前僅剩「爲斯人信之矣」等六字，下並有墨釘，此六字在〈性自命出〉與〈性情論〉中的位置不同，筆者以表格的方式列出，

〈性自命出〉簡 50-51	凡人情爲可悅也。苟以其情，雖過不惡；不以其情，雖難不貴。**50** ***苟有其情，雖未爲之，斯人信之矣。未言而信，有美情者也。*** **51**
〈性情論〉簡 21-22	凡人情爲可悅也。苟以其情，雖過不惡；不以 **21** 其

	情，雖難不貴。未言而信，有美情者也。未教而民恆，性善者也。**22**

由比對的情形看，〈性情論〉的「未言而信，有美情者也」前未出現「苟有其情，雖未爲之，斯人信之矣」，對於這種現象，濮茅左先生解釋成「傳本不同」，可從。

第二，殘簡二，濮茅左先生釋出「智」、「者不」三字，而李零先生《上校三》則認爲殘簡二與殘簡五是一支簡的左右兩側，並當補於簡 24 後(霖慶按：原文作「者也，惡之而不可非者，達於義者也。非之而不可惡者，篤於仁者也。行之而不過，知道者」)他說：

> 簡 24，下有脫簡，今補入補 C。「不知己不怨人，苟有其情，雖未之」(「知」原作「智」，「己」原從己從口，「怨」原作「悁」，「苟」原作「句」)，即附一的殘簡和殘簡三（殘簡二為其左半，殘簡三為其右半）(霖慶按，殘簡三應為殘簡五才是)，原書只釋「智」、「者」和第二個「不」字，於所釋「不」字下空六字。這兩枚殘簡，我見過原簡，編號為 B69/2 和 C 殘 14-14，其「雖未之」三字已看不清楚，但其他字均可辨認，共十四字。「為，斯人信之矣」，即附一的殘簡一，原書釋文很正確，「矣」字下面有章號。這枚殘簡，我也見過原簡，編號為 B70/4，其位置應在上面兩枚殘簡之後。再往下，約缺十字，這裏是據文義補字（霖慶按，李先生補「而信也，聞道反上，上交者也。」等 11 字，然李先生在「而信」前又有「未言」二字，而不括弧標明，然〈情〉殘簡一並不見此二字，疑此二字亦李先生所補)。「不知己者不怨人」至「未言而信也」，郭店本簡 51 作「苟有其情，雖未之為，斯人信之矣」，前面是接「凡人情為可悅也。苟以其情，雖過不惡。不以其情，雖難不貴」，後面接「未言而信，有美情者也」。

殘簡二與殘簡五合併後的簡文，確實可認出「智」、「㠯」、「不」、「悁」、「人」、「句」、「不」等字，殘簡二第一字，李零先生釋爲「不」字，若檢查原殘簡，則知字與楚系「不」作𠀚（《包》2.16）並不相同，反與「市」作𠂧（《包》2.52）的下方之形相近，然因殘簡五相對位置的簡文已不可辨識，故難確定此字究竟爲何字。若先拋開殘簡二的首字，這殘簡中的文字，著實是〈性自命出〉中所無，李先生併合殘簡與〈性自命出〉的文字在〈性情論〉簡 24 後補了「不知己者不怨人，苟有其情，雖未之為，斯人信之矣，■未言而信也。聞道反上，上交者也。」等，「不知己者不怨人」後接「苟有其情」這段文字，比起〈性自命出〉簡 50-51 的文句在文義上更不順暢，也難以理解。

由殘簡 2 的簡首看，筆者疑上面應尚有文字，且首字也非「不」字。李零先生將殘簡 1、2、5 相連在一起且置於〈性情論〉簡 24 後，應可信，然簡文若尚可再補十餘字，以文義看，應補在殘簡 2 的簡首，然究竟為什麼字，則需要更多資料證明。

參考書目及簡稱

【傳統舊籍】

梁・顧野王《玉篇》，臺北：中華書局，1965

宋・郭忠恕《汗簡》、夏竦《古文四聲韻》：《漢簡、古文四聲韻》合訂本，北京：中華書局，1983.12

清・王引之《經傳釋詞》，臺北：漢京文化，1983

清・王引之《經義述聞》，臺北：廣文書局，1963

清・王先謙《尙書孔傳參正》，四部注疏叢刊，北京：中華書局，1998.8

清・王先謙《詩三家義集疏》，臺北：鼎文書局，1973.5

清・王頊齡《欽定書經集說彙纂》，四部注疏叢刊，北京：中華書局，1998.8

清・皮錫瑞《今文尙書考證》，北京：中華書局，1989.12

清・皮錫瑞《經學通論》，臺北：河洛圖書出版社，1974.12

清・皮錫瑞《經學歷史》，臺北：藝文印書館，1987

清・朱彬《禮記訓纂》，北京：中華書局，1996.9

清・江聲《尙書集注音疏》，四部注疏叢刊，北京：中華書局，1998.8

清・阮元校勘《十三經注疏》，臺北：藝文印書館，嘉慶廿年江西南昌府學開雕影印本

清・阮元整理、李學勤等標點之《十三經注疏》，北京：北京大學出版社 1999.12

清・俞樾《禮記鄭讀考》，《續修四庫全書・經部・禮類》，上海古籍出版社，1995

清・段玉裁《古文尙書撰異》，四部注疏叢刊，北京：中華書局，1998.8

清・段玉裁注《說文解字注》，臺北：藝文印書館，1998

清・胡培翬《儀禮正義》，南京：江蘇古籍出版社，1991

清・孫希旦《禮記集解》，臺北：文史哲，1990

清・孫星衍《尙書今古文注疏》，四部注疏叢刊，北京：中華書局，1998.8

清・莊有可《禮記集說》，臺灣：力行書局，1935

清・馬瑞辰《毛詩傳箋通釋》，臺北：廣文書局，1971.11

清・陳喬樅《詩經四家異文考》，《皇清經解續編》，臺北：復興書局，1972

清・陳喬樅《禮記鄭讀考》，《皇清經解續編》，臺北：復興書局，1972

清・章太炎《膏蘭室札記》，《章太炎全集》第七冊，上海：上海人民出版社，1982.2

清・閻若璩《尙書古文疏證》，《皇清經解續編》，臺北：復興書局，1972

清・閻若璩《尙書古文疏證》，四部注疏叢刊，北京：中華書局，1998.8

清・顧炎武等《皇清經解續編》，臺北：復興書局，1974

【會議資料及論文集】

《上博館藏戰國楚竹書研究》，朱淵清・廖名春主編，上海書店，2002.3

《清華簡帛研究》第二輯，廖名春編，北京・清華大學思想文化研究所，2002.3

《郭店楚簡研討會》:《郭店楚簡國際學術研討會論文集》,武漢大學中國文化研究院編,湖北人民出版社,2000.5
《新出楚簡與儒家》:《新出楚簡與儒家思想論文集》,陳福濱主編,台北縣:輔大文學院,2002.7
《新出楚簡與儒學》:《新出楚簡與儒學思想國際學術研討會論文集》,廖名春編,北京·清華大學思想文化研究所,2002.3.31-4.2
「孔子詩論》與先秦詩學」:《戰國楚竹書,孔子詩論》與先秦詩學學術研討會,北京語言文化大學(北京語言大學),2002.1.12
「本世紀出土思想文獻」:本世紀出土思想文獻與中國古典哲學研究兩岸學術研討會,台北縣:輔仁大學哲學系主辦,1999.1.15-17
「新出土文獻與古代文明」:新出土文獻與古代文明國際學術研討會,上海大学古代文明研究中心與台灣楚文化協會共同主辦、上海博物館協辦,2002.7.28-30

【單篇論文及專書】

丁原植《性情》:《楚簡儒家性情說研究》,台北:萬卷樓圖書有限公司,2002.5
于省吾《澤螺居詩經新證》,北京:中華書局,1982.11
于省吾《雙劍誃尚書新證》,臺北:藝文印書館,1958
于省吾主編《甲骨文字詁林》,北京:中華書局,1996.5
于茀〈上海博物館藏戰國楚簡詩論補釋〉,《北方論叢》2003年第1期(總第177期),頁57-61
孔仲溫〈字詞〉:〈郭店楚簡〈緇衣〉字詞補釋〉,《古文字研究》22輯。北京:中華書局,2000
孔德立〈郭店楚簡所見子思的修身思想〉,《管子學刊》,2002年第1期
方銘〈《孔子詩論》與孔子文學目的論的再認識〉,「孔子詩論與先秦詩學」會議論文,2002.1.12
方銘〈《孔子詩論》與孔子的文學價值〉,《新出楚簡與儒學》,頁238-241
王力波《緇校》:《郭店楚簡〈緇衣〉校釋》,東北師範大學中文系碩士論文,2002.5
王小盾、馬銀琴〈從《詩論》與《詩序》的關係看《詩論》的性質〉,「孔子詩論與先秦詩學」會議論文, 2002.1.12
王中江〈上博《詩論》與儒家《詩》教系譜新知見〉(2002/8/19)
王廷洽〈《詩論》與《毛詩序》的比較研究〉,「新出土文獻與古代文明」會議論文,編號20
王志平〈《詩論》發微〉,《新出土楚簡與儒學思想》,頁107-112
王志平〈《詩論》箋疏〉,《上博館藏戰國楚竹書研究》頁210-227
王初慶〈由上海博物館所藏《孔子詩論》論孔門詩學〉,《新出土楚簡與儒學思想》,頁72-88
王金凌〈《禮記·緇衣》今本與郭店、上博楚簡比論〉,《新出楚簡與儒家思想》頁1-24
王寧〈郭店楚簡《緇衣》文字補釋〉(2002/9/12)
王齊洲〈孔子、子夏詩論比較—兼論上海博物館藏戰國楚竹書《詩論》之命名〉,《華中師範大學學報》(人文社會科學版)第41卷第5期,頁48-50,2002.9
王輝〈郭店楚簡釋讀五則〉,《簡帛研究2001》,桂林:廣西師範大學出版社,2001.9
王輝《釋例》:《古文字通假釋例》,臺北:藝文印書館,1993.4
王蘊智〈殷墟甲骨刻辭類纂釋字訂補(上)〉,《古文字研究》第24期。北京:中華書局,2002
史杰鵬〈談上博簡的从今从石之字〉(2003/5/1)
白於藍〈上博一商榷〉:〈《上海博物館藏楚竹書(一)》釋注商榷〉(2002/2/8)
白於藍〈郭店楚簡拾遺〉,《華南師範大學學報》,2000年第3期
白於藍〈釋[illegible]〉,《古文字研究》24輯,北京:中華書局,2002
白於藍〈釋包山楚簡中的巷字〉,《殷都學刊》1997年第3期
白於藍〈孚字補釋〉,《上博館藏戰國楚竹書研究》,頁456-459

任銘善《禮記目錄後案》，濟南：齊魯書社，1982
朱延獻《尙書異文集證》，臺北：中華書局，1970.6
朱淵清〈“孔”字的寫法〉(2001/12/8)
朱淵清〈《甘棠》與孔門《詩》教〉(2002/1/11)
朱淵清〈《詩》與音—上博《詩論》一號簡〉(2000/11/16)
朱淵清〈上博《詩論》一號簡讀後〉(2000/10/27)
朱淵清〈釋“悸”〉(2002/2/15)
朱淵清〈讀簡偶識〉，《上博館藏戰國楚竹書研究》頁403-407
朱德熙《朱德熙古文字論集》，北京：中華書局，1995
江林昌〈上博竹簡《詩論》的作者及其與今傳本《毛詩序》的關係〉，《上博館藏戰國楚竹書研究》頁100-117
江林昌〈由上博簡《詩說》的體例論其定名與作者〉，「新出土文獻與古代文明」論文（編號16）
江林昌〈由古文經學的淵源再論《詩論》與《毛詩序》的關係〉，《齊魯學刊》2002年第2期（總第167期），頁100-108，2002.3
江林昌〈楚簡《詩論》與早期經學史的有關問題〉，《中國哲學》第24輯，頁208-221，2002.4
何琳儀、徐在國〈釋芇及其相關字〉，《中國文字》新27期，臺北：藝文印書館，2001.12
何琳儀〈幾陽壺考—兼釋上海簡“幾”字〉，《文史》2002年第4輯，頁31-34，2002.11.1
何琳儀〈滬簡〉:〈滬簡詩論選釋〉(2002/1/17)
何琳儀〈滬簡二〉:〈滬簡二冊選釋〉(2003/1/15)
何琳儀〈選釋〉:〈郭店竹簡選釋〉，《文物研究》12輯，1999.12
何琳儀《戰典》:《戰國古文字典》，北京：中華書局，1998
何琳儀《戰國文字通論（訂補）》，南京：江蘇教育出版社，2003
何琳儀《戰國文字通論》，北京：中華書局，1989
余培林《詩經正詁》上、下冊，臺北：三民書局，1995.10
吳振武〈假設之上的假設－金文「𩰫公」的文字學解釋〉，第四屆國際中國古文字學研討會會議論文，香港中文大學中國語言及文學系，2003.10
吳榮曾〈〈緇衣〉簡本、今本引《詩》考辨〉，《文史》2002年第3期
呂文郁〈讀《戰國楚竹書·詩論》札記〉，「新出土文獻與古代文明」會議論文（編號28）
呂紹綱、蔡先金〈楚竹書《孔子詩論》“類序”辨析〉，「新出土文獻與古代文明」會議論文（編號32）
宋公文、張君《楚國風俗志》，武漢：湖北教育出版社，1995.7
李山〈《詩經》研究的新材料:《孔子詩論》〉，《光明日報》（京）2002.1.23.B〈2〉，頁1-2
李山〈《漢廣》古義的重影—讀《孔子詩論》札記之三〉(2002/6/17)
李山〈舉賤民而蠲之—《戰國楚竹書孔子詩論》〉(2002/5/25)
李山〈關於“《卷耳》不知人”—讀《孔子詩論》札記之二〉(2002/6/20)
李天虹〈《葛覃》考〉，《國際簡帛研究通訊》第2卷第2期，頁10，2002.1
李天虹〈上海簡書文字三題〉(2002/6/29)
李天虹〈研究〉:《郭店竹簡《性自命出》研究》，湖北教育出版社，2003.1
李天虹〈從《性自命出》談孔子與詩、書、禮、樂〉，清華《簡帛研究》第一輯，2000.8
李天虹〈雜考〉:〈《性情論》文字雜考四則〉，《新出楚簡與儒學》頁163-165
李天虹〈釋“䲣”、“䰧”〉，《古文字研究》第二十四輯，頁400-403，2002.7
李存山〈《孔叢子》中的“孔子詩論”〉，《孔子研究》2003年第3期，頁8-15，2003.5.25
李守奎〈《戰國楚竹書·詩論·邦風》釋文訂補〉，《古籍整理研究學刊》2002年第2期，頁

7-10，2002.3.25
李守奎〈楚簡《孔子詩論》中的《詩論》篇名文字考〉(2002/7/8)
李均明、劉軍《簡牘文書學》，南寧：廣西教育出版社，1999.6
李家浩〈從戰國「忠信」印談古文字中的異讀現象〉,《北京大學學報》社科版 1987 第 2 期
李家浩〈包山 266 號簡所記木器研究〉,《國學研究》第 2 輯，北京：北京大學出版社，1994
李家浩〈楚大膚鎬銘文新釋〉,《語言學論叢》22 輯，北京：商務印書館，1999，頁 98-99
李家浩〈楚墓竹簡中的昆字及从昆之字〉，《中國文字》新 25 期，139-148 頁，1999.12
李家浩〈瑣議〉:〈讀郭店楚簡瑣議〉,《中國哲學》20 輯，瀋陽：遼寧教育出版社，1999
李家浩《著名中年語言學家自選集－李家浩卷》，合肥：安徽教育出版社，2002.12
李添富〈上海楚簡《詩論》馬氏假借說申議〉,《新出土楚簡與儒家》，頁 89-106
李運富〈叢一〉:〈楚國簡帛文字叢考（一）〉,《古漢語研究》1996 第 3 期
李運富〈叢二〉:〈楚國簡帛文字叢考（二）〉,《古漢語研究》1997 第 1 期
李運富〈叢三〉:〈楚國簡帛文字叢考（三）〉,《古漢語研究》1998 第 2 期
李運富〈叢四〉:〈楚國簡帛文字叢考（四）〉,《古漢語研究》1999 第 1 期
李運富《楚國簡帛構形系統研究》，長沙：岳麓書社，1997
李零〈上校一〉:〈上博楚簡校讀記（之一）——《子羔》篇“孔子詩論”部分〉(2001/12/30)
李零〈上校二〉:〈上博楚簡校讀記（之二）:《緇衣》〉,《上博館藏戰國楚竹書研究》頁 408-416
李零〈參加新出簡帛國際學術研討會的幾點感想〉(2000/11/16)
李零〈郭校〉:〈郭店楚簡校讀記〉,《道家文化研究》第 17 輯，北京：三聯書店，1999.8
李零〈關於《上海博物館藏戰國楚竹書》(一) 釋文校訂〉,《中國哲學》第 24 輯，頁 182-196
李零〈讀楚編〉:〈讀楚系簡帛文字編〉,《出土文獻研究》第 5 期，1999.8
李零《上校》:《上博楚簡三篇校讀記》，臺北：萬卷樓，2002.3
李零《上校三》:《上博楚簡校讀記（之三）《性情》》，臺北：萬卷樓圖書有限公司《上博楚簡三篇校讀記》，頁 63-83，2002.3
李零《吳孫子發微》，北京，中華書局，1997
李零《郭校讀》:《郭店楚簡校讀記》增訂本，北京：北京大學出版社，2002.3
李銳〈《卜子論詩》“懷爾明德”探析〉，清華大學「簡帛講讀班」第 13 次研討會，2000.11.11
李銳〈《孔子詩論》簡序調整芻議〉,《上博館藏戰國楚竹書研究》頁 192-198
李銳〈上海簡《詩論》新序〉(2002/4/29)
李銳〈儒家詩樂思想初探〉,《中國哲學史》2001 年第 1 期，頁 20-26
李銳〈續札〉:〈上博楚簡續札〉,《新出楚簡與儒學》頁 242-246
李銳〈讀上博楚簡札記〉,《上博館藏戰國楚竹書研究》頁 397-402
李銳《《詩論》簡禮學思想研究》，北京·清華大學（歷史學）碩士學位論文，2002.6
李學勤〈《詩論》的體裁和作者〉,《上博館藏戰國楚竹書研究》頁 51-61
李學勤〈《詩論》與《詩》〉,《清華簡帛研究》第二輯，頁 126-133，2002.3
李學勤〈宛丘七篇〉:〈《詩論》說《宛丘》等七篇釋義〉,《新出楚簡與儒學》頁 1-4
李學勤〈七篇釋義〉:〈《詩論》說《關雎》等七篇釋義〉,《齊魯學刊》2002 年第 2 期（總第 167 期），頁 90-93，2002.3
李學勤〈隱字說〉:〈《詩論》簡“隱”字說〉，清華大學「簡帛講讀班」第 12 次研討會論文，2000.10.19
李學勤〈《詩論》簡的編聯與復原〉,《清華簡帛研究》第二輯，頁 4-8
李學勤〈卜子與子羔〉，清華大學「簡帛講讀班」第 14 次研討會，2000.11.25
李學勤〈子夏傳《詩》說〉，清華大學「簡帛講讀班」第 10 次研討會論文，2000.9
李學勤〈分章釋文〉:〈《詩論》分章釋文〉,《中國哲學》第 24 輯，頁 135-138

李學勤〈孔子、卜子與《詩論》簡〉，清華大學「簡帛講讀班」第 16 次研討會，2001.4.14
李學勤〈再說“卜子”合文〉，清華大學「簡帛講讀班」第 13 次研討會，2000.11.11
李學勤〈試解郭店簡讀『文』之字〉，《孔子・儒學研究文叢（一）》，齊魯書社，2001
李學勤〈說茲與才〉，《古文字研究》24 輯。北京：中華書局，2002
李學勤〈談《詩論》“詩亡隱志”章〉，「孔子詩論與先秦詩學」會議論文，2002.1.12
李學勤〈首句〉：〈論楚簡《緇衣》首句〉，《清華簡帛研究》第 2 輯，2002.3
李學勤〈釋《詩論》簡“兔”及從“兔”之字〉，清華大學「簡帛講讀班」第 12 次研討會論文，2000.10.19
李學勤〈釋改〉，《石璋如院士百歲祀壽論文集》，臺北：南天書局，2002
李學勤〈釋郭店簡祭公之顧命〉，《文物》，1998 年第 7 期
李學勤〈續說《詩論》簡《葛覃》〉，清華大學「簡帛講讀班」第 12 次研討會論文，2000.10.19
沈培〈卜辭「雉眔」補釋〉，《語言學論叢》第 26 輯，北京：商務印書館，2002
沈培〈上博簡〈緇衣〉篇「𢍏」字解〉，《新出楚簡與儒學》頁 210-214
沈培〈賚武韶夏〉：〈試說郭店楚簡〈性自命出〉關於賚、武、韶、夏之樂一段文字中的幾個字詞〉，《第四屆國際中國古文字學研討會論文集》，頁 217-231
汪維輝〈上博楚簡《孔子詩論》釋讀管見〉(2002/6/17)
邢文〈風、雅、頌與先秦詩學〉，《中國哲學》第 24 輯，頁 197-207
邢文〈說《關雎》之“攺”〉，《新出楚簡與儒學》，頁 222-224
來可泓《論語直解》，上海：復旦大學出版社 1996.10
周法高主編《金文詁林》，京都：中文出版社，1981
周鳳五〈小箋〉：〈上博《性情論》小箋〉，，《齊魯學刊》2002 年第 4 期，頁 13-16
周鳳五〈毋暴〉：〈郭店《性自命出》「怒欲盈而毋暴」說〉，《新出土文獻與古代文明》，頁 134-138
周鳳五〈包山楚簡文字初考〉，《王叔岷先生八十壽慶論文集》，臺北縣：大安出版社，1993
周鳳五〈從甲〉：〈讀上博楚竹書《從政（甲篇）》劄記〉(2003/1/10)
周鳳五〈新釋文及注釋〉：〈《孔子詩論》新釋文及注釋〉(2002/1/16)
周鳳五〈論上博《孔子詩論》竹簡留白問題〉(2002/1/19)
周鳳五〈識字札記〉：〈郭店楚簡識字札記〉，《張以仁先生七秩壽慶論文集》，臺北：學生書局，1999
孟蓬生〈《詩論》字義疏證〉，《新出楚簡與儒學》頁 123-126
孟蓬生〈三解〉：〈上博簡〈緇衣〉三解〉，《上博館藏戰國楚竹書研究》頁 443-447，2002
孟蓬生〈郭店楚簡字詞考釋（續）〉，《簡帛語言文字研究》第 1 輯。四川：巴蜀書社，2002
季旭昇〈補缺〉：〈《孔子詩論》分章編聯補缺〉，2004.2《古文字研究》25 輯待刊
季旭昇〈上博三仲弓篇零釋三則〉(2004/4/23)
季旭昇〈《孔子詩論》“木瓜之報以喻其婉”說〉(2004/1/7)
季旭昇〈五題〉：〈讀郭店、上博簡五題：舜、河滸、紳而易、牆有茨、宛丘〉，《中國文字》新廿七期，頁 113-120
季旭昇〈古璽雜識二題〉：〈古璽雜識二題：壹、釋「徙」、「𧾷」，貳、姜棄〉，《中國學術年刊》第 22 期，2001.5
季旭昇〈雨無正解題〉，「中國經學研究會第二屆經學研究學術研討會」論文，台中：逢甲大學中文系，2001.12.8；《古籍整理研究學刊》2002 年第 3 期，頁 8-15，2002.5.25
季旭昇〈從《新蔡葛陵》簡談戰國楚簡「娩」字——兼談《周易》「十年貞不字」〉，臺中：東海大學中文系，文字學學術研討會發表論文，2004.3.13
季旭昇〈從肙的字〉：〈由上博詩論「小宛」談楚簡中幾個特殊的從肙的字〉，《漢學研究》第 20 卷第 2 期，頁 377-397，2002.12

季旭昇〈新詮〉:〈《孔子詩論》新詮〉,2004.2.1 稿本,待刊
季旭昇〈詩經王風采葛篇新探〉,《漢學研究》六卷二期(總十二期),1988.12
季旭昇〈讀《上博(二)》小議〉(2003/1/12)
季旭昇《詩經古義新證》,北京:學苑出版社,2001.6
季旭昇《說文新證(上)》,臺北:藝文印書館,2002
季旭昇《說文新證(下)》,待刊
季旭昇主編《上二讀》:《上海博物館藏戰國楚竹書(二)讀本》,臺北:萬卷樓,2003.7
季旭昇〈《上博三・周易》零釋七則〉(040424)
屈萬里《尚書今註今譯》,臺北:商務印書館,1993
屈萬里《尚書異文彙錄》,臺北:聯經,1983
屈萬里《尚書集釋》,臺北:聯經,1983.2
屈萬里《詩經詮釋》,臺北:聯經,1999.4
東京大學郭店楚簡研究會編《郭史究三》:《郭店楚簡之思想史的研究》第三卷,東京:東京大學文學部中國思想文化學研究室,2000.1.20
東京大學郭店楚簡研究會編《郭史究四》:《郭店楚簡之思想史的研究》第四卷,東京:東京大學文學部中國思想文化學研究室,2000.6.1
林素清〈比較〉:〈郭店、上博《緇衣》簡之比較〉。中央研究院歷史語言研究所文字學組 91 年度第 13 次講論會
林素清〈檢討尚書〉:〈利用出土戰國楚竹書資料檢討《尚書》異文及相關問題〉,《龍宇純先生七秩晉五壽慶論文集》,臺北:學生書局,2002.11
林素清〈談古文字的區別符號〉,中央研究院歷史語言研究所「楚簡綜合研究第二次學術討論會—以古文字與古文獻爲議題」論文,頁 1-6,2002.12.20-21
林清源〈釋參〉,《古文字研究》24 輯,北京:中華書局,2002
林清源《楚國文字構形演變研究》,東海大學中文系博士論文,1997.12
林澐《古文字簡論》,吉林:吉林大學出版社,1986.9
林澐《林澐學術文集》,北京:中國大百科全書出版社,1998.12
邱德修〈《上博簡・詩論》「陞」若「隱」字考〉,「新出土文獻與古代文明」論文(編號 18)
邱德修〈上博簡(一)"詩無隱志"考〉,《上博館藏戰國楚竹書研究》頁 292-306
金文資料庫工作小組《金文資料庫》:《殷周金文暨青銅器資料庫》,http://db1.sinica.edu.tw/~textdb/ bronzePage/index.htm
邴尚白〈《孔子詩論》札記〉,「新出土文獻與古代文明國際學術研討會會議」會議論文(編號 39)・頁 1-10,2002.7.28-30
侯敏、劉冬穎〈上博竹書《孔子詩論》與"詩教"傳統〉,《報刊複印資料》(J2 中國古代近代文學研究)2002 年第 12 期,頁 189-192
俞志慧〈《孔子詩論》校箋〈上〉(下)〉(2002/1/17)
俞志慧〈竹書《孔子詩論》芻議〉(2002/3/2)
姜廣輝〈《上海博物館藏戰國楚竹書》(一)幾個古異字的辨識〉,《新出楚簡與儒學》,頁 41-45
姜廣輝〈《孔子詩論》宜稱"古《詩序》〉(2001/12/26)
姜廣輝〈三論古《詩序》〉,《國際簡帛研究通訊》第 2 卷第 4 期,頁 1-11,2002.3
姜廣輝〈古《詩序》留白簡的意含暨改換簡文排序思路〉(2002/1/19)
姜廣輝〈古《詩序》章次〉,《國際簡帛研究通訊》第 2 卷第 3 期,頁 6-8,2002.1
姜廣輝〈古《詩序》復原方案〉(2002/1/25)
姜廣輝〈古異字〉:〈上海博物館藏戰國楚竹書(一)幾個古異字的辨識〉,《新出楚簡與儒學》頁 41-46

姜廣輝〈初讀古《詩序》〉,《國際簡帛研究通訊》第 2 卷第 2 期，頁 3-10，2002.1
姜廣輝〈關於古《詩序》的編連、釋讀與定位諸問題研究〉,《中國哲學》第 24 輯，頁 143-171
姜廣輝〈釋“[illegible]”〉,《國際簡帛研究通訊》第 2 卷第 4 期，頁 14-15，2002.3
姜廣輝〈釋“動而皆賢於其初”—解讀《關雎》等七首詩的詩教意含〉(2002/1/30)
姚小鷗〈《孔子詩論》第九簡黃鳥句的釋文與考釋〉(2002/6/24)
姚小鷗〈《孔子詩論》第二十九簡與古代社會的禮制與婚俗〉(2002/6/24)
姚小鷗〈《孔子詩論》第六簡釋文考釋的幾個問題〉(2002/6/24)
姚小鷗〈《孔子詩論》與先秦詩學〉,「孔子詩論與先秦詩學」論文
姚小鷗〈關於上海楚簡《孔子詩論》釋文考釋的若干商榷〉,《中州學刊》2002 年第 3 期·頁 41-43
故宮博物院《璽彙》:《古璽彙編》，北京：文物出版社，1981.12
施旋〈《孔子詩論》與竹簡研究〉,《中國文物報》總第 1005 期，2002.4.19 第 8 版
胡平生〈詩論劄記〉:〈讀上博藏戰國楚竹書《詩論》劄記〉(2002/6/5)
胡平生〈做好《詩論》的編聯和考釋〉,「孔子詩論與先秦詩學」論文，2002.1.12
范毓周〈第三枚簡〉:〈《詩論》第三枚簡釋讀〉(2002/5/7)
范毓周〈《詩論》“留白”問題的再探討〉(2002/8/3)
范毓周〈《詩論》第四枚簡釋讀〉(2002/5/9)
范毓周〈上海博物館藏楚簡《詩論》的釋文、簡序與分章〉(2002/2/3)
范毓周〈上海博物館藏楚簡《詩論》第 2 簡的釋讀問題〉(2002/3/6)
范毓周〈上海博物館藏楚簡《詩論》第三、四兩枚簡釋讀〉,「新出土文獻與古代文明」論文
范毓周〈關於《文匯報》公布上海博物館所藏《詩論》第一枚簡的釋文問題〉(2000/12/10)
范毓周〈關於《詩論》簡序和分章的新看法〉(2002/2/17)
范毓周〈關於上海博物館所藏《詩論》文獻學的幾個問題〉(2002/2/20)
范毓周〈關於上海博物館藏楚簡《詩論》的留白問題〉(2002/2/9)
范毓周〈關於上海博物館藏楚簡《詩論》第 2 枚簡“[illegible]”字釋讀問題的一點補證〉(2002/5/1)
唐蘭〈史話簋銘文考釋〉,《考古》1972 年第 5 期
夏鼐〈商代玉器的分類、定名和用途〉，《考古》1983 年第 5 期
容庚《金文編》，北京：中華書局，1985
徐中舒主編《甲骨文字典》，成都：四川辭書出版社，1998.10
徐中舒主編《漢語古文字字形表》，臺北：文史哲出版社，1988.4 再版
徐在國〈上博竹書（三）《周易》釋文補正〉(2004/4/24)
徐在國〈郭店楚簡文字三考〉,《簡帛研究 2001》，桂林：廣西師範大學出版社，2001.9
徐在國〈楚文字拾零〉,《江漢考古》1997 第 2 期
徐在國〈釋楚簡「徹」及相關字〉,「中國南方文明學術研討會」論文，臺北：中央研究院歷史語言研究所，2003.12.19-20
徐在國《疏證》:《隸定古文疏證》，合肥：安徽大學出版社，2002.6
徐寶貴〈三則〉:〈郭店楚簡研究三則〉,「新出竹簡與儒學」頁 182-186
晁福林〈上博簡《孔子詩論》“樛木之時”釋義—兼論《詩·樛木》的若干問題〉,《古籍整理研究學刊》2002 年第 3 期，頁 1-4，2002.5.25
晁福林〈上博簡《詩論》“《浴（谷）風》悹”釋義—兼論先秦儒家婚姻觀念的若干問題〉，《中華文化論壇》2003 年第 2 期，頁 19-24
晁福林〈上博簡《詩論》“《漢廣》之智”與《詩·漢廣》篇探論—兼論儒家情愛觀的若干問題〉,《古籍整理研究學刊》2003 年第 2 期，頁 1-4，2003.3
晁福林〈上博簡《詩論》之“雀”與《詩·何人斯》探論〉,《文史》2003 年第 3 輯〈總第 64

輯〉，頁 43-51
晁福林〈上博簡《詩論》與《詩·杕杜》探析—兼論春秋戰國時期社會結構鬆動及其影響〉《學術月刊》2003 年第 1 期，頁 38-44
晁福林〈上博簡《詩論》與《詩·黃鳥》探論〉，《江海學刊》2002 年第 5 期，頁 136-142
晁福林〈上博簡孔子《詩論》"仲氏"與《詩·仲氏》篇探論—兼論"共和行政"的若干問題〉，《孔子研究》2003 年第 3 期，頁 17-23
晁福林〈郭店楚簡〈緇衣〉與尚書·呂刑〉，《史學史研究》2002 年第 2 期
秦樺林〈上博簡《孔子詩論》辨證〉，《古漢語研究》2003 年第 2 期（總第 59 期），頁 61-64
秦樺林〈以詩解詩—上博簡《孔子詩論》保存的孔門詩教的方法之一〉(2002/10/19)
荊門市博物館《郭店》:《郭店楚墓竹簡》，北京：文物出版社，1998.5
袁國華〈卲其卞〉:〈郭店竹簡「加」(卲)、「其」、「卡」(卞) 諸字考釋〉，《中國文字》新 25 期（臺北：藝文印書館，1999），頁 161-170
袁國華〈郭店十一則〉:〈郭店楚簡文字考釋十一則〉，《中國文字》新 24 期。臺北：藝文印書館，1998
袁國華〈郭店楚墓竹簡從匕諸字以及與此相關的詞語考釋〉，《中央研究院歷史語言研究所集刊》第七十四本第一分，2003.3
馬承源〈《詩論》講授者爲孔子之說不可移〉，《中華文史論叢》2001 年第 3 輯（總第六十七輯），頁 1-10，上海古籍出版社，2002.3
馬承源主編《上博一》:《上海博物館藏戰國楚竹書（一）》，上海古籍出版社，2001.11
馬承源主編《上博二》:《上海博物館藏戰國楚竹書（二）》，上海古籍出版社，2002.12
高亨《會典》:《古文字通假會典》，北京：齊魯書社，1989.7
高明《中國古文字學通論》，臺北：五南圖書公司，1993.12
涂白奎〈璋之名實考〉，《考古與文物》1996 年第 1 期
涂宗流、劉祖信《校釋》:《郭店楚簡先秦儒家佚書校釋》，臺北：萬卷樓，2001
張光裕、袁國華《包編》:《包山楚簡文字編》，臺北：藝文印書館，1992.11
張光裕、袁國華《郭編》:《郭店楚簡研究第一卷：文字編》，臺北：藝文印書館，1992.11
張守中《郭店竹簡文字編》，北京：文物出版社，2000.5
張亞初、劉雨《西周金文官制研究》，北京：中華書局，1986.5
張桂光〈《戰國楚竹書·孔子詩論》文字考釋〉，《上博館藏戰國楚竹書研究》頁 335-341
張桂光〈郭店楚墓竹簡釋註續商榷〉，《簡帛研究 2001》，桂林：廣西師範大學出版社，2001.9
張啓成〈對孔子《詩論》報導的再省思〉，中國詩經學會編《詩經研究叢刊》第一輯，頁 282-287，2001.7
張富海〈北大中國古文獻研究中心「郭店楚簡研究」項目新動態〉(2003/6/2)
張富海《郭店楚簡〈緇衣〉篇研究》，北京大學碩士論文，2002
張靜《郭店楚簡文字研究》，合肥：安徽大學中文系博士論文，2002.5
曹建國〈孔子論《詩》與上博簡《孔子詩論》之比較〉，《孔子研究》2003 年第 3 期，頁 24-29
曹峰〈從《孔子詩論》第八號簡以後簡序的再調整—從語言特色的角度入手〉，《上博館藏戰國楚竹書研究》頁 199-209
曹峰〈試析上博楚簡《孔子詩論》中有關"闈疋"的幾支簡〉(2001/12/26)
曹峰〈試析已公布的二支上海戰國楚簡〉(2001/12/26)
曹峰〈對《孔子詩論》第十六號簡以後簡序的再調整〉(2002/1/9)
曹鋒〈釋析上博楚簡《孔子詩論》中有關"木瓜"的幾支簡〉，「新出土文獻與古代文明」論文（編號 29）
曹鋒〈釋論《孔子詩論》的留白簡、分章等問題〉，中國出土資料學會編《中國出土資料研究

》第六號，頁 1-17，2002.7
曹錦炎〈楚簡文字中的"兔"及相關諸字〉，「新出土文獻與古代文明」論文（編號 2）
曹道衡〈讀戰國楚竹書《孔子詩論》〉，《北京大學學報》（哲學社會科學版）2002 年第 3 期，頁 45-52
曹瑋〈周原新出西周甲骨文研究〉，《考古與文物》2003 年第 4 期
許子濱〈讀《上海博物館藏戰國楚竹書》（一）小識〉，《新出楚簡與儒學》，頁 46-55
許全勝〈《孔子詩論》零拾〉，《新出楚簡與儒學》頁 132-139；《上博館藏戰國楚竹書研究》頁 363-373
許全勝〈宛與智—上博《孔子詩論》簡二題〉，《新出楚簡與儒學》頁 140-142
郭沂《思想》：《郭店竹簡先秦學術思想》，上海：上海教育出版社，2002.12
郭沫若《中國古代社會研究（外兩種）·青銅時代·公孫尼子與其音樂理論》，石家莊：河北教育出版社，2000.12
郭錫良《漢字古音手冊》，北京：北京大學出版社，1986.11
陳立〈《孔子詩論》的作者和時代〉(2002/6/2)
陳來〈初探〉：〈荊門竹簡之《性自命出》篇初探，《中國哲學》第 20 輯，瀋陽：遼寧教育出版社，頁 293-314
陳秉新〈上海博物館藏戰國楚竹書〈一〉補釋〉，《東南文化》2003 年第 9 期〈總第 173 期〉，頁 80-81
陳金木〈楚簡〈緇衣〉研究的省思〉，《第一屆簡帛學術研討會論文集》，嘉義大學，2003.7.12
陳金生〈郭店楚簡〈緇衣〉校讀札記〉，《中國哲學》21 輯。遼寧教育出版社，2000
陳美蘭〈上博簡〈緇衣〉零拾〉，待刊
陳美蘭〈上博簡「讒」字芻議〉(2002/2/17)
陳高志（檢討）：〈郭店楚墓竹簡〈緇衣〉篇部分文字隸定檢討〉，《張以仁先生七秩壽慶論文集》，臺北：學生書局，1999
陳偉〈校釋 A〉：〈郭店簡書《人雖有性》校釋〉，《中國哲學》2000 年第 4 期
陳偉〈校釋 B〉：〈郭店簡書《性自命出》校釋〉，「新出土文獻與古代文明」論文（編號 6）
陳偉〈緇衣對讀〉：〈上博、郭店二本〈緇衣〉對讀〉，《上博館藏戰國楚竹書研究》頁 417-425
陳偉〈別釋〉：〈郭店楚簡別釋〉，《江漢考古》1998 第 4 期
陳偉《郭店竹書別釋》，武漢：湖北教育出版社，2002.1
陳偉武〈上博識小〉：〈上博藏簡識小錄〉，「第一屆中國語言文字國際學術研討會」論文，香港中文大學中文系，2002.3.12-14
陳斯鵬〈初讀上海楚簡〉(2002/2/5)
陳新雄《古音研究》，臺北：五南圖書公司，2000.11
陳新雄《古音學發微》，台灣師大博士論文，1972 年嘉新水泥公司文化基金會叢書
陳嘉凌《楚字根》：《楚系簡帛字根研究》，臺師大國文系碩士論文，2002.6
陳劍〈《孔子詩論》補釋一則〉，《國際簡帛研究通訊》第二卷第三期，頁 10，2002.1
陳劍〈柞伯簋補釋〉，《傳統文化與現代化》，1999 年第 1 期
陳劍〈說慎〉，《簡帛研究二〇〇一·上》頁 207-212，2001
陳霖慶《性究》：《郭店性自命出暨上博性情論綜合研究》，臺師大國文系碩士論文，2002.6
傅道彬〈《孔子詩論》與春秋時代的用詩風氣〉，「孔子詩論與先秦詩學」論文
傅斯年《詩經講義稿》，1929 年寫。聯經出版事業公司《傅斯年全集》，1980
彭林〈"詩序"、"詩論"辨〉(2002/6/24)
彭林〈《卜子論詩》釋文〉，清華大學「簡帛講讀班」第 10 次研討會論文，2000.9
彭林〈關於《戰國楚竹書·孔子詩論》的篇名與作者〉，《孔子研究》2002 年第 2 期（總第 70

期)，頁 7-9，2002.3.25
彭浩〈《詩論》留白簡與古書的抄寫格式〉，《新出楚簡與儒學》頁 120-122
彭裕商〈讀《戰國楚竹書》(一) 隨記〉(2002/4/13)
彭裕商〈讀《戰國楚竹書》(一) 隨記三則〉，《新出楚簡與儒學》頁 33-25
曾昱夫《戰國楚地簡帛音韻研究》，臺大中文系碩士論文，2001.6
曾憲通《長沙楚帛書文字編》，北京：中華書局，1993
湖北省文物考古研究所、北京大學中文系《九店楚簡》，北京：中華書局，2000.5
湖北省文物考古研究所、北京大學中文系《望山楚簡》，北京：中華書局，1995.6
湖北省荊沙鐵路考古隊《包山楚簡》，北京：文物出版社，1991
湖北省博物館《曾侯乙墓》，北京：文物出版社，1989.7
湯餘惠、吳良寶〈郭店楚簡文字拾零（四篇）〉，《簡帛研究 2001》，桂林：廣西師範大學出版社，2001.9
湯餘惠主編《戰編》:《戰國文字編》，福州：福建人民出版社，2001.12
程二行〈上博楚竹書《孔子詩論》關於“邦風”的兩條釋文〉，《新出楚簡與儒學》頁 127-131
程元敏〈尙書呂刑成篇之著成〉，《清華學報》，新 15 卷 1、2 期合刊
程元敏〈緇書〉:〈郭店楚簡〈緇衣〉引書考〉，《古文字與古文獻》試刊號，臺北：楚文化研究會，1999
馮時〈論“平德”與“平門”—讀《詩論》札記之二〉，「新出土文獻與古代文明」論文（編號 9）
馮勝君〈緇衣二則〉:〈讀上博簡〈緇衣〉劄記二則〉，《上博館藏戰國楚竹書研究》頁 448-455
馮勝君〈讀上博簡《孔子詩論》札記〉(2002/1/11)
馮勝君《二十世紀古文獻新證研究》，吉林大學博士論文，2002.6
黃人二〈“孔子曰詩亡離志樂亡離情文亡離言”句跋〉(2002/1/25)
黃人二〈從上海博物館藏孔子詩論簡之詩經篇名論其性質〉(2002/2/11)
黃人二《上一究》:《上海博物館藏戰國楚竹書（一）研究》，武漢大學博士論文，2002
黃德寬·徐在國〈《上海博物館藏戰國楚竹書（一）·孔子詩論》釋文補正〉，《安徽大學學報》(哲學社會科學版) 2002 年第 2 期，頁 1-6，2002.3
黃德寬·徐在國〈郭簡考釋〉:〈郭店楚簡文字考釋〉，《吉林大學古籍整理研究所建所十五周年紀念論文集》，長春：吉林大學出版社，1998.12
黃德寬·徐在國〈緇性補正〉:〈《上海博物館戰國楚竹書（一）·緇衣、性情論》釋文補正〉，《古籍整理研究學刊》: 2002 年第 2 期。長春：東北師範大學古籍整理研究所
黃德寬·徐在國〈續考〉:〈郭店楚簡文字續考〉，《江漢考古》1999 年第 2 期
黃錫全〈上博札記〉:〈讀上博楚簡札記〉，《新出竹簡與儒學》頁 26-32
黃錫全〈子上〉:〈“孔子”乎？“卜子”乎？“子上”乎？〉(2001/2/26)
黃錫全〈劄記四〉:〈讀上博簡（二）劄記（四）〉(2003/5/16)
黃錫全〈續貂〉:〈楚簡續貂〉，《簡帛研究》第 3 輯，南寧：廣西教育，19981
黃錫全《古文字論叢》，臺北：藝文印書館，1999
黃錫全《汗簡箋釋》，武漢：武漢大學出版社，1993.12
黃錫全《湖北出土商周文字輯證》，武昌：武漢大學出版社，1992
黃麗娟〈郭店《緇衣》與上海《緇衣》引《書》考〉，「楚簡綜合研究第二次學術研討會」論文，臺北：中央研究院歷史語言研究所，2002.12.20-21
黃麗娟《郭緇究》:《郭店楚簡〈緇衣〉文字研究》，臺師大碩士論文，2001.5
楊天宇《禮記譯注》，上海：上海古籍出版社，1997.4
楊仲義、梁葆莉〈上博《論詩》竹簡與《詩》的本質和編集〉，《懷北師專學報》第 20 卷第 6

期，頁 45-47，2001.12
楊春梅〈"上海竹書《詩論》研究"編校札記〉(2002/3/31)
楊春梅〈上博竹書《詩論》與《詩經》學的幾個問題〉,《齊魯學刊》2002 年第 4 期（總第 169 期），頁 22-28
楊春梅〈上博竹書《詩論》與《詩經》學的幾個問題〉,《齊魯學刊》2002 年第 4 期（總第 169 期），頁 22-28，2002.7.15
楊家駱主編《清儒禮記彙解》，臺北：鼎文書局，1972.4
楊朝明〈《孔叢子》"孔子詩論"與上博《詩論》〉,《新出土楚簡與儒學》頁 113-119
楊朝明〈上海博物館竹書《詩論》與孔子刪詩問題〉,《孔子研究》2001 年第 2 期，頁 109-111
楊朝明〈出土文獻與《詩經》研究〉,《詩經研究叢刊》第二輯，頁 256-264，2002.1，北京：學苑出版社
楊澤生〈雜說〉:〈上海博物館所藏楚簡文字雜說〉,《江漢考古》2002 年第 3 期（總第 84 期），頁 75-81 轉 13
楊澤生〈「既曰『天也』猶有怨也」評的是《柏舟》〉(2002/2/7)
楊澤生〈上海博物館所藏楚簡文字說叢〉(2002/2/3)
楊澤生〈說「既曰"天也"，猶有怨言」評的是《鄘風。柏舟》〉,《新出楚簡與儒學》頁 225-228
楊澤生〈關於上博所藏楚簡論詩者是誰的討論〉,《華學》第五輯，頁 232-240，2001.12
楊澤生〈關於竹書"詩論"中的篇名《中氏》〉(2002/1/21)
楊澤生《戰國竹書研究》，廣州：中山大學（漢語言文字學）博士學位士論文，2002.6
葉國良等著〈劄記六則〉:〈上博楚竹書《孔子詩論》劄記六則〉,《台大中文學報第十七期》頁 14-16，2002.12
董蓮池〈上海博物館藏《戰國竹書（一）· 孔子詩論》解詁（一）〉,《古籍整理研究學刊》2002 年第 2 期，頁 14 -17， 2002.3.25
董蓮池〈上海博物館藏《戰國楚竹書孔子（一）· 孔子詩論》解詁（二）〉,《古籍整理研究學刊》2003 年第 2 期，頁 1-4，2003.3
董蓮池《說文部首形義通釋》，長春：東北師範大學出版社，2000
虞萬里〈上博《詩論》簡"其歌紳而蕩"臆解〉,《新出楚簡與儒學》頁 222-224
虞萬里〈由《詩論》"常常者華"說到"常"字的隸定—同聲符形聲字通假的字形分析〉,「新出土文獻與古代文明」論文（編號 43）
虞萬里〈拾遺〉:〈上博簡、郭店簡〈緇衣〉與傳本合校拾遺〉,《上博館藏戰國楚竹書研究》頁 426-439
虞萬里〈補證上〉:〈上博簡、郭店簡〈緇衣〉與傳本合校補證（上）〉,《史林》，2002 第 2 期
裘錫圭〈由郭店簡〈性自命出〉的「室性者故也」說到《孟子》的「天下言性也」章〉,《第四屆國際中國古文字學研討會論文集》，香港：香港中文大學，2003.10
裘錫圭〈郭店老子簡初探〉,《道家文化研究》17 輯，北京：三聯書局，1999.8
裘錫圭〈說字小記〉,《古文字論集》頁 638-651
裘錫圭〈戰國璽印文字考釋三篇〉，《古文字論集》頁 473-479
裘錫圭〈錯別字〉:〈談談上博簡和郭店簡中的錯別字〉,《新出竹簡與儒學》頁 13-25
裘錫圭〈關於《孔子詩論》〉，中國社會科學院歷史所楚簡《詩論》學術研討會，2001.1.14
詩經研究叢刊編輯部〈關於上博戰國楚簡《詩論》的報導與通信〉，中國詩經學會編《詩經研究叢刊》第一輯，頁 256-269，2001.7
賈連敏〈釋祼、瓚〉，中國古文字研究會第九屆學術討論會論文，1992
鄒濬智〈上博〈緇衣〉續貂〉,《思辨集》第 6 輯，2003.3
鄒濬智〈今本、郭店本、上博本《緇衣》章序對照表〉(2003/1/24)

鄒濬智〈經學詮解上博〈緇衣〉疑字三則〉(2003/1/11)
鄒濬智〈與《上博·緇衣》文字、經義相關之單篇學術論著簡目〉(2003/1/11)
廖名春〈校釋札記〉:〈上海博物館藏詩論簡校釋札記〉(2002/7/3)
廖名春〈《詩論》簡"以禮說"詩"初探〉,清華大學「簡帛講讀班」第 22 次研討會論文,2002.3.9
廖名春〈上海博物館藏《詩論》簡「佚《詩》」探原〉,《中國文字》新廿七期,頁 121-129,2001.12
廖名春〈上海博物館藏《詩論》簡校釋〉,《中國哲學史》2002 第 1 期,頁 9-19 ;《報刊複印資料》(J2 中國古代、近代文學研究) 2002 年第 6 期,頁 30-40,2002.6
廖名春〈上海簡《詩論》篇管窺〉,中國詩經學會編《詩經研究叢刊》第一輯,頁 270-279,2001.7
廖名春〈上海簡《詩論》篇管窺〉,清華大學「簡帛講讀班」第 12 次研討會論文,2000.10.19
廖名春〈上博《詩論》簡的天命論和"誠"論〉,《新出土楚簡與儒學》,頁 61-71
廖名春〈上博《詩論》簡的作者和作年〉(2002/1/17);中國社會科學院歷史所〈楚簡《詩論》學術研討會〉,2001.1.14
廖名春〈上博《詩論》簡的作者和作年——兼論子羔也可能傳《詩》〉,《齊魯學刊》2002 年第 2 期 (總第 167 期),頁 94-99,2002.3
廖名春〈上博《詩論》簡的形制和編連〉(2002/1/14)
廖名春〈上博《詩論》簡研究淺見〉,「孔子詩論與先秦詩學」論文,2002.1.12
廖名春〈上博簡《關雎》七篇詩論研究〉,《中州學刊》2002 年第 1 期,頁 70-76,2002.1.10
廖名春〈荊門郭店楚簡與先秦儒學〉,《中國哲學》20 輯,1999.1
廖名春〈楚簡校釋〉:〈郭店楚簡《性自命出》篇校釋〉,《清華簡帛研究》第一輯,頁 28-67
廖名春〈郭店从「朱」之字考釋〉(2003/3/9)
廖名春《試論》:《新出楚簡試論》,臺北:古籍出版公司,2001.5
廖群〈"樂亡(毋)離情":《孔子詩論》"歌言情"說〉,「孔子詩論與先秦詩學」論文,2002.1.12
聞一多《詩經研究》,成都:巴蜀書社,2002.12
臧克和〈上海博物館藏《戰國楚竹書》中的「詩論」(三)〉,《學術研究》2002 年第 8 期·頁 155-156
臧克和〈釋上海博物館藏《戰國楚竹書》中的「詩論」文字〉,《天津師範大學學報》2002 年第 3 期 (總第 162 期)
臧克和《尚書文字校詁》,上海:上教育出版版社,1999.5
趙平安〈允、亙形義考〉,《古漢語研究》,1996 年第 2 期
趙平安〈緇衣四篇〉:〈上博〈緇衣〉簡字詁四篇〉,《上博館藏戰國楚竹書研究》頁 440-442
趙平安〈戰國文字的「遊」與甲骨文「𡴘」爲一字說〉,《古文字研究》22 輯,北京:中華書局,2000.7
趙平安〈釋包山楚簡中的衞和逩〉,《考古》1998 年第 5 期
趙平安〈釋參及相關諸字〉,《語言研究》1995 年第 1 期
趙彤:〈郭店、上博楚簡釋讀的幾個問題〉(2002/10/12)
趙建偉〈竹簡校釋〉:〈郭店竹簡《忠信之道》、《性自命出》校釋〉,《中國哲學史》1999.2 期
趙建偉〈「民有娛心」與「民有順心」說〉(2003/8/30)
趙建偉〈讀上博簡 (一) 札記二則〉(2003/8/2)
趙濤〈從《孔子詩論》中的"情"看孔門詩教的特點〉(2002/10/15)
劉冬穎〈上博竹書《孔子詩論》與《毛詩序》的再評價〉,泉州《華僑大學學報》2002 年第 4 期,頁 105-108

劉冬穎〈上博竹書《孔子詩論》與風雅正變〉，《古籍整理研究學刊》2003 年第 2 期，頁 1-4，2003.5
劉生良〈上博論詩竹簡的發現並不能否定「孔子刪詩說」〉，《詩經研究叢刊》第二輯，頁 265-269，2002.1，北京·學苑出版社
劉昕嵐〈箋釋〉:〈郭店楚簡《性自命出》篇箋釋〉，《郭店楚簡論文集》頁 330-354
劉信芳〈緇衣解詁〉:〈郭店楚簡〈緇衣〉解詁〉，《郭店楚簡論文集》頁 165181
劉信芳〈孔子《詩論》與新世紀的學術走向—《詩論》研究述評〉，《安徽大學學報》（哲學社會科學版）第 26 卷第 4 期·頁 32-39，2002.7
劉信芳〈拾遺〉:〈郭店楚簡文字考釋拾遺〉，《江漢考古》2000 第 1 期
劉信芳〈郭店簡《語叢》文字試解七則〉，《簡帛研究 2001》，桂林：廣西師範大學出版社，2001.9
劉信芳〈意見〉:〈關於上博藏楚簡的幾點討論意見〉(2002/2/13)，《新出竹簡與儒學》頁 36-40
劉信芳〈楚簡《詩論》苑丘考〉，《古籍整理研究學刊》2002 年第 3 期，頁 5-7，2002.5.25
劉信芳〈楚簡《詩論》試解五題〉，「新出土文獻與古代文明」論文（編號 10）
劉信芳〈楚簡《詩論》釋文校補〉，《江漢考古》2002 年第 2 期（總第 83 期），頁 78-80 轉 84，2002
劉信芳《述學》:《上博館藏戰國楚簡：孔子詩論述學》，安徽大學出版社，2003.1
劉信芳《包詁》:《包山楚簡解詁》，臺北：藝文印書館，2002
劉桓〈釋虽〉，《甲骨征史》，哈爾濱：黑龍江教育出版社，2002.12
劉桓〈讀郭店楚墓竹簡札記〉，《簡帛研究 2001》，桂林：廣西師範大學出版社，2001.9
劉釗〈上博一劄記〉:〈讀上海博物館藏戰國竹書（一）劄記〉(2002/1/9)，《上博館藏戰國楚竹書研究》頁 289-291
劉釗《劉校釋》：《郭店楚簡校釋》，福建：福建人民出版社，2003.12
劉釗〈釋儥及相關諸字〉，「第一屆中國語言文字國際學術研討會」論文，香港中文大學中文系，2002.3.12-14
劉釗《古文字構形研究》，吉林大學博士論文，1991
劉國勝〈曾侯乙墓 E61 號漆箱書文字研究－附「瑟」考〉，第三屆國際中國古文字學研討會論文集，頁 691-710，香港中文大學中國語言及文學系
劉彬徽〈讀上博楚簡小識〉，《考古與文物》2003 年第 4 期
劉夢溪主編《中國現代學術經典·郭沫若卷》，石家莊：河北教育出版社，1996.8
劉樂賢〈上博札記〉:〈讀上博簡札記〉(2002/1/1)
劉樂賢〈讀郭店楚簡札記三則〉，《中國哲學》20 輯，瀋陽：遼寧教育出版社 1999.1
劉曉東〈郭店楚簡〈緇衣〉初探〉，《蘭州大學學報》2000 年第 4 期
滕壬生《楚編》:《楚系簡帛文字編》，武漢：湖北教育出版社，1995.7
蔡先金、趙海麗〈楚竹書《孔子詩論》中的“邦風”及“夏”之名稱意義〉，《孔子研究》2003 年第 3 期，頁 24-29，2003.5.25
蔡哲茂〈上海簡孔子詩論「讒」字解〉(2002/3/6)
鄭玉姍〈《詩論》二十六簡「悬」字管見〉(2003/1/6)
鄭任釗〈關於《詩論》釋讀的一點意見〉(2002/2/19)
鄭杰文〈上博藏戰國楚竹書《詩論》作者試測〉，《文學遺產》2002 年第 4 期·頁 4-13
冀小軍〈釋楚簡中的向字〉(2002/7/21)
穆宏嵐〈釋上博簡中的「讙」字〉，高雄：中山大學中文系《第十四屆中國文字學全國學術研討會論文集》，頁 105-116，2003.3.29-30
錢玄、錢興奇編《三禮辭典》，南京：江蘇古籍出版社，1998.3
錢玄《三禮通論》，南京：南京師範大學出版社，1996.10

戴晉新〈上海博物館藏楚簡《詩論》的歷史認識問題〉,《新出楚簡與儒家》頁 175-192
濮茅左〈《孔子詩論》簡序解析〉(2002/4/6);《上博館藏戰國楚竹書研究》,頁 9-50
濮茅左〈關於上海戰國竹簡中「孔子」的認定—論《孔子詩論》中合文是「孔子」而非「卜子」、「子上」〉,《中華文史論叢》2001 年第 3 輯(總第六十七輯),頁 11-35,2002.3,上海古籍出版社
謝佩霓《老訓》:《郭店楚簡老子訓詁疑難辨析》,暨南國際大學中文系碩士論文,2002.5
鍾宗憲〈《禮記·緇衣》的論述結構及其版本差異〉,《新出楚簡與儒家》頁 151-174
顏世鉉〈散論一〉:〈上博楚竹書散論(一)〉(2002/4/14)
顏世鉉〈散論二〉:〈上博楚竹書散論(二)〉(2002/4/18)
顏世鉉〈淺釋〉:〈郭店楚簡淺釋〉,《張以仁先生七秩壽慶論文集》,臺北:學生書局,1999
顏世鉉〈郭店楚墓竹簡儒家典籍文字考釋〉,《經學研究論叢》第六輯,臺北:學生書局,1999.3
顏世鉉〈幾條周家臺秦簡「祝由方」的討論〉,「中國南方文明」學術研討會。臺北:中央研究院歷史語言研究所,2003.12.19-20
顏世鉉〈楚簡「流」、「讒」字補釋〉,「新出土文獻與古代文明」論文(編號 27)
魏宜輝、周言〈讀郭店楚墓竹簡札記〉《古文字研究》22 輯,北京:中華書局,2000.7
魏宜輝〈試析上博簡《孔子詩論》中的"蠅"字〉,《東南文化》2002 年第 7 期(總第 159 期)·頁 74-77,2002.7
魏宜輝〈試析楚簡文字中的"顕""虽"字〉,《江漢考古》2002 年第 2 期(總第 83 期)·頁 74-77,2002.7
魏宜輝〈讀上博簡文字札記〉,《上博館藏戰國楚竹書研究》頁 388-396
魏啓鵬〈楚簡《孔子詩論》雜識〉,「新出土文獻與古代文明」論文(編號 15)
魏啓鵬〈簡帛《五行》直承孔子詩學—讀《楚竹書·孔子詩論》札記〉,《中華文化論壇》2002 年第 2 期,頁 124-126
龐樸〈《緇衣》與子思〉(2002/10/23)
龐樸〈上博藏簡零箋(一)〉(2001/12/25)
龐樸〈零箋二〉〈上博藏簡零箋(二)〉(2001/12/28)
羅凡晸〈資料庫〉:《古文字資料庫建構研究-以《上海博物館藏戰國楚竹書(一)》為例》,臺師大國文系博士論文,2003.10
羅凡晸《郭異究》:《郭店楚簡異體字研究》,臺師大國文系碩士論文,2000.6
蘇建洲〈《郭店·緇衣》考釋一則〉(2003/6/24)
蘇建洲〈上博簡「緇衣」篇「服」字再議〉(服字再議)(待刊)
蘇建洲〈從古文字材料談「棗」、「棘」的文字構形及相關問題〉,臺中:中區文字學座談會會議論文,2002 年;《中國學術年刊》第 24 期,臺北:國立臺灣師範大學國文學系,2003.6
饒宗頤〈竹書《詩序》小箋(一)〉(2002/2/21)
饒宗頤〈竹書《詩序》小箋(二)〉(2002/2/21)
饒宗頤〈帛書繫辭傳「大恒說」〉,《道家文化研究》第 3 輯,上海:上海古籍出版社,1993
顧史考〈古今文獻與史家之喜新守舊〉,「經典與文化形成」第五次讀書會,中央研究院中國文哲研究所,2004.2.28
龔建平〈郭店簡與禮記二題〉,《武漢大學學報》哲學社會科學版 1999 年第 5 期

〔日〕大西克也〈試論上博楚簡緇衣中的「倉」字及相關諸字〉,《第四屆國際中國古文字學研討會論文集》,香港:香港中文大學,2003.10
〔日〕石川三佐男,〈戰國中期諸王國古籍整備上博竹簡《詩論》〉(2002/6/5)

說明：

1. 引用頻率較高之書、篇名用簡稱，簡稱與全稱之間以「：」區隔
2. 簡帛研究網站：http: //www,bamboosilk.org，以（年/月/日）表示首發時間
3. 出現頻率較高的論文集及會議資料詳細注明出版項，論文集及會議資料中所收單篇論文則僅注明論文集及頁碼，其餘出版項從略
4. 一文多見者，本書限於篇幅，僅能擇要著錄

〈孔子詩論〉隸定白文

壹·總論之部

第一章總論詩樂文

〔□□□□□□□□□□□□□〕，行此者丌（其）又（有）不王虐（乎）▬？

孔＝（孔子）曰：「訔（詩）亡（無）隱（隱）志，樂亡（無）隱（隱）情，旻（文）亡（無）隱（隱）意。」……【一】

□□□□□□□□□□寺也，文王受命矣▬ 。【二上】

第二章總論頌雅風之德，及風雅頌之用心

《訟》（頌）坪（平）悳（德）也。多言逡（後）。丌（其）樂安而屖（遲），丌（其）訶（歌）紳而蓩（惕）▬，丌（其）思深而遠，至矣▬！《大題》（夏；雅）盛悳（德）也，多言□□□□□□□□□【二下】□□□□□。《小夏》（雅）□□也。多言難而㥈（悁）退（懟）者也，衰矣少矣。《邦風》丌（其）內（納）勿（物）也尃（溥），雚（觀）人谷（俗）安（焉），大會（斂）材安（焉）。丌（其）言旻（文），丌（其）聖（聲）善。孔＝（孔子）曰：隹（誰）能夫〔□□□□□□□□□〕【三】

□□□□□□□□□□曰：《詩》丌（其）猶坪（平）門▬。與戔（賤）民而豫之，丌（其）甬（用）心也（將）可（何）女（如）？曰：《邦風》氏（是）已▬。民之又（有）慼惓（患）也，卡＝（上下）之不和者，丌（其）甬（用）心也牆（將）可（何）女（如）？曰《小夏》氏（是）已。□□□【四】□□□者何如？〔曰《大夏》氏（是）已。又（有）城（成）工（功）者可（何）女（如）？曰《訟》（《頌》）氏（是）已。▬【五上～】

貳 · 分論之部

第三章 分論周頌

〈清宙（廟）〉王悳（德）也▬，至矣。敬宗宙（廟）之豊（禮），㠯（以）爲丌（其）沓（本）；「秉旻（文）之悳（德）」，㠯（以）爲丌（其）韈（質）▬；「肅雔（雝）〔顯相」，㠯（以）爲丌（其）□；□□〕【五下】*（以上爲「清廟組」，屬周頌）*

第四章 分論大雅

□□□□□□□「帝胃（謂）文王，褱（懷）尒（爾）㫜（明）悳（德）」，害（曷）？城（誠）胃（謂）之也。「又（有）命自天，命此文王」，城（誠）命之也▬，信矣 ∟。孔＝（孔子）曰：「此命也夫 ∟。文王隹（雖）谷（欲）巳（已），㝵（得）虖（乎）？此命也。□□□□□□□□□。」【七】*（以上爲「皇矣組」，屬大雅）*

第五章 分論小雅

〈十月〉善諀言 ▬。〈雨亡政〉 ▬、〈即（節）南山〉，皆言上之衰也，王公恥之。〈少（小）旻（旻）〉多惥＝（疑矣），言不中志者也。〈少（小）肙（宛）〉丌（其）言不亞（惡），少又忎（仁）安（焉）▬。〈少（小）㝵（弁）〉、〈考（巧）言〉，則言譴（讒）人之害也 ∟。〈伐木〉□□【八】實咎於其（己）也 ▬。〈天保〉丌（其）㝵（得）彔（祿）蔑畺（疆）矣，巽（順）寡（寡）悳（德）古（故）也 ∟。〈誶（祈）父〉之睞（責／刺）亦又（有）㠯（以）也 ∟。〈黃鳥（鳥）〉則困而谷（欲）反丌（其）古（故）也，多恥者丌（其）忞（病）之虖（乎）？〈䔳＝（菁菁）者莪〉則㠯（以）人嗌（益）也。〈棠＝（裳裳）者芋（華）〉則□□【九】*（以上爲「十月組」，屬小雅）*

第六章 分論國風

一 · 關雎組

〈闗（關）疋（雎）〉之改▬，〈梂（樛）木〉之峕（時）▬，〈灘（漢）生（往／廣）〉之智（智） ∟，〈鵲樔（巢）〉之逯（歸） ∟，〈甘棠〉之保（報）

∟，〈綠衣〉之思，〈鷃 =（燕燕）〉之情 ∟，害（曷）？曰：童（動）而皆臤（賢）於丌（其）初者也 ∟。【十上～】*（以上為「關雎組」初論，屬國風）*

〈關（關）疋（雎）〉㠯（以）色俞（喻）於豊（禮）□□□□□□□□□□□【十下】

兩矣▃，丌（其）四章則俞（喻）矣 ∟。以琴（琴）㺺（瑟）之敓（悅），㚔（擬）好色之㤁（願）；㠯（以）鐘鼓之樂，□□□□【十四】□□□好，反內（納）于豊（禮），不亦能改虖（乎）▃？〈梂（樛）木〉福斨（斯）才（在）孝 =（君子），不亦□時乎！〈漢廣〉不求【十二】

不可旻（得），不攻（攻）不可能，不亦智（智／知）亙（恆）虖（乎）▃？〈鵲槕（巢）〉出㠯（以）百兩，不亦又適（離）虖（乎） ∟？〈甘棠〉□【十三】及丌（其）人，敬悉（愛）丌（其）查（樹），丌（其）保（報）厚矣▃。甘棠之悉（愛），㠯（以）卲公也。〈綠衣〉□□□□□□【十五】

□□，不亦□思乎！〈燕燕〉□□□□□□□□□□□青（情）悉（愛）也▃。*（以上為「關雎組」再論，屬國風）*

〈關（關）疋（雎）〉之改，則丌（其）思賹（益）矣 ∟。〈梂（樛）木〉之旹（時），則㠯（以）丌（其）彔（祿）也▃。〈灘（漢）里（往／廣）〉之智（智），則智（知）不可旻（得）也。〈鵲槕（巢）〉之逯（歸），則適（離）者【十一】

〔也。〈甘棠〉之保（報），則□□□〕卲公也▃。〈綠衣〉之憂，思古人也▃。〈鷃 =（燕燕）〉之情，㠯（以）丌（其）蜀（獨）也▃。【十六上～】*（以上為「關雎組」結論，屬國風）*

二·葛覃組

孔 =（孔子）曰：「虗（吾）㠯（以）〈蘥（葛）軸（覃）〉旻（得）氏（祗）初之詩，民眚（性）古（固）然▃。見丌（其）㸚（美）必谷（欲）反丌（其）本。夫蘥（葛）之見訶（歌）也，則【十六下】㠯（以）莁（絺）萏（綌）之古（故）也▃。句（后）稷之見貴也 ∟，則㠯（以）文武之悳（德）也 ∟。虗（吾）㠯（以）〈甘棠〉旻（得）宗宙（廟）之敬 ∟，民眚（性）古（固）然。

甚貴丌（其）人，必敬丌（其）立（位）。㦼（悅）丌（其）人，必好丌（其）所爲。亞（惡）丌（其）人者亦然。〔□【二十四】……吾以〈柏舟〉得……，民眚（性）古（固）然，……䖒（吾）㠯（以）【缺簡】〈木瓜〉旻（得）〕番（幣）帛之不可迲（去）也▃，民眚（性）古（固）然。丌（其）㥯（隱）志必又（有）㠯（以）俞（喻）也▃，丌（其）言又（有）所載而句（后／後）內（納），或前之而句（后／後）交，人不可𢱮（捍）也。䖒（吾）㠯（以）〈折（杕）杜〉旻（得）雀（爵）□□□□□□□□□□民性古（固）然□□□□【二十】*（以上爲「葛覃組」初論，屬國風）*

〈葛覃〉……。〈甘棠〉……。〈柏舟〉……【缺簡】□□□□□□□□□□□□因〈木苽（瓜）〉之保（報）㠯（以）俞（喻）丌（其）㥣（婉）者也。〈折（杕）杜〉則情憙（喜）丌（其）至也▃。【十八上～】*（以上爲「葛覃組」再論，屬國風）*

〈葛覃〉□□□□□□□□□□□□□□□□□。〈甘棠〉□□□□□□□□□□□□□□【十八下】□□。〈柏舟〉□□□溺志，既曰天也，猶又（有）㥣（怨）言▃。〈木苽（瓜）〉又（有）臧（藏）忨（願）而未旻（得）達也▃，交……〈杕杜〉……【十九】□□□□女（如）此可（何）？斯雀（爵）之矣▃，離（離）丌（其）所忢（愛），必曰䖒（吾）奚舍之？賓贈氏（是）巳（已）▃。【二十七上～】*（以上爲「葛覃組」結論，屬國風）*

三．雜篇

孔＝（孔子）曰：「〈七（蟋）衒（蟀）〉智（知）難▃。〈中（螽）氏（斯）〉君子▃。〈北風〉不㡭（絕）人之怨。〈子立（衿）〉不〔□□□□□□□□□□□□□□〕【二十七下】*（以上爲「蟋蟀組」，屬國風）*

〔□□□□□□□□□□□□□□□□□□□□□□□〕〈東方未明〉又（有）利訇（詞）▃。〈牆（將）中（仲）〉之言不可不韋（畏）也▃。〈湯（揚）之水〉丌（其）忢（愛）婦悡（烈）▃。〈菜（采）葛〉之忢（愛）婦〔□□□□□□□□□□□□□〕【十七】*（以上爲「東方未明組」，屬國風）*

參．合論之部 合論頌雅風之詩篇

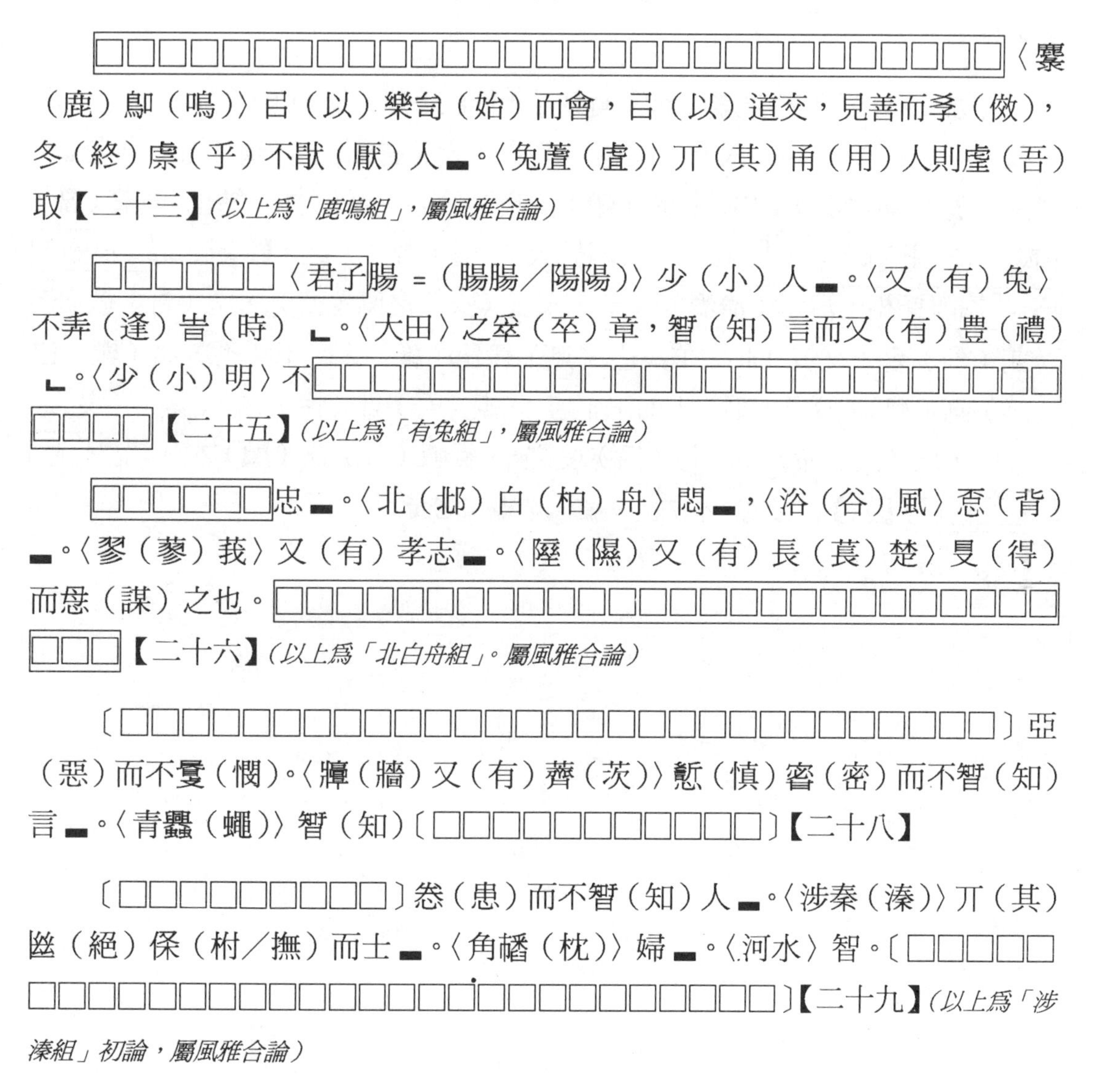

第七章 合論風雅

□□□□□□□□□□□□□□□□□□□□□□□□□□□□□□〈鹿（鹿）鳴（鳴）〉㠯（以）樂訇（始）而會，㠯（以）道交，見善而孝（傚），冬（終）虖（乎）不猒（厭）人▃。〈兔蘆（虘）〉丌（其）甬（用）人則虐（吾）取【二十三】*（以上爲「鹿鳴組」，屬風雅合論）*

□□□□□□□〈君子陽＝（陽陽／陽陽）〉少（小）人▃。〈又（有）兔〉不弄（逢）旹（時）∟。〈大田〉之卒（卒）章，智（知）言而又（有）豊（禮）∟。〈少（小）明〉不□□□□□□□□□□□□□□□□□□□□□□□□□□□□□【二十五】*（以上爲「有兔組」，屬風雅合論）*

□□□□□□□忠▃。〈北（邶）白（柏）舟〉悶▃，〈浴（谷）風〉悡（背）▃。〈翏（蓼）莪〉又（有）孝志▃。〈隰（隰）又（有）長（萇）楚〉旻（得）而悬（謀）之也。□□□□□□□□□□□□□□□□□□□□□□□□□□□□□【二十六】*（以上爲「北白舟組」。屬風雅合論）*

〔□□□□□□□□□□□□□□□□□□□□□□□□□□□□□〕亞（惡）而不𢝅（憫）。〈牆（牆）又（有）薺（茨）〉慙（慎）峹（密）而不智（知）言▃。〈青蠅（蠅）〉智（知）〔□□□□□□□□□□□〕【二十八】

〔□□□□□□□□□〕怨（患）而不智（知）人▃。〈涉秦（溱）〉丌（其）㡭（絕）保（柎／撫）而士▃。〈角幡（枕）〉婦▃。〈河水〉智。〔□□□□□□□□□□□□□□□□□□□□□□□□□□□□□□〕【二十九】*（以上爲「涉溱組」初論，屬風雅合論）*

貴也。〈牆（將）大車〉之囂也，則㠯（以）爲不可女（如）可（何）也。〈審（湛）零（露）〉之賹（益）也，丌（其）猶軦與∟。【二十一上～】*（以上殘存「無將大車組」再論，雖僅存小雅，但應屬風雅合論）*

第八章 合論風雅頌

孔＝（孔子）曰：〈亩（宛）丘〉虛（吾）善之▃，〈於（猗）差（嗟）〉虛（吾）憙（喜）之▃，〈巳（鳲）鴼（鳩）〉虛（吾）信之▃，〈文王〉虛（吾）党（美）之，〈清〔廟〉虛（吾）敬之，〈剌（烈）旻（文）〉吾斂（悅）】【二十

一下】之，〈昊＝（昊天）又(有)城（成）命〉吾□之。*（以上為「宛丘組」初論，屬風雅頌合論）*

〈亩（宛）丘〉曰：「訽（洵）有情」，「而亡（無）望」，虛（吾）善之。〈於（猗）差（嗟）〉曰：「四矢弁（反）」，「以御（禦）嬰（亂）」，虛（吾）喜之▬。〈巳（鳲）鴼（鳩）〉曰：「其義（儀）一氏（兮），心女（如）結也」，虛（吾）信之。〈文王〉曰：「文王在上，於昭於天」，虛（吾）美之。【二十二】〈清廟〉曰：「肅雝顯相，濟＝（濟濟）多士，秉旻（文）之悳（德）」，虛（吾）敬之。〈剌（烈）旻（文）〉曰：「乍（亡／無）競隹（維）人，不（丕）㬎（顯）隹（維）悳（德）。於虖（乎）！前王不忘」，虛（吾）敓（悅）之。〈昊＝（昊天）又（有）城（成）命〉，「二句（后）受之」，貴㪥（且）㬎（顯）矣，訟□□□□□□□□□【六】*（以上為「宛丘組」再論，屬風雅頌合論）*

〈緇衣〉隸定白文

第一章

夫子曰：「㚖（好）頮（美）女（如）㚖（好）〈紂（緇）衣〉，亞＝（惡惡）女（如）亞（惡）〈衖（巷）白（伯）〉。則民咸（咸）𠬝（服）而型（刑）不刣（陳）。」《旹（詩）》員（云）：「𢾅（儀）型文王，𦸗（萬）邦复（作）㕚（孚）▬。」【一～】

第二章

子曰：「又（有）國（國）者章（彰）㚖（好）章（彰）惡，㠯（以）眂（示）民【一】厚，則民情不弋（忒）。」《旹（詩）》員（云）：「靜（靖）龏（恭）尒（爾）立（位），㚖（好）是正植（直）▬。」【二～】

第三章

子曰：「爲上可㝊（望）而㠭（知）也，爲下可𩓣（述）而𦥑（志）也。則君不㤅（疑）丌（其）臣＝（臣，臣）不或（惑）於君。」《旹（詩）》員（云）：【二】「吾（弔，淑）人𠁥＝（君子），丌（其）義（儀）不弋（忒）。」〈尹𦔻（誥）〉員（云）：「隹（惟）尹䠶（允／躬）及康（唐，湯），咸（咸）又（有）一悳（德）▬。」【三～】

第四章

子曰：「上人㤅（疑）則百眚（姓）惑，下難㠭（知）則君長𢁨（勞）。故君民者章好以視民【三】谷（俗），歎（謹）惡㠯（以）𠂢（禦）民淫，則民不惑；臣事君，言丌（其）所不能，不𧦝（詞）丌（其）所能，則君不𢁨（勞）。」《大頙（雅）》員（云）：「上帝板＝（板板），下民卒𤸰。」《小雅》曰：「匪其止共，【四】隹（惟）王之功（卭）▬。」【五～】

第五章

子曰：「民㠯（以）君爲心，君㠯（以）民爲僼（體），心㚄（好）則僼（體）安之，君㚄（好）則民㣂（欲）之。古（故）心㠯（以）僼（體）廌（存），君㠯（以）〔民〕亡。」《旹（詩）》員（云）：「隹（誰）秉或（國）成，不自爲【五】正，卒（卒）裳（勞）百眚（姓）。」〈君醬（牙）〉員（云）：「日㬥（暑）雨，少（小）民隹（惟）日肙（怨）；晉奢（冬）耆（祁）寒，少（小）民亦隹（惟）日肙（怨）▬。」【六～】

第六章

子曰：「上㚄（好）恴（仁），則下之爲恴（仁）也靜（爭）先。古（故）長民者章志【六】㠯（以）卲（詔）百眚（姓），則民至（致）行㠯（己）㠯（以）兑（悅）上。」《旹（詩）》員（云）：「又（有）[illegible]（覺）悳（德）行，四或（國）川（順）之▬。」【七～】

第七章

子曰：「墨（禹）立厽（三）年，百眚（姓）㠯（以）恴（仁）䢜（道），豈必盡仁？」《大雅》曰：「成王之孚，【七】下土之式。」〈呂型（刑）〉員（云）：「一人又（有）慶，萬（萬）民訧（賴）之▬。」【八～】

第八章

子曰：「下之事上也，不從亓（其）所㠯（以）命，而從亓（其）所行。上㚄（好）此物也，下必有甚者矣。故【八】上之㚄（好）亞（惡），不可不䜌（慎）也，民之蘽（表）也。」《旹（詩）》員（云）：「虞虞（赫赫）帀（師）尹，民具尒（爾）詹（瞻）▬。」【九～】

第九章

子曰：「長民者衣備（服）不改，逮（從）容又（有）祟（常），則民悳（德）一。」《旹（詩）》員（云）：「亓（其）頌（容）不改，出言有丨（針／信），利（黎）民【九】所訁（訓）▬。」【十～】

第十章

子曰：「大人不睪（親）丌（其）所臤（賢），而信丌（其）所賤，季（教）此㠯（以）遊（失），民此㠯（以）續（變）。」《旹（詩）員》（云）：「皮（彼）求我則，女（如）不我旻（得），執我戠＝（仇仇），亦不我力。」〈君綍（陳）〉員（云）：「未視（見）【十】耶（聖），女（如）丌＝（其）弗克視（見），我既視（見），我弗冑（由）耶（聖）▃。」【十一～】

第十一章

子曰：「大臣之不睪（親）也，則忠敬不足，而贎（富）貴已㳻（過），邦家之不寍（寧）也，則大臣不台（治）而埶（褻）臣怋（託）矣。此以大臣【十一】不可不敬也，民之蕝（蕝）也。古（故）君不與少（小）悬（謀）大，則大臣不㝐（怨）。」祥（晉，祭）公之〈寡（顧）命〉員（云）：「毋㠯（以）少（小）悬（謀）敗大煮（圖），毋㠯（以）辟（嬖）御𤸃（疾）妝（莊）后；毋㠯（以）辟（嬖）士𤸃（疾）夫＝（大夫）向（卿）使（士）▃。」【十二～】

第十二章

子曰【十二】：「長民者季（教）之㠯（以）悳（德），齊之㠯（以）豊（禮），則民又（有）昱（恥）心。季（教）之㠯（以）正（政），齊之㠯（以）型（刑），則民又（有）免心。古（故）慈（子）㠯（以）炁（愛）之，則民又（有）睪（親）；信㠯（以）結之，則民伓＝（不背）；龍（恭）㠯（以）立（涖）之，則民又（有）恙＝（遜心）。」《旹（詩）》員（云）【十三】：「虗（吾）夫＝（大夫）龏（恭）虘（且）會（儉），林（麻）人不斂（斂）。」〈呂型（刑）〉員（云）：「朢（苗）民非甬（用）霝（靈），折（制）㠯（以）型（刑），隹（惟）复（作）五桒（祈／戒）之型（刑）曰金（法）▃。」【十四～】

第十三章

子曰：「正（政）之不行，季（教）之不城（成）也，則刑罰不足恥也，而爵祿不足勸【十四】也。古（故）上不可㠯（以）埶（褻）型（刑）而翌（輕）爵。」《康䛤（誥）》員（云）：「敬明乃罰。」〈呂型（刑）〉員（云）：「耑（膰／播）型（刑）之由（迪）▃。」【十五～】

第十四章

子曰：「王言女（如）丝（絲），丌（其）出女（如）緍，王言女（如）索，丌（其）出如綍（紼）。故大人不倡流。」《詩》云：「慎爾出話，【十五】敬尒（爾）威義（儀）▬。」【十六～】

第十五章

子曰：「可言不可行，君 =（君子）弗言；可行不可言，君 =（君子）弗行，則民言不僉（危）行 =（行，行）不僉（危）言。」《峕（詩）》員（云）：「雪（淑）訢（慎）尒（爾）止，不侃于儀。【十六～】

第十六章

子曰：「君子道（導）人以言，而䢔（恆）以行。【十六】古（故）言則慮丌（其）所冬（終），行則旨（稽）丌（其）所幣（弊），則民訢（慎）於言而歏（謹）於行。」《峕（詩）》員（云）：「穆 =文王，於幾（緝）義（熙）〔敬〕止▬。」【十七～】

第十七章

子曰：「言衒（率）行之，則行不可匿。古（故）君（君子）募（顧）言而行，㠯（以）城（成）丌（其）信，則民不【十七】能大丌（其）嫐（美）而少（小）丌（其）亞（惡）。」《大虽（雅）》員（云）：「白珪（圭）之砧（玷）尚可㕭（磨），此言之砧（玷）不可爲。」《少（小）虽（雅）》員（云）：「躳（允）也君子，埾（廛／展）也大城（成）。」〈君奭〉員（云）：「昔在上帝，割紳觀文王德，其【十八】集大命于氏（是）身▬。」【十九～】

第十八章

子曰：「君子言又（有）勿（物），行又（有）埅（格），此㠯（以）生不可敚（奪）志，死不可敚（奪）名。古（故）君子多睧（聞），齊（質）而守之，多旹（志），齊（質）而罜（親）之，青（精）㿽（知），埅（格）而行之。」【十九】《寺（詩）》員（云）：「雪（淑）人君子，丌（其）義（儀）一也。」〈君迧（陳）〉員（云）：「出內（入）自尒（爾）帀（師）雩（虞），庶言同▬。」【二十～】

第十九章

子曰：「句（苟）又（有）車，𢗚（必）視（見）丌（其）𨍏（轍），句（苟）又（有）衣，𢗚（必）視（見）其𢂁（蔽），人苟有言，必聞其聲，苟有行【二十】𢗚（必）視（見）丌（其）成。」《旹（詩）》員（云）：「備（服）之亡（無）臭（厭）▬。」【二一～】

第二十章

子曰：「厶（私）惠不褱（懷）悳（德），君子不自䶒（留）安（焉）。」《旹（詩）》員（云）：「人之㚖（好）我，𥈍（示）我周行▬。」【二一～】

第二一章

子曰：「隹（惟）𡋥＝（君子）能㚖（好）丌（其）匹，少（小）人𢻹（豈）能㚖（好）丌（其）匹。【二十一】古（故）𡋥＝（君子）之𠬪（友）也又（有）𦣻（向），丌（其）惡也又（有）方，此吕（以）迩（邇）者不惑，而遠者不𢝊（疑）。」《旹（詩）》員（云）：「君子㚖（好）𢻲（逑）▬。」【二二～】

第二二章

子曰：「𨍏（輕）𢇍（絕）貧賤，而𨤲（重）𢇍（絕）𩈳（富）貴，則㚖（好）𢝊（仁）不【二二】臤（堅），而惡＝（惡惡）不𧡰（著）也。人隹（雖）曰不利，虐（吾）弗信之矣。」《旹（詩）》員（云）：「堲（朋）𠬪（友）卣（攸）図＝（攝，攝）吕（以）威義（儀）▬。」【二三～】

第二三章

子曰：「宋人又（有）言曰：『人而亡（無）死（恆），不可爲卜筮。』古之遺言與？昆〔龜〕筮猶弗智，而皇（況）於人㡀（乎）？」《旹（詩）【二三】員（云）》：「我昆〔龜〕既猒（厭），不我告猶▬。」【二四】

〈性情論〉隸定白文

第一章

凡人唯（雖）又（有）生（性），心亡正志■。㞷（待）勿（物）而句（後）乍（作），寺（待）兌（悅）而句（後）行■，寺（待）習而句（後）𡐛（奠）■。憙（喜）𢚧（怒）哀悲之気（氣），眚（性）也■，及亓（其）見（現）於外，則勿（物）取之【一】也。眚（性）自命出，命自天降■。道伺（始）於𢝔＝（情，情）生於眚（性）■，伺（始）者𣥐（近）𢝔（情）■，备（終）者𣥐（近）義■，智（知）𢝔（情）者能出之，智（知）義者能內（納）之。好【二】亞（惡），眚（性）也。所好所亞（惡），勿（物）也。善不善，眚（性）也。所善所不善，埶（藝）也。【三～】

第二章

凡眚（性）爲宔（主），勿（物）取之也■。金石之又（有）聖（聲）也，弗鉤（扣）不鳴【三】，〔人〕唯（雖）又（有）眚（性），心弗取不出。凡心又（有）志也，亡（無）与（與）不〔可，心之不可〕蜀（獨）行，猶口之不可蜀（獨）言也。牛生而倀（長），鴈生而戟（伸），亓（其）省（性）〔也，人生〕而學，或叓（變）之也。凡勿（物）亡（無）不其（期）也者——剛之梪（樹）也，剛取之也；柔之約，柔取之也——四海之內，亓（其）眚（性）一也。亓（其）甬（用）心各異■，斈（教）叓（使）肰（然）也。【四～】

第三章

凡眚（性），或𢿌（動）之■、或逆之■、或𡨄（節）之、或蕙（礪）之、或出之、或羕（養）【四】之、或長之■。凡𢿌（動）眚（性）者，勿（物）也■；逆眚（性）者，兌（悅）也；𡨄（節）眚（性）者，古（故）也；蕙（厲）眚

（性）者，宜（義）也；出眚（性）者，埶（藝）也。【五】羕（養）眚（性）者，習也■；長眚（性）者，道也■。凡見（現）者之胃（謂）勿（物）■，快於其（己）者之胃（謂）兑（悅）■，勿（物）之埶（藝）者之胃（謂）埶（藝）■，又（有）爲也【六】者之胃（謂）古（故）■。宜（義）也者，群善之藍（蕝）也。習也者，又（有）㠯（以）習亓（其）眚（性）也■。道也者，群勿（物）之道。【七～】

第四章

凡道，心述（術）【七】爲宔（主）■。道四述（術）也，唯人道爲可道（導）也。亓（其）三述（術）者，道（導）之而已■。《訔（詩）》、《箸（書）》、《豊（禮）》、《藥（樂）》，亓（其）訇（始）出也，皆生於【八】人。《訔（詩）》，又（有）爲＝（爲爲）之也■。《箸（書）》，又（有）爲言之也。《豊（禮）》、《樂》，又（有）爲豐（舉）之也■。聖人比亓（其）頪（類）而侖（倫）會之，䨾（觀）亓（其）先逡（後）而【九】逆訓（順）之，體（體）亓（其）宜（義）而節𡕒（文）之，里（理）亓（其）情而出內（入）之，肰（然）句（後）復（復）㠯（以）孝＝（孝。孝）所㠯（以）生悳（德）於中者也。豊（禮）【十】复（作）於情，或興之也■，堂（當）事因方而折（制）之■；亓（其）先逡（後）之奢（敘），則宜（義）道也■；或奢（敘）爲之節，則𡕒（文）也；【十一】至（致）頌（容）宙（貌），所㠯（以）𡕒（文），節也。君＝（君子）㣈（美）亓（其）情，貴亓（其）宜（義），善亓（其）節，好亓（其）頌（容），樂亓（其）道，兑（悅）亓（其）䛐，是㠯（以）敬安（焉）■。拜，【十二】所㠯爲敬也，亓（其）數，𡕒（文）也；㡀（幣）帛，所㠯（以）爲信與登（徵）也，亓（其）訇（貽），宜（義）道也。【十三～】

第五章

芙（笑），憙（喜）之淺澤也。樂，憙（喜）之【十三】深澤也。凡聖（聲），亓（其）出於𢡱（情）也信，肰（然）句（後）亓（其）內（入）梟（撥）人之心也敂（厚）■。聒（聞）芙（笑）𦔻（聲），則羴（鮮）女（如）也斯憙（喜）；昏（聞）訶（歌）要（謠），【十四】則滔（慆）女（如）也斯奮；聖（聽）巠（琴）𤨿（瑟）之聖（聲），則悸女（如）也斯難（戁）；䨾（觀）《峚（賚）》、

《武》，則懠（齊）女（如）也斯复（作）；奮（觀）《卲（韶）》、《頣（夏）》，則免（勉）女（如）也【十五】斯僉。羕思而觔（動）心，蒖（喟）女（如）也，丌（其）居節（次）也舊（久），丌（其）反善復（復）司（始）也新（慎），丌（其）出內（入）也訓（順），絧（殆）丌（其）悳（德）也。【十六】奠（鄭）衛之樂，則非丌（其）聖（聲）而從（縱）之也。凡古樂龍（隆）心，嗌（益）樂龍（隆）指（旨），皆孝（教）丌（其）人者也。《壺（賚）》、《武》樂取，《卲（韶）》、《頣》（夏）》樂意（情）。【十七～】

第六章

凡【十七】至樂必悲，哭亦悲，皆至丌（其）意（情）也。哀、樂，丌（其）直（德？性？）相丘（近）也，是古（故）丌（其）心不遠。哭之觔（動）心也，浸（浸／寑）[illegible]（？／怛），丌（其）【十八】刺（烈），䜌=（戀戀）女（如）也，戚（？／戚）肰（然）㠯（以）冬（終）。樂之觔（動）心也，濬（賡）深䐈（郁／鬱）慆（慆），丌（其）刺（烈），瀘（流）女（如）也㠯（以）悲，攸（？）肰（然）㠯（以）思。凡惪（憂），思而句（後）悲；凡【十九】樂，思而句（後）忻（忻）。凡思之甬（用）心爲甚，難（歎），思之方也，丌（其）聖（聲）貞（變），則心坐（從）之矣；丌（其）心貞（變），則丌（其）聖（聲）亦肰（然）。【二十】唫（吟），斿（遊）哀也；喿（噪），斿（遊）樂也；啾（愀），斿（遊）聖（聲）也；戲（？），斿（遊）心也。■【二十一～】

第七章

凡人意（情）爲可兌（悅）也。句（苟）㠯（以）丌（其）意（情），唯（雖）怸（過）不亞（惡）；不㠯（以）【二十一】丌（其）意（情），唯（雖）難不貴。未言而信，又（有）𢼸（美）意（情）者也；未孝（教）而民恆，眚（性）善者也；未賞而民懽（勸），含福（貪／富）者也；【二十二】未型（刑）而民愄（畏），又（有）心愄（畏）者也；戔（賤）而民貴之，又（有）悳（德）者也；貧而民聚安（焉），又（有）道者也■；蜀（獨）居而樂，又（有）內[illegible]【二十三】者也。亞（惡）之而不可非者，達於宜（義）者也；非之而不可亞（惡）者，篤（篤）於息（仁）者也■；行之而不怸（過），智（知）道者【二十四】也。昏（聞）道反上，上交者也。昏（聞）道反下，下交者也。昏（聞）道反己，攸（修）身者也■。上交丘（近）事君，下交㝵（得）眾丘（近）㘴（從）正（政）■，攸（修）身丘（近）至𢚩（仁）。同方而【二十五】交，㠯（以）道者也。不同方而交，㠯（以）古（故）者也。同悅而交，㠯（以）悳（德）者也。不同悅而交，㠯（以）猷（猶）者也。門內之紿（治）谷（欲）丌（其）㜥（婉）也。【二十六】門外之紿（治）谷（欲）丌（其）折也。凡身谷（欲）青（靜）而毋遣（愆）；甬（用）心谷（欲）悳（直）而毋㤓（尤）；慮（慮）谷（欲）肙（淵）而毋暴（？）■；退谷（欲）繡（?／肅）而毋翌（輕）【二十七】；進谷（欲）㥞（隨）而又（有）豊（禮）；言谷（欲）植（直）而毋瀘（流）；居処（處）谷（欲）䐓（逸）蒻（易）而毋曼（漫）■。孯＝執志必又（有）夫柱＝（廣廣）之心，出言必又（有）夫柬＝（簡簡）【二十八】之信，賓客之豊（禮）必又（有）夫齊＝（齊齊）之頌（容）■。祭祀之豊（禮）必又有夫臍＝（齊齊）之敬■，居喪必又有夫䜌＝（戀戀）之哀。凡兌（說）人勿𡖊（隱）【二十九】也，身必㘴（從）之；言及則明，舉（舉）之而毋㥲（訛）。凡交毋剌（烈），必㕜（使）又（有）末■。凡於道洛（路）毋思，毋蜀（獨）言■。蜀（獨）居則習【三十】父兄之所樂。句（苟）毋大害，少枉內（納）之可也，已則勿復（復）言也。凡恴（憂）𢘓（患）之事谷（欲）任，樂事谷（欲）逡（後）。■【三十一～】

第八章

凡斈（教／學）者求其【三十一】心又（有）爲（僞）也，弗得之矣。人之不能以㥲（僞）也，可智（知）也■。不怂（過）直（十）舉，其心必才（在）安（焉），察其見（現）者，青（情）安（焉）遊（失）才（哉）！【三十二】詨（？／恕），宜（義）之方也■。宜（義），敓（敬）之方也■。敓（敬），勿（物）之即（則）也。篙（篤），𢚩（仁）之方也。𢚩（仁），眚（性）之方也。眚（性）或生之。忠，信之方也。信，𢝊（情）之方【三十三】也。𢝊（情）出於眚（性）■。炁（愛）頪（類）七，唯眚（性）炁（愛）爲丘（近）𢚩（仁）■。智頪（類）五，唯宜道爲丘（近）中。亞（惡）頪（類）三，唯亞（惡）不𢚩（仁）爲丘（近）宜（義）。所【三十四】爲道者四，唯人道爲可道（導）也■。【三十五】

第九章

凡甬（用）心之趮（躁）者，思爲甚■。甬（用）智之疾者，𢘓（患）爲甚。

甬（用）憙（情）之至【三十五】者，哀樂爲甚■。甬（用）身之叓（弁）者，悅爲甚■。甬（用）力之𦘔（盡）者，利爲甚。目之好色，耳之樂聖（聲），[illegible][illegible]之槩（氣）也，人不【三十六】難爲之死。又亓（其）爲人之僪＝（節節）女（如）也，不又（有）夫柬＝（簡簡）之心則悉（采）。又亓（其）爲人之柬＝（簡簡）女（如）也，不又（有）夫惡（恆）怸（怡）之志則曼（漫）■。人之【三十七】攷（巧）言利訶（詞）者，不又（有）夫詘＝（詘詘）之心則濜（流）■。人之䋄（陶）肰（然）可與和安者，不又（有）夫裛（奮）犹（作）之憙（情）則悉（侮）■。又（有）亓（其）爲人之慧女（如）也，弗養不可■。又（有）亓（其）爲人之【三十八】蒝（原）女（如）也，弗杸（補）不足■。凡人憍＝（僞僞）可亞（惡）也。憍（僞）斯𢘅（隱）矣，𢘅（隱）斯慮矣■，慮斯莫与（與）之結矣■。言（愼），𢡟（仁）之方也，肰（然）而亓（其）怸（過）不亞（惡）；速，㥄（謀）之方也，又（有）怸（過）則咎■。人不言（愼）【三十九】斯又（有）怸（過），信矣。√【四十】

殘 1

殘 2

殘 3

殘 4

殘 5

39

40

36

37

38

33

34

35

31

32

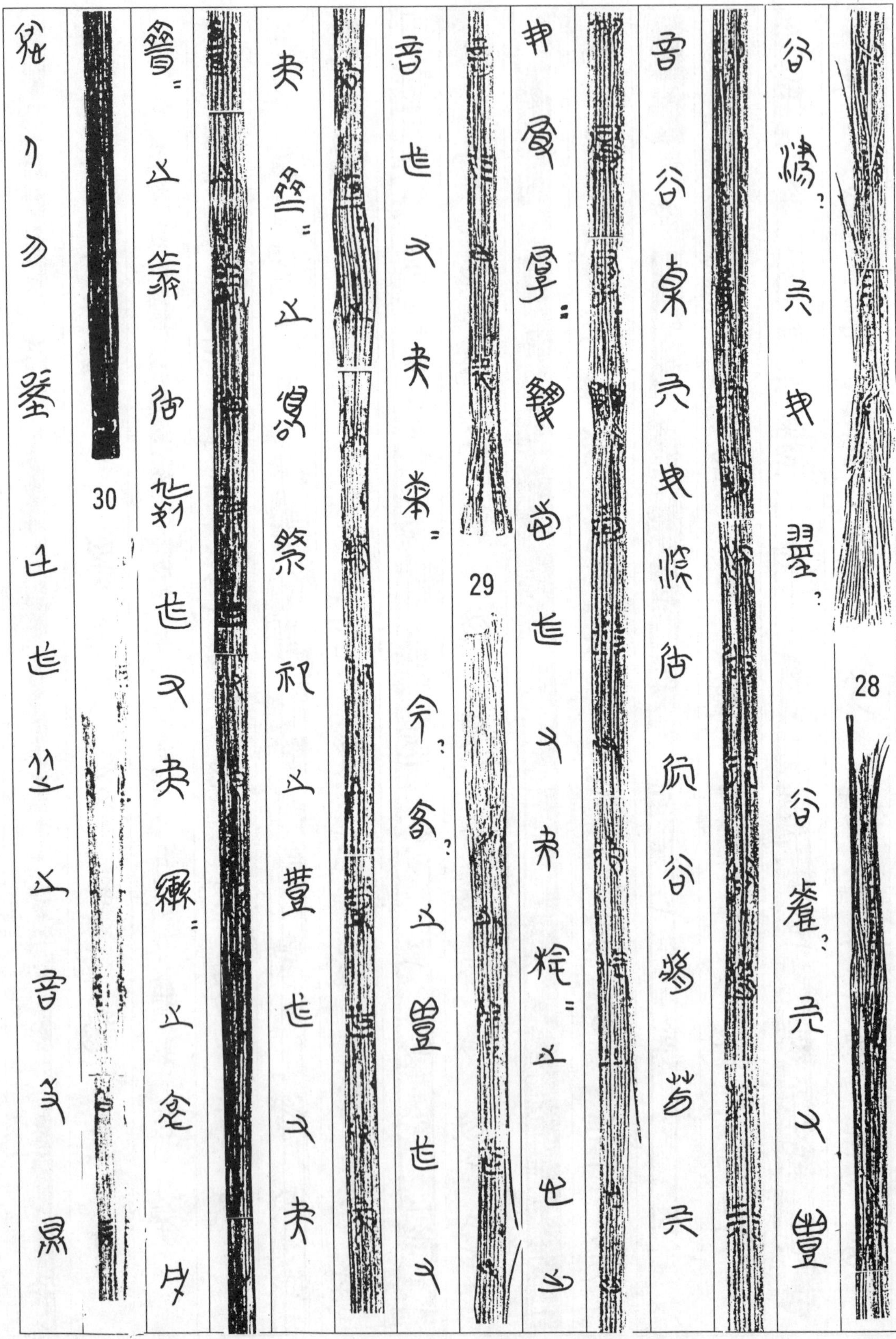

28

29

30

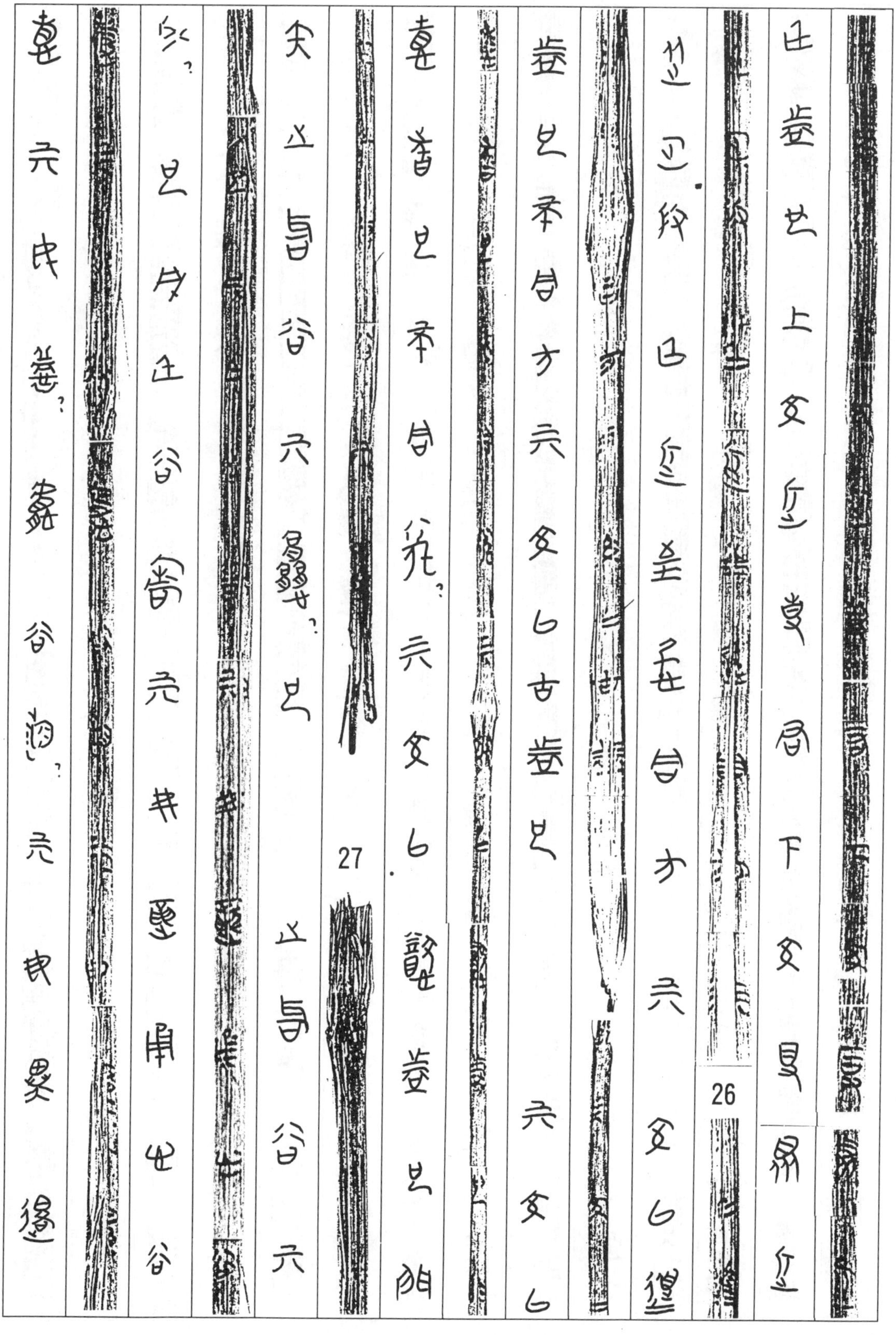

26

27

23

24

25

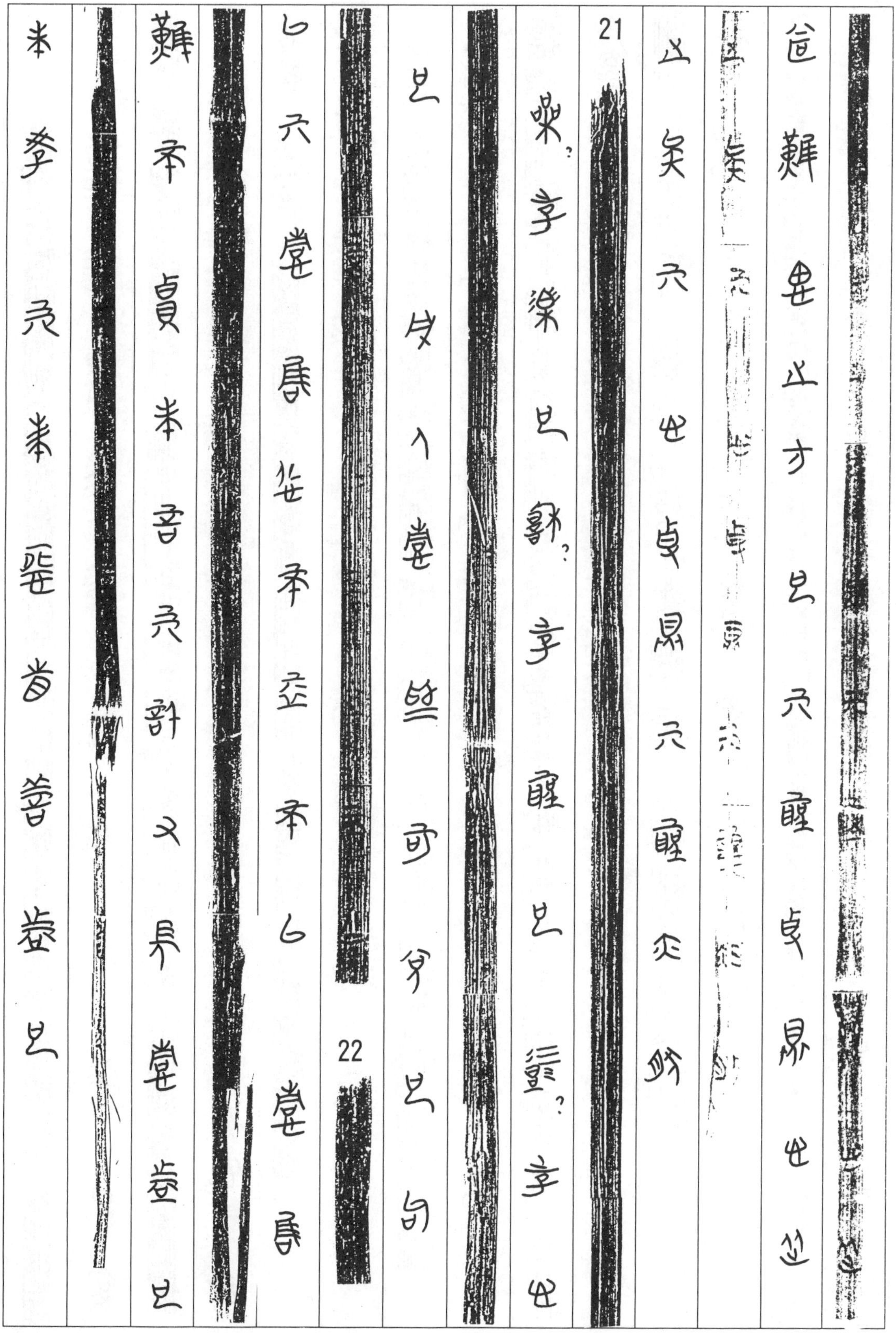

21

22

18

19

20

16

17

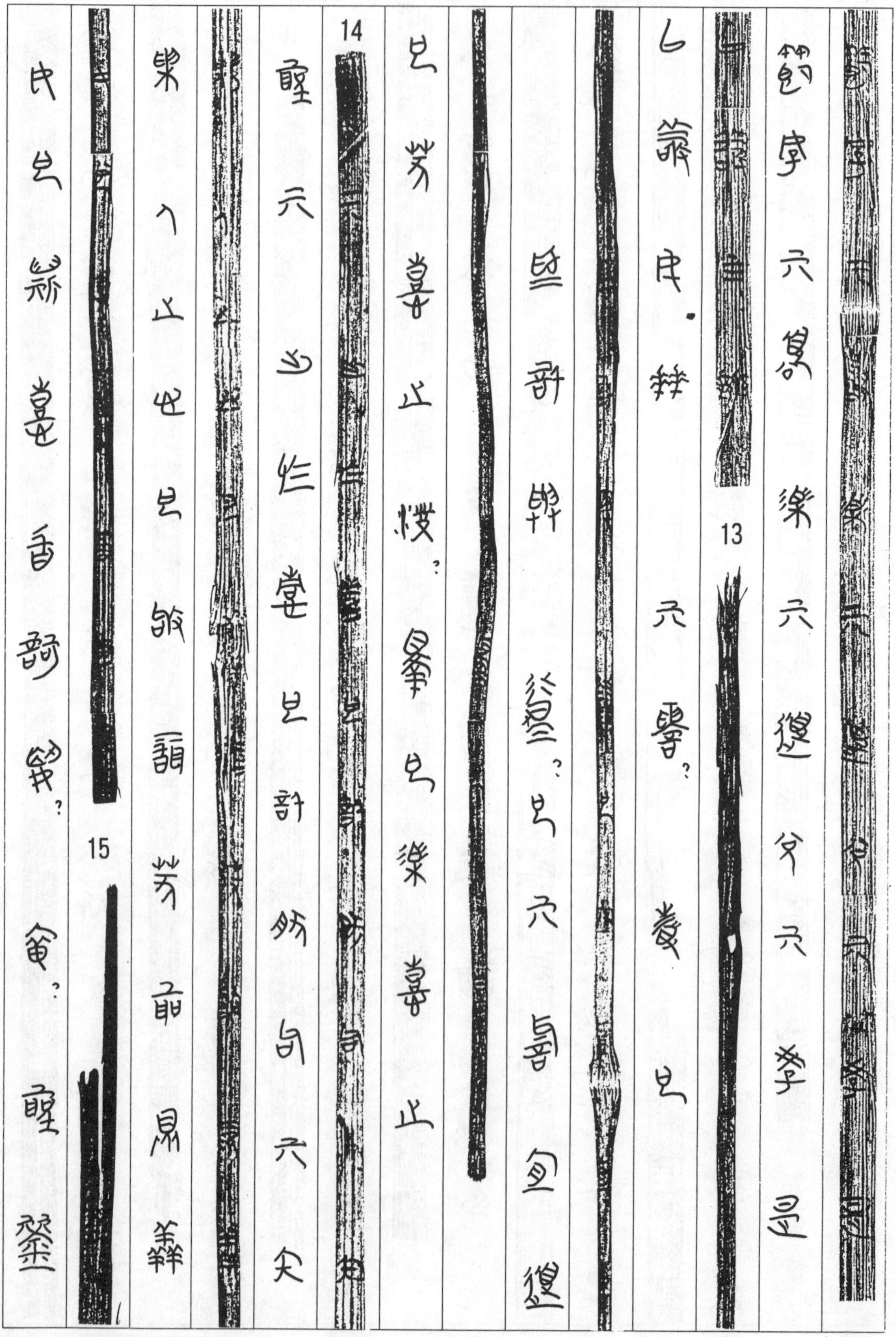

13

14

15

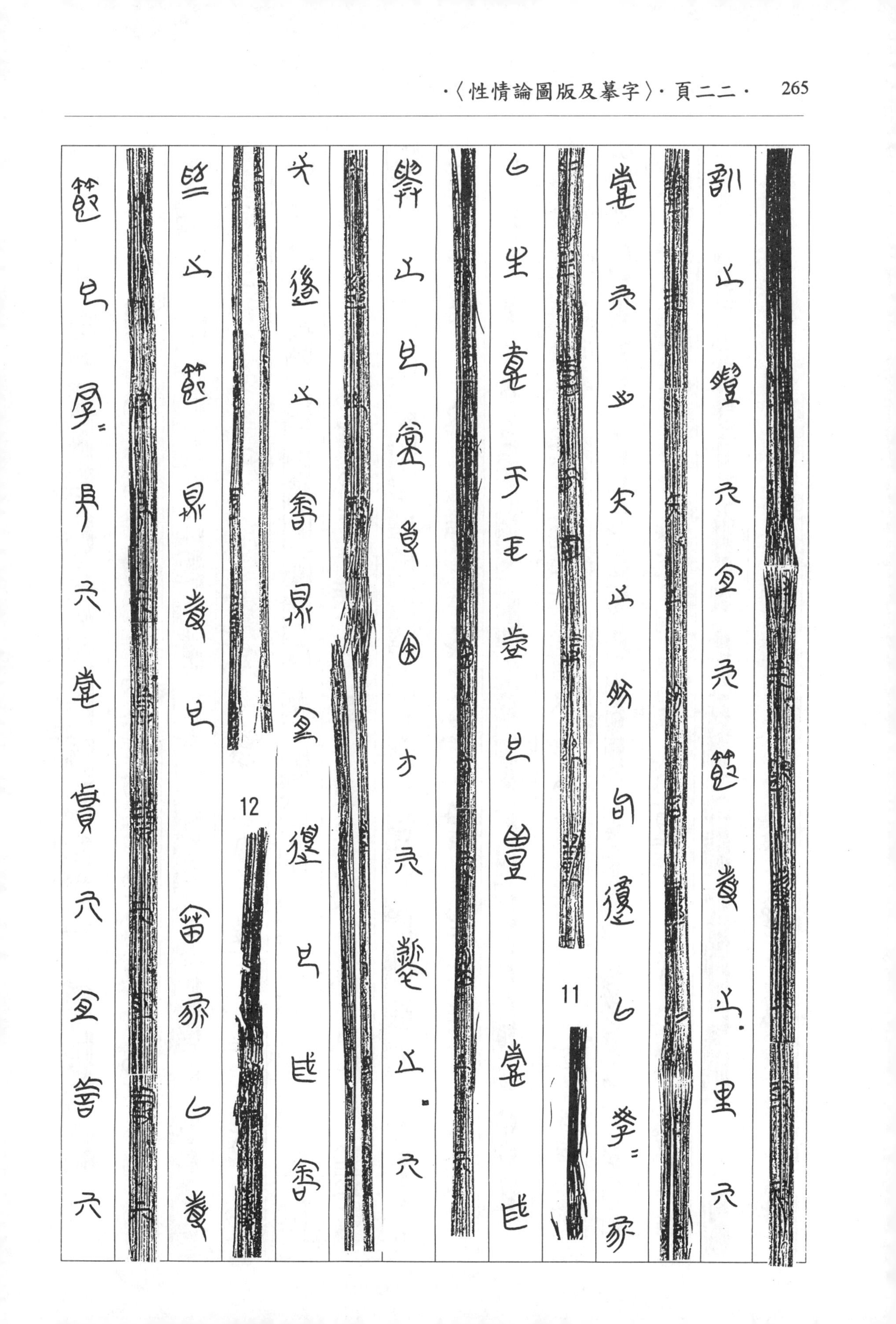

12

11

也者有以習其性也。道者

08

群物之道。凡道，心術為主。道四術，唯人道為可道

也，其三術者，道之而已。詩書

09

禮樂，其始出皆生於人。

詩，有為為之也。書，有為言之也。禮

樂，有為舉之也。聖人比其類

10

而論會之，觀其先後而逆順

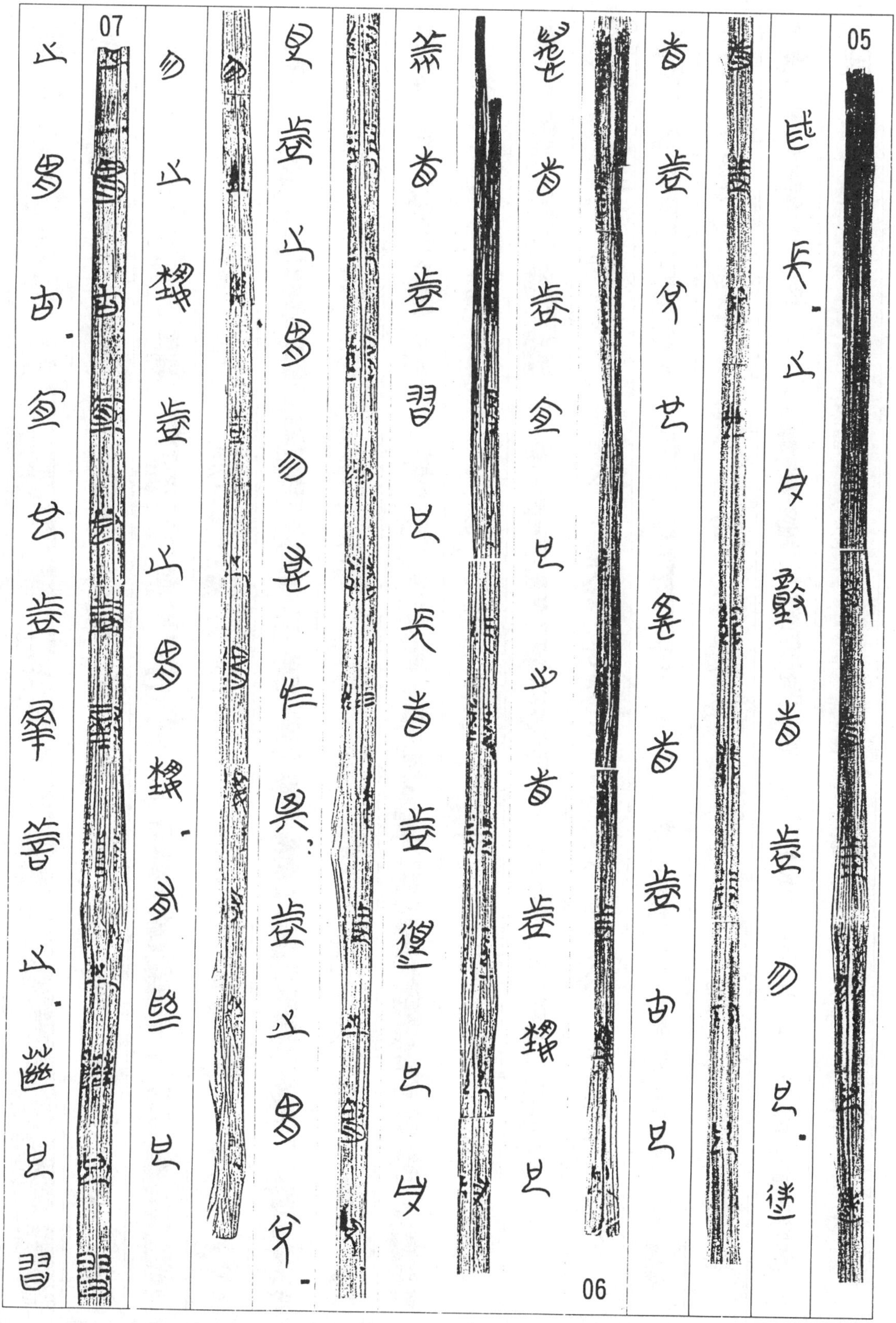

05

06

07

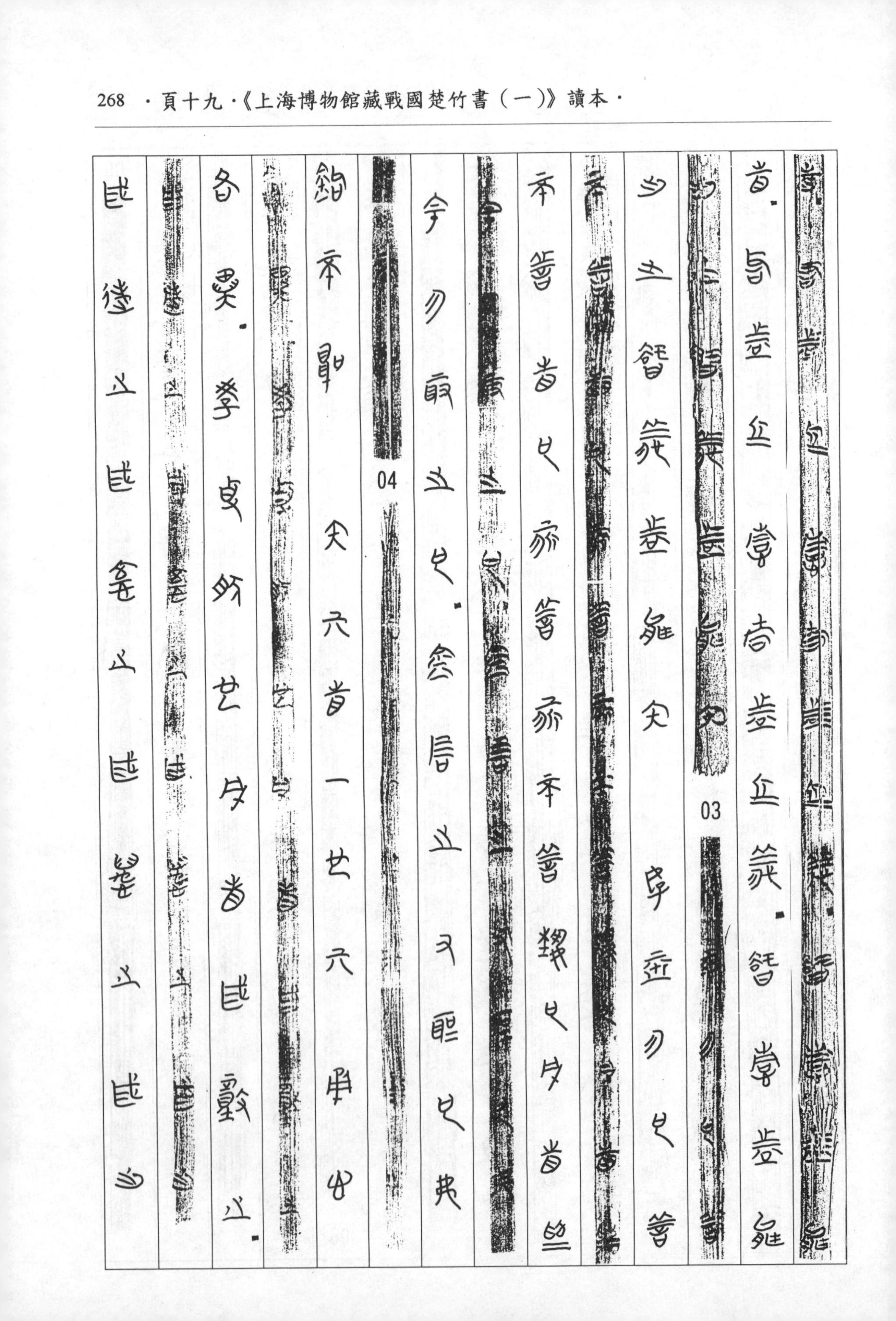

03

04

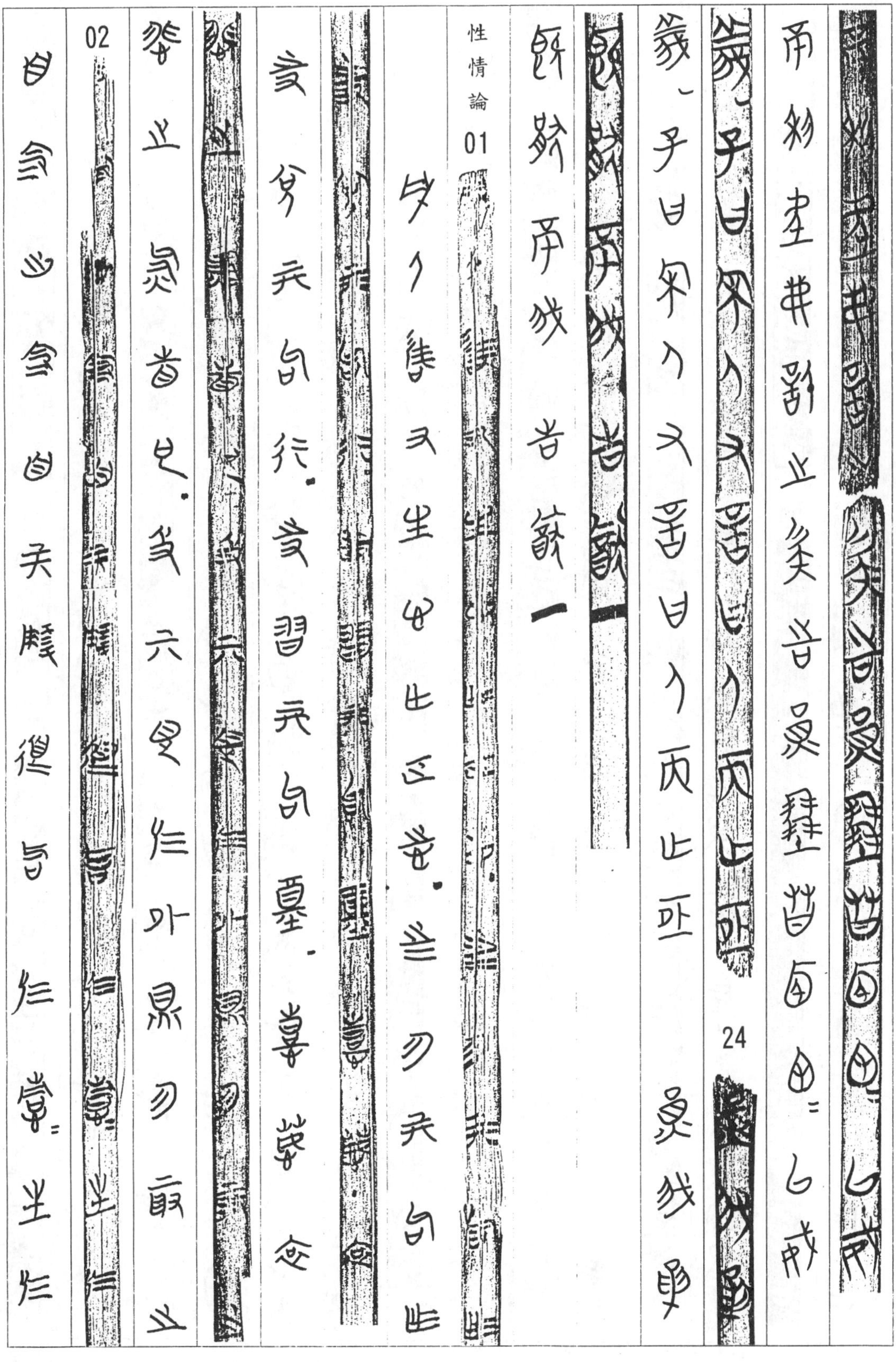

24

性情論

01

02

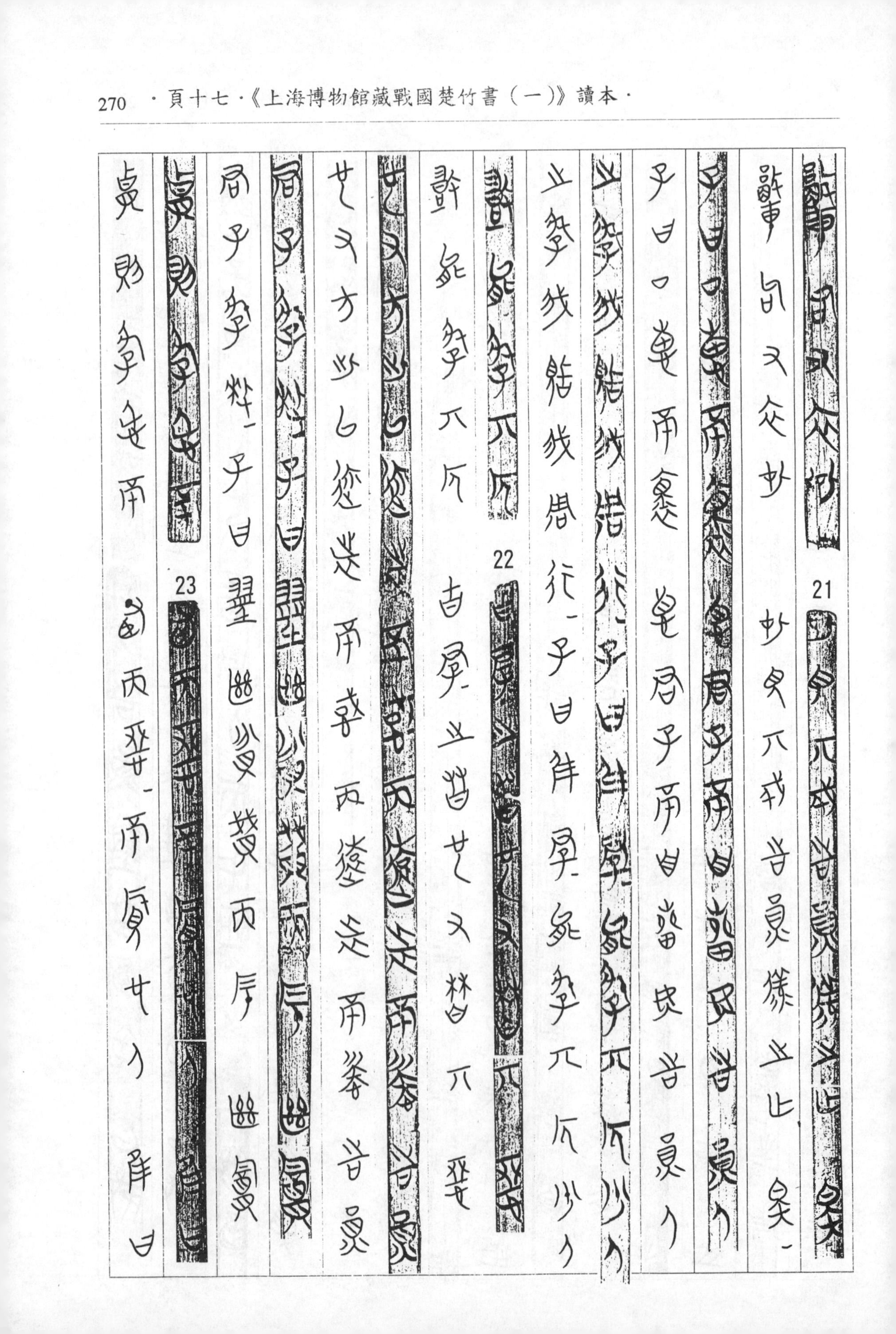

21

22

23

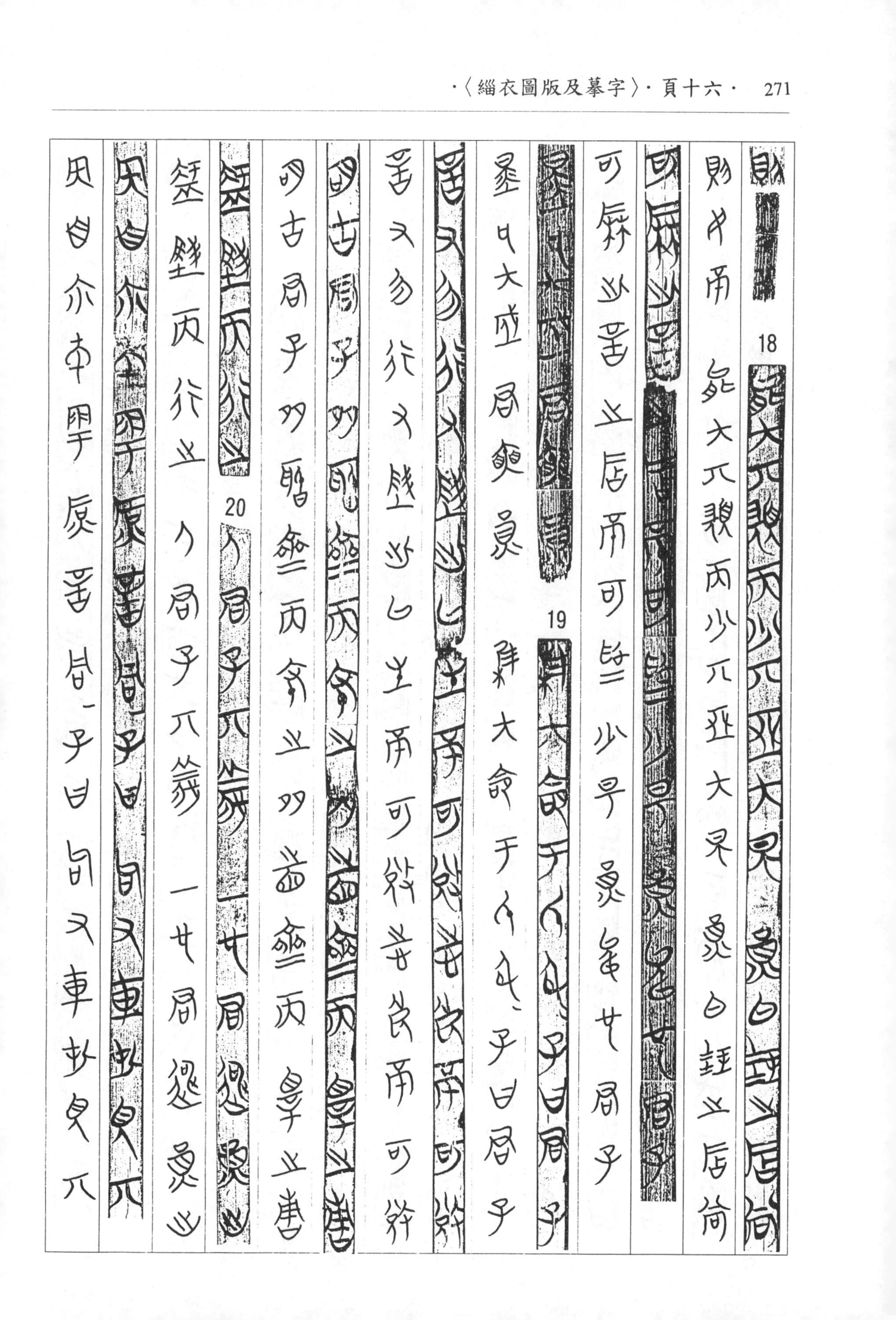

18

19

20

16

17

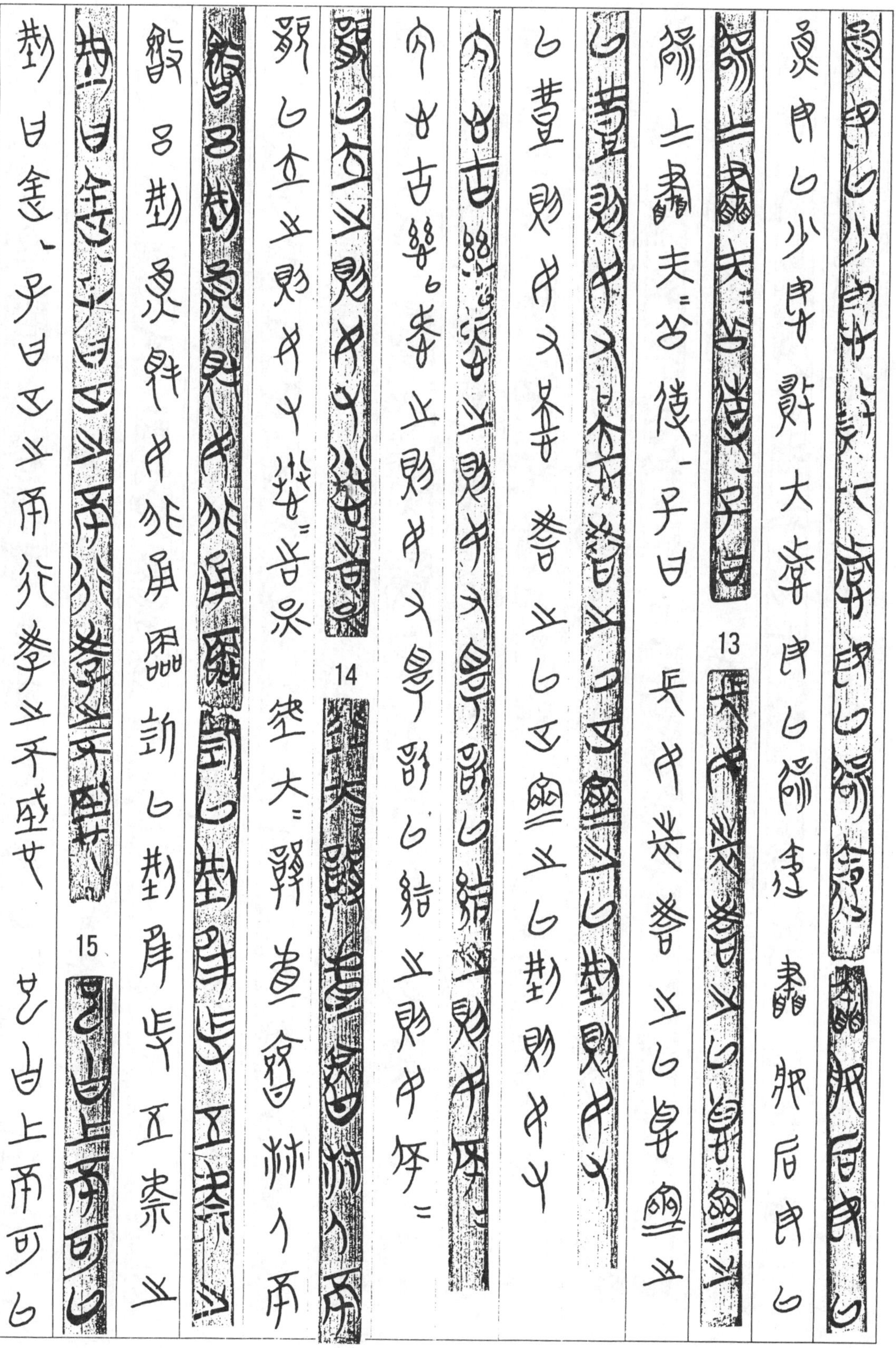

13

14

15

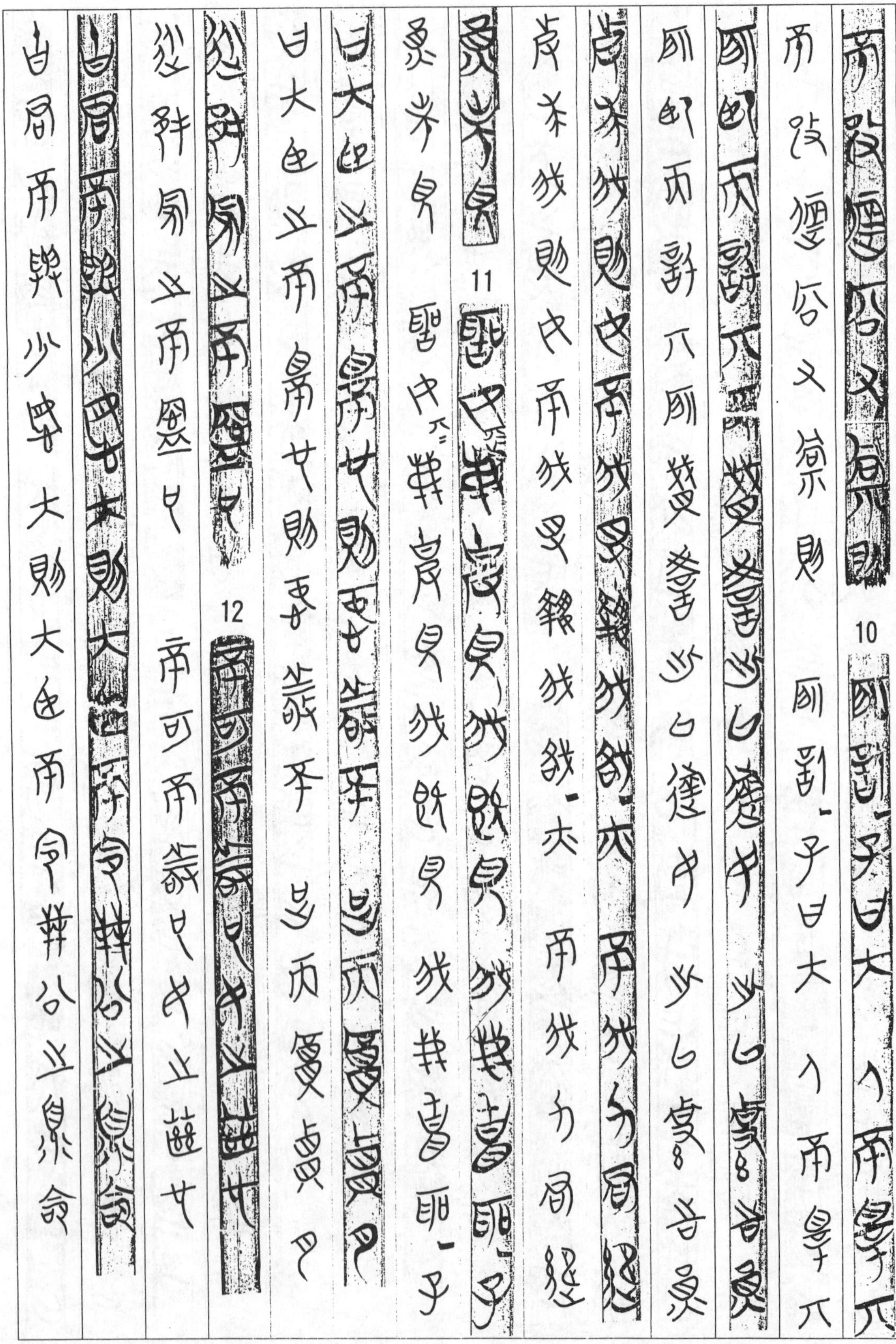
10
11
12

07

08

09

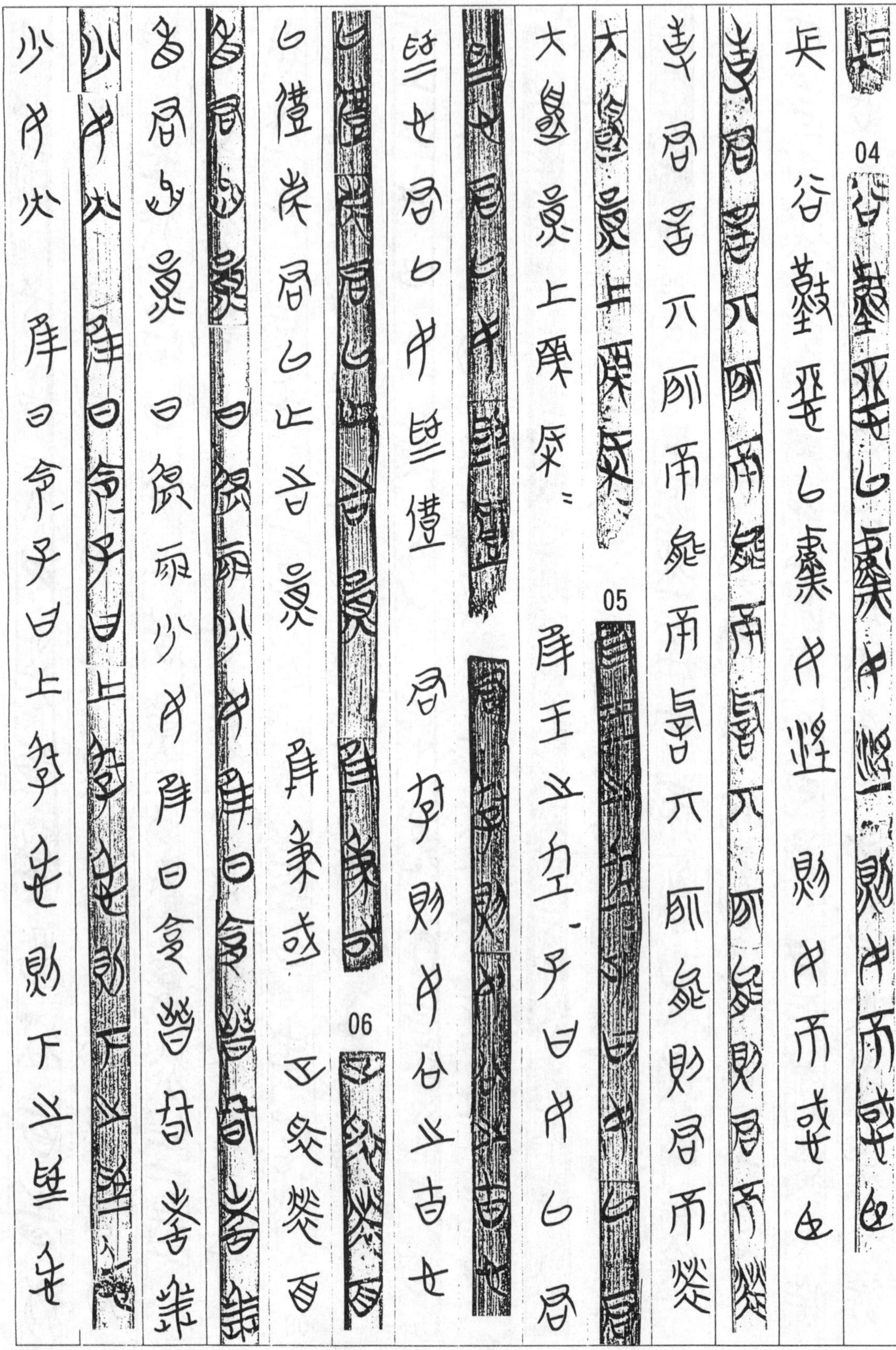
04
05
06

02

03

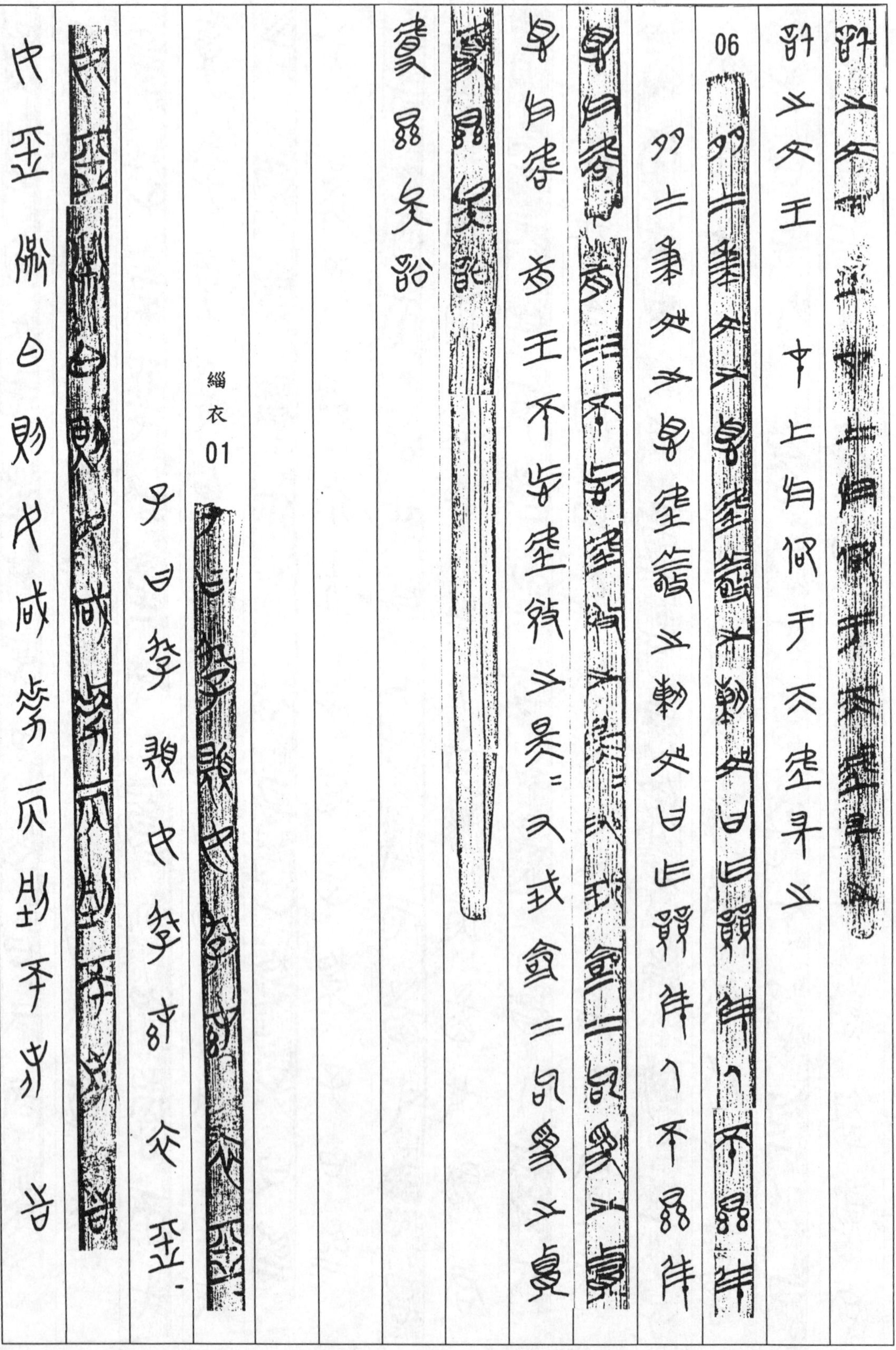

06

緇衣

01

28

29

21

22

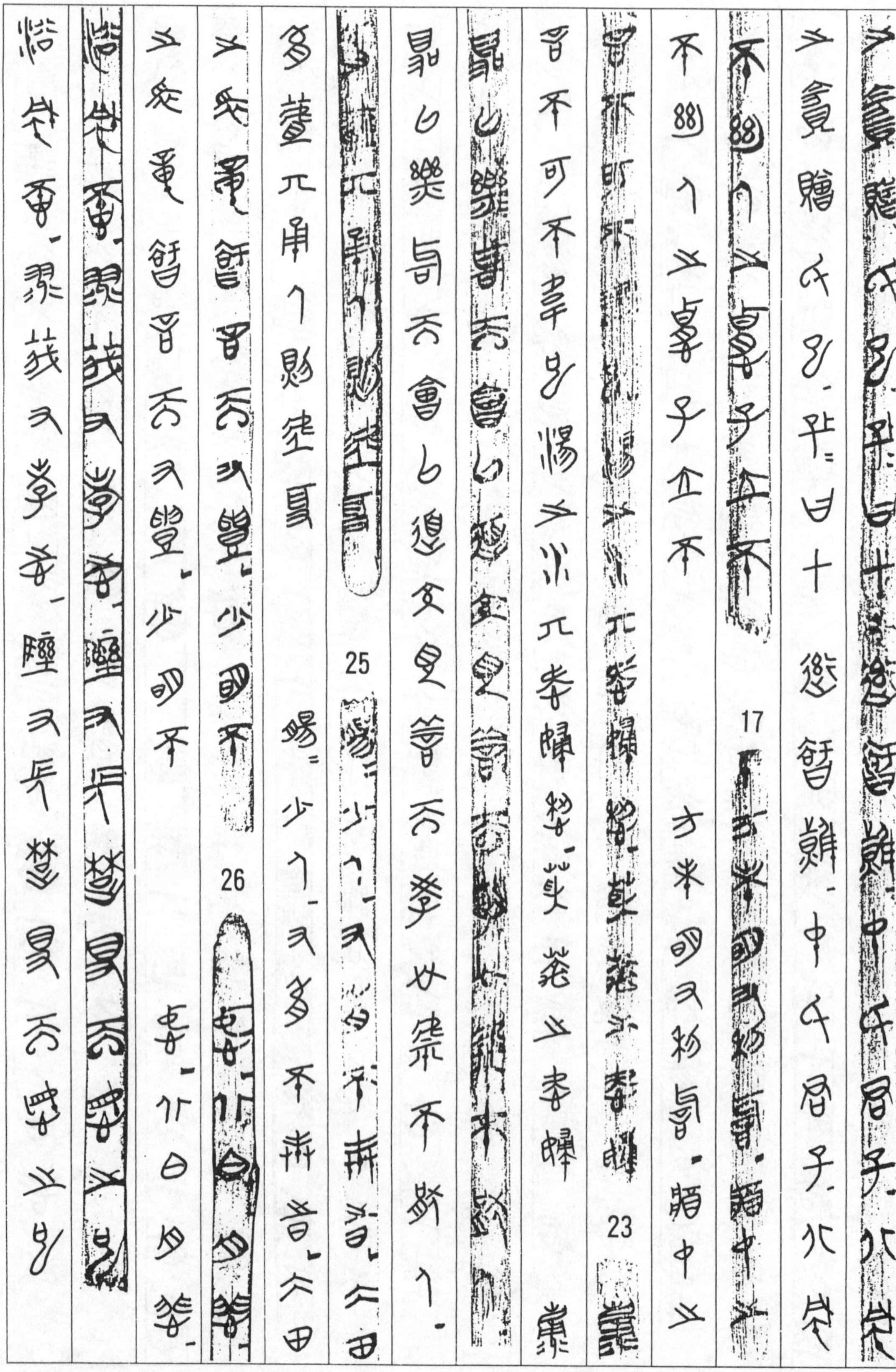

17

23

25

26

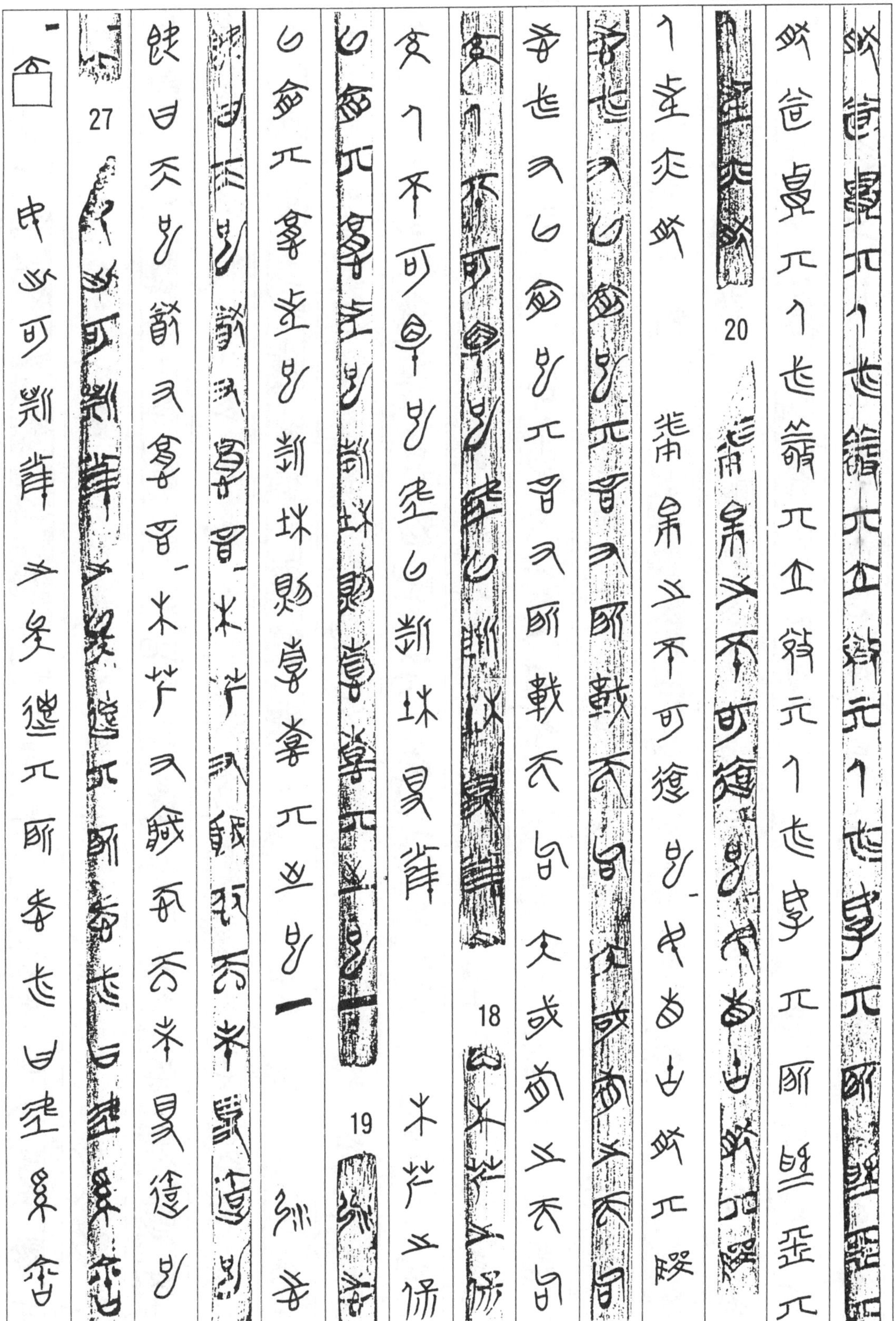

20

18

19

27

11

16

24

10

12

13

14

15

08

09

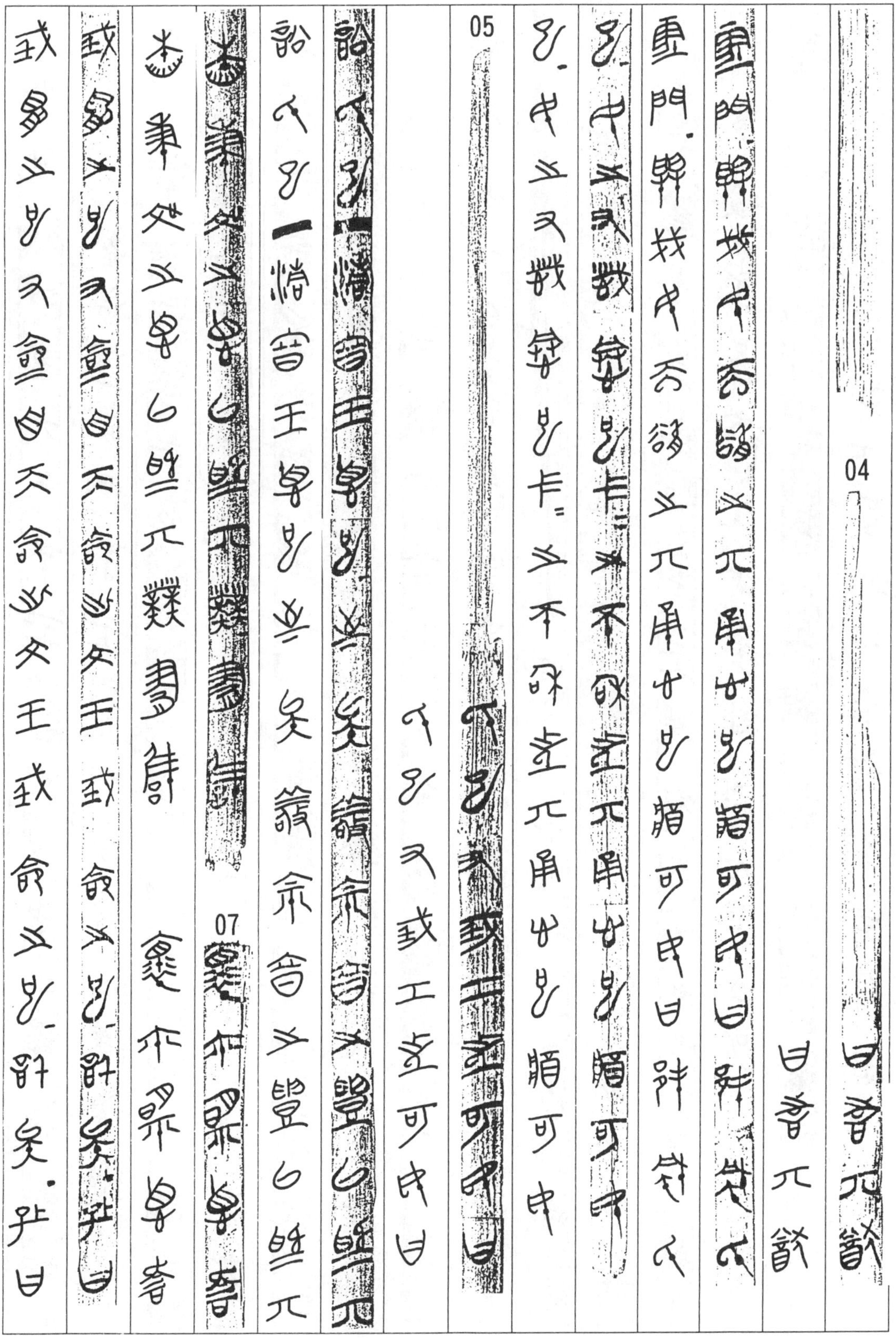

04

05

07

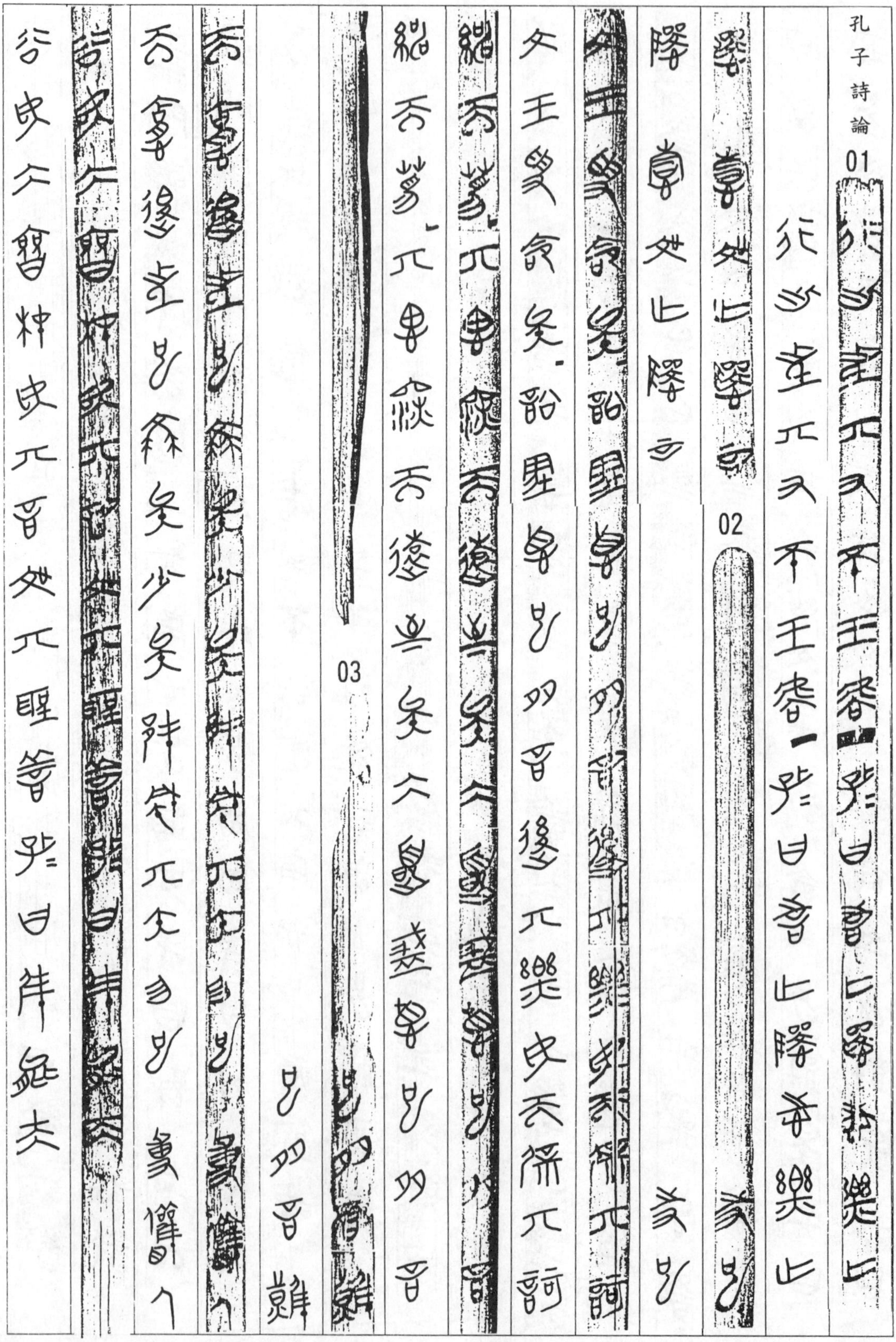

孔子詩論

01

02

03

國家圖書館出版品預行編目資料

《上海博物館藏戰國楚竹書（一）》讀本／季旭昇主
編；陳霖慶,鄭玉姍,鄒濬智合撰. --初版. --臺北市：
萬卷樓, 2004[民 93]
面；　　公分
ISBN 957-739-488-4 (平裝)
1.簡牘 - 研究與考訂

796.8　　　　　　　　　93009422

《上海博物館藏戰國楚竹書（一）》讀本

主　　編：季旭昇
合　　撰：陳霖慶 鄭玉姍 鄒濬智
發 行 人：陳滿銘
出 版 者：萬卷樓圖書股份有限公司
臺北市羅斯福路二段 41 號 6 樓之 3
電話(02)23216565・23952992
傳真(02)23944113
劃撥帳號 15624015
出版登記證：新聞局局版臺業字第 5655 號
網　　址：http://www.wanjuan.com.tw
E-mail：wanjuan@tpts5.seed.net.tw
承印廠商：晟齊實業有限公司
定　　價：400 元
出版日期：2007 年 10 月初版三刷

ISBN 957 - 739 - 488 - 4